치문경훈주 상권

緇門警訓註 卷上

동국대학교 불교기록문화유산아카이브사업단(ABC)
본서는 문화체육관광부 지원으로 동국대학교 불교학술원에서 간행하였습니다.

한글본 한국불교전서 조선 69
치문경훈주 상권

2021년 4월 20일 초판 1쇄 인쇄
2021년 4월 30일 초판 1쇄 발행

지은이 백암 성총
옮긴이 선암(이선화)
발행인 성우
발행처 학교법인 동국대학교 출판문화원

출판등록 제2020-000110호(2020.7.9)
주소 04626 서울시 중구 퇴계로36길2 신관1층 105호
전화 02-2264-4714
팩스 02-2268-7851
Homepage http://dgpress.dongguk.edu
E-mail abook@jeongjincorp.com

편집디자인 다름
인쇄처 네오프린텍(주)

© 2021, 동국대학교(불교학술원)

ISBN 979-11-91670-00-4 93220

값 21,000원

이 책의 무단 전재나 복제 행위는 저작권법 제98조에 따라 처벌받게 됩니다.

한글본 한국불교전서 조선 69

치문경훈주 상권
緇門警訓註 卷上

백암 성총栢庵性聰
선암 옮김

동국대학교 불교학술원

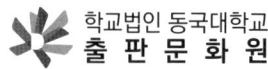
학교법인 동국대학교
출 판 문 화 원

치문경훈주緇門警訓註 해제

선암(이선화)
동국대학교 불교학술원 전임연구원

1. 개요

『치문경훈緇門警訓』은 제목에서도 드러나듯이 '먹물옷을 입은 이가 불문佛門에 들어와 경계 삼고 교훈 삼을 만한 가르침'을 모아 놓은 글이다. 이는 중국의 역대 고승들이 후학들을 경책하기 위해 쓴 글들을 묶은 책으로, 일반적으로 줄여서 '치문緇門'이라 부르기도 한다. 치문은 "삭발염의하고 입산수도하는 요문(削髮染衣曰緇, 入山修道曰門.)"이라는 의미를 갖고 있다. 즉 불문에 처음 들어온 초심자들을 비롯한 출가 수행자들에게 그들의 본분이 무엇인가를 일깨워 올곧은 수행자의 길을 갈 수 있게 하기 위한 지침서라 할 수 있으니, 재가인의 경우에는 불문을 엿볼 수 있고 출가인의 경우에는 불문의 외형을 가늠할 수 있는 종합적인 지남서指南書로서의 역할을 한다고 하겠다.

『치문경훈주緇門警訓註』는 법사·율사·논사·선사 등 다양한 부류의 고승들이 후학들에게 내린 경책문, 사원에서 지켜야 할 법도·청규, 선가의 법어·도리, 기도발원문·예찬문, 승려로서 알아야 할 불가의 여러 가르침뿐만 아니라 재가 불자가 쓴 기문記文·서문序文·서간문, 심지어 임금이 내린 조칙(詔)에 이르기까지 총 200여 편에 이르는 많은 유형의 글들이 실린 『치문경훈』에 백암 성총栢庵性聰(1631~1700) 스님이 상세히 주해를 덧붙여 상·중·하 3권 체재로 만들어 1695년에 쌍계사에서 간행한 책이다. 그 후로 『치문경훈주』는 한국 불교 전통 강원의 이력 과정에 편입되어 반드시 공부해야 할 교재로서 자리매김하였으니, 오늘날 『한국불교전서』(이하 『한불전』으로 약칭) 제8책에 실려 있는 판본이 바로 이 책이다.

2. 저자

『치문경훈주』의 저자인 백암 성총은 부휴浮休 문파의 제3대 제자로서 부휴 선수浮休善修(1543~1615)→벽암 각성碧巖覺性(1575~1660)→취미 수초翠微守初(1590~1668)→백암 성총으로 이어진다. 「백암당성총대선사비문栢庵堂性聰大禪師碑文」과 『동사열전東師列傳』의 「백암종사전栢庵宗師傳」에 적힌 기록에 의하면, 백암 성총의 성은 이씨李氏이며 남원 사람이다. 고려 안호부원군의 10세손으로 아버지의 휘는 강綱이고 어머니는 하씨河氏이다. 13세에 순창 취암사에서 출가하였고 16세에 계를 받았다. 18세에 방장산에 가서 취미 대사 밑에서 9년간 수학하였고 30세에 강사가 된 후엔 명산을 두루 유람하였다. 그는 외전에도 통달하였고 시를 잘 지어 당시에 이름난 사대부인 김문곡金文谷·정동명鄭東溟·남호곡南壺谷·오서파吳西坡 등과도 교유하였다. 제자로는 무용 수연無用秀演, 석실 명안石室明眼 등 23인이 있다.

백암은 많은 불서를 남겼다고 알려져 있지만 『동사열전』에 의하면 "그가 남긴 원고는 십여 편에 달하지만 거의 모두 흩어져 사라지고 겨우 몇 편을 찾아 상재했는데, 최상국崔相國이 서문을 지었다."라고 했으며, "그의 저술로는 사집私集 2권, 경서經序 9수, 『정토찬백영淨土讚百詠』 및 『백암집栢庵集』 2권이 전한다."라고 했다. 현재 『한불전』에는 『치문경훈주』 3권 외에도 『백암집』 2권, 『정토보서淨土寶書』 1권, 『백암정토찬栢庵淨土讚』, 『사경지험기四經持驗紀』 4권, 『대승기신론소필삭기회편大乘起信論疏筆削記會編』 4권 등이 실려 있다.

백암 성총의 위대한 업적은 불서 간행에 있는데, 이를 간략히 소개하면 다음과 같다. 백암이 51세 되던 해(1681년)인 6월, 영광 불갑사佛甲寺에 갔다가 불서를 실은 중국 선박이 태풍을 만나 표류해 왔다는 소식을 들었다. 그는 표류선이 있는 곳으로 달려가 그곳에서 여러 불서들을 발견했는데, 이들은 가흥대장경嘉興大藏經(이하 가흥장)이었다. 백암은 이들을 간행하고자 하는 서원을 세우고 흩어진 책을 수집하기 시작하였으니, 이중에는 나주 관아에서 수습해 간 것도 있었고, 해변 각지에 흩어져 있던 것을 인근 사찰에서 수습해 간 것도 있었다. 그는 수소문하여 수집하였고, 4년이 지난 1685년에 그동안 모은 불서를 짊어지고 낙안 징광사澄光寺로 가서 입적할 때까지 제자들과 함께 15년 동안 불서 간행에 힘썼다. 그리하여 〈표 1〉에서 보는 바와 같이 총 12종류 197권 115책을 간행하였다.

〈표 1〉 백암 성총이 간행한 불서

판각 장소	불서명	간행 연도	가흥장의 수록 여부	비고
澄光寺	『淨土寶書』(1권 1책)	1686	없음	續藏에 있는 정토 서적을 편집하여 간행한 것이다.
	『金剛般若經疏論纂要刊定記會編』(10권 5책)	1686	續藏	현재의 『嘉興大藏經』 31에 수록되어 있다.
	『四經持驗記』(4권 1책)	1686	續藏	

판각 장소		불서명	간행 연도	가흥장의 수록 여부	비고
	四集	『大慧普覺禪師書』(1권 1책)	1686	正藏	嘉興藏과의 관계 불분명.
		『法集別行錄節要幷入私記』(1권 1책)	1686	없음	
		『禪源諸詮集都序』(2권 1책)	1686	없음	嘉興藏에 같은 제목이 있으나 체제가 약간 다르다.
		『高峰和尙禪要』(1권 1책)	1686	없음	
澄光寺 大源庵 梵魚寺		『大方廣佛華嚴經疏鈔』(80권 70책)	1690 1700	續藏	
雲興寺 定慧寺 靈隱寺		『大明三藏法數』(50권 17책)	1690	正藏	
雙磎寺		『華嚴懸談會玄記』(40권 10책)	1695	正藏	
		『緇門警訓』(3권 3책)	1695	正藏	성총 스님이 주석하였다.
		『大乘起信論疏筆削記會編』(4권 4책)	1695	正藏	'會編'은 성총 스님이 하였으므로 嘉興藏에는 『大乘起信論疏筆削記』가 실려 있다.

　〈표 1〉에서 보듯이 백암 성총이 간행한 서적 대부분은 조선 후기 불교 강원의 이력 과목과 연관되어 있으니, 즉『치문경훈』,『대승기신론소필삭기회편』,『금강반야경소론찬요간정기회편』,『대방광불화엄경소초』,『화엄현담회현기』그리고 사집과의 네 책이 모두 그러하다. 이력 과목과 관련이 없는『대명삼장법수』는 오늘날의 사전과 같은 책이므로 강원에서 공부하는 승려들이 참고서로 매우 유용하게 활용했을 것으로 보이며, 또『화엄현담회현기』는 이력 과목인『화엄현담』(청량 징관의『화엄경수소연의초』80권 중 1권~8권까지가『화엄현담』)의 주석서이며『금강반야경소론찬요간정기회편』

은 『금강경』의 주석서인 점을 볼 때, 성총 스님이 불서를 간행한 의도 중 하나는 강원의 이력 과목을 확립하고 아울러 관련 참고서나 주석서를 간행하고자 한 데 있었던 것으로 짐작된다.

3. 서지 사항 및 구성

『한불전』 제8책에 실려 있는 『치문경훈주』는 1695년에 간행된 쌍계사본으로 현재 동국대학교 도서관에 소장되어 있다. 이 책의 서지 사항을 정리하면 〈표 2〉와 같다.

〈표 2〉 동국대학교 소장본 『치문경훈주』

서명	『緇門警訓』 卷上/卷中/卷下
판사항	木板本
발행사항	晉州: 雙磎寺, 肅宗 21(1695) 刊
형태사항	1卷1冊(全3卷3冊): 四周雙邊, 半郭 20.2×15.2cm, 有界, 半葉 10行20字, 註雙行, 上下黑口; 31.1×20.8cm
版心題	緇門
序	康熙乙亥(1695)中秋日栢菴沙門性聰識
刊記	康熙乙亥(1695)晋州智異山雙磎寺開刊

『치문경훈주』는 상·중·하 3권 체재로 되어 있는데, 「성총 스님이 쓴 서문(叙註緇門警訓)」이 맨 앞에 나오고 상·중·하로 이어지며, 하권 말미에는 「영중永中 스님이 쓴 서문」이 나오고 그 뒤에 「치문경훈 속집緇門警訓續集」이 붙어 있다.

상권에는 「위산 대원선사의 경책(潙山大圓禪師警策)」으로부터 「가사의 공능을 보이다(引示袈裟功能)」까지 총 52편의 글이 실려 있으며, 중권에는 「대교에서는 비단이나 가죽으로 된 물건들을 영원히 끊다(大敎永斷繒綿皮物)」로부터 「고경 화상이 분양 태수에게 회답하다(古鏡和尙回汾陽太守)」까지 총 64편의 글이 실려 있으며, 하권에는 「설두산 명각 선사가 벽 속에 남겨 놓은 글(雪竇明覺禪師壁間遺文)」로부터 「대지 율사가 측간에 출입할 때의 가르침을 내리다(大智律師入厠垂訓)」까지 총 62편의 글이 실려 있다. 이어서 영중 스님의 서문이 나오고, 그 뒤의 「치문경훈 속집」에는 「부처님을 찬탄하고 법을 전하는 게송(讚佛傳法偈)」으로부터 「양나라 황제가 도교를 버리고 불교를 섬기도록 내린 조칙(梁皇捨道事佛詔)」까지 총 12편의 글이 실려 있으니, 이상의 편수를 모두 합산하면 두 개의 서문과 190편의 글이 된다.

『치문경훈주』는 그 편재에 하나의 뚜렷한 주제가 있는 것 같지는 않으나 상권에서는 책 이름에 걸맞게 비중 있는 경책의 글을 시작으로 학문에 힘쓰게 하는 내용과 성찰·훈계의 글을 앞부분에 나열해 놓았고, 명銘·발원문·기문記文·법어(示衆)·율장의 내용 등이 뒤에 나온다. 중권에서는 상권에 이어 율장의 내용부터 회향문·경계하는 가르침·발원문·서간문·기문·선가의 법어 등에 이르기까지 상권에 나온 유형의 글들이 여기에서도 보인다. 하권에서도 서문序文·부賦·서간문·법어·게송 등 앞에 나온 형태의 글들이 다양하게 또 나오는 것으로 봤을 때, 특별히 상·중·하 세 권에 특징지을 만한 형태의 글이 있는 게 아니라 다양한 부류의 글들이 세 권에 골고루 분포되어 있음을 알 수 있다.

4. 간행과 유통

1) 기원과 전래

중국 북송 때 택현 온제擇賢蘊齊(?~1130) 선사는 불가佛家의 제현諸賢들이 남긴 유훈류遺訓類 가운데 뛰어난 문장을 모아 한 권의 책으로 엮었는데, 이 책이 바로『치문경훈』의 전신인『치림보훈緇林寶訓』이다. 당초『치림보훈』에 어떤 글들이 몇 편이나 수록되어 있었는지에 대해서는 자세히 알 수 없으나[1]『치문경훈』의 대부분이 당唐·송宋 때의 문장으로 구성되어 있고 덧붙여 여러 조대朝代의 다양한 글들로 이루어진 점을 감안하면, 한 권의『치림보훈』이 결코 적은 분량은 아니었을 것으로 추측된다.

『치림보훈』이 없어졌을 때, 원나라 환주암幻住庵 영중永中 스님은 흩어지고 없어진 글들을 모으는 가운데 임금과 신하, 승려와 속인들에게 격려되고 훈계될 만한 것들을 증보하여『치문경훈』이라는 새로운 이름으로 황경皇慶 2년(1313)에 발간하였다. 이 책은 아홉 권으로 편집하여 간행하였는데, 진晉나라 지둔支遁 선사의 글로부터 당·송·원대에 이르기까지 여러 시대의 글들이 두루 수록되어 있었다.

그 후 명나라 헌종 성화成和 6년(1470)에 가화부嘉禾府 진여청사眞如請寺의 여근如巹(1425~?) 스님이「속집續集」1권을 증보하여 총 10권으로 만들고, 공곡 경륭空谷景隆과 애은 각준崖隱覺濬의 서문과 자신의 서문을 붙여 1474년에 다시 출간하였다. 이것이 바로 신수대장경 제48권에 수록된 지금의 성화본成和本『치문경훈』이다. 여기에는 성총 스님의 주석에서 언급

---

[1] 신회정의 논문에 의하면『치림보훈』은 현재 일본 남북조(1331~1392) 시대의 오산판五山版에 현존하고 있으며, 초간본으로 추정되는『치림보훈』과 중각본『치문경훈』 간의 항목상의 상이점을『椎名宏雄의 宋元版禪籍의 硏究』에서 밝혀 놓았다고 하였다. 신회정,「『치문경훈주』의 교육적 가치에 관한 연구」, 동국대학교 대학원 석사학위논문, 2008.

된 구주舊註가 본문과 함께 수록되어 있다.

　우리나라는 고려 말 공민왕 때 왕사王師였던 태고 보우太古普愚(1301~1382) 스님이 중국 남쪽 지방으로 공부하러 다니다가 『치문경훈』을 만나고 너무 좋아서, 본국에 돌아가 널리 알려 나라와 백성들을 이롭게 해야 되겠다고 결심하여 1348년에 귀국할 때 이 책을 가져왔다. 이런 인연으로 몇 년이 흘러 1378년에 명회明會 스님과 도암道庵 스님의 모연으로 판각하였고, 그 후 절에서 널리 읽혀지게 되었다.

　그 후 조선 숙종 21년(1695)에 백암 성총 스님이 『치문경훈』을 가려내어 원문에 상세한 주해를 달아 상·중·하 3권 체재로 만들어 쌍계사에서 간행하였으니, 이후로 이 책은 한국 불교의 전통 강원에서 승려들이 반드시 공부해야 할 이력 과목으로 편입되었다.

　근래에는 1914년에 박한영朴漢永 스님이 총 43편을 발췌하여 권학勸學, 경유警諭, 서독書牘, 잡저雜著 등 4개 부분으로 편집하여 『정선 치문잡설精選緇門雜說』을 펴내기도 했다.

　그러나 대대적인 재편은 1936년에 안진호安震湖 스님이 총 69편을 발췌하여 글의 내용에 따라 경훈警訓, 면학勉學 등 13개 부분으로 나누고, 수록되지 않은 부분의 주석 가운데 뛰어난 문장을 모아 전기傳記, 계고稽古라는 제목으로 부록을 덧붙여서 펴낸 『정선현토 치문精選懸吐緇門』이다. 이 책은 1936년부터 최근까지 불교 전통 강원에서 교재로 사용해 오다가 2007년에 대한불교조계종 교육원 불학연구소에서 오탈자를 수정해서 『판본대교 치문板本對校 緇門』을 출판하였으며, 2008년에 대한불교조계종 교재편찬위원회에서 『(신편) 치문(新編)緇門』을 출판하여 오늘날의 승가대학 교재로 사용 중이다.

2) 유통본 비교

최초의 1권본인 『치림보훈』에 몇 편의 글이 실려 있었는지는 알 수 없으나 신수대장경에 수록된 성화본 10권(1470년)에는 모두 200편의 글이 실려 있고, 『한불전』에 수록된 쌍계사본 3권(1695년)에는 모두 190편의 글이 실려 있다. 편수가 밝혀진 두 판본을 대조하여 서로 수록되지 않은 글을 모두 더하면 전체 편수는 총 203편이 된다.

근래에 우리나라에서 펴낸 축약본 『치문경훈』두 종류를 살펴보면, 수록된 편수와 내용이 서로 조금씩 다르게 전해진다. 성화본과 쌍계사본의 경우는 목록만 나열되어 있을 뿐 따로 묶어 편집하지는 않았으나 『정선 치문잡설』(박한영 편집, 1권, 1914년)과 『정선현토 치문』(안진호 편집, 1권, 1936년)은 목록을 몇 개씩 묶어 편집하였으니 다음과 같다.

『정선 치문잡설』: 勸學 2. 警誡 3. 書牘 4. 雜著.
『정선현토 치문』: 警訓 2. 勉學 3. 遺誡 4. 箴銘 5. 書狀 6. 記文 7.
　　　　　　　　序文 8. 願文 9. 禪文 10. 示衆 11. 偈讚 12. 護法
　　　　　　　　13. 雜錄. 부록-傳記, 稽古.

편수의 차이뿐 아니라 어떤 글은 내용에 있어서도 차이를 보이니, 예컨대 「불안선사의 열 가지 행실에 대한 열 가지 게송(佛眼禪師十可行十頌)」이 쌍계사본에는 총 열 가지 항목에 대한 게송으로 실려 있는 데 반해 『정선현토 치문』에는 「불안선사십가행중삼절佛眼禪師十可行中三節」이라는 제목으로 세 가지 항목에 대한 게송만 실어 놓았다. 「자수 선사가 어린 행자에게 훈계하다(慈受禪師訓童行)」라는 글도 쌍계사본에 실린 게송 중에 일부분을 발췌하여 『정선현토 치문』에 실어 놓았음을 확인할 수 있다.

다음으로는 성총 스님의 『치문경훈주』와 그것의 바탕이 되었던 성화본 『치문경훈』과 근자에 유통된 두 가지 축약본(『정선 치문잡설』, 『정선현토 치문』)을 서로 대조하여 각각에 실려 있는 항목들을 도표로 작성해 보았다. 『정선 치문잡설』과 『정선현토 치문』은 편집 체제를 반영하여 일련 번호(1,2,3,4~)를 기입했으며, 반괄호 숫자는 그 편에 실린 순번을 나타냈으니, 예컨대 '3. 遺誡-1)' 표시는 세 번째 「유계遺誡」 편의 첫 번째 글이라는 뜻이다.

〈표 3〉 『치문』 판본 목록 대조표

No.	목차	성화본 (10권) 1470년	쌍계사본 치문경훈주 (3권) 1695년	정선 치문잡설 (박한영, 1914년)	정선현토 치문 (안진호, 1936년)
(1313)	原序-永中	×	(권下 말미)	×	×
(1470)	重刊緇門警訓序-空谷沙門 景隆	○	×	×	×
(1695)	叙註緇門警訓-性聰	×	○	×	○
(1936)	精選懸吐緇門序-卞榮世	×	×	×	○
1	潙山大圓禪師警策	권1 ○	권上 ○	2. 警諭-4)	1. 警訓-1)
2	明敎嵩禪師尊僧篇	○	○		13. 雜錄-1)
3	孤山智圓法師示學徒	○	○	2. 警諭-3)	3. 遺誡-1)
4	勉學上 幷序	○	○	1. 勸學-1)	2. 勉學-1)
5	勉學下	○	○	1. 勸學-2)	2. 勉學-2)
6	姑蘇景德寺雲法師務學十門 幷序	○	○	1. 勸學-3)	2. 勉學-3)
7	上封佛心才禪師坐禪儀	○	○		
8	長蘆慈覺賾禪師坐禪儀	○	○		9. 禪文-2)
9	勸參禪文	○	○		9. 禪文-3)
10	自警文	○	○		1. 警訓-3)
11	龍門佛眼遠禪師坐禪銘	권2 ○	○		
12	三自省察	○	○		

No.	목차	성화본 (10권) 1470년	쌍계사본 치문경훈주 (3권) 1695년	정선 치문잡설 (박한영, 1914년)	정선현토 치문 (안진호, 1936년)
13	鵝湖大義禪師坐禪銘	○	○		
14	廬山東林混融禪師示衆	○	○		10. 示衆-1)
15	藍谷信法師自鏡錄序	○	○		7. 序文-1)
16	釋難文	○	○	2. 警諭-1)	13. 雜錄-2)
17	梁高僧侑法主遺誡小師	○	○	2. 警諭-9)	3. 遺誡-3)
18	右街寧僧錄勉通外學	○	○		2. 勉學-6)
19	晋支遁禪師座右銘	○	○		
20	周京師大中興寺道安法師遺誡九章	○	○		3. 遺誡-2)
21	大唐慈恩法師出家箴	○	○		4. 箴銘-1)
22	南岳法輪寺省行堂記	○	○		6. 記文-1)
23	周渭濱沙門亡名法師息心銘	○	○		4. 箴銘-3)
24	洞山和尚規誡	○	○		
25	慈雲式懺主書紳	○	○		1. 警訓-8)
26	願文	○	○		
27	圭峰密禪師座右銘	○	○		4. 箴銘-2)
28	白楊順禪師示衆	○	○		10. 示衆-2)
29	永明智覺壽禪師垂誡	○	○	2. 警諭-5)	1. 警訓-4)
30	八溢聖解脱門	○	○		1. 警訓-5)
31	大智照律師比丘正名	○	○		
32	捨緣銘	○	○		
33	座右銘	○	○		
34	規繩後跋	○	○		
35	撫州永安禪院僧堂記	권3 ○	○		6. 記文-3)
36	禪月大師大隱龜鑑	○	○		
37	右街寧僧錄三教總論	○	○		13. 雜錄-7)

No.	목차	성화본 (10권) 1470년	쌍계사본 치문경훈주 (3권) 1695년	정선 치문잡설 (박한영, 1914년)	정선현토 치문 (안진호, 1936년)
38	傳禪觀法	○	○		9. 禪文-1)
39	洪州寶峰禪院選佛堂記	○	○		6. 記文-4)
40	三祖鏡智禪師信心銘	○	○		
41	戒定慧三學	○	○		
42	釋法四依	○	○		
43	戒唯佛制不通餘人	○	○		
44	攝略諸文以嘆戒法	○	○		
45	佛在世時偏弘戒法	○	○		
46	示僧尼戒相廣略	○	○		
47	度尼敎意	○	○		
48	尼八敬法	○	○		
49	出家超世	○	○		
50	沙彌五德	○	○		
51	三衣興意	○	○		
52	引示袈裟功能	○	○		
53	大敎永斷繒綿皮物	○	권中 ○		
54	擧現事以斥妄行	○	○		
55	示衣財體如非	○	○		
56	示敬護三衣鉢具法	○	○		
57	示開制本緣	○	○		
58	鉢制意	○	○		
59	坐具敎意	○	○		
60	漉囊敎意	권4 ○	○		
61	引大敎說淨以斥倚濫	○	○		
62	八財不淨長貪壞道	○	○		
63	勸廣開懷利隨道擁	○	○		
64	辯燒身指大小相違	○	○		

No.	목차	성화본 (10권) 1470년	쌍계사본 치문경훈주 (3권) 1695년	정선 치문잡설 (박한영, 1914년)	정선현토 치문 (안진호, 1936년)
65	律制雜學以妨正業	○	○		
66	解行無實反輕戒律	○	○		
67	歸敬三寶興意	○	○		
68	求歸三寶功益	○	○		
69	列示三寶名相	○	○		
70	三寶住持全由戒法	○	○		
71	明理三寶功高歸之益大	○	○		傳記：超夜叉之難
72	住持三寶	○	○		13. 雜錄-6)
73	化相三寶	○	○		
74	傳法有五	○	○		
75	仁宗皇帝讚三寶文	○	○		12. 護法-5)
76	大慧禪師看經回向文	○	○		
77	懶菴樞和尙語	○	○		10. 示衆-4)
78	四句偈	○	○		
79	示比丘忖己德行受食	○	○		
80	示比丘愼勿放逸	○	○		
81	菩薩三事無厭	○	○		
82	戒定慧	○	○		
83	誠觀檀越四事從苦緣起出生法	○	○		
84	誠觀末法中校量心行法	○	○		
85	誠觀破戒僧尼不修出世法	○	○		
86	誠觀六難自慶修道法	○	○		
87	戒賢論師祈禱觀音文	○	○		
88	永嘉眞覺禪師發願文	○	○		
89	隋州大洪山遂禪師禮華嚴經文	○	○		

No.	목차	성화본 (10권) 1470년	쌍계사본 치문경훈주 (3권) 1695년	정선 치문잡설 (박한영, 1914년)	정선현토 치문 (안진호, 1936년)
90	桐江瑛法師觀心銘	○	○		
91	洞山良介和尙辭親書	×	○	3. 書牘-1)	5. 書狀-1)
92	後書	×	○		5. 書狀-2)
93	娘廻答	×	○	3. 書牘-2)	5. 書狀-3)
94	終南山宣律師賓主序	권5 ○	×		
95	東山演禪師送徒弟行脚	○	×		
96	石屋珙禪師送慶侍者回里省師	○	×		
97	結制小參	○	×		
98	上堂	○	×		
99	中峯和尙遺誡門人	○	×		
100	誡閑	○	×		
101	千嵓長禪師示衆	○	×		
102	天衣懷禪師室中以淨土問學者	○	×		
103	大智律師警自甘塗炭者	○	×		
104	永明壽禪師戒無證悟人勿輕淨土	○	×		
105	慈雲式懺主三衣辯惑篇	○	×		
106	長蘆慈覺賾禪師龜鏡文	권6 ○	○		1. 警訓-2)
107	慈受禪師示衆箴規	○	○		傳記：警多言之失
108	笑翁和尙家訓	○	○		
109	黃龍死心新禪師小參	○	○		13. 雜錄-9) -13
110	襃禪山慧空禪院輪藏記	○	○		6. 記文-7)
111	慈照聰禪師住襄州石門請查待制爲撰僧堂記	○	○		6. 記文-6)
112	應菴華禪師答詮長老法嗣書	○	○		5. 書狀-6)

No.	목차	성화본 (10권) 1470년	쌍계사본 치문경훈주 (3권) 1695년	정선 치문잡설 (박한영, 1914년)	정선현토 치문 (안진호, 1936년)
113	怡山然禪師發願文	○	○		8. 願文-1)
114	開善密菴謙禪師答陳知 丞書	○	○	3. 書牘-3)	5. 書狀-8)
115	司馬溫公解禪偈	○	○		11. 偈讚-2)
116	仰山飯	○			
117	白侍郎六讚偈 并序	○	○		11. 偈讚-1)
118	天台圓法師自誡	○	○		1. 警訓-7)
119	芙蓉楷禪師小參	권7 ○	○		10. 示衆-3)
120	黃蘗禪師示衆	○	○		13. 雜錄-9) -12
121	徐學老勸童行勤學文	○	○	1. 勸學-4)	2. 勉學-4)
122	月窟淸禪師訓童行	○	○	2. 警諭-2)	3. 遺誡-5)
123	山谷居士黃太史發願文	○	○		8. 願文-2)
124	雲峯悅和尙小參	○	○		傳記: 辨救命 之報
125	月林觀和尙體道銘	○	○		
126	慈受深禪師小參	○	○		
127	汾州大達無業國師上堂	○	○		
128	法昌遇禪師小參	○	○		
129	古鏡和尙回汾陽太守	○	○		5. 書狀-10)
130	雪竇明覺禪師壁間遺文	○	권下 ○	4. 雜著-1)	1. 警訓-6)
131	范蜀公送圓悟禪師行脚	○	○	4. 雜著-2)	13. 雜錄-3)
132	保寧勇禪師示看經	○	○	2. 警諭-6)	2. 勉學-5)
133	大智照律師送衣鉢與圓 照本禪師書	○	○	3. 書牘-4)	5. 書狀-7)
134	釋門登科記序	○	○		7. 序文-4)
135	顔侍郎答雲行人書	○	○	3. 書牘-5)	5. 書狀-9)
136	陳提刑貴謙答眞侍郎德 秀書	○	○	3. 書牘-6)	

No.	목차	성화본 (10권) 1470년	쌍계사본 치문경훈주 (3권) 1695년	정선 치문잡설 (박한영, 1914년)	정선현토 치문 (안진호, 1936년)
137	慈受禪師訓童行	권8 ○	○		13. 雜錄-9) -9
138	勉僧看病	○	○		13. 雜錄-9) -7
139	大慧禪師禮觀音文	○	○		
140	天台智者大師觀心誦經法	○	○	2. 警諭-7)	
141	觀心食法	○	○		
142	大智律師三衣賦	○	○		
143	鐵鉢賦	○	○		傳記 : 彰建屋之福
144	坐具賦	○	○		
145	濾囊賦	○	○		
146	錫杖賦	○	○		稽古 : 錫杖解虎
147	隤禪師誡洗麵文	○	○		稽古 : 得髓得皮, 一麻一麥
148	辨才淨法師心師銘	○	○		
149	唐禪月大師座右銘 幷序	○	○	4. 雜著-20)	
150	吉州龍濟山友雲鏊和尙蛇穢說	○	○	4. 雜著-3)	13. 雜錄-4)
151	大慧禪師答孫知縣書	○	×		
152	佛鑑懃和尙與佛果勤和尙書	○	○	3. 書牘-7)	
153	答投子同和尙書	○	○	3. 書牘-8)	
154	隋高祖文皇帝勅文	권9 ○	○	4. 雜著-8)	12. 護法-2)
155	晉王受菩薩戒疏	○	○		12. 護法-3)
156	婺州左溪山朗禪師召永嘉大師山居書	○	○	3. 書牘-9)	5. 書狀-4)

No.	목차	성화본 (10권) 1470년	쌍계사본 치문경훈주 (3권) 1695년	정선 치문잡설 (박한영, 1914년)	정선현토 치문 (안진호, 1936년)
157	永嘉答書	○	○	3. 書牘-10)	5. 書狀-5)
158	天台圓法師懺悔文	○	○	4. 雜著-9)	傳記：戒互 用之罪
159	發願文	○	○		
160	荊溪大師誦經普回向文	○	○		
161	芭蕉泉禪師示衆	○	○		
162	龍門佛眼禪師十可行十 頌 幷序	○	○		13. 雜錄-9) -6
163	示禪人心要	○	○		
164	誡問話	○	○		
165	大隋神照眞禪師上堂 二	○	○	4. 雜著-4)	
166	雲峯悅和尙室中擧古	○	○		
167	金陵保寧勇禪師示衆	○	○		
168	古德渴熱行	○	○	4. 雜著-5)	
169	覺範洪禪師送僧乞食序	○	○	4. 雜著-6)	7. 序文-3)
170	爲僧不謹於十科事佛徒 消於百載	○	○	4. 雜著-7)	
171	或菴體禪師上堂	○	○	4. 雜著-19)	
172	示衆	○	○		
173	小參	○	○		
174	結座	○	○		
175	眞淨文禪師頌	○	○		13. 雜錄-9) -8
176	靈芝照律師頌	○	○		
177	古德垂誡	○	○		
178	勉看經	○	○		
179	勉應緣	○	○		
180	勉住持	○	○		13. 雜錄-9) -4

No.	목차	성화본 (10권) 1470년	쌍계사본 치문경훈주 (3권) 1695년	정선 치문잡설 (박한영, 1914년)	정선현토 치문 (안진호, 1936년)
181	洞山和尚自誡	○	○		13. 雜錄-9) -3
182	雪峯存禪師入閩	○	○		
183	宏智禪師示衆	○	○		13. 雜錄-9) -10
184	省病僧	○	○		13. 雜錄-9) -2
185	大慧和尚示徒	○	○		
186	龐居士頌	○	○		13. 雜錄-9) -1
187	自保銘	○	○		
188	上竺佛光照法師示小師 正吾	○	○		
189	圭峯禪師示學徒委曲	○	○	2. 警諭-8)	
190	登厠規式	○	○		傳記：明惜 字之益
191	大智律師入厠垂訓	○	○		
192	讚佛傳法偈	권10 ○	續集 ○		13. 雜錄-9) -11
193	禪林妙記前序	○	○		7. 序文-2)
194	漢顯宗開佛化法本內傳	○	○	4. 雜著-12)	12. 護法-1)
195	商太宰問孔子聖人	○	○	4. 雜著-10)	13. 雜錄-8)
196	鐘山鐵牛印禪師示童行 法晦	○	○	4. 雜著-11)	3. 遺誡-4)
197	撫州永安禪院新建法 堂記	○	○	4. 雜著-13)	6. 記文-2)
198	宋文帝集朝宰論佛敎	○	○		12. 護法-6)
199	後漢書郊祀志	○	○	4. 雜著-14)	
200	杭州淨慈寺守一法眞禪 師掃地回向文	○	○	4. 雜著-17)	
201	隋州大洪山靈峰寺十方 禪院記	○	○	4. 雜著-18)	6. 記文-5)

No.	목차	성화본 (10권) 1470년	쌍계사본 치문경훈주 (3권) 1695년	정선 치문잡설 (박한영, 1914년)	정선현토 치문 (안진호, 1936년)
202	唐修雅法師聽誦法華經歌	○	○	4. 雜著-16)	13. 雜錄-5)
203	梁皇捨道事佛詔	○	○	4. 雜著-15)	12. 護法-4)
총합	203편	200편	190편	43편	69편

 위의 표에서 확인할 수 있듯이, 성화본에는 총 200편, 쌍계사본에는 총 190편, 박한영 편집본에는 총 43편, 안진호 편집본에는 총 69편이 실려 있으며, 이 네 가지 본에 공통으로 들어가 있는 글은 총 31편이다.

 차이가 있다면, 우선 박한영 편집본에는 성총의 주해가 빠져 있으나 안진호 편집본에는 성총의 주해가 들어가 있다는 점이다. 또, 첫 번째 서문인 원서原序(영중永中 스님이 쓴 서문)가 쌍계사본에는 권하 말미에 있고, 안진호 편집본에는 제일 처음에 나온다.[2]

 편수를 자세히 살펴보면, 쌍계사본 『치문경훈주』 3권은 200편(서문은 편수에서 제외)의 글이 실린 10권 체제의 성화본 『치문경훈』을 바탕으로 했는데, 10권에서 3권으로 줄어들었지만 생략된 글은 분량으로 따지면 얼마 되지 않는다. 위의 표에서 확인해 볼 수 있듯이, 성화본의 권5 전체 12편과 권8 「대혜선사가 손지현에게 쓴 답서(大慧禪師答孫知縣書)」[3] 등 총 13편의 글이 쌍계사본에는 빠져 있는 대신, 성화본에 수록되어 있지 않은 「동산 양개 화상이 부모님과 하직하며 쓴 편지(洞山良介和尙辭親書)」, 「양개 화상이 뒤에 또 올린 글(後書)」, 「양개 화상의 모친이 답한 글(娘廻答)」 3편[4]이

---

2 이 서문은 국내 간행본들에서만 확인되며 영락북장본을 포함한 중국에서 간행된 판본들에서는 보이지 않는다.
3 이 글은 『치문경훈주』에는 빠져 있지만 사찰의 승가 교육 2년차 과정(四集科)에서 배우는 『書狀』에는 수록되어 있다.
4 이 세 편의 글은 국내 간행본에서만 확인되는데, 금강산 표훈사 판본(1539) 이후에 편성

보충되어 있으므로 총 10편의 차이를 보인다.

한편, 쌍계사본(1695년) 이전에도 국내에서 여러 차례 간행되었으니, 대광사본(大光寺, 1524년 간행, 지관 스님 소장, 상권만 있음), 금강산 표훈사본(1539년, 규장각 소장), 운문사본(雲門寺, 1588년 간행, 89판), 갑사본(1614년, 76판), 영정사본(靈井寺, 1638년 간행, 해인사 소장), 용국사본(1664년, 76판), 보현사본(普賢寺, 1682년 간행, 동국대 및 고려대 소장, 동국대 소장본은 뒤쪽 4장이 일실, 고려대 소장본은 하권만 있음) 등이 있으며 그리고 연대 미상의 해인사본(海印寺, 4판)이 있는 것으로 확인된다. 이들은 백암 성총이 주해를 달기 이전에 나온 것들이라 원문만 실려 있다. 또, 동국대 소장본인 쌍계사본과 해인사 소장본인 영정사본만이 완전한 형태를 다 갖추고 있을 뿐, 나머지 판본들은 일부분만 전해지고 있다.

참고로 신회정의 논문을 살펴보면, 운문사본과 쌍계사본의 항목 간에 차이 나는 점은, 운문사본에는 「변재 원정 법사의 심사명(辯才淨法師心師銘)」과 「대혜선사가 손지현에게 쓴 답서(大慧禪師答孫知縣書)」가 빠져 있고, 「당나라 선월 대사의 좌우명(唐禪月大士座右銘)」도 일부분이 생략되어 있는데, 생략되어 있는 항목이 모두 공란 없이 발행된 것으로 보아 운문사본은 『치문경훈』의 또 다른 판본이거나 아니면 알려진 바와 다르게 후대에 판각되었을 가능성이 높다고 하였다.

5. 내용 및 가치

『치문경훈』에는 승려들의 수행에 기본이 되는 계·정·혜 삼학을 지녀

된 것으로 확인된다. 운문사 판본(1588) 이후의 판본에는 이 세 편의 글이 일관되게 실려 있다. 신회정, 앞의 논문, 2007.

야 한다는 내용, 참선 수행과 내전·외전의 강학을 익혀야 한다는 내용, 승가에서 지켜야 할 간절한 가르침과 승려로서의 규범·위의 등 올바른 수행자상 정립에 필요한 내용들이 망라되어 있으므로, 출가한 초심자들이 강원 교육의 첫 과정에서 반드시 공부해야 하는 중요한 과목이다. 성총 스님이 기존의 유통본인 『치문경훈』의 주석본을 간행하게 된 이유도 이러한 내용들이 수행에 중요하다고 여겼기 때문일 것이다.

성총 스님이 쓴 서문에서도 밝혔듯이, 이 책은 교훈서로서의 목적에 충실한 내용들로 이루어져 있어서 수행자들을 경계하고 훈계하는 교육적인 내용들이 다양한 저자에 의해 다양한 문체의 글로 수록되어 있다. 제목에서도 드러나듯이 계誡·명銘·훈訓·규規·경警·잠箴·게偈·상당上堂·시중示衆·수훈垂誡·소참小參 등의 글들은 모두 경훈을 중심 내용으로 담기에 적합한 한문 문체이거나 선문禪門의 양식이며, 그 내용이 출가자든 재가자든 참다운 수행을 위해 정진하고자 하는 자라면 누구나 반드시 교훈 삼을 만한 내용들이다. 그 외의 항목에도 서序·서書·문文·부賦 등의 순수한 한문 문체에 경훈과 관련된 내용들이 많이 들어 있다.

성총 스님은 『치문경훈』에 실린 글의 이해를 돕기 위해 적절히 상세한 주해를 달았으니, 서문에서 밝힌 것처럼 그것은 도를 위하고 법을 위한 것이었다. 본문에 대한 주해를 달면서 고전과 고사, 사물, 전거 등을 사전적으로 기술하여 초심자들이 배우고 익히는 데 쉽게 이해할 수 있도록 편의를 도모하였다. 설명 방식에 있어서는 글의 제목과 저자에 대해 제목 아래에 먼저 소개한 후, 본문을 따라가며 명물名物·자구字句에 대한 주석, 문맥의 해석, 단락 나눔 등을 하였다.

성총 스님의 주해 이전에 이미 존재한 구주舊註의 부분은 그 내용을 충분히 검토하고 정설로 인정할 수 있는 것은 그대로 옮겨 놓았다. 그리고 문장의 맥락을 분명히 하기 위해서 단어와 구절 및 장절章節이 전체 문장 속에서 지니는 의의를 파악하고 단락을 나누어 분석하였다.

상권에 첫 번째 나오는 글인 「위산 대원선사의 경책(潙山大圓禪師警策)」을 예로 들어 살펴보기로 한다. 예시문에서 【 】안의 글이 성총 스님의 주해이다.

위산 대원선사의 경책【위산 영우 선사는 복주 조씨의 자손으로서 백장의 법을 이었다. 대종이 칙령으로 '대원大圓'이라는 시호를 내렸다.】

潙山大圓禪師警策【潙山靈祐禪師, 福州趙氏子, 嗣百丈. 代宗勅諡大圓.】

성총 스님은 인물을 설명할 때에는 전대의 『고승전』 등에 실려 있는 인물의 설명을 따르고 있다. 그리고 이후의 모든 설명은 본문의 흐름을 이어가기 위한 노력으로 상세한 주해를 달았으니, 이 글의 첫 단락을 소개해 본다.

대저 업業【앞선 원인】에 얽매여 받은 이 몸【지금의 결과】은 형상의 고통을 벗어나지 못하니, 부모께서 남겨 준 몸【부모의 정기精氣와 피】을 이어받고 여러 인연을 빌려【젖을 먹여 주는 일, 씻겨 주는 일, 의복과 음식 등】 함께 이루어진 것이다.【무릇 몸을 받은 자는 모두 사상四相(생·노·병·사)이 있는데, 이상은 생상生相이다.】 비록 사대四大로 이 몸을 지탱하지만 항상 서로 어기고 등져서【『지도론』에서는 "사대가 몸을 이루는데 항상 서로 뇌롭게 하고 해치니, 낱낱의 대大마다 101가지 병이 일어난다. 냉병에는 202가지가 있는데 수水와 풍風이 일으킨 것이며, 열병에도 202가지가 있는데 지地와 화火가 일으킨 것이다."라고 하였다.】 무상하게 늙고 병들어【(생·노·병·사 가운데) 중간의 두 가지인 노상老相·병상病相이다.】 사람들에게 훗날을 기약해 주지 못하여 아침에 있다가도 저녁이면 없어지니【사상死相】 찰나에 세상을 달리하게 된다.【『인왕경』에서는 "한 생각 중에 90찰나가 있으며, 한 찰나 중에 9백 번의 생멸을 거친다."라고 하였으니, 지극히 작은 시간을 말한다.] 비유컨대 마치 봄날의 서리나 새벽의 이슬과도 같아서 잠깐 사이에 곧 없어지니, 언덕 위의 나무와 우물가의 등나무(岸樹井藤)와 같을진대 어찌 오래갈 수 있겠는가? 순간순간이 신속하여 한 찰나간에 숨을 돌리면 바로 내생인데 어찌 편하게 헛되이 보낼 수 있겠는가?[처음부터 여기까지는 무상無常을 통틀어 서술하였고, 이 아래는 출가인을 따로 경책하였다.]

夫業【前因】繫受身【今果】, 未免形累, 稟父母之遺體【父母精血】, 假衆緣【乳哺, 洗浴, 衣食等】而共成.【凡受身者, 皆有四相, 上卽生相.】雖乃四大扶持, 常相違背,【『智論』云: "四大爲身, 常相惱害, 一一大中, 百一病起. 冷病有二百二, 水風起故; 熱病有二百二, 地火起故."】無常老病【中間二相】, 不與人期, 朝存夕亡【死相】, 刹那異世.【『仁王經』云: "一念中有九十刹那, 一刹那中, 經九百生滅", 言極小時也.】譬如春霜曉露, 倏忽卽無, 岸樹井藤, 豈能長久? 念念迅速, 一刹那間, 轉息卽是來生, 何乃晏然空過?【自章初至此, 通叙無常, 此下別警出家人.】

「위산 대원선사의 경책」은 수행자들로 하여금 인생무상의 이치를 깨닫게 하기 위하여 사람의 일생을 서리와 이슬에 비유하거나 사람 목숨의 위태로움을 언덕 위의 나무와 우물가의 등나무에 비유함으로써 출가자의 일생도 한 찰나에 지나지 않는다는 것을 자각하게 하는 내용이다. 수행자라면 한순간도 시간을 헛되이 보내지 말고 오직 깨달음으로 나아가기 위해 열심히 정진 수행해야 한다는 교훈을 주는 글이다.

성총 스님은 하나의 문장을 설명하는 데 있어 누구나 쉽게 그 뜻을 이해할 수 있도록 경전과 논서를 두루 전거로 사용하여 상세한 주석을 달고 있다. 즉 이러한 말이 자기의 말만이 아니라 여러 선대 현인들이 말한 것임을 보임으로써 설득력 있는 논거를 제시한 것이다. 또 고사나 일화가 있는 한자어를 사용함으로써 말은 간명하되 그 속에 담긴 내용을 함축적으로 전달하고자 하였으니, 불교에 처음 입문한 초심자라도 스스로 불교교학과 불교적인 삶의 방식에 대해 알 수 있도록 하였다.

이어지는 다음 단락을 소개해 본다.

　　부모님께 맛있는 음식(旨)【지旨는 '맛이 좋다(美)'는 것이다. 옛사람들은 음식의 맛깔스러운 것에 있어서 반드시 '지旨' 자로써 말하였다.】을 올리지도 않고, 육친『선견론』에서는 "부계의 육친은 백부·숙부·형·아우·자식·손자이며, 모계의 육친은 외삼촌·이모·형·아우·자식·손자이다."라고 하였다.】도 굳게 버리고, 나라【큰 나라를 '국國'이라 하고, 작은 나라를 '방邦'이라 한다.】를 편안히 다스리지도 못하고, 가업의 상속도 단번에 버리고, 고향 마을【『예기』에서는 "다섯 집을 인隣으로 삼고, 스물다섯 집을 리里로 삼으며, 5백 집을 당黨으로 삼고, 1만 2천5백 집을 향鄕으로 삼는다."라고 하였다.】을 멀리 떠나와서 머리를 깎고 스승으로부터 계를 받았으면【최초에는 비구들이 여래의 "잘 왔구나!" 하는 말끝에 머리카락이 저절로 떨어지고 가사가 몸에 입혀졌는데, 도를 이룬 지 11년 만에 처음으로 보검으로 머리카락을 잘라 삭발하였다. 또 교진여 등에게 부촉해서 삼세의 천하에 두루 다니며 모든 사미들을 위해 수계하게 하니, 이것이 머리를 깎고 계를 받은 시초이다.】안으로는 망념을 이기는 공부를 부지런히 하고 밖으로는 다투지 않는 공덕을 넓혀서【이루어져서 허물어지지 않는 것이 공功이고, 두루하여서 빠지지 않는 것이 덕德이다. 또 덕은 '얻음(得)'이니, 태어날 때부터 하늘에서 받음이 있고 몸소 수행하여 마음으로부터 얻음이 있으니, 이를 '궁행躬行'이라 말한다.】 티끌세상을 멀리 벗어나 해탈을 기약해야 할 터인데, 어찌하여 계품戒品【품品은 종류(類)이다. 비구의 250가지 계는 묶어서 여덟 가지 종류가 되니, 그러므로 계품이라 한다.】에 올라서기만 하면 문득 "나는 비구이다."【비구比丘는 한역漢譯하면 '걸사乞士'인데, 안으로는 법을 구걸하여 혜명慧命을 돕고 밖으로는 음식을 구걸하여 색신色身을 돕는다. 또 네 가지 뜻이 있는 까닭에 범어를 그대로 두고 번역하지 않았다.】라고 하며……

　　父母不供甘旨【旨即美也. 古人於飲食之美者, 必以旨言.】, 六親【『善見論』云: "父六親: 伯叔兄弟兒孫, 母六親: 舅姨兄弟兒孫."}固以棄離, 不能安國治邦【大曰國, 小曰邦.】, 家業頓損繼嗣, 緬離鄕黨,【『禮』云: "五家爲阾, 二十五家爲里, 五百家爲黨, 萬二千五百家爲鄕."】剃髮禀師,【初比丘於如來善來言下, 鬚髮自落, 袈裟披體. 成道十一年, 始以寶刀, 剪剃鬚髮. 又囑憍陳如等, 徧三天下, 爲諸沙彌受戒, 是剃髮受戒之始.】內勤尅念之功, 外弘不諍之德,【成而不朽者功, 周而不匱者悳. 又悳, 得也, 有自生而得之於天, 有躬行而得之於心, 此言躬行也.】迥脫塵世, 冀期出離, 何乃纔登戒品【品者, 類也. 比丘二百五十戒, 束爲八類, 故云戒品.】, 便言: "我是比丘."【比丘, 此云乞士, 內乞法以資慧命, 外乞食以資色身. 又有四義, 故存梵不譯.】……

성총 스님은 초학자들이 글자 하나하나의 뜻을 정확하게 알고 이를 깊이 이해할 수 있도록 『선견율비바사론善見律毘婆沙論』이라는 율장은 물론 『예기禮記』와 같은 유가 경전도 전거로 사용하여 관용적인 쓰임새를 자세하게 밝혀 놓았다. 특히 그는 여러 용어(旨, 六親, 國邦, 鄕黨, 功德, 戒品, 比丘)의 뜻을 주석함에 있어 초학자들이 쉽게 익힐 수 있도록 하나하나에 상세한 설명을 달았으니, 이를 통해 초학자들이 스스로 공부해 나갈 수 있도록 나침반 역할을 하고 있다.

성총 스님의 주석 내용 중에는 불교의 경전·율장·논서의 인용뿐만 아니라 사서삼경·『순자』·『장자』·『사기』·『설문해자』·『좌전』·『박물지』·『주례』·『회남자』·『서유기』·『초사』·『고승전』·『조정사원』·『명의집』·『산해경』·『영릉기』·『율력지』·『불조역대통재』·『수신기』 등, 각종 문집의 인용 사례까지 풍부하게 있으니 내전과 외전에 두루 밝았던 성총 스님의 해박한 학식을 엿볼 수 있다. 몇 가지 외전 인용 사례를 소개해 본다.

공자가 백어에게 "사람으로서 「주남」과 「소남」을 배우지 않는다면 담장에 얼굴을 맞대고 서 있는 것과 같다."라고 하였으니, 한 물건도 보이는 것이 없고 한 걸음도 갈 수 없음을 말한 것이다.

孔子謂伯魚曰: "人而不學「周南」・「召南」, 猶面墻而立也歟!" 言一物無所見, 一步不可行也.

「우모」에서는 "계고함이 없는 말은 듣지 말라."라고 하였고, 주석에서는 "계고함이 없는 것은 믿거나 증험할 수 없다."라고 하였다. 열 사람의 입을 거치면 '옛것'이 된다.

「禹謨」云: "无稽之言勿聽." 注云: "无考, 無信驗也." 十口所傳爲古.

형荊은 가시나무이며 또한 대추나무에 속한다. 허씨의 『설문해자』에서 "멧대추나무는 대추나무와 같으나 가시가 많으며 나무가 견고하고 붉은색을 띠며 군집 생활을 한다. 큰 것을 대추나무라 하고 작은 것을 멧대추나무라 하는데, 대추나무는 품종이 키가 크지만 멧대추나무는 작다. 그러므로 함께 묶어 극棘이 된 것이다."라고 하였으니, 이는 번뇌를 비유한 것이다.

荊, 楚木也, 亦棘屬. 許氏曰: "棘如棗, 而多刺, 木堅, 赤色, 叢生. 大曰棗, 小曰棘. 棗性喬, 棘則低矣, 故並束爲棘." 此比煩惱也.

성총 스님이 전체를 주해함에 있어서 글의 체제는 성화본을 그대로 답습하였다. 성화본에도 드물게 주석이 보이니, 주석자와 주석 시기가 미상이며 주석 내용도 비교적 간단한 것인데, 중국에서 주석된 것으로 보인다. 성총 스님이 성화본에 있는 주석 내용을 그대로 가져온 것들도 있는데, 『한불전』에서는 이 부분에 "此原文之夾註"라고 표시해 놓았고, 본 번역서에서는 "이 주는 성총주가 아니라 성화본 『치문경훈』의 협주이다."라고 밝혀 놓았다.

성총 스님이 주해를 달면서 '구주舊註'라고 언급한 곳이 눈에 띄는데, "舊註 云云"한 대목들이 무엇을 말하는지 구체적으로 알 수는 없다. 아래에 두 가지 예시문을 들어 본다. 먼저 「불법의 네 가지 의지할 것(釋法四依)」이라는 글의 첫 단락을 소개해 본다.

> 법에 의지하고 사람에게 의지하지 말라.
> 사람은 정유情有일 뿐이고, 법은 본보기이다. 성공性空의 바른 이치는【성공은 대승과 소승에 공통한다.】 체성이 그릇되고 허망함을 여의었으니, 그렇다면 이 법을 정법의 의지처로 삼아야 한다. 『열반경』의 궁극적인 가르침에서 이러한 자취를 성대하게 밝혀 놓았다.【『열반』에서는 "법에 의지한다는 것에서 법은 바로 법성이고, 사람에게 의지하지 않는다는 것에서 사람은 바로 성문과 연각이다."라고 하였다.】

> 依法不依人者: 人唯情有, 法乃軌模. 性空正理,【性空通大小也.】體離非妄, 卽用此法, 爲正法依. 涅槃極敎, 盛明斯轍.【『涅槃』云: "依法者, 卽是法性; 不依人者, 卽是聲聞緣覺."】

이 글에 나오는 성총 스님의 주해는 성화본에도 그대로 나온다. 여기서는 첫 단락만 소개하였지만, 이 글 전체의 주해 내용은 성화본의 주해 내용과 똑같다. 여기서는 성총 스님이 '구주舊註'라고 언급하지 않았고 『한불전』에서도 따로 표시를 해 놓지 않아서 성총 스님 이전에 누가 단 것인지 현재로서는 알 수가 없다. 전체 편수 중에 이런 글은 몇 편 되지 않으니, 대부분은 "此原文之夾註㎱"이라고 『한불전』에서 밝혀 놓았다.

다음으로 「자수 선사가 대중에게 보인 가르침(慈受禪師示衆箴規)」을 보면 여기서는 성총 스님이 주해를 첨가할 때의 형식을 볼 수 있다.

자수 선사가 대중에게 보인 가르침【옛 주석에서는 "수무량본壽無量本과 대동소이하다."라고 하였다. ○자수 회심慈受懷深 선사는 수춘壽春에서 태어났고 하씨夏氏이며 장로사長蘆寺 숭신崇信 선사의 법을 이었다.】

慈受禪師示衆箴規【舊註: 壽無量本, 大同小異. ○慈受懷深禪師, 生壽春, 夏氏, 嗣長蘆崇信禪師.】

즉, 성총 스님은 구주舊註를 훼손하지 않고 그대로 써 주고 뒤에 자신의 주를 첨가하였다. 첨가하는 방식은 구주舊註라고 먼저 쓰고 원주를 붙인 뒤에 ○ 표시를 하고서 자신의 주를 첨가하였다. 성총 스님은 자신의 주를 첨가할 때도 근거가 확실한 부분은 그대로 옮겨 두었으며 전본을 그대로 유지하고 있다. 다만 본문의 설명이 더 필요하다고 생각하는 부분에서는 새로운 주해를 첨가하여 일부 정리하였음을 확인할 수 있다.

다음으로 『치문경훈주』에 실린 글의 저자를 살펴보면 총 190편의 글 중에 저자가 확인된 것은 총 125편이다. 저자를 조대별로 구분해 보면, 진晉 1편, 유송劉宋 2편, 양梁 2편, 북주北周 2편, 수隋 4편, 당唐 24편, 오대五代 5편, 송宋 84편, 원元 1편 등이다. 저자가 확인된 125편 외에도 비록 확실하지는 않으나 제목 등에 저자의 이름이 거론된 것까지 합하면 모두 136편이다. 이를 승속僧俗으로 나누어 보면, 20편이 속인의 저작이고 나머지는 모두 스님의 글이다. 속인은 그 면모가 위로는 황제(양나라 고조, 수나라 고조 등), 대문호(백낙천, 황정견), 역사가(범엽, 사마온공), 당대에 명성을 떨친 거사(방거사, 무진거사), 공경대부(안 시랑)로 이루어져 있으며, 평민으로는 양개 화상의 모친이 있다.

그중에 호법류의 글은 모두 군주의 저작이며, 기문으로 분류되는 글은

거사의 찬술인 것이 눈에 띈다. 기문이란 사원의 전각이나 당우를 신축, 증축하면서 그 전말을 기록한 문장인데, 부처님께서 불법의 외호를 왕과 신하에게 부촉한 사실에서도 유추해 알 수 있듯이, 호법과 기문에 승려의 글이 실려 있지 않다는 것에서 출가인과 재가인의 본분이 무엇인지를 일깨워 준다고 하겠다.

 스님들을 명칭으로 구분하는 데에는 무리가 있으나 제목에 나타난 스님들의 칭호를 구분해서 대략 살펴보면 선사 54, 율사 7, 법사 12, 화상 13, 대사 4, 승록 2, 논사 1, 국사 1, 참주 1명이다. 이렇듯 선사가 가장 다수이지만 경·율·논 삼장의 각 분야 고승들로 다양하게 이루어져 있음을 알 수 있다.

 『치문경훈주』가 탄생하게 된 것은 성총 스님이 쓴 서문에 "쟁쟁한 여러 현자들이 저마다 수단과 안목을 내어 인용한 문장들이 많다. 만약 널리 섭렵하지 않는다면 참으로 여유롭게 칼날을 놀리기 어려울 것이니……. 나는 매번 강석에 나갈 때마다 끝내 석연치 않은 것들이 있으면 참람되이 붓을 들어 대략 적고, 다니거나 머무를 때에 반드시 지녀서 검토하며 잊을 것을 대비하였으니, 이는 다만 스스로 즐길 뿐이지 다른 사람에게 줄 만한 것은 아니다……. 한 삼태기와 첫 걸음에 도움이 되기를 바랄 뿐이다."라고 하였으니, 후학들이 박학다식하지 않으면 이해하기 어려울 것이라는 노파심에서 작은 도움이나마 주고자 평소에 주석해 놓은 것을 펴낸 것임을 알 수 있다.

 『치문경훈』은 성총 스님이 간행하기 이전에도 이미 여러 곳에서 간행되어 유통되었으나 그에 대한 주석서도 없고 이력 과정의 교재로도 사용되지 않았었다. 그러다가 성총 스님이 주해를 덧붙여 간행하여 널리 보급하면서부터 이 책의 중요성이 인식되어 전통 강원의 이력 과목으로 채택된 것으로 보인다. 이렇듯 성총 스님의 간행 사업이 조선 후기 강원 교육의 이력 과정 확립에 큰 기여를 했으며, 특히 『치문경훈주』에 실린 글들을 통해 초심자의 올바른 수행자상 정립에도 큰 기여를 했다고 할 수 있다.

이 책은 현재까지도 사찰의 승가 교육 기관에서 처음 배우는 중요한 과목이며, 험난한 세상에 올곧은 수행자가 되려고 절집에 들어온 예비 승려들이 처음에 공부하는 과목인만큼, 여기에는 승가 생활에서 지켜야 할 간절한 가르침이 담겨 있다.

지금 한국의 승가 교육 기관에서 교재로 쓰는 『(신편) 치문(新編)緇門』의 모본母本인 『정선현토 치문』은 전체 글 중에서 보다 뛰어난 글을 엄밀히 선정하고 내용을 분류하여 유사한 글을 한곳에 모아 편집한 것이 장점이지만, 다만 문장의 위치가 앞뒤로 바뀜으로써 물 흐르듯 일관성을 지니던 성총 스님의 주석이 다소 끊기거나 혹은 뒤바뀐 부분이 없지 않으며, 수록되지 않은 글 중에서도 뛰어난 글(예컨대 철발부鐵鉢賦, 녹낭부漉囊賦, 석장부錫杖賦 등)이 많이 남아 있는 것은 아쉬움으로 남는다.

또 성화본 『치문경훈』에 수록된 주석이 매우 소략하고 인용 경전도 몇 개 없는 데 비해서 성총 스님의 주석은 매우 자세하며 다양한 내·외전을 인용하여 주해를 달았으니, 이를 통해 『치문경훈』을 보다 깊게 이해하고 승가의 수행자상과 불문의 외형을 폭넓게 들여다볼 수 있을 것이다.

지금까지 나온 『치문경훈』의 번역서로는 오늘날 승가대학 교재로 사용되는 안진호 편집본에 대한 번역서가 수십 종 나와 있을 뿐, 『한불전』에 실린 쌍계사본 『치문경훈주』에 대해서는 번역이 전혀 이루어지지 않았으니, 본 번역서가 첫 시도인만큼 그 의미가 크다 하겠다.

6. 참고 자료

신희정, 「『치문경훈주』의 교육적 가치에 관한 연구」, 동국대학교 대학원 석사학위논문, 2008.

영덕,「雲門寺板『緇門警訓』연구」, 운문지 56~59호, 1996~1997.
현진,『치문경훈』, 시공사, 2000.
대한불교조계종 교육원 불학연구소,『板本對校 緇門』, 2007.
대한불교조계종 교재편찬위원회,『(新編)緇門』, 조계종출판사, 2008.
원순,『치문』, 법공양, 2009.
이종수,「정토보서 해제」,『정토보서』(김종진 옮김), 동국대학교출판부, 2010.

차례

치문경훈주緇門警訓註 해제 / 5
일러두기 / 39
서주치문경훈叙註緇門警訓 / 41

치문경훈주 상권 緇門警訓註 卷上

위산 대원선사의 경책 潙山大圓禪師警策 47
명교 설숭 선사의 존승편 明教嵩禪師尊僧篇 68
고산 지원 법사가 학도에게 법어를 보이다 孤山圓法師示學徒 75
면학 상【서문을 병기함】勉學上【并序】......... 85
면학 하 勉學下 93
고소성 경덕사의 법운 법사가 학문에 힘쓰도록 권하는 열 가지 문【서문을 병기함】姑蘇景德寺雲法師務學十門【并序】......... 98
상봉사 불심 본재 선사의 좌선의 上封佛心才禪師坐禪儀 127
장로산 자각 종색 선사의 좌선의 長蘆慈覺賾禪師坐禪儀 131
참선을 권유하는 글 勸參禪文 137
스스로 경계하는 글 自警文 141
용문산 불안 청원 선사의 좌선명 龍門佛眼遠禪師坐禪銘 145
세 가지를 스스로 성찰하다 三自省察 149
아호 대의 선사의 좌선명 鵝湖大義禪師坐禪銘 151
여산 동림사의 혼융 선사가 대중에게 법어를 보이다 廬山東林混融禪師示眾 156
남곡 회신 법사가 자경록에 쓴 서문 藍谷信法師自鏡錄序 159
승려 되기가 어렵다는 글 釋難文 172
법주라 칭하는 양나라 고승이 어린 스님에게 남긴 훈계 梁高僧俌法主遺誡小師 179
우가 찬녕 승록이 불법 외의 학문에도 능통하길 권면하다 右街寧僧錄勉通外學 183
진나라 지둔 선사의 좌우명 晋支遁禪師座右銘 188
주나라 수도(京師) 대중흥사의 도안 법사가 남긴 아홉 가지 훈계 周京師大中興寺道安

法師遺誡九章 191
대당 자은법사가 출가자에게 쓴 경계하는 글 大唐慈恩法師出家箴 201
남악 법륜사 성행당 기문 南嶽法輪寺省行堂記 208
주나라 위빈 사문 망명 법사의 식심명 周渭濱沙門亡名法師息心銘 212
동산 화상의 규계 洞山和尙規戒 217
자운 준식 참주가 띠에 쓴 글 慈雲式懺主書紳 219
발원문 願文 221
규봉 종밀 선사의 좌우명 圭峯蜜禪師座右銘 223
백양 법순 선사가 대중에게 법어를 보이다 白楊順禪師示衆 227
영명사 지각 연수 선사가 훈계를 내리다 永明智覺壽禪師垂誡 228
성스러운 해탈을 이루는 여덟 가지 만족스러운 문 八溢聖解脫門 234
대지 원조 율사가 쓴 '비구'의 바른 명칭 大智照律師比丘正名 237
사연명 捨緣銘 242
좌우명 座右銘 246
규승 발문 規繩後跋 248
무주 영안선원의 승당 기문 撫州永安禪院僧堂記 251
선월대사 대은의 귀감 禪月大師大隱龜鑑 258
우가승록 찬녕이 삼교를 총괄하여 논의하다 右街寧僧錄三敎總論 260
선문의 관법을 전하다 傳禪觀法 273
홍주 보봉선원의 선불당 기문 洪州寶峰禪院選佛堂記 276
3조 경지선사의 신심명 三祖鏡智禪師信心銘 282
계정혜 삼학 戒定慧三學 290
불법의 네 가지 의지할 것 釋法四依 292
계율은 오직 부처님이 제정할 뿐, 그 외 다른 사람들의 교설과는 통하지 않는다 戒唯
　　佛制不通餘人 297
여러 글을 모아 요약하여 계법을 찬탄하다 攝畧諸文以歎戒法 299
부처님 재세 시에 계법을 치우쳐 홍포하다 佛在世時偏弘戒法 303
승려의 계법에서 자세함과 간략함을 보이다 示僧尼戒相廣略 305
비구니를 출가시킨 가르침의 뜻 度尼敎意 309
비구니의 팔경법 尼八敬法 314
출가하여 세간을 벗어나다 出家超世 318

사미의 다섯 가지 덕 沙彌五德 321
삼의가 흥기한 뜻 三衣興意 324
가사의 공능을 보이다 引示袈裟功能 330

간기刊記 / 334

찾아보기 / 335

일러두기

1 '한글본 한국불교전서'는 문화체육관광부의 지원을 받아 동국대학교 불교학술원에서 수행하고 있는 '불교기록문화유산아카이브(ABC)사업'의 결과물을 출간한 것이다.
2 이 책은 『한국불교전서』(동국대학교출판부 간행) 제8책에 수록된 『치문경훈주緇門警訓註』를 저본으로 번역했다.
3 번역문에 이어 원문을 병기하고 상세한 표점 부호를 삽입하였다.
4 『치문경훈』 본문에 대한 성총의 주註는 번역문 하단에 각주로 처리하였고, 성총의 주에 대한 출전을 밝히거나 보충 설명이 필요한 경우 해당 각주 아래에 *, ** 등으로 표시한 뒤 역자의 주석을 기술하였다. 이 밖에 역자의 주석이 필요한 곳은 원문의 뒤에 i, ii, iii…… 형식의 미주로 처리하였다.
5 원문의 교감 사항은 번역문의 각주와 별도로 원문 아래 부분에 제시하였다.
　㉠은 『한국불교전서』 편찬자가 교감한 내용이다.
　㉢은 번역자가 교감한 내용이다.
6 약물은 다음과 같다.
　『　』: 서명
　「　」: 편명, 산문 작품
　〈　〉: 시 작품
　T : 『대정신수대장경』
　X : 『만속장경』
　ZW : 『장외불교문헌』

서주치문경훈

　석가의 가르침이 동쪽으로 전해져서 매번 주석들이 많아졌는데, 예컨대 『금강경』이나 『능엄경』은 걸핏하면 수십 수백 가지이고, 그 나머지 경의 해석서도 두세 가지는 되는데, 유독 『치문경훈』만 해석서가 없는 것은 어째서인가? 아마도 바다 바깥에 치우친 나라여서 듣고 보는 데 미치지 못해서인가? 아니면 해석을 일로 삼지 않아서인가? 총림에 전해져 학습한 지가 이미 오래되었는데, 그 대략은 모두 일상생활에 절실한 가르침으로 들뜬 망정妄情을 막고 삿된 업행業行을 경계하여 바른 도를 따르게 하는 것에 불과하니, 이는 불교를 배우는 시발점이며 몽매한 자들을 이끌어 주는 자비로운 가르침이다.

　무릇 석가의 제자 된 자로서 외우고 익혀 의지하여 행하지 않아서는 안 되니, 마치 아홉 길의 산을 만들 때에 반드시 한 삼태기에서 시작하고,[i] 천리 길을 갈 때에 참으로 첫걸음에서 시작하는 것과 같다. 그런데 한 삼태기와 첫걸음을 버리고서 아홉 길의 산을 바라고 천리 길을 논의한다면 비록 삼척동자라도 불가능함을 알 것이다.

　이 책이 비록 불도에 들어가는 첫 문이라 말하지만 쟁쟁한 여러 현자들이 저마다 수단과 안목을 내어 인용한 문장들이 많다. 만약 널리 섭렵하지 않는다면 참으로 여유롭게 칼날을 놀리기(游刃)[ii] 어려울 것이니, 혹자는 근根 자와 은銀 자를 구분하지 못하고,ⁱⁱⁱ 이름과 뜻을 모두 그르칠 것이다.

　나는 매번 강석講席에 나갈 때마다 끝내 석연치 않은 것들이 있으면 참람되이 붓을 들어 대략 적고, 다니거나 머무를 때에 반드시 지녀서 검토하며 잊을 것을 대비하였으니, 이는 다만 스스로 즐길 뿐이지 다른 사람에게 줄 만한 것은 아니었다.

　객이 말하기를, "근래에 한 부류의 선객(禪流)들이 고상한 견해에 힘써 치달리며 그저 '마음이 바로 경전인데, 어찌 나불거리는가?'라고 말하는가 하면, 혹은 또 의단疑團을 지워 버리고 정토의 모든 법문마저 하나같이 모두 쓸어 버리고서 방일함을 즐기고 한적함을 탐닉하며 스스로 우쭐대며 자기의 사사로움만을 편하게 여기고 있습니다. 당신은 어째서 경망스럽게도 보잘것없는 소견을 스스로 과시하며 이 일에 종사합니까? 그러다가 크게 비웃음거리가 되지 않겠습니까?"라고 하기에 다음과 같이 대답하였다.

　"제가 미천하여 남에게 굴복당하고 언변이 뛰어나지 못하며, 세상에 상응하는 온전한 재주가 없고 삿된 것을 꺾을 지혜의 힘도 없습니다. 그러나 한 명의 제齊나라 사람이 말을 가르치려 하나 초楚나라 사람들이 무리지어 떠든다면ⁱᵛ 이를 어찌하겠습니까? 이것이 밤낮으로 팔을 걷어붙이고 골머리를 앓으며 이 일을 하는 이유입니다. 또한 제 뜻은 도를 위한 것이지 명성을 위한 것이 아니며, 법을 위한 것이지 몸을 위한 것이 아닙니다. 비유하자면 봄에 새가 울고, 여름에 우레가 치며, 가을에 벌레가 시끄럽게 울고, 겨울에 차디찬 바람이 부는 것ᵛ과 같으니 저절로 그러한 이치에서 나왔을 뿐, 그칠 수 없습니다. 어찌 감히 구름 같은 비를 뿌려서 보고 들은 바를 드러내려는 것이겠습니까? 애오라지 제 노력을 보일 뿐입니다. 혹여 잘못 주해하고 쓸데없이 해석하여 오묘한 뜻을 없애 버리는 데에 이르렀다면 참으로 주해하였더라도 곧 주해가 없는 것이니, 어찌 고인의 '해석을 일로 삼지 않는다'는 뜻을 체득한 것이겠습니까? 그저 한 삼태기와 첫걸음에 도움이 되기를 바랄 뿐입니다."

강희 을해년(1695) 중추일에 백암 사문 성총이 쓰다.

叙註緇門警訓

釋教東漸, 每多註跣, 如『金剛』·『楞嚴』, 動輒百十, 其餘紀述, 亦或二三, 『警訓』獨無解, 何哉? 豈海外福邦未及聞見耶? 抑亦無事解釋也耶? 叢林中傳習既久, 大略皆日用切近之誨, 不過遏浮情·誡邪業, 以軌乎正道, 是學佛之發軔, 迪蒙之慈訓也. 凡爲釋子者, 不可不誦習依行, 正如爲山九仞, 必俶乎一簣; 行詣千里, 實昉乎初步, 舍一簣初步, 望九仞論千里, 雖三尺, 亦知其無能爲也. 此書雖曰入道初門, 矯矯群賢, 各出手眼, 多有引用. 若不博涉, 固難游刃, 或根銀莫辨, 名義俱錯. 余每臨講授, 終不醳然, 借越秉筆, 略爲箋釋, 行住必俱, 稽檢備忘, 祇堪自怡, 不可持贈他人也. 客曰: "近有一種禪流, 另鶩高見, 但言: '心即是經, 何更喃喃?' 或復抹却疑團, 淨土諸門, 一皆掃除, 樂于放逸, 耽于閑寂, 自便己私. 子何沾沾以一寶自多, 從事於斯? 無乃見大笑耶?" 答: "余卑卑雌伏, 言不出群, 乏應世之全才, 蔑摧邪之慧力, 怎奈一齊而衆楚之何? 是日夕扼腕而疾首者也. 且在余之志, 爲道不爲名, 爲法不爲身, 譬如以鳥鳴春, 以雷鳴夏, 以虫鳴秋, 以風冽冽, 鳴乎其冬, 盖出於自然而不能已也, 詎敢灑同雲之潤, 以公見聞也? 聊私以示余之役而已. 至於曲註蔓解, 以秣幽奧之旨者, 亦解則無解, 豈能體古人無事解釋之意? 庶可以助一簣初步云爾."

峕康熙乙亥中秋日, 栢庵沙門性聰識.

주

i 아홉 길의~삼태기에서 시작하고 : 『書經』「周書」〈旅獒〉에서는 "아홉 길 높이의 산을 만드는 데 그 공로가 한 삼태기의 흙이 부족한 데서 무너진다.(爲山九仞, 功虧一簣.)"라고 하였고, 『論語』「子罕」편에서는 "비유컨대, 산을 만들 적에 마지막 한 삼태기의 흙이 부족해서 산을 못 만들고 중지하는 것도 내가 그렇게 하는 것이다.(譬如爲山, 未成一簣, 止, 吾止也.)"라고 하였다.

ii 유인游刃 : '유인游刃'은 능숙한 솜씨라는 뜻으로 포정庖丁의 고사에서 나온 말이다. 유游는 유遊와 통한다. 포정이 문혜군文惠君을 위해 소를 잡는데, 소 잡는 솜씨가 매우 뛰어나 문혜군이 감탄하였다. 포정이 소 잡는 법도를 말하면서 "두께가 없는 칼을 두께가 있는 틈새에 넣으니, 널찍하여 칼날을 움직이는 데에 반드시 여유가 있습니다.(以無厚入有間, 恢恢乎其於遊刃, 必有餘地矣.)"라고 하였다. 『莊子』「養生主」.

iii 근根 자와~구분하지 못하고 : 당나라 이작李綽이 지은 『尚書故實』에 의하면, 한유韓愈의 아들 창昶이 집현교리集賢校理가 되었을 때 사서史書에 나오는 금근거金根車를 금은거金銀車로 잘못 읽었다는 고사인데, 이후 문자를 잘못 쓰거나 또는 잘못 읽는 것을 비유한다.

iv 한 명의~무리지어 떠든다면 : 『孟子』「滕文公下」에 "한 명의 제나라 사람이 가르치고 많은 초나라 사람들이 무리지어 떠들어 대면 매일매일 매를 들고 제나라 말을 배우게 하더라도 그렇게 할 수 없을 것이다.(一齊人傅之, 衆楚人咻之, 雖日撻而求其齊也, 不可得矣.)"라고 한 데서 온 말이다.

v 봄에 새가~부는 것 : 당나라 한유韓愈의 「送孟東野序」에서는 "以鳥鳴春, 以雷鳴夏, 以蟲鳴秋, 以風鳴冬."이라 하였다.

치문경훈주 상권
| 緇門警訓*註** 卷上 |

해동 승려 성총이 주해를 달다
海東 釋性聰 註***

* ㉮ 저본底本은 강희康熙 을해년乙亥年(1695) 진주晋州 쌍계사雙磎寺 개간본開刊本(동국대학교 소장본)이고, 갑본甲本은 가정嘉靖 3년(1524) 순천順天 대광사大光寺 간본刊本(李智冠 소장본이며 상권만 있음.)이고, 을본乙本은 숭정崇禎 무인년戊寅年(1638) 밀양密陽 영정사靈井寺 간본(海印寺 소장본)이고, 병본丙本은 강희 21년(1682) 영변寧邊 보현사普賢寺 개간본(동국대학교와 고려대학교 소장본. 동국대학교 소장본에는 최후의 4장이 결락되었음. 고려대학교 소장본은 하권만 있음. 고려대학교 소장본에는 최후의 3장과 간기刊記를 필사해 기입함.)이다. 갑본·을본·병본에는 성총性聰의 주註와 서문이 없고 본문만 있다. 병본丙本에 의하면, 이 제목 앞에 서문序文(후반부는 결락됨)과 목차가 있는 것도 있다.
** ㉮ 주註는 원문에는 없으나 편집자가 보입補入하였다.
*** ㉮ 찬자撰者의 이름이 없는 곳도 있다.

위산 대원선사의 경책[1]

대저 업業[2]에 얽매여 받은 이 몸[3]은 형상의 고통을 벗어나지 못하니, 부모님께서 남겨 준 몸[4]을 이어받고 여러 인연을 빌려[5] 함께 이루어진 것이다.[6] 비록 사대四大로 이 몸을 지탱하지만 항상 서로 어기고 등져서[7] 무상하게 늙고 병들어[8] 사람들에게 훗날을 기약해 주지 못하여 아침에 있다가도 저녁이면 없어지니[9] 찰나에 세상을 달리하게 된다.[10] 비유컨대 마치 봄날의 서리나 새벽의 이슬과도 같아서 잠깐 사이에 곧 없어지니, 언덕 위의 나무와 우물가의 등나무(岸樹井藤)ⁱ와 같을진대 어찌 오래갈 수 있겠는가? 순간순간이 신속하여 한 찰나간에 숨을 돌리면 바로 내생인데 어찌 편하게 헛되이 보낼 수 있겠는가?[11]

부모님께 맛있는 음식(旨)[12]을 올리지도 않고, 육친[13]도 굳세게 버리고,

---

1 위산 영우潙山靈祐 선사는 복주福州 조씨趙氏의 자손으로서 백장百丈의 법을 이었다. 대종代宗이 칙령으로 '대원大圓'이라는 시호를 내렸다.
2 앞선 원인.
3 지금의 결과.
4 부모의 정기精氣와 피.
5 젖을 먹여 주는 일, 씻겨 주는 일, 의복과 음식 등.
6 무릇 몸을 받은 자는 모두 사상四相(생·노·병·사)이 있는데, 이상은 생상生相이다.
7 『智度論』에서는 "사대가 몸을 이루는데 항상 서로 뇌고롭게 하고 해치니, 낱낱의 대大마다 101가지 병이 일어난다. 냉병에는 202가지가 있는데 수水와 풍風이 일으킨 것이며, 열병에도 202가지가 있는데 지地와 화火가 일으킨 것이다."라고 하였다.
　＊사대가~것이다 : 『大智度論』 권58(T25, 469c24~26).
8 (생·노·병·사 가운데) 중간의 두 가지인 노상老相·병상病相이다.
9 사상死相.
10 『仁王經』에서는 "한 생각 중에 90찰나가 있으며, 한 찰나 중에 9백 번의 생멸을 거친다."라고 하였으니, 지극히 작은 시간을 말한다.
　＊한 생각~거친다 : 『仁王護國般若波羅蜜多經』 「觀如來品」 제2(T8, 835c11).
11 처음부터 여기까지는 무상無常을 통틀어 서술하였고, 이 아래는 출가인을 따로 경책하였다.
12 지旨는 '맛이 좋다(美)'는 것이다. 옛사람들은 음식의 맛깔스러운 것에 있어서 반드시 '지旨' 자로써 말하였다.

나라[14]를 편안히 다스리지도 못하고, 가업의 상속도 단번에 버리고, 고향 마을[15]을 멀리 떠나와서 머리를 깎고 스승으로부터 계를 받았으면[16] 안으로는 망념을 이기는 공부를 부지런히 하고 밖으로는 다투지 않는 공덕을 넓혀서[17] 티끌세상을 멀리 벗어나 해탈을 기약해야 할 터인데, 어찌하여 계품戒品[18]에 올라서기만 하면 문득 "나는 비구이다."[19]라고 하며 바라는 바가 있는 시주자(檀越)[20]의 상주물常住物[21]만 먹고 쓰면서 그것이 온 곳

---

13 『善見論』에서는 "부계의 육친은 백부·숙부·형·아우·자식·손자이며, 모계의 육친은 외삼촌·이모·형·아우·자식·손자이다."라고 하였다.
14 큰 나라를 '국國'이라 하고 작은 나라를 '방邦'이라 한다.
15 『禮記』에서는 "다섯 집을 인隣으로 삼고 스물다섯 집을 리里로 삼으며, 5백 집을 당黨으로 삼고 1만 2천5백 집을 향鄕으로 삼는다."라고 하였다.
16 최초에는 비구들이 여래의 "잘 왔구나!" 하는 말끝에 머리카락이 저절로 떨어지고 가사가 몸에 입혀졌는데, 깨달음을 이룬 지 11년 만에 처음으로 보검으로 머리카락을 잘라 삭발하였다. 또 교진여 등에게 부촉해서 삼세三世의 천하에 두루 다니며 모든 사미들을 위해 수계하게 하니, 이것이 머리를 깎고 계를 받은 시초이다.
17 이루어져서 허물어지지 않는 것이 공功이고, 두루하여서 빠지지 않는 것이 덕德이다. 또 덕은 '얻음(得)'이니, 태어날 때부터 하늘에서 받음이 있고 몸소 수행하여 마음으로부터 얻음이 있으니, 이를 '궁행躬行'이라 한다.
18 품品은 종류(類)이다. 비구의 250가지 계는 묶어서 여덟 가지 종류가 되니, 그러므로 계품이라 한다.
19 비구比丘는 한역漢譯하면 '걸사乞士'인데, 안으로는 법을 구걸하여 혜명慧命을 돕고 밖으로는 음식을 구걸하여 색신色身을 돕는다. 또 네 가지 뜻이 있는 까닭에 범어를 그대로 두고 번역하지 않았다.
20 단檀은 재물로써 보시를 행하는 것이며, 월越은 빈궁한 바다를 뛰어넘는 것이다. 바라는 바(所須)라 한 것은 재물을 보시하는 자가 복을 구하며 죄를 참회하고자 하는 것이다.
21 『四分律刪繁補闕行事鈔』에서는 다음과 같이 말하였다. "승려의 물건에 네 가지 상주물이 있다. 첫 번째는 상주상주常住常住이니, 대중이 쓰는 온갖 물건으로 체體가 쓰는 곳에 국한되어 있어서 다른 곳에 통용되지 못하며 다만 받아서 쓸 수 있을 뿐 나누어 파는 것이 허락되지 않는다. 그러므로 '상주常住'라는 말을 거듭하였다. 두 번째는 시방상주十方常住이니, 절 안의 음식 등의 물품은 체體가 시방으로 통하지만 오직 본래의 장소에 국한된 것으로서 음식이 이미 익으면 이에 북이나 종을 쳐서 시방의 승려들 모두에게 자기 몫이 있음을 밝힌다. 이상의 두 가지는 승기물僧祇物이라 한다. 세 번째는 현전상주現前常住인데, 여기에 두 가지가 있다. 첫째는 물현전物現前이고, 둘째는 승중현전僧中現前이다. 이곳의 승려가 많은 시줏물을 얻어 와서 오직 이곳에 현재 있는 대중 승려들에게 보시하기 때문이다. 네 번째는 시방현전상주十方現前常住이

(來處)²²을 헤아려 생각할 줄도 모르고 으레 공양을 받을 만하다고 여기는가? 먹고 나서는 머리를 맞대고 시끄럽게 떠들며 그저 세간의 잡된 말들만 하고 있으니, 그렇다면 한때의 쾌락을 뒤쫓을 뿐, 쾌락이 고통의 원인임을 알지 못하는 것이다.²³

지난²⁴ 겁劫²⁵ 동안 육진경계六塵境界를 쫓으면서 일찍이 반성한 적도 없이 시간은 지나가고 세월은 놓쳐 버렸으니, 받아서 쓴 것은 많고(殷)²⁶ 시주의 은혜는 두터워지는데 여차하면 한 해가 지나가 버린다. 그런데도 버릴 생각은 하지 않고 쌓아 모은 것이 점점 많아져 환幻 같은 몸만 유지시킨다. 부처님께서 칙명을 내려 비구들을 계율에 힘쓰게 하시면서 "도에 나아가고 몸을 엄정히 단속함에 삼상三常을 부족하게 하라."²⁷라고 하셨거늘, 사람들은 흔히 여기에 탐미하기를 그치지 않으니 해가 가고 달이

니, 열반에 든 승려의 가벼운 유물로서 체體는 시방상주와 같으나 오직 본래 있던 곳의 현재 있는 승려들만 배분을 받기 때문이다. 이 두 가지는 현전승물現前僧物이라 한다. 이제 상세히 고찰하니, 열반에 든 승려의 유물을 분배하는데 시방에서 온 승려 중에 갈마하기 전에 왔으면 배분을 받고 갈마한 후에 온 자는 받지 못한다."**

* 『四分律刪繁補闕行事鈔』: 당나라 도선율사道宣律師가 지은 책으로 일명 『四分律行事鈔』라고도 한다. 629년 소승의 『四分律』을 대승의 뜻으로 주석한 것으로 『戒跪』·『業跪』와 함께 율학의 삼대부三大部라 일컬어진다. 1부 12권을 30편으로 나누어서 첫 12편에서는 율승律僧의 행사行事를 설명하고, 다음 4편에서는 전정불범專精不犯·범이능회犯已能悔 등의 계체戒體를 말하고, 마지막 14편에서는 삼의三衣·사약四藥·발기鉢器·두타頭陀 등 일용에 요긴한 일들을 말하였다. 주석서로는 지홍志鴻의 『搜玄錄』 12권, 경소景霄의 『簡正記』 17권, 원조元照의 『資持記』 16권 등 60여 부가 있다.

** 승려의 물건에~못한다: 『四分律刪繁補闕行事鈔』 권중(T40, 55c26~56a13).

22 내처來處라고 한 것은, 이 한 발우의 음식이 그 음식을 만든 자의 한 발우의 땀과 피에서 나왔으며, 또한 시주자가 무엇인가를 바라는 마음에서 나온 것이기 때문이다.
23 금생에 받아서 쓰는 쾌락이 곧 내생에 받게 되는 고과苦果의 원인이 됨을 알지 못한다.
24 옛적이다.
25 시간이다.
26 (은殷은) 많음·번성함이다.
27 삼상三常은 의복과 음식과 수면인데, 만약 풍족하게 가지고자 한다면 어찌 도를 행할 수 있겠는가?

옴에 순식간에(颯然)²⁸ 백발이 된다.

　후학들이 아직 지취旨趣²⁹를 듣지 못했다면 선지식에게 널리 물어야 마땅한데, "출가자는 옷과 음식 구하기를 귀하게 여긴다."라고만 할 뿐이다. 부처님께서 먼저 계율을 제정하셔서 처음으로 계도啓導하기 시작하여 몽매한 중생을 격발시켰으니,³⁰ 그 궤칙軌則과 위의威儀³¹가 얼음이나 눈같이 깨끗하여 그치고 지키며 짓고 범하는 것³²으로 가르쳐 초심자들을 단속하고 거두어³³ 미세한 조장條章³⁴으로 모든 외람된 폐단을 혁파하셨다.³⁵ 그런데 계율(毘尼)³⁶을 설하는 법석³⁷에도 외람되게(叨)³⁸ 참석하지 않았으니 요의了義ⁱⁱ의 최상승을 어찌 밝게 분별할 수(甄別)³⁹ 있겠는가?

---

28 (삽연颯然은) 바람 소리가 빠른 모양이다.
29 지듭는 뜻이 향함이고, 뜻이 돌아가는 곳이 취趣이다.
30 계도를 창시하여 몽매한 중생을 격발시켰다.
31 위威는 두려워할 만한 것이고, 의儀는 본받을 만한 것이다.
32 섭선법계攝善法戒에서는 선善을 그치는 것이 범犯이고 선善을 짓는 것이 지持이며, 섭률의계攝律儀戒에서는 악惡을 그치는 것이 지持이고 악惡을 짓는 것이 범犯이다.*
　＊섭선법계攝善法戒에서는~범犯이다 : 보살이 받아 지녀야 할 계율을 세 가지로 분류하면 섭률의계攝律儀戒・섭선법계攝善法戒・섭중생계攝衆生戒로 나뉜다. 섭률의계는 악을 방지하기 위해 제정한 모든 금지 조항으로 흔히 '하지 말라'고 하는 계율이다. 섭선법계는 선善을 행하는 계율이며, 섭중생계는 선을 행하면서 중생에게 이익을 베푸는 계율이다.
33 구속하여 묶고 거두어 모으는 것이다.
34 3천 가지 위의와 8만 가지 세행을 낱낱이 각각 조목별로 장章과 구句로 벌려 놓은 것이 마치 나무에 둥치와 가지가 있는 것과 같으므로 조장條章이라 한다.
35 어리석은 폐단을 끊다.
36 (비니毘尼는) 한역하면 조복調伏이니, 삼업三業*을 조련하여 과거의 잘못을 제압하고 굴복시킴이다. 또는 멸滅이라 번역하는데, 의혹을 소멸시키고 업業을 소멸시켜 멸과滅果를 얻음이다.
　＊삼업三業 : 몸으로 짓는 신업身業과 말로 짓는 구업口業과 생각으로 짓는 의업意業을 말한다.
37 무릇 법을 설하는 장소에는 반드시 자리를 깔고 좌석을 마련하기 때문에 법석法席이라 한다.
38 (도叨는) 외람됨이다.
39 분명하게 밝혀서 나누어 구별하다.

애석하다! 일생을 헛되이 보내고 죽을 때 후회한들 돌이키기 어렵다. 교리敎理에 일찍이 마음을 두지 않았으니 현묘한 도에 계합하여 깨달을 원인이 없으며,[40] 나이가 많고 승랍僧臘이 높아지면[41] 속은 비었으면서 아만심만 높아져 어진 벗과 친하게 지내려 하지 않고 오직 거만할 줄만 안다.[42] 불법과 계율을 알지 못하니 단속하는 것이 전혀 없으며,[43] 혹은 큰소리로 허풍을 떨지만 내뱉는 말에 법도가 없으며,[44] 선배를 공경하지 않아 좌차를 어기니[45] 바라문婆羅門[46]이 모여 있는 것과 다를 것이 없다.

발우(椀鉢) 공양 중에는 소리를 내고[47] 공양을 마치면 먼저 일어나며 행동거지[48]가 괴각乖角[49]스러우니 승려의 체통이 전혀 없다. 일어나고 앉을 때도 경망스러워(忪)[50] 다른 사람의 마음까지도 동요시키며 약간의 규범

---

40 무릇 비구가 되어서는 5년간 율을 배우고 또 5년간 경전을 두루 익힌 뒤에야 대사大師라 일컬어지며, 그리고 다시 선도禪道를 참구한다.
41 율장에서는 7월 16일이 비구의 오분법신五分法身*이 태어난 해이니, 15일은 납제臘除이다. 비구는 세속을 떠났으니 세속의 나이로 계산하지 않고 하랍夏臘을 계산할 뿐이다.
  *오분법신五分法身 : 불법을 깨달은 다섯 가지의 법신으로 계신戒身·정신定身·혜신慧身·해탈신解脫身·해탈지견신解脫知見身이다.
42 이하는 삼업이 모두 이지러지는 것이다.
43 신업身業.
44 구업口業.
45 의업意業.
46 한역하면 정행淨行이니, 겁劫 초기의 종족으로 산과 들에 유유자적하므로 사람들이 정행이라는 말로 그들을 칭했다. 승조僧肇가 "그 종족은 따로 경서經書가 있어서 대대로 전해 내려오며 도학道學으로써 업을 삼으니, 혹 집에 있든 혹 출가하든 대부분이 도를 깨치는 방술을 믿어 아만심이 높은 사람들이다."*라고 하였다. 오직 오천축국五天竺國에만 있고 여타의 나라에는 없으며, 여러 경전 중에 '범지梵志'라는 것이 이 이름과 같다. 그 종족들은 범천梵天의 입에서 생겨났다고 자칭한다.
  *그 종족은~사람들이다 : 『注維摩詰經』 권2(T38, 340b18~20).
47 완椀은 작은 발우이다. 발鉢은 범어인데, 갖추어 말하면 발다라鉢多羅이고, 한역하면 응기應器이다. (완발은) 당나라 말과 범어를 함께 말한 것이다. 음식을 먹을 때 소리를 내면 아귀의 목구멍에서 불길이 일어난다.
48 나아가고 물러나는 행위 등.
49 각角 또한 어그러짐(乖)이다.
50 송忪은 마음이 허둥대는 것이며 또는 놀라는 것이다.

이나 소소한 위의도 갖추지 않으니, 무엇으로써 후학(後昆)⁵¹들을 단속하겠는가? 새로 배우는 자들이 본받을 만한 것이 없다.

알아차려 성찰하게 되면 문득 "나는 산승이다."라고 하나 아직 부처님의 가르침과 수행을 알지 못하고 한결같이 생각을 거친 곳(麁糙)⁵²에 둘 뿐이다. 이와 같은 소견은 대개 처음 발심하였을 때부터 게을러서 음식이나 탐내며(饕餮)⁵³ 하는 일 없이 빈둥거리며⁵⁴ 사람들 사이에서 그럭저럭 세월만 보내다가⁵⁵ 마침내 성글고 거친 기운이 이루어져 자기도 모르는 사이에 허우적대다가(躘踵)⁵⁶ 늙고 병들게 되어 부딪치는 일마다 마치 담벼락을 대면한 것과 같게 된 것이다.⁵⁷

후학들이 질문해도 이끌어 줄 말이 없고, 비록 얘기한다 하더라도 경전의 글귀(典章)⁵⁸와 관련된 것이 아니다. 혹여 업신여기는 말을 들으면 곧장

---

51 (곤昆은) '같이'이며 '함께'이고 또는 '뒤'이다.
52 (조糙는) '조粗'와 같다.
53 (도철饕餮은) 짐승 이름으로 양의 몸에 사람의 얼굴을 하고, 눈은 겨드랑이에 있으며, 호랑이 이빨에 사람 손톱을 지녔다. 소리는 갓난아기와 같고, 성격은 탐욕이 심하여 음식을 먹음에 만족함이 없어서 마침내 자신의 몸을 해치기에 이른다. 진운씨縉雲氏에게 변변치 않은 아들이 있어 음식을 욕심내고 재물을 탐내는 까닭에 도철이라 일컬었는데, 순舜이 사방의 먼 변방으로 내쳤다.*
  *진운씨縉雲氏에게~내쳤다 : 『春秋左氏傳』 문공文公 18년 기사에서는 "순이 요임금의 신하가 된 뒤에 사방의 문에서 현자들을 빈례로 맞이하고, 혼돈·궁기·도올·도철 등 흉악한 네 사람을 사방의 먼 변방으로 내쳐서 사람을 해치는 괴물을 막게 했다.(舜臣堯, 賓于四門, 流四凶族渾敦窮奇檮杌饕餮, 投諸四裔, 以禦螭魅.)"라고 하였다.
54 무언가를 하는 바가 없는 것이다.
55 (시간이) 흘러감이다.
56 (용종躘踵은) 어린아이가 걸어가는 모습이다.
57 공자가 백어伯魚에게 "사람으로서 「周南」과 「召南」을 배우지 않는다면 담장에 얼굴을 맞대고 서 있는 것과 같다."라고 하였으니,* 한 물건도 보이는 것이 없고 한 걸음도 갈 수 없음을 말한 것이다.
  *공자가~하였으니 : 『論語』 「陽貨」편에 나온다.
58 전典은 법法이니 오제五帝*의 서書이며, 장章은 문文이니 일을 이루고 문장을 완성하는 것을 말한다. 맹랑孟浪이라는 사람의 이야기는 곁에서 보는 사람들에게 웃음거리가 되었으므로 발언을 경솔하게 하는 것을 '맹랑'이라 한다.

후배가 무례하다고 질책하며 성내는 마음을 일으키고 말로 그 사람을 꾸짖기만 한다. 그러다가 하루아침에 병으로 침상에 누워 온갖 고통에 얽혀 핍박을 받으니, 아침저녁으로 헤아려 생각해 보아도 마음속이 혼란하고 두려워(恛惶)[59] 앞길이 아득하여 어디로 나아갈지 알지 못한다. 이때 비로소 허물을 뉘우칠 줄 알지만 목이 말라서야 샘 파는 격이니 어찌하겠는가!

일찍부터 미리 수행하지 않다가 늘그막에 여러 가지 허물이 많음을 스스로 한탄하며, 죽음[60]에 임해서는 몸을 떨며(揮霍)[61] 두려워 어찌할 줄을 모른다(怕怖慞惶).[62] 비단이 뚫어지면 참새가 날아가듯이[63] 식심이 업을 따르는 것은 마치 사람이 빚을 지면 가장 강한 채권자가 먼저 끌고 가듯이, 마음의 실마리도 여러 갈래지만 무거운 쪽으로 치우쳐 떨어진다. 무상無常한 살귀殺鬼가 한순간도 쉬지 않아서 생명은 조금도 늘릴 수 없고 시간은 조금도 기다리지 않으니, 인간계·천상계·삼유三有ⅲ에서 이를 벗어날 수 없다. 이와 같이 몸을 받은 것이 겁수劫數[64]를 논할 수 없으니, 슬프고 속상하여 탄식하고 놀라며(訝)[65] 애달피 마음을 저미도다. 어찌 입을 다물 수 있겠는가?[66] 서로 경책하는 것이 마땅하다.

한스러운 것은 상법像法의 말기[67]에 함께 태어나 성인이 계시던 때와

---

* 오제五帝 : 오제는 소호少昊·전욱顓頊·제곡帝嚳·제요帝堯·제순帝舜이다.
59 회恛는 혼란한 모양이다. 황惶은 미혹함이고 두려움이다.
60 죽어서 떠나가는 것이다.
61 휘곽揮霍은 떠는 것이다. 업이 무거운 자는 임종 때에 손발을 어찌할 줄 몰라 떨며 당황한다.
62 (파怕·포怖·창慞·황惶은) 모두 두려워하는 모습이다.
63 『七賢女經』에서는 "참새가 병 속으로 날아 들어가자 얇은 비단(縠)으로 그 병 입구를 덮어 놓았는데, 얼마 있다가 구멍을 뚫고 날아가 버렸다."라고 하였는데, 참새는 식심識心을 비유하였고, 병은 몸을 비유하였다. 곡縠은 비단이다.
64 겁劫은 범어인데, 갖추어 말하면 겁파劫波이며, 한역하면 시분時分이다. 길고 짧고 크고 작은 시간을 막론하고 모두 겁이라 한다.
65 (아訝는) 놀라서 괴이하게 여기는 것이다.
66 어찌 입을 닫고 말하지 않겠는가?
67 부처님 입멸 후 정법正法이 1천 년이고, 상법이 1천 년이고, 말법이 1만 년이며, 그 후에

멀고 불법은 생소해져 사람들이 대부분 게으르고 나태하니, 소견[68]을 대략 펴서 후학들을 깨우쳐 줄 뿐이다. 만약 자만(矜)[69]을 없애지(蠲)[70] 않으면 진실로 윤회를 면하기(逭) 어려울 것이다.[71]

무릇 출가[72]한 자는 발걸음을 옮겨 세간(方)을 벗어나고[73] 마음과 몸을 세속과 달리하여 성현의 종자를 이어받아 융성시켜 마군魔軍[74]을 두려워 떨게 해서 네 가지 은혜[iv]에 보답하고 삼계三界를 구제해야 한다. 만약 이와 같이 하지 않으면 외람되게 승려의 무리에 섞일(濫厠) 뿐,[75] 말과 행동이 거칠고 소략하며[76] 신도의 시줏물만 헛되이 소비하면서 예전의 행동을 조금도 바꾸지 않은 채 일생을 순식간에 보낼 것이니, 무엇을 의지하겠는가?

하물며 당당堂堂한 승려의 모습으로 그 용모가 볼 만한 것은[77] 모두 숙

　　법은 소멸된다. 상像은 유사하다는 것이니, 정법과 유사한 시기이다. 계季는 말엽이다.
68　옛사람이 "대롱관으로 표범을 엿보면 때때로 한 개의 무늬만을 볼 뿐이다."*라고 하였으니, 소견이라고 스스로 겸양한 말이다.
　　*대롱관으로~뿐이다 : 진晉나라 왕헌지王獻之(344~386)가 한 말이다.
69　(긍矜은) 뽐냄이다.
70　(견蠲은) 제거함이다.
71　(환逭은) 도망이니, 삼계에 윤회함을 도망하여 벗어나지 못함이다. 이상은 출가인의 허물을 말하여서 경각심을 갖게 하였고, 아래는 출가인의 행적을 말하여서 그들을 힘써 권장하여 매진하게 하였다.
72　출가에는 세 가지가 있으니, 첫째는 부모와 이별하여 세속의 집에서 나오는 것이고, 둘째는 도를 깨쳐서 오온五蘊의 집에서 나오는 것이며, 셋째는 과果를 증득하여 삼계의 집에서 나오는 것이다. 지금은 첫 번째이다.
73　세간을 방方이라 하니, 걸음을 옮겨 세간의 밖으로 초월하여 나가는 것이다.
74　옛날에 경론을 번역할 때는 마魔 자가 모두 석石을 따르는 글자(磨)였는데, 양 무제 이후로 마귀가 능히 사람을 번뇌케 한다고 여겨 마 자가 의당 귀鬼를 따르는 글자(魔)가 되었다.
75　『魏書』에서는 "한 사람도 그 사이에 섞여 있지 않음이 없다."라고 하였고, 주석에서는 "(치厠는) 섞이는 것이다."라고 하였으니, 남치濫厠는 두루 섞임을 말한다.
76　말은 행동의 열매이며 행동은 말의 표면이니, 말이 소략하고 행동이 거친 것을 말한다.
77　당당堂堂은 스스로 높이 여기는 모양이며 또는 용모가 성대함이니, 겉모습에만 힘써

세에 선근善根을 심어서 이와 같은 특이한 과보를 받은 것이거늘, 걸핏하면 단정히 두 손을 잡고 앉아 있는 것을 흉내 내어 촌음寸陰을 귀중하게 여기지 않고[78] 수행을 부지런히 하지도 않으니 공덕의 과보[79]를 성취할 인因이 없다. 그러니 어찌 일생을 헛되이 보낼 수 있겠는가? 게다가 내세의 업業도 도울 수 없을 것이다.

부모님과 이별하고 결연한 의지로 먹물옷을 입은 것은 어느 곳으로 함께 뛰어넘고자 한 것인가? 아침저녁으로 생각하고 헤아려 보건대, 어찌 그럭저럭 시간을 보낼 수 있겠는가? 마음은 불법의 동량棟梁이 되기를 기약하고[80] 행위는 후배들의 귀감龜鏡[81]이 되어야 하거늘, 항상 이와 같이 하여서는 조금도 상응하지 못한다.

말을 하면 반드시 경전의 글귀와 합치되어야 하고, 얘기를 하면 옛 성현의 말씀에 근거를 두어야 하며,[82] 모습과 위의는 뛰어나게 하고[83] 뜻과 기상은 고상하게 해야 한다. 멀리 만행을 할 때에는 반드시 어진 벗을 의지하여[84] 귀와 눈을 자주자주 맑히고, 머물러 수행할 때에는 반드시 도반을 가려서 예전에 듣지 못했던 것을 때때로 들어야 하니, 그러므로 "나를 낳아 준 이는 부모이고, 나를 완성시켜 주는 이는 벗이다."ᵛ라고 하였다.

좋은 사람을 가까이하면 마치 안개와 이슬 속을 걷는 것과 같아서 비록 옷이 젖지 않더라도 때때로 촉촉함이 있을 것이다. 그러나 악한 자를

스스로 높이 여길 뿐, 서로 도와 인仁을 행할 수 없음을 말한다.
78 우임금 같은 성인은 촌음도 버리지 않으셨으니 보통 사람들은 분음分陰이라도 아껴야 한다.
79 공덕을 쌓아 과보를 얻는다.
80 불법 문중의 동량이 되기를 기약한다.
81 거북점(龜)은 예측을 결정하고, 거울(鏡)은 예쁘고 추함을 변별한다.
82 「禹謨」에서는 "계고함이 없는 말은 듣지 말라."라고 하였고, 주석에서는 "계고함이 없는 것은 믿거나 증험할 수 없다."라고 하였다. 열 사람의 입을 거치면 '옛것'이 된다.
83 특출하여 우뚝 서는 것이다.
84 율장에는 "비구가 길을 나섬에 벗이 반드시 세 사람이 필요하다."라고 하였다.

가까이하면 나쁜 지견知見만 늘어나 아침저녁으로 악을 지을 것이니[85] 당장에 과보를 받고, 죽은 후에는 (삼악도에) 빠질 것이다.[86]

한 번 사람 몸을 잃으면 만겁토록 회복하지 못하니, 충직한 말이 귀에 거슬리더라도[87] 어찌 마음에 새겨 두지 않겠는가?[88] 곧 마음을 씻고 덕을 길러서[89] 자취를 감추고 이름을 숨기며[90] 정신精神을 쌓고 맑혀서(蘊素)[91] 시끄러움을 그치고 끊어야 한다.[92]

만약 선을 참구하고 도를 배워 방편의 문을 단박에 뛰어넘고자 한다면, 진리의 나루터에 마음을 계합시키고 정묘精妙한 이치를 남김없이(幾)[93] 궁구하여(硏)[94] 심오한 이치(奧)[95]를 결택하고 참된 근원을 깨우쳐야 할 것이

---

[85] 『付法藏經』에서는 다음과 같이 말하였다. "부처님께서 '모든 중생들은 뜻과 성품이 고정되지 않아서 악을 가까이 하면 악해지고 선을 가까이 하면 선해진다.'라고 하셨다. 옛날에 어떤 왕에게 포악한 코끼리 한 마리가 있었는데, 죄인 중에 사형을 당할 자는 묶어서 코끼리 앞에 던져 짓밟혀 죽게 하였다. 그러다가 코끼리 우리에 불이 나서 근처 사찰로 코끼리를 옮기게 되었는데, 며칠 지난 후로는 사람을 죽이지 않았다. 왕이 괴이하게 여겨 물으니 지혜로운 대신이 대답하기를, '절에 있으면서 좋은 말을 들은 까닭에 그렇습니다.'라고 하였다. 또 도살장에 옮겨 두었더니 그 포악함이 예전과 같았다." 짐승도 이와 같은데, 사람이 되어서 좋은 벗을 가까이하지 않겠는가?
[86] 과보에 세 가지가 있으니, 순현順現과 순생順生과 순후順後이다. 지금 당장 눈앞에서 그 과보를 받으면 순현順現이고, 죽은 후에 과보에 떨어지면 순생順生과 순후順後의 두 과보이다.
[87] 『孔子家語』에서는 "충직한 말은 귀에 거슬리나 행함에 이로우며, 좋은 약은 입에 쓰나 병에는 이롭다."라고 하였다.
[88] 마음에 두고 잊지 않기를 마치 쇠와 돌에 새겨 놓은 듯해야 한다.
[89] 마음의 티끌을 세척하고 덕스러운 업을 기른다.
[90] 그 자취를 숨겨서 티끌세상에 섞이며, 그 이름을 드러내지 않아서 화려함을 제거하고 실다움에 힘쓴다.
[91] 온蘊은 쌓다·모은다는 것이다. 소素는 희다·깨끗하다는 것이다. 정精이란 사람의 원기이며 기氣가 펴진 것을 신神이라 하니, 그 신기神氣를 모으고 쌓아서 결백하게 함을 말한다.
[92] 시끄럽고 번잡하며 어지럽고 떠들썩한 마음의 자취를 그치고 단절함이다.
[93] (기幾는) 다함이다.
[94] (연硏은) 궁구함이다.
[95] 오奧란 방의 서남쪽 모퉁이다. 문에 들어서는 자는 반드시 그 모퉁이를 보아야 하니,

니, 널리 선지식에게 물어보고 착한 벗과 늘 가까이하라. 우리 선종은 그 오묘한 이치를 깨닫기 어려우니 반드시 자세하게 마음을 써야 한다.

여기에서(可中)[96] 정인正因[97]을 단박에 깨달으면 이것이 티끌세계를 벗어나는 차제(階漸)[98]이니, 이렇다면 삼계의 25유有[99]를 깨트리게 된다.

안팎의 모든 법[100]은 실답지 않아서 마음으로부터 변하여 일어나므로 모두가 거짓된 이름인 줄 다 알아서 마음을 그곳에 머무르게 하지 말지니,[101] 다만 망정妄情이 외물外物에 집착하지 않는다면 외물이 어찌 사람을 장애하겠는가? 저 법성法性이 두루 흐르는 대로 내맡겨 끊지도 말고 잇지도 말라![102] 소리를 듣고 색을 볼 때에도 대체로 예사롭게 하되 이쪽저쪽으로 응용함에 모자람이 없어야 한다.

만약 그 모퉁이를 아직 엿보지 못했다면 그 문에 들어서지 않은 것이다.
96 가可는 개箇와 통용되니, 개중箇中은 '이 중에(此中)'를 말한 것이다. 또 이야기할 때 '만일'이라 하는 것과 같다.
97 자기 마음의 체성이 바로 정인이다.
98 계階는 단계이고, 점漸은 순차이다.
99 삼계의 첫 번째는 욕계欲界인데, 욕망에는 세 종류가 있으니 음식·수면·음욕이다. 이 세 가지에 대해서 바라고 추구하는 것을 욕欲이라 한다. 아래로 풍륜風輪으로부터 위로 타화자재천他化自在天에 이르기까지 모두 욕계에 포함된다. 두 번째는 색계色界인데, 형질이 맑고 깨끗하며 신상身相이 매우 수승하나 색色의 굴레를 아직 벗어나지 못했으므로 색계라 한다. 세 번째는 무색계無色界인데, 그 세계에는 색이 존재하지 않기 때문이다. (삼계를) 또한 삼유三有라고도 하는데, 각각에 업보가 있기 때문이다. 따로 분류하면 25유이니, 형계 담연荊溪湛然의 게송에서는 "사주四州와 사악취四惡趣와 육욕六欲과 범천梵天과 사선四禪과 사공처四空處와 무상無想과 나함那含이다."라고 하였다.
100 몸과 마음을 기준하면 마음은 안이고 몸은 밖이며, 마음의 경계를 기준하면 몸과 마음은 안이고 경계는 바깥이니, 일체의 모든 법이 색色과 심心을 벗어나지 않기 때문이다.
101 여래장심如來藏心이 무명無明과 합쳐져 아뢰야식阿賴耶識이 되어서 모든 식識과 모든 경계를 전변轉變하여 일으킨다. 그런데 경계가 다 허망하고 거짓이어서 다만 그 이름만 있을 뿐 도무지 실상이 없으니, 어찌 그러한 마음을 써서 저 경계에 반연하겠는가?
102 이 참된 마음은 모든 법에게 성품이 되어 주어서 있지 않은 곳이 없으니, 어찌 끊거나 이을 수 있겠는가?

이와 같은 행동거지라야 실로 법복法服을 그릇되게 입은 것이 아니며, 또한 네 가지 은혜에 보답하고 삼계를 구제할 것이다. 세세생생토록 물러나지 않는다면 불과佛果를 결단코 기약할 수 있을 것이니, 삼계의 나그네로 오가면서 나고 죽음에 타인의 본보기가 될 것이다.[103] 이 한 가지 학문이 가장 현묘하니 자긍심을 갖추기만 하면 절대로 그대를 속이지 않을 것이다.

　만일 중근기의 수행자가 있어 단박에 초탈하지 못한다면, 우선 교법教法에 마음을 두어 경전(貝葉)을 익히고(溫尋)[104] 이치를 정밀하게 찾아서 널리 전하고 펼쳐 후학들을 이끌어 부처님의 은덕에 보답하며 시간을 헛되이 낭비하지 말고 반드시 이 교법을 붙들어 지녀야 한다. 그렇게 하면 머무는 위의威儀가 승려 중에 법기法器가 될 것이다.

　어찌 보지 못했는가? 소나무에 의지한 칡이 위로 천 길을 솟아오르듯 수승한 인因[105]에 의탁하여야만 널리 이익되게 할 수 있다. 정성스럽게 재계齋戒[106]를 닦아 함부로 어긋나거나 넘어서지[107] 말지니 세세생생토록 뛰어나고도 현묘한 인과이다. 그러므로 한가하게 날을 보내거나 우두커니 시간을 허비해서는 안 되며 한순간도 아껴야 할 것이다. (불과佛果에) 올라 나아감을 구하지 않고 한갓 시방의 시줏물만 소비한다면 참으로 네 가지 은혜를 저버리는 것이다. 또 쌓여지는 업은 더욱 깊고 마음의 티끌에 쉽게 막히며 가는 곳마다 막히게 되어 남에게 업신여김과 속임을 당하게 될 것이다. 옛사람은 "그도 장부였고 나 또한 그러하니, 스스로 가벼이 여

---

103 중생은 삼계 안을 윤회하며 영원히 벗어날 기약이 없고, 모든 불보살들이 나투어 생生을 받는 것은 모두 중생들을 이롭게 하고 구제하기 위함이다.
104 온溫도 찾는(尋) 것이고 익히는(習) 것이다. 부처님이 입멸한 후 아난 등이 경장과 율장을 결집할 때 패다라 나뭇잎(貝葉)에 내용을 적었다.
105 경전의 가르침.
106 재齋는 정오가 지나면 음식을 먹지 않는 것으로 이름을 삼고, 계戒는 그릇된 것을 방지하고 사악한 것을 그치게 하는 것으로 뜻을 삼는다.
107 율장의 행위에 어긋나고 교법의 가르침을 넘어서다.

겨 물러서지 말라."¹⁰⁸라고 하였다. 만약 이와 같지 않으면 한갓 불문佛門에 있으면서 일생을 헛되이 보내는 것이니, 전혀 이로울 게 없다.

엎드려 바라옵건대, 결렬한 의지를 일으키고 특별한 생각을 펼쳐서 행동할 때는(擧措)¹⁰⁹ 저 상류를 보아야 하며, 용렬하고 비속한 이들을 함부로 따르지 말라. 금생에 반드시 결단을 내야 하니, 생각건대 다른 사람을 통할 것이 아니다. 뜻을 쉬고 인연을 잊어 모든 번뇌에게 상대를 지어 주지 말라. 마음은 텅 빈 것이고 경계도 고요하지만 다만 오랫동안 막혀서 통하지 않기 때문이니, 이 글을 상세히 살펴보고 때때로 경책하여 억지로 주재主宰를 지어¹¹⁰ 인정에 휘둘리지 말라.

업의 과보에 이끌리면 참으로 벗어나기 어렵듯이¹¹¹ 소리가 온화하면 메아리도 순하고, 모습이 곧으면 그림자도 단정하다. 이렇듯 인과가 뚜렷한데 어찌 근심과 두려움이 없겠는가? 그러므로 경전¹¹²에는 "가령 백천 겁 동안 지은 업은 없어지지 않아서 인연이 도래할 때에 과보를 스스로 받으리라."ⱽⁱ라고 하였다. 그러므로 삼계의 형벌이 사람을 옭아맴을 알아야 하니, 노력하고 부지런히 수행하여 헛되이 날을 보내지 말라. 허물과 병¹¹³을 깊이 알아야 비로소 수행과 지계持戒를 권면할 수 있으니, 원컨대

---

108 부처님이 라훌라를 훈계한 게송.
109 거擧는 처치處置하는 동작이고, 조措는 안포安布하는 행위이다.
110 주主는 나라의 임금이고, 재宰는 재상이다. 임금은 자유자재하고 재상은 베고 끊으니, 내가 법왕이 되어서 법에 대해 자유자재하고 걸리거나 막히지 않으며 능히 통제하고 끊음을 말한다.
111 『書經』에서는 "하늘이 지은 재앙은 오히려 피할 수 있으나 스스로 지은 재앙은 편안할(逭) 수 없다."라고 하였으니, 환逭은 편안함(綏)과 같다.
112 『一切有部經』.
113 오욕五欲과 생사生死가 허물과 병이 된다. 『摩訶止觀』에 오욕의 허물과 병을 밝혀 놓았으니,* 색色은 뜨거운 쇠구슬과 같아서 그것을 잡으면 불타게 되고, 성聲은 독을 칠한 북과 같아서 그 소리를 들으면 죽게 되고, 향香은 성난(憋) 용의 기운과 같아서 그 향기를 맡으면 병이 들고, 미味는 꿀이 묻은 칼과 같아서 그것을 핥으면 상처가 나고, 촉觸은 사자가 누워 있는 것과 같아서 그것에 가까이 가면 물리게 된다. 별憋은 음이 별別이며 성냄(嗔)이다.

백겁 천생토록 곳곳에서 함께 법의 도반이 되기를 바라노라. 이에 명銘을 지어 말한다.

환幻 같은 몸과 꿈같은 집이 허공 속의 물색物色[114]이로다.
과거에도 다함이 없었는데 미래에 어찌 다함이 있겠는가?
이곳에서 태어나 저곳에서 죽으니 오르내림에 피로함이 지극하네.
삼계의 윤회를 벗어나지 못했으니 어느 때 쉬겠는가(休息)?[115]
세간을 탐내고 그리워하여 오음五陰과 십이인연이 바탕을 이루니[116]
태어나서 늙을 때까지 하나도 얻은 바가 없네.
근본무명이 이 때문에 미혹하게 되었구나.
세월을 아낄지니 찰나도 예측할 수 없어라.
금생을 헛되이 보내면 내생은 막히리라.[117]
혼미하게 시작하여 혼미함에 이르도록 모두 육진을 통해서
육도에 오고가며 삼계를 기어가네.
서둘러 밝은 스승을 찾아뵙고 고덕을 친근히 해서
몸과 마음을 결단하여 번뇌의 가시덤불(荊棘)[118]을 제거하라.
세상은 본래 들뜨고 텅 비었는데 뭇 인연들이 어찌 핍박하리오?
법의 이치 다 궁구하여 깨달음을 법칙으로 삼을지니

---

* 오욕의~놓았으니 :『摩訶止觀』권4(T46, 44a11~15).

114 물색은 허공꽃이다. 근신根身과 기계器界가 텅 빈 환이어서 실답지 못함이 마치 허공꽃과 같다.
115 영원히 버리는 것이 휴休이고, 잠시 내버려 둠이 식息이다.
116 중생의 형상과 바탕은 오음과 십이인연에 따라 이루어진다.
117 미래제가 다하도록 벗어날 기약이 없다.
118 형荊은 가시나무이며 또한 대추나무에 속한다. 허씨가 (『說文解字』에서) "멧대추나무는 대추나무와 같으나 가시가 많으며 나무가 견고하고 붉은색을 띠며 군집 생활을 한다. 큰 것을 대추나무라고 하고 작은 것을 멧대추나무라고 하는데, 대추나무는 품종이 키가 크지만 멧대추나무는 작다. 그러므로 함께 묶어 극棘이 된 것이다."라고 하였으니, 이는 번뇌를 비유한 것이다.

마음과 경계를 모두 버려 기억하지 말라.
육근이 편안하면 가고 머무는 일도 고요하고
한 생각이 일어나지 않으면 온갖 경계가 모두 쉴 것이다.

潙山大圓禪師警策【潙山靈祐禪師, 福州趙氏子, 嗣百丈. 代宗勅諡大圓.】
夫業【前因】繋受身【今果】, 未免形累, 禀父母之遺體【父母精血】, 假衆緣【乳哺, 洗浴, 衣食等】而共成.【凡受身者, 皆有四相, 上卽生相.】雖乃[1]四大扶持, 常相違背,【『智論』云: "四大爲身, 常相惱害, 一一大中, 百一病起. 冷病有二百二, 水風起故; 熱病有二百二, 地火起故."】無常老病【中間二相】, 不與人期, 朝存夕亡【死相】, 刹那異世.【『仁王經』云: "一念中有九十刹那, 一刹那中, 經九百生滅, 言極小時也."】譬如春霜曉露, 倐忽卽無, 岸樹井藤, 豈能長久? 念念迅速, 一刹那間, 轉息卽是來生, 何乃晏然空過?【自章初至此, 通叙無常, 此下別警出家人.】父母不供甘旨【旨卽美也. 古人於飮食之美者, 必以旨言.】, 六親【『善見論』云: "父六親: 伯叔兄弟兒孫, 母六親: 舅姨兄弟兒孫."】固以棄離, 不能安國治邦【大曰國, 小曰邦】, 家業頓損繼嗣, 緬離鄕黨,【『禮』云: "五家爲隣, 二十五家爲里, 五百家爲黨, 萬二千五百家爲鄕."】剃髮禀師,【初比丘於如來善來言下, 鬚髮自落, 袈裟披體. 成道十一年, 始以寶刀, 剪剃鬚髮. 又囑憍陳如等, 徧三天下, 爲諸沙彌受戒, 是剃髮受戒之始.】內勤尅念之功, 外弘不諍之德,【成而不朽者功, 周而不匱者悳. 又悳, 得也, 有自生而得之於天, 有躬行而得之於心, 此言躬行也.】迥脫塵世, 冀期出離, 何乃纔登戒品【品者, 類也. 比丘二百五十戒, 束爲八類, 故云戒品.】, 便言: "我是比丘."【比丘, 此云乞士, 內乞法以資慧命, 外乞食以資色身. 又有四義, 故存梵不譯.】檀越所須【檀者, 以財行施, 越[2]貧窮海. 言所須, 謂施財者欲邀福懺罪也.】, 喫用常住【『鈔』云: "僧物有四種常住. 一常住常住, 謂衆所用什物, 體局當處, 不通餘界, 但得受用, 不許分賣, 故重云常住. 二十方常住, 寺中飮食等物, 體通十方, 惟局本處, 食旣熟已, 乃打皷鍾, 盖明十方僧俱有分也, 上二名僧祇物. 三現前常住, 有二. 一物現前, 二僧衆現前, 謂此僧得多施物, 惟施此處現前僧衆故. 四十方現前常住, 謂亡僧輕物也, 體同十方, 唯本處現在僧得分故, 此二名現前僧物. 今詳分亡僧物, 十方來僧, 在羯磨數前, 即得, 羯磨後來者, 不得."】, 不解忖思來處【來處者, 此一鉢之食, 出於作者一鉢之汗血也, 又施者所求也.】, 謂言: "法爾合供." 喫了, 聚頭喧喧, 但說人間雜話, 然則一期趁樂, 不知樂是苦因.【不知今生受用快樂, 即爲來世得苦果之因.】曩【昔也.】劫【時也.】徇塵, 未嘗返省, 時光淹沒, 歲月蹉跎, 受用殷【多也, 盛也.】繁, 施利濃厚, 動經年載, 不擬棄離, 積聚滋多, 保持幻質. 導師有勅, 戒勗比丘: "進道嚴身, 三常不足."【三常: 衣服·飮食·睡眠, 若圖取足, 何能行道?】人多於此, 貪[3]味不休, 日往月來, 颷然【風聲疾貌.】白首. 後學未聞旨趣【旨, 意向也. 意之所歸爲趣.】, 應須博[4]問先知, 將謂出家貴求衣食. 佛先制律, 啓創發蒙【創始啓導, 擊發蒙昧.】, 軌則威儀【威, 可畏也. 儀, 可象也.】, 淨如冰雪, 止持作犯【攝善法戒: 止善爲犯, 作善爲持; 攝律儀戒: 止惡爲持, 作惡爲犯.】, 束歛【拘束收歛】初心, 微細條章【三千威儀, 八萬細行, 一一各有條陳章句, 如木之有枝條, 故曰條章.】, 革諸猥弊【斷猥愚弊】. 毘尼【此云調伏, 調鍊三業, 制伏過非. 又翻滅, 滅惑滅業, 得滅果也.】法席【凡說法之處, 必鋪筵設席, 故云法席.】, 曾未叨【猥濫也.】陪, 了義上乘, 豈能甄別【甄明揀別.】? 可惜! 一生空過, 後悔難追. 敎理未嘗措懷, 玄道無因契悟.【凡爲比丘, 五載學律, 又五歲通經, 然後稱爲大師, 且復叅學禪道.】及至年高臘[5]長.【律中, 以七月十六日, 是比丘五分法身生來之歲, 則十五日是臘除也. 比丘出俗, 不以俗年爲計, 乃數夏臘耳.】空腹高心, 不肯親附良朋, 惟知倨傲.【下三業俱麤.】未諳法律, 戢歛全無【身業】或大語高聲, 出言無度【口業】不敬上中下座.【意業】婆羅[6]門【此云淨行, 劫初種族, 山野自閑, 故人以淨行稱之. 肇云: "其種別有經書, 世世相承, 以道學爲業, 或在家·或出家, 多恃見道術我慢人也." 唯五天有, 餘國無, 諸經中梵志即同此名. 其人種類, 自云從梵天口生.】聚會無殊. 椀鉢作聲【椀, 小盂. 鉢, 梵語, 具云鉢多羅, 此云應器, 唐梵雙擧. 食時若作聲, 餓鬼咽中火起.】, 食畢先起, 去就【進退作爲】乖角【角亦乖也.】, 僧體全無. 起坐忪諸【忪, 心動也, 又驚也.】, 動他心念, 不存些些軌則·小小威儀, 將何束歛後昆[7]【同也, 咸也, 又後也.】? 新學無因傚倣. 纔相覺察, 便言:"我是山僧."
未聞佛教行持, 一向情存[8]麄[9]糙【與粗同.】. 如斯之見, 盖爲初心慵惰, 饕
餮【獸名, 羊身人面, 目在掖, 虎齒人爪, 音如嬰兒, 性貪婪, 食之無厭, 遂害其身. 縉
雲氏有不才子, 貪于飲食, 冒于貨賄, 人謂之饕餮, 舜投四裔.】因循【無所作爲也.】,
苒苒【展轉也.】人間, 遂成疎野, 不覺蹱踵【小兒行貌.】老朽, 觸事面墻.[10]【孔子
謂伯魚曰:"人而不學『周南』·「召南」, 猶面墻而立也歟!" 言一物無所見, 一步不可行
也.】後學咨詢, 無言接引, 縱有談說, 不涉典章【典, 法也, 五帝書也. 章, 文也,
言成事成文也. 孟浪之談, 取笑傍觀, 發言輕率曰孟浪.】或被輕言, 便責後生無
禮, 嗔[11]心忿起, 言語該人, 一朝臥疾在牀, 衆苦縈纏逼迫, 曉夕思忖, 心
裡[12]怐惶【怐, 昏亂貌. 惶, 惑也恐也.】, 前路茫茫, 未知何徃. 從玆始知悔過,
臨渴掘井, 奚爲! 自恨早不預修, 年晩多諸過咎, 臨行【大去之行也.】揮霍【揮
霍, 振動也. 業重者, 臨終, 手忙脚亂, 振動周章也.】, 怕怖悷惶【皆恐懼貌.】, 穀穿
雀飛.【『七賢女經』:"有雀飛入瓶中, 以穀覆其瓶口, 旣已穿破飛去." 雀比識心, 瓶
比身. 穀, 紗也.】識心隨業, 如人負債, 強者先牽, 心緒多端, 重處偏墜. 無常
殺鬼, 念念不停, 命不可延, 時不可待, 人天三有, 應未免之. 如是受身, 非
論劫數【劫, 梵語, 具云劫波, 此云時分, 不論長時·短時·大時·小時, 皆曰劫.】, 感
傷歎訝【驚怪也.】, 哀哉切心, 豈可緘言?【豈可緘口而不言也?】遞相警策. 所恨
同生像季【佛滅後, 正法一千年, 像法一千年, 末法一萬年, 然後法滅. 像, 似也, 似
正法時. 季, 末也.】, 去聖時遙, 佛法生踈,[13] 人多懈怠, 略伸管見【古人云:"管
中窺豹, 時見一班." 自謙小見也.】, 以曉後來. 若不蠲【除也.】矜【伐也.】, 誠難輪
逈.【逃也, 未能逃脫輪回三界也. 上叙出家人過咎, 以警覺; 下說出家人行履, 使其
勉勵而策進也.】

夫出家者【出家有三: 一辭親出世俗家, 二悟道出五蘊家, 三證果出三界家, 此即
初也.】, 發足超方【世間曰方, 發步而超出方之外.】, 心形異俗, 紹隆聖種, 震懾
魔軍,【古譯經論, 魔字皆從石, 自梁武以來, 謂魔能惱人, 字宜從鬼.】用報四恩,
拔濟三有. 若不如此, 濫厠僧倫,【『魏書』:"無一人間厠其間." 註:"雜也." 濫厠,

• 63

言泛雜也.】言行荒疎[14]【言乃行之實, 行乃言之表, 謂言疎濶行荒弊者也.】, 虛霑信施, 昔年行處, 寸步不移, 恍惚一生, 將何憑恃? 況乃堂堂僧相, 容貌可觀,【堂堂, 自高皃, 又容皃之盛, 言務外而自高, 不可輔而爲仁.】皆是宿植善根, 感斯異報, 便擬端然拱手, 不貴寸陰.【大禹聖人, 不弃寸陰, 衆人當惜分陰.】事業不勤, 功果【積功獲果.】無因克能,[15] 豈可一生空過? 抑亦來業無裨. 辭親決志被[16]緇, 意欲等超何所? 曉夕思忖, 豈可遷延過時! 心期佛法棟樑[17]【期作法門棟梁.】, 用作後來龜鏡【龜[18]所以决猶豫, 鏡所以辨姸媸.】, 常以如此, 未能少分相應. 出言須涉於典章, 談說乃傍於稽古.【『禹謨』云: "无稽之言勿聽." 注云: "无考, 無信驗也." 十口所傳爲古.】形儀挺特,【挺然而特立也.】意氣高閑.[19] 遠行要假良朋,【律中: "比丘出行, 侶須三人."】數數清於耳目; 住持[20]必須擇伴, 時時聞於未聞, 故云: "生我者父母, 成我者朋友." 親附善者, 如霧露中行, 雖不濕衣, 時時有潤; 狎習惡者, 長惡知見, 曉夕造惡,『付法藏經』云: "佛言: 一切衆生, 志性無定, 近惡則惡, 近善則善. 昔王有一惡象, 罪人當死者, 係投象前, 踏踐殺之. 象厩失火, 將象近寺, 累日後不殺人. 王怪問之. 智臣曰: '在寺中, 聞善言故然耳.' 又移置屠肆中, 其惡如前." 獸旣如是, 人而不親近善友乎? 卽目交報, 歿後沉淪.【報有三種: 順現·順生·順後, 卽今日[21]前相交其報, 卽順現. 歿後淪墜, 順生·順後二報也.】一失人身, 萬劫不復, 忠言逆耳,『家語』: "忠言逆耳, 利於行; 良藥苦口, 利於病."】豈不銘心者哉?【存心不忘, 如刻金石.】便能澡心育德【洗滌心塵, 保育悳業.】, 晦迹韜[22]名,【隱晦其迹, 而和光同塵; 不市其名, 而去華務實.】蘊素精神,【蘊, 積也, 蓄也. 素, 皎也, 潔也. 精者, 人之元氣, 氣之伸者曰神. 言藏蓄而潔白其神氣也.】喧囂止絶.【止息斷絶乎喧煩紛囂之心迹也.】若欲叅禪學道, 頓超方便之門, 心契玄津, 研【究也.】幾【盡也.】精妙, 决擇深奧【奧者, 室之西南隅. 得入門者, 必見其奧, 若未窺其奧者, 不入其門.】, 啓悟眞源, 博問先知, 親近善友. 此宗難得其妙, 切須仔細用心. 可中【可與箇通用, 箇中謂此中也. 又說話猶云萬一也.】頓悟正因【謂自心體性是正因.】, 便是出塵階漸【階, 級. 漸, 次也.】, 此則破三界二十五有.【三界者: 一欲界, 欲有三種: 飲食·睡眠·婬欲. 於此三事, 希須名欲. 下自風輪, 上至他化天, 皆欲界攝. 二色界, 形質清淨, 身相殊勝, 未出色籠, 故名色界. 三無色界, 於彼界非有故. 亦名三有, 各有業報故. 別分則二十五有. 荆溪頌曰: "四州四惡趣, 六欲幷梵天, 四禪四空處, 無想及那含."】內外諸法,【約身心, 則心爲內, 身爲外; 約心境, 則身心爲內, 境界爲外. 一切諸法, 不出色心故.】盡知不實, 從心變起, 悉是假名, 不用將心湊泊.【如來藏心, 與無明, 合爲賴邪, 變起諸識諸境, 皆是虛假, 但有其名, 都無實狀, 安用其心, 攀緣彼境?】但情不附物, 物豈礙人? 任他法性周流, 莫斷莫續!【即此眞心, 與諸法爲性, 無處不在, 豈可斷續?】聞聲見色, 盖是尋常, 遮邊那邊, 應用不闕.[23] 如斯行止, 實不枉被法服, 亦乃酬[24]報四恩, 拔濟三有. 生生若能不退, 佛階決定可期, 往來三界之賓, 出沒爲他作則.【衆生輪回三界之內, 永無出期; 諸佛菩薩示現受生, 皆爲利濟羣生.】此之一學, 最妙[25]最玄, 但辦肯心, 必不相賺. 若有中流之士, 未能頓超, 且於敎法留心, 溫尋貝葉【溫亦尋也, 習也. 佛滅後, 阿難等結集經律, 書根多羅樹葉.】精捜義理, 傳唱敷揚, 接引後來, 報佛恩德, 時光亦不虛棄, 必須以此扶持, 住止威儀, 便是僧中法器. 豈不見? 倚松之葛, 上聳千尋, 附託勝因【經敎】, 方能廣益. 懇修齋戒【齋者, 過中不食爲名; 戒者, 防非止惡爲義.】, 莫謾虧踰【虧缺律行, 踰越敎戒.】, 世世生生, 殊妙因果, 不可等閒過日, 兀兀度時, 可惜光陰, 不求升進, 徒消十方信施, 亦乃孤負四恩, 積累轉深, 心塵易壅, 觸途成滯, 人所輕欺. 古云: "彼旣丈夫, 我亦爾, 不應自輕而退屈."【佛誡羅睺羅偈】若不如此, 徒在緇門, 荏苒一生, 殊無所益. 伏望興決烈之志, 開特達之懷, 擧措【擧者, 處置動作; 措者, 安布施爲.】看他上流, 莫擅隨於庸鄙. 今生便須決斷, 想料不由別人, 息意忘緣, 不與諸塵作對. 心空境寂, 只爲久滯不通, 熟覽斯文, 時時警策, 強作主宰,【主, 國主. 宰, 宰相. 主則自在, 宰則割斷. 言我爲法王, 則於法自在, 不爲係滯, 而能制斷矣.】莫徇人情. 業果所牽, 誠難逃避,【『書』云: "天作孽猶可違, 自作孽不可逭." 逭猶綏也.】聲和響順, 形直影端, 因果歷然, 豈無憂懼?[26] 故經云:【『一切有部經』】"假使百千劫, 所作業不亡, 因緣會遇時, 果報還自受." 故知三界刑罰縈絆殺人, 努[27]力勤修, 莫空過日. 深知過患,【五欲·生死爲過患. 『止觀』明五欲過患: 色如熟金丸, 執之則燒; 聲塗毒鼓, 聞之必死; 香如憋龍氣, 嗅之則病; 味如蜜塗刀, 舐之則傷; 觸如臥師子, 近之則嚙. 憋, 音別, 嗔也.】方乃相勸行持, 願百劫千生, 處處同爲法侶, 乃爲銘曰:

幻[28]身夢宅, 空中物色.【物色, 空花也. 根身·器界, 虛幻不實, 如空花也.】前際無窮, 後際寧尅?[29] 出此沒彼, 昇沉疲極. 未免三輪, 何時休息?【永捨爲休, 暫廢爲息.】貪戀世間, 陰緣成質.【衆生形質, 從五陰十二因緣而成.】從生至老, 一無所得. 根本無明, 因玆被惑. 光陰可惜, 刹那不測. 今生空過, 來世窒塞.【盡未來際, 無出頭期.】從迷至迷, 皆因六賊. 六道徃還, 三界匍匐. 早訪明師, 親近高德. 決擇身心, 去其荊棘.【荊, 楚木也, 亦棘屬. 許氏曰: "棘如棗, 而多刺, 木堅, 赤色, 叢生. 大曰棗, 小曰棘. 棗性喬, 棘則低矣, 故並束爲棘." 此比煩惱也.】世自浮虛, 衆緣豈逼! 硏窮法理, 以悟爲則. 心境俱捐, 莫記莫憶. 六根怡然, 行住寂默. 一心不生, 萬法俱息.

---

1) ㉮ '乃'는 '迺'로 되어 있는 곳도 있다. 2) ㉯ '越' 앞에 문맥상 '越者'가 들어가야 한다. 3) ㉮ '貪'은 '眈'이나 '耽'으로 되어 있는 곳도 있다. 4) ㉮ '博'은 '愽'으로 되어 있는 곳도 있다. ㉯ '愽'은 '博'과 통용된다. 5) ㉮ '臘'은 '膓'으로 되어 있는 곳도 있다. 6) ㉮ '羅'는 '罪'로 되어 있는 곳도 있다. 7) ㉮ '昆'은 '毘'로 되어 있는 곳도 있다. 8) ㉮ '存'은 '在'로 되어 있는 곳도 있다. 9) ㉮ '龕'은 '鑫'로 되어 있는 곳도 있다. 10) ㉮ '墻'은 '牆'으로 되어 있는 곳도 있다. 11) ㉮ '嗔'은 '瞋'으로 되어 있는 곳도 있다. 12) ㉮ '裡'는 '裏'로 되어 있는 곳도 있다. 13) ㉮ '踈'는 '疏'로 되어 있는 곳도 있다. 14) ㉮ '踈'는 '諫'으로 되어 있는 곳도 있다. 15) ㉮ '能'은 '就'로 되어 있는 곳도 있다. 16) ㉮ '被'는 '披'로 되어 있는 곳도 있다. 17) ㉮ '樑'은 '梁'으로 되어 있는 곳도 있다. 18) ㉯ '黽'은 '龜'가 되어야 한다. 19) ㉮ '開'은 '閑'으로 되어 있는 곳도 있다. 20) ㉮ '持'는 '止'로 되어 있는 곳도 있다. 21) ㉯ '日'은 '目'의 오기인 듯하다. 22) ㉮ '韜'는 '蹈'로 되어 있는 곳도 있다. 23) ㉮ '闕'은 '關'으로 되어 있는 곳도 있다. 24) ㉮ '酧'는 '酬'로 되어 있는 곳도 있다. 25) ㉮ '妙最玄'은 '玄最妙'로 되어 있는 곳도 있다. 26) ㉮ '惧'는 '懼'로 되어 있는 곳도 있다. 27) ㉮ '努'는 '弩'로 되어 있는 곳도 있다. 28) ㉮ '幻'은 '幼'로 되어 있는 곳도 있다. 29) ㉮ '尅'은 '剋'으로 되어 있는 곳도 있다. ㉯ '尅'은 '剋'과 통용된다.

주

i 언덕 위의~우물가의 등나무(岸樹井藤) : 『佛說譬喩經』에 나오는 비유담이다. 한 나그네가 벌판을 가다가 갑자기 불길이 일어나 당황했는데, 이때 코끼리 한 마리가 나타나 달려들었다. 코끼리를 피하려고 도망가다가 언덕 아래에 우물을 발견하는데, 등나무 넝쿨이 안에 드리워져 있었다. 그 넝쿨을 붙잡고 우물 속으로 내려가자 바닥에는 구렁이 세 마리가 입을 벌리고 있었고, 넝쿨 위에는 독사 네 마리가 내려다보고 있었다. 내려갈 수도 올라갈 수도 없는 처지였는데, 그때 넝쿨 윗부분을 쥐가 갉아먹고 있었다. 그때 달콤한 꿀이 얼굴에 떨어졌으니, 나무 위의 벌집에서 꿀이 흘러내리고 있었다. 나그네는 방금까지 두려웠던 상황은 까맣게 잊고 떨어지는 꿀 한 방울을 받아먹으려고 온 정신이 팔려 있었는데, 이는 인간의 삶을 비유한 것이다. 즉 불길은 욕망의 불길이고, 코끼리는 죽음의 그림자이며, 무상無常을 비유한 것이다. 등나무 넝쿨은 목숨이고 우물 바닥은 황천이다. 세 마리 구렁이는 탐·진·치 삼독三毒이고, 네 마리 독사는 우리 몸을 구성하는 지·수·화·풍 사대四大이며, 달콤한 꿀은 오욕락五欲樂을 비유한 것이다. 이는 인간이 삼독에 빠져 무상의 깨달음을 이루지 못한 채, 다가오는 죽음 앞에서도 오욕락의 꿀 한 방울에 목숨을 매는 현실을 비유한 것이다.

ii 요의了義 : 불법의 이치를 끝까지 규명하여 분명하게 설명해서 나타낸 것을 말한다.

iii 삼유三有 : 삼계三界를 말하는데, 욕유欲有·색유色有·무색유無色有로 나뉜다.

iv 네 가지 은혜 : 『心地觀經』에서는 부모·중생·국왕·삼보의 은혜라고 하였고, 『釋氏要覽』에서는 부모·스승·국왕·시주자의 은혜라 하였다.

v 나를 낳아~이는 벗이다 : 춘추시대 제齊나라 사람 관중管仲과 포숙鮑叔이 서로의 처지를 잘 이해하여 교분交分이 매우 두터웠다. 관중이 말하기를, "나를 낳아 준 이는 부모이고 나를 알아준 자는 포숙이다.(生我者父母, 知我者鮑叔也.)"라고 하였다.

vi 가령 백천~스스로 받으리라 : 『根本說一切有部毘奈耶』 권6(T23, 657c5~6).

명교 설숭 선사의 존승편[1]

불교에서 반드시 승려를 존숭한다는 것은 무엇을 말하는가? 승려란 부처로써 성품을 삼고 여래로써 집을 삼으며, 법으로써 몸을 삼고 지혜로써 목숨을 삼으며, 선정의 기쁨[2]으로써 음식을 삼기 때문에 세속의 성씨를 의지하지 않고 세간의 가문을 꾸리지 않으며, 형상을 꾸미지 않고 삶을 탐하거나 죽음을 두려워하지 않으며, 다섯 가지 맛에 빠지지 않으니,[3] 계행(戒)이 있어 그 몸을 보호하고 선정(定)이 있어 마음을 거두며 지혜(慧)가 있어 분별하여 가린다.

그 계행을 말하자면 세 가지 미혹[4]을 깨끗이 하여 이 몸이 다하도록 더럽히지 않고, 그 선정을 말하자면 생각을 고요히 하고 신명神明을 바르게 하여 종일토록 혼란스럽지 않고, 그 지혜를 말하자면 도덕을 숭상하고 의혹을 분별하여[5] 반드시 그렇게 하니, 이로써 닦음을 인因이라 하고 이로써 완성시킴을 과果라 한다.

만물에 대해서는 자애로움이 있고 가엾게 여김이 있으며 큰 서원이 있고 큰 은혜가 있다. 자애로움이란 항상 만물을 편안하게 하려는 것이고,

---

1 선사는 휘는 설숭契嵩이고 심진鐔津 이씨李氏의 자손이며 동산 효총洞山曉聰 선사의 법을 이었다. 10만 자에 이르는 『原敎論』을 지어 한유韓愈의 척불론斥佛論에 대항하였는데, 인종 황제가 이를 보고 가상히 여겨 칙명으로 대장경에 입장入藏시켜 유포하게 하고는 '명교대사'라는 호를 하사하였다.
2 선정이 정신을 도와서 가볍고 편안하며 알맞고 기쁜 것이 선열禪悅이다.
3 『禮記』에서는 "음식에 빠져들지(湛) 말라."라고 하였고, 주석에서는 "음식의 맛에 멋대로 빠져들면 욕湛이 되는데, 욕湛이란 말은 욕심(欲)이다."라고 하였다.
4 살생·도둑질·음행.
5 도덕을 존숭하고 의혹을 변별하여 밝힌다. 또한 무릇 사람이 반드시 해야 할 바를 능히 알되 이익을 위하는 마음이 없다면 그 덕은 그로부터 더욱 높아질 것이며, 그렇지 않고 조금이라도 이익이나 욕망의 마음이 있다면 그 덕은 숭고하지 않을 것이다. 심한 의혹도 반드시 미세한 것에서 일어나는 법이니, 일찍감치 잘 분별할 수 있다면 큰 의혹에 이르지 않을 것이다. 그러므로 분노를 다스리는 것은 의혹을 분별하기 위함이다.

가엾게 여김이란 뭇 고통을 항상 덜어 주려는 것이고, 서원이란 천하 사람들과 함께 참된 진리 보기를 맹세하는 것이고, 은혜란 중생들에게 바른 법으로써 베푸는 것이다. (이러한 사문의 자세는) 신묘하게 통하므로 천지도 가릴 수 없고 은밀하게 행해지므로 귀신도 예측할 수 없다.

법을 연설함에는 언변이 뛰어나 막히지 않으며, 법을 수호함에는 떨쳐 일어나 몸을 돌아보지 않으니, 사람들이 참지 못하는 것을 잘 참아 내고 사람들이 하지 못하는 것을 잘해 낸다. 생활(命)을 바르게 가짐에는[6] 밥을 구걸해서 먹더라도 부끄러움으로 여기지 않으며, 욕심을 적게 함에는 분의糞衣[7]와 꿰맨 발우[8]를 가난하게 여기지 않으며, 다툼을 없게 함에는 자신이 욕됨을 받을지언정 상대를 업신여기지 않으며, 원망이 없게 함에는 상대와 같게 할지언정 손해나게 하지는 않는다.

참된 모습으로써 남을 대하고 지극한 자애심으로 자신을 닦으니, 그러므로 천하 사람들과 반드시 화목할 수 있고 널리 공경할 수 있다. 그 말에 망령됨이 없기 때문에 그 신실함이 지극하며, 그 법에 아상이 없기 때문에 그 겸양됨이 진실하다. 위엄(威)이 있어 공경할(敬)[9] 만하고 품위(儀)가 있어 본받을 만하니, 천인天人이 우러러보고 엄숙히 여기며 세상에 복을 내려 주고 세속을 이끌어 갈 수 있다. 형상을 잊음에는 금수에게 던져 주

---

6 때를 알아 걸식함에 사명邪命으로써 하지 않으니, 이것이 바른 생활(正命)이다.
7 남산율사가 "(분의糞衣란) 세상 사람들이 버린 것으로 더 이상 쓸 수 없으니, 그 의미가 똥걸레와 같고 바탕은 천한 물건이다. 탐욕과 집착으로부터 벗어나면 필시 제왕이나 도적에게 해악을 입지 않으며 몸을 돕고 도력을 증장시킬 수 있다."*라고 하였다.
  *세상 사람들이~있다 : 『四分律刪繁補闕行事鈔』(T40, 112a4~7).
8 세존께서 성도하신 지 38년 만에 왕사성 국왕이 초청한 곳에 나아가서 공양을 마치고 라훌라에게 발우를 씻으라 하였는데 실수로 깨트려(攥) 다섯 조각이 났다. 부처님께서 "내가 입멸한 후 처음 5백 년 동안은 모든 악한 비구들이 율장을 나누어 다섯 부로 할 것이다."라고 하시고는 그것을 꿰매었으니, 그러므로 철발綴鉢이라 한다. 박攥은 음이 박朴이며 부딪쳤을 때 나는 소리이다.
9 (경敬은) 혹 '경警' 자로 되어 있기도 하다.

어도 아까워하지 않으며, 경전을 독송함에는 추위와 더위를 무릅쓰더라도 그치지 않는다.

법을 가지고 세상에 나가서는 사람들 사이에서 노닐고 취락[10]을 두루 다니되 명예를 골짜기의 메아리같이 보고, 이익을 떠다니는 먼지같이 보며, 물질을 아지랑이(陽艷)[11]같이 보고, 가난하고 병든 자들을 따뜻하게 하고 보살핌에는(煦嫗)[12] 노복과 뒤섞이더라도(瓦合) 천하게 되지 않으며,[13] 도道로써 거처함에는 비록 깊은 산속 궁벽한 골짜기에서 풀 옷을 입고 나무 열매를 먹더라도 편안히 스스로 만족하니 이익으로써 유혹할 수 없고 권세로써 굴복시킬 수 없으며, 천자나 제후의 자리를 버려서(謝)[14] 그것을 높게 여기지 않는다. 홀로 섬에 있어도 도로써 스스로를 수승하게 하니 비록 형상과 그림자가 서로 위문하더라도(形影相吊)[i] 외롭다고 여기지 않

---

10 『善見論』에서는 "시장이 없는 곳을 촌村이라 하고, 시장이 있는 곳을 취락聚落이라 한다."라고 하였다. 취聚는 무리(衆)이며, 락落은 거주함(居)이다.
11 (염염은) '염焰'과 같다. 양염陽艷이란 바람의 먼지가 햇빛과 함께 교차하는 것이다. 혹은 유사遊絲(아지랑이)라고도 한다.
12 『禮記』의 주석에서는 "하늘은 기운으로써 따뜻하게 하고 땅은 형상으로써 보살피니, 하늘은 덮어서 따뜻하게 하고 땅은 보살펴서 기른다."라고 하였으니, 이는 빈곤하고 병든 이들을 애처롭게 여기는 것이 마치 하늘과 땅이 만물을 덮고 기르는 것과 같음을 말한 것이다. 또한 후煦란 양기陽氣가 만물에 화합하는 것이고, 구嫗란 할머니의 마음으로 손자를 어루만지는 것이다.
13 『禮記』에서는 "모난 것을 허물어 와합瓦合* 한다."라고 하였고, 주석에서는 "도와陶瓦** 를 만드는 일이 처음에는 둥글게 하였다가 쪼개어 넷으로 만들면 그 형상이 네모가 된다. 그 둥근 것을 허물어서 네모난 것을 만들고 그 네모난 것을 합하면 다시 둥글게 되니, 대개 함용函容하는 중에 일찍이 분변分辨하지 않은 적이 없었다."라고 하였다. 『左史』에서는 "하늘에는 십일十日이 있고 사람에게는 십등十等이 있다."라고 하였고, 주석에서는 "왕의 신하를 공公이라 하고, 공의 신하를 대부大夫라 하고, 대부의 신하를 사士라 하고, 사의 신하를 포包라 하고, 포의 신하를 여輿라 하고, 여의 신하를 예隸라 하고, 예의 신하를 요僚라 하고, 요의 신하를 복僕이라 하고, 복의 신하를 대擡라 한다."라고 하였다.
*와합瓦合 : 깨진 기와가 모인 것처럼 가지런하게 정돈되어 있지 못함을 말한다.
**도와陶瓦 : 잿물을 덮어서 진흙으로 구워 만든 기와를 말한다.
14 (사謝는) 버림·끊음이다.

으며, 무리지어 거처할 때에는 법으로써 권속을 삼으니 사해의 사람들을 모으더라도 혼잡하다고(混)¹⁵ 여기지 않는다.

배울 만한 것은 비록 삼장과 십이부이지만 제자백가와 외도의 글도 알지 못하는 것이 없고, 다른 지방의 다른 풍속의 말도 통하지 않는 것이 없다. 그 법을 본받아 서술하니¹⁶ 문文이 있고 장章이 있으며,¹⁷ 그 중도를 행하니 공空도 아니고 유有도 아니다. 배움을 끊음에는 잡념을 여의고 청정하여 순수하고 참됨이 한결같으니, 더 이상 분별하는 바가 있지 않다.

'승려'란 그 사람됨이 지극하고 그 마음씀이 넓으며(溥),¹⁸ 그 덕됨이 갖추어져 있고 그 도道됨이 크다. 그 어짊은 세속에서 말하는 어짊이 아니고 그 성스러움은 세속에서 말하는 성스러움이 아니니, 세속을 벗어난 수승한 어짊과 성스러움이다. 승려란 이와 같으니 존숭하지 않아서야 되겠는가?

明敎嵩禪師尊僧篇【師諱契嵩, 鐔津李氏子, 嗣洞山曉聰禪師, 作『原敎論』十萬言, 以抗韓愈排佛之說. 仁宗皇帝覽而嘉之, 勅入大藏流行, 賜號明敎大師.】
敎必尊僧, 何謂也? 僧也者, 以佛爲性, 以如來爲家, 以法爲身, 以慧爲命, 以禪悅【禪定資神, 輕安適悅, 爲禪悅.】爲食, 故不恃俗氏, 不營世家, 不修形骸, 不貪生, 不懼¹⁾死, 不溽乎五味,【『禮記』: "飮食不溽." 注: "恣縱食味

---

15 (혼混은) 섞임이다.
16 "중니가 요순의 도를 본받아(祖) 서술하였다."*라고 하였는데, 그 주석에서는 "조祖는 근본(本)이다."라고 하였다. 또 멀리는 모든 옛것들을 본받고 가깝게는 모든 지금의 것을 서술함이다.
　*중니가~서술하였다 : 『中庸章句』제30장에 "공자는 멀리는 요임금과 순임금을 조종祖宗으로 받들어 계승하고, 가깝게는 문왕文王과 무왕武王의 법도를 드러내 밝혔으며, 위로는 천시를 법도로 삼고 아래로는 수토의 이치를 따랐다.(仲尼祖述堯舜, 憲章文武, 上律天時, 下襲水土.)"라는 말이 나온다.
17 오색이 섞여서 문文을 이루고 흑백이 머금어져 장章을 이룬다. 또는 찬란하게 문文이 있고 빽빽하게 장章이 있다.
18 (박溥은) '보普'와 같으니, 넓다는 것이고 크다는 것이다.

爲海, 海之言, 欲也."} 其防身有戒, 攝心有乏, 辨明有慧. 語其戒也, 潔淸三惑【殺·盜·婬】, 而畢身不污; 語其乏也, 恬思慮·正神明, 而終日不亂; 語其慧也, 崇德辨惑【尊崇道德, 辨明疑惑. 又凡人若能知所當爲, 而無爲利之心, 其德自此而愈高也, 不然而少有利欲之心, 德不崇矣. 惑之甚者, 必起於微細, 能辨之於早, 則不至於大惑矣. 故懲忿所以辨惑也.】而必然, 以此修之之謂因, 以此成之之謂果. 其於物也, 有慈, 有悲, 有大誓, 有大慧.[2] 慈也者, 常欲安萬物; 悲也者, 常欲拯衆苦; 誓也者, 誓與天下見眞諦; 惠也者, 惠群生以正法. 神而通之, 天地[3]不能掩;[4] 密而行之, 鬼神不能測. 其演法也, 辯說不滯; 其護法也, 奮不顧身, 能忍人之不可忍, 能行人之不能行. 其正命也,【知時乞食, 不以邪命, 是爲正命.】丐食而食而不爲恥; 其寡欲也, 糞衣【南山云: "世人所棄, 無復堪用, 義同糞掃, 體是賤物. 離自貪着, 必不爲王賊所害, 得資身長道也."】綴鉢【世尊成道三十八年, 赴王舍城國王請, 食訖, 令羅云洗滌. 失手攧鉢, 以爲五片. 佛言: "我滅後, 初五百年, 諸惡比丘分毘尼藏爲五部." 因以綴之, 故云綴鉢. 攧, 音朴, 擊聲也.】而不爲貧. 其無爭也, 可辱而不可輕; 其無怨也, 可同而不可損. 以實相待物, 以至慈修己, 故其於天下也, 能必和, 能普敬. 其語無妄, 故其爲信也至; 其法無我, 故其爲讓也誠. 有威可敬【或作警.】,[5] 有儀可則, 天人望而儼然, 能福於世, 能導於俗. 其忘形也, 委禽獸而不恡; 其讀誦也, 冒寒暑而不廢.[6] 以法而出也, 遊人間,[7] 徧聚落【善見云: "無市曰村, 有市曰聚落." 聚, 衆也. 落, 居也.】, 視名若谷響, 視利若遊塵, 視物色若陽艷[8]【與焰同. 陽艷, 風塵與日光交者也. 或云遊絲.】, 煦嫗貧病,【禮記』註云: "天以氣煦之, 地以形嫗之, 天覆煦而地嫗育." 此言憐愍貧病, 若天地之覆育萬物也. 又煦者, 陽氣和於萬物; 嫗者, 婆心撫乎孫兒.】瓦合興擡[9] 而不爲卑.【『禮記』: "毀方而爲瓦合." 註云: "陶瓦之事, 其初則圓, 剖而爲四, 其形則方, 毀其圓以爲方, 合其方而爲圓, 盖於函容之中, 未嘗無分辨也." 『左史』曰: "天有十日, 人有十等." 註云: "王臣曰公, 公臣曰大夫, 大夫臣曰士, 士臣曰皂, 皂臣曰輿, 輿臣曰隸, 隸臣曰僚, 僚臣曰僕, 僕臣曰擡.】以道[10] 處也, 雖深山窮谷, 草其衣, 木其食, 晏然自得, 不可以利誘,不可以勢屈, 謝【棄也, 絶也.】天子諸侯¹¹⁾而不爲高. 其獨立也, 以道自勝, 雖形影相吊, 而不爲孤; 其群居也, 以法爲屬, 會四海之人, 而不爲混【雜也.】. 其可學也, 雖三藏十二部, 百家異道之書無不知也, 他方殊俗之言無不通也. 祖述【仲尼祖述堯舜. 註: "祖, 本也." 又遠祖諸古, 近述諸今.】其法, 則有文有章也;【五色錯而成文, 黑白合而成章. 又粲然有文, 蔚然有章.】行其中道, 則不空不有也. 其絶學也, 離念淸淨, 純眞一如, 不復有所分別也. 僧乎! 其爲人至, 其爲心溥【與普同, 廣也, 大也.】, 其爲德備, 其爲道大. 其爲賢, 非世之所謂賢也; 其爲聖, 非世之所謂聖也, 出世殊勝之賢聖也. 僧也如此, 可不尊乎?

---

1) ㉑ '㥠'는 '懼'로 되어 있는 곳도 있다. 2) ㉑ '慧'는 '惠'로 되어 있는 곳도 있다. 3) ㉑ '地'는 '下'로 되어 있는 곳도 있다. 4) ㉑ '掩'은 '揜'으로 되어 있는 곳도 있다. 5) ㉑ 이 주석은 성총의 주석이 아니다. 6) ㉑ '癈'는 '癒'로 되어 있는 곳도 있다. 7) ㉑ '間'은 '閒'으로 되어 있는 곳도 있다. 8) ㉑ '艶'은 '豔'으로 되어 있는 곳도 있다. 9) ㉑ '撻'는 '㒒'로 되어 있는 곳도 있다. 10) ㉑ '道' 아래에 '而'가 있는 곳도 있다. 11) ㉑ '侯'는 '候'로 되어 있는 곳도 있다.

│ 주

i 형영상조形影相弔 : 아무도 없고 자신의 몸과 그림자만이 서로를 위로한다는 뜻으로, 의지할 데 없는 외톨이 신세를 표현한 말이다.

고산 지원 법사가 학도에게 법어를 보이다[1]

오호라! 큰 법이 내려오면서 쇠퇴하고 성인과의 거리는 더욱 멀어짐에 승복을 입은 자는 비록 많으나 도를 도모하는 자는 더욱 드물어서 명성과 이익[2]을 다투는 것을 자기의 능사로 삼고 유통[3]시킴을 보이는 것을 아이들의 장난으로 여긴다. 그리하여 마침내 선법의 문이 열리지 않고 교법의 그물이 끊어지려 하니, 진실로 너희 후학들이 이 도를 짊어지는 것에 힘입고자 한다.

너희들은 마음을 비우고 법을 청하며 몸을 깨끗이 하여 스승을 의지해서 가까이는 입신양명을 기약하고 멀리는 범부를 바꿔 성인이 되기를 바라야 하니, 상법像法[i]시대를 떨침에 그대가 아니면 누구이겠는가? 그러므로 반드시 몸을 닦고 말을 실천함에[4] 끝까지 삼가기를 처음과 같이하고, 너의 학문을 부지런히 하며 너의 행장行藏을 삼가야 한다.[5] 악한 벗 피하기를 범과 이리 피하듯 해야 하고, 어진 벗 섬기기를 부모 섬기듯 해야 하며, 스승을 받듦에 예를 다하고, 법을 위해 몸을 잊으며, 선행이 있더라도 스스로 자랑하지 말고, 허물을 지었으면 재빨리 고치려 애써야 한다.

인의仁義를 지킴에 확고히 흔들리지 않고 빈천貧賤에 거처하되 즐거워하여 근심을 잊으면 자연히 화禍는 멀어지고 복福은 모이게 되니, 어찌 관

---

1 지원 법사는 자가 무외無外이며 전당錢塘 서씨徐氏의 자손이다. 항주의 고산사에 살았는데, 학자들이 그에게 귀의하여 문전성시를 이루었다. 스스로 중용자中庸子라 불렀다.
2 명예를 취하는 것을 성聲이라 하고, 자기를 두텁게 하는 것을 이利라 한다.
3 정법을 무너뜨리지 않는 것을 '유流'라 하고, 막히는 바가 없게 하는 것을 '통通'이라 한다.
4 『禮記』에서는 "몸을 닦고 말을 실천하는 것을 선행善行이라 한다."라고 하였고, 주석에서는 "그 몸을 닦아 다스리고 그 말을 실천하여 행하면 이것이 선행이다."라고 하였다.
5 『論語』에서는 "등용되면 도를 행하고(行), 버려지면 은둔한다(藏)."*라고 하였다.
　*등용되면~은둔한다 : 『論語』「述而」편에 공자가 안연에게 "써 주면 도를 행하고 버리면 은둔하는 것을 오직 나와 너만이 이것을 가지고 있다.(用之則行, 舍之則藏, 惟我與爾, 有是夫.)"라고 하였다.

상을 보고 운명을 묻는 것에 의지하여 영달할 기약을 아첨하여 구하며, 날과 때를 가려서 비괘否卦와 둔괘屯卦의 운세⁶를 구차히 면하겠는가? 이것이 어찌 사문의 원대한 식견이겠는가? 실로 오직 속인의 망정妄情일 뿐이다.

현인을 보면 그와 같아질 것을 생각하고,ⁱⁱ 인仁을 행해야 할 때는 양보하지 않으며,ⁱⁱⁱ 설산의 구법求法을 사모하고 선재동자가 스승을 찾던 일을 배워야 하니,⁷ 명예와 이익은 마음을 동요시킬 만한 것이 아니고, 삶과 죽음은 그 마음을 근심시킬 만한 것이 아니다.

만약 공을 이루고 일을 마치려면 반드시 가까운 곳으로부터 먼 곳으로 올라가야 하니,⁸ 명성을 팔지 않아도 명성이 저절로 드날려질 것이며, 대중을 부르지 않아도 대중이 저절로 올 것이다. 지혜는 미혹을 비출 만하고 자비는 사람들을 거둘 만하니, 궁핍하면 홀로 자신의 몸을 지키고 통달하면 천하까지 겸하여 잘되게 해서⁹ 그쳤던 진리의 바람을 다시 떨치게 하고 꺼졌던 지혜의 횃불을 다시 밝게 한다면, 대장부라 할 만하고 여래

---

6 비否는 막혀 있음이니, 하늘과 땅이 교류하지 못하고 만물이 통하지 못함이다. 한 사람의 예를 들어 말한다면, 음양이 화합되지 않고 기혈이 통하지 않으니 겉과 속이 그 법도를 잃고 사물은 궁극적인 곳까지 통할 수가 없다. 둔屯은 어려움이니, 강강剛과 유유柔가 처음 교차하여 어려움이 생긴 것인데 만물이 처음 생겨남에 굽어진 채 아직 펴지지 않은 모습이다.

7 부처님이 예전에 설산의 동자로서 법을 구하며 다닐 때 천제가 나찰로 변화하여 게송의 절반을 말하였는데, 또 나머지 절반을 끝까지 듣고자 하여 몸을 잊고서 듣기를 구하였다. 이는 『涅槃經』에 보인다. 선재동자가 처음에 문수보살을 좇아 발심하고는 마침내 남쪽으로 백 개의 성을 다니며 53명의 선지식을 참례하였으니,* 이는 『華嚴經』에 보인다.

  * 선재동자가~참례하였으니 : 『華嚴經』「入法界品」에 나온다.

8 『書經』에서는 "높이 오르려면 반드시 아래로부터 시작해야 하고, 먼 곳을 오르려면 반드시 가까운 곳으로부터 시작해야 한다."라고 하였고, 주석에서는 "멀리 가려면 반드시 가까운 곳으로부터 시작하고 높이 오르려면 반드시 낮은 곳으로부터 시작해야 하니, 덕행에 나아가고 학업을 닦는 것도 이와 같아야 한다."라고 하였다.

9 홀로 자신의 몸을 지킨다는 것은 자신의 지조를 잃지 않음을 말한 것이고, 천하까지 겸하여 잘되게 함은 백성의 바람을 잃지 않음을 말한 것이다.

의 사자라 할 만하다. 그런데 어찌하여 몸은 강의하는 자리[10]에 깃들어 있으면서 자취는 범상한 무리와 뒤섞여서 더럽고 혼탁한 것에 대해서는 지적하는 바가 없으며, 수행과 견해에 있어서는 두려워할 만한 것을 볼 수 없으며,[11] 그러한 습성이 쌓여서 성품을 이루어 그 몸을 스스로 무너뜨리는 데 이르게 하는가?

처음에는 저 위의 현인들을 사모하다가 결국에는 아래의 추악한 무리에 빠지게 되니, 이와 같은 무리는 참으로 가엾게 여길 만하다. 『시경』에서도 "처음이 없지는(靡) 않으나 제대로(克) 마침이 있는 경우는 드물다(鮮)."[12]라고 하였으니, 이를 두고 한 말이다. 중간 근기 이상은 경계하지 않을 수 있겠는가?[13] 그리고 또한 계戒와 혜慧가 종파를 나누고[14] 대승과 소승이 배움을 달리하나 모두 부처님의 마음으로부터 갈라져 나온 것이니, 뜻을 법계法界에 두어 함께 돌아가야 한다.[15]

---

10 불도를 강의하는 곳에 대중이 모여든 것이 마치 저잣거리 같아서 강사講肆라 했으니, 『肇論』에서는 "강학하는 장소에 여러 서적을 진열해 놓은 것이 마치 저잣거리에 상품을 진열해 놓은 것과 같다."라고 하였다. 후한 때의 장해張楷는 자가 공초公超인데, 배우고자 하는 무리들이 그를 따라서 거처하는 곳이 마치 저잣거리 같았기 때문에 지금의 강학하는 곳을 사肆라 한다.
  *강학하는~같다 : 이 내용은 『肇論』에 보이지 않고 『華嚴懸談會玄記』 권7(X08, 137c4~5)에 의하면 '주공周孔'의 말로 나온다.
11 만약 바른 견해와 높은 수행이 있으면 사람들이 모두 그를 두려워하고 공경할 것이니, 어느 한 가지도 두려워할 만한 견해나 수행이 없음을 말한다.
12 『詩經』의 「大雅」〈蕩〉편이다. 미靡는 없다는 것이고, 선鮮은 작다는 것이고, 극克은 능하다는 것이다. 시작은 있으나 끝이 없는 것이 보통 사람의 마음이다.
13 상근기는 훌륭하여 가르침을 기다리지 않으며, 중근기는 포용적이어서 말을 듣고는 고치며, 하근기는 어리석어서 듣더라도 고치지 않는다. 그러므로 중근기를 지목하여 한결같이 경계하였다.
14 율律은 계戒를 설명한 것이고 논論은 혜慧를 설명한 것이니, 율律과 논論이 그 종파를 나누었다.
15 『華嚴經』에서는 "이 법계로부터 흘러나오지 않는 것이 없고, 이 법계로 되돌아가지 않는 것이 없다."라고 하였으니, 이는 함께 법계로 돌아감을 말한 것이다.
  *이 법계로부터~없다 : 『大方廣佛華嚴經疏』 권1(T35, 504a29~b1).

아직 큰 법을 깨닫지 못하였으므로 이에 각기 의거하는 것에 집착하여 (權)[16] 경론을 익히면 율학律學을 쓰레기로 여기고,[17] 율부를 으뜸으로 삼으면 경론을 헛된 것에 기대는 것으로 여기며,[18] 대승을 익히는 자는 소승을 멸시하고 소승을 따르는 자는 대승을 업신여긴다. 다만 스승의 치우친 찬탄만 보고서는 마침내 그것에 집착하여 서로 시비를 따지니, 어찌 부처님의 뜻이 항상 원융함을 알겠는가?

진실로 부처님의 뜻을 통달하여 이것과 저것으로 분별하지 않는다면 응당 서로를 구제하고 함께 기연機緣을 성숙시킬 것이니, 이는 마치 온갖 물줄기가 모여서 바다에 이르지 않는 것이 없으며,[19] 문무백관이 일에 임함에 모두들 '나랏일(王事)에 힘쓴다'[20]라고 하는 것과 같다. 한 가닥 물줄기를 보호하고자 여러 물줄기를 막으려 한다거나 하나의 관직을 지키고

---

[16] (권權은) 집착함이다.
[17] 율장에는 "비구는 다섯 안거 이전에는 오로지 율부律部를 정미하게 배우고 그 후에 경론을 배우라."라고 제정하였는데, 지금 오직 경론만을 배우는 자들은 율학을 쓰레기로 여긴다.
[18] 비구는 계율이 수행의 근본인데 이를 따르지 않고 오직 경론의 학습만을 숭상하기 때문에 "헛된 것에 기대는 것으로 여긴다."라고 하였다.
[19] 『傳』에서는 "강수江水와 한수漢水가 바다에 모여든다.*"라고 하였으니, 말하자면 강수와 한수의 형세가 바다를 향해 달려가는 것이 마치 제후가 왕에게 알현하러 가는 것과 같다는 것이다. 봄에 임금을 알현하는 것을 조朝라 하고 여름에 알현하는 것을 종宗이라 하니, 모든 종파가 마음의 바다에 융합하는 것을 말한다.
  *강수江水와~모여든다 : 『書經』「禹貢」에 나오는 말이다.
[20] 근왕勤王이란 『詩經』에서 "나랏일로 바쁘게 힘쓴다. 나랏일은 견고하지 않을(鹽) 수 없다.*"라고 한 것이 이것이다. 앙장鞅掌은 용모를 잃는 것인데, 나랏일로 번거롭고 수고로워 의례와 용모를 꾸밀 겨를이 없음을 말한다. 고鹽는 음이 고固이며 견고하지 않은 것이니, 나랏일은 견고하지 않아서는 안 됨을 말한 것이다.
  *나랏일로~없다 : 『詩經』「小雅」〈北山〉에서는 "누구는 부름도 전혀 받지 않고, 누구는 참혹하게 고생하며, 누구는 제멋대로 거들먹거리고, 누구는 나랏일로 정신없이 분주하누나.(或不知叫號, 或慘慘劬勞, 或棲遲偃仰, 或王事鞅掌.)"라고 하였고, 『詩經』「小雅」〈四牡〉에서는 "네 필의 말이 쉴 새 없이 달려가니, 큰길이 구불구불하노다. 어찌 돌아갈 생각지 않으랴만, 나랏일을 소홀히 할 수 없기에, 내 마음이 슬퍼지노라.(四牡騑騑, 周道倭遲, 豈不懷歸, 王事靡鹽, 我心傷悲.)"라고 하였다.

자 여러 벼슬을 없애려 하는 것을 아직 보지 못했다.

궁구해 보건대 법왕이 교화를 드리움에 여러 부류의 중생들을 통섭하여 각각에 소임을 두었으니, 소승의 율법은 예부와 형부의 권력에 비견되고,²¹ 대승大乘은 재상의 임무와 비슷하며,²² 복을 구하는 일은 배나 수레를 조종하는 것과 같고,²³ 글을 짓는 것은 왕의 말을 관장하는 것과도 같으며,²⁴ 나라의 모든 벼슬아치가 함께 자신의 직분을 닦는 것은 우리 불교의 여러 종파들이 경연하는 것과 유사하다. 이러한 뜻을 분명히 안다면, 어찌 이단異端을 고집하겠는가?

반드시 자기의 재능²⁵을 헤아리고 역량에 따라 가르침을 펴야 하니, 성품이 민첩하면 겸하여 배우는 것이 최선이고, 지식이 얕다면 오로지(顓)²⁶ 한 가지만 공부하는 것이 마땅하다. 만약 그렇게 된다면 비록 각각 교화의 법도²⁷를 전파하더라도 함께 자비로운 구제를 이루어서 화합의 바다로

---

21 예부와 형부가 권력의 핵심을 쥐고 있는 것과 같다.
22 균鈞은 도공의 녹로이다. 도공들은 (그릇을 만드는 도구 중에) 회전시키는 것을 일컬어 균鈞이라 하니, 이는 일정하게 회전하며 균등하게 조절한다는 의미를 취한 것인 듯하다. 재상이 하늘을 본받아 백관을 통치하고 만백성을 부리는 것 역시 도공이 균을 회전시키는 것과 같음을 말한 것이다. 형衡은 아형阿衡*인데, 이윤을 호칭하여 아형이라 하였다. 아阿는 횡목橫木이고 형衡은 평평하게 함이니, 횡목에 의지하여 수평을 얻는 것을 말한다.
   *아형阿衡: 은殷나라 때 관직 명칭이다. 아阿가 의倚, 형衡이 평平으로 임금이 의지하고 표준으로 삼는다는 뜻을 지녀 뒷날의 재상宰相에 해당한다. 당시 이윤伊尹이 이 직책을 맡았기에 그를 가리키는 말로도 쓰인다.
23 배가 운행되는 것을 조漕라 하고, 수레가 운행되는 것을 만輓이라 한다.
24 좌사左史·우사右史·지제고知製誥·전한典翰 등의 부류와 같으니, 왕의 말을 기록함을 관장한다.
25 능能은 짐승 이름이니 모양과 색은 곰과 흡사하고 발은 사슴과 흡사한데, 그 동물이 중용의 도를 견지하고 힘이 강하기 때문에 현명하고 재주가 있는 사람을 모두 '능能'이라 한다.
26 (전顓은) 전專과 같다.
27 유猷는 법도(道)이며 풍風은 소리(聲)이다. 왕의 성교聲教를 또한 풍교風敎라고 한다. 또는 교화이니, 만물은 바람으로써 움직이고 바람으로써 변화된다. 지금 풍유風猷라 한 것은 교화의 법도와 성교聲教를 일컬은 것이다.

함께 돌아가며 해탈[28]의 자리에 함께 앉을 것이다.

이와 같다면 참으로 미로의 나침반[29]이며 교문敎門의 목탁(딱따기)[30]일 것이다. 그러면 스승의 지위에 있더라도 참으로 부끄러운 덕행이 없을 것이고, 불과佛果에 나아가는 것이 결정코 틀림없을 것이다.

너희들은 소소한 견해와 지식을 뽐내고 자랑하거나(伐)[31] 크나큰 아만을 세워서 선각자들을 업신여기거나 후학들을 현혹하는 일이 없도록 하라. 비록 옛말을 듣고 옛글을 찾아보는 것이 허물을 보완하지 못한다고 하지만[32] 말 중에 혹여 맞는 것도 있으니, 너희들은 유념하라.

孤山圓法師示學徒【智圓法師, 字無外, 錢塘徐氏子. 居杭州孤山寺, 學者歸之如市. 自號中庸子.】

於戲! 大法下衰, 去聖逾遠, 披緇雖衆, 謀道尤稀, 競聲利【取名曰聲, 厚己曰利.】爲己能, 示[1])流通【不壞正法曰流, 無所壅滯曰通.】爲兒戱, 遂使法門罕闢, 敎網將頹, 實賴後昆克荷斯道. 汝曹虛心請法, 潔己依師, 近期於立身揚名, 遠冀於革凡成聖, 發揮像法, 捨子而誰? 故須修身踐言【『記』曰: "修身踐言, 謂之善行." 註: "修治其身, 踐行其言, 是爲善行."】, 愼終如始, 勤爾學問, 謹

---

28 얽힌 것으로부터 벗어나는 것을 해解라 하고, 장애에서 벗어나는 것을 탈脫이라 한다.
29 주나라 때 월상越裳이 들어와 공물을 바치고는 돌아가는 길을 잃어버렸는데, 주공이 지남거指南車를 만들어 그것을 타고 돌아가게 하였다.
30 목탁(딱따기)은 쇠로 된 입에 나무로 된 혀인데, 정교政敎를 시행할 때에 이를 흔들어서 대중들을 일깨우는 것이다. 목탁은 쇠로 된 입에 나무로 된 혀이고, 금탁金鐸은 쇠로 된 입에 쇠로 된 혀이다. 봄에는 나무를 사용하고 가을에는 쇠를 사용하며, 문신들은 나무를 사용하고 무관들은 쇠를 사용하니, 시기와 사용처가 같지 않다. 혹은 목탁은 길을 순라巡邏하는 것이니, 하늘이 공자로 하여금 지위를 잃게 하고 사방을 두루 다니게 하여 그 가르침을 행하게 한 것이 마치 목탁이 길을 순라하는 것과 같음을 말한 것이다.
31 벌伐이란 '벌목伐木'의 벌伐과 같은데, 무릇 사람이 자기의 능력을 뽐내고 자랑하는 것은 스스로 그 몸을 베는 것이므로 '자랑함'을 '베는 것'이라 하였다.
32 옛사람이 이르기를, "경전을 듣고 논장을 탐구하는 것이 도를 돕는 것도 아니고 허물을 제거하는 것도 아니다."라고 하였다.

爾行藏【『語』曰: "用之則行, 捨之則藏."】, 避惡友如避虎狼, 事良明[2]如事父母, 奉師盡禮, 爲法亡躯,[3] 有善無[4]自矜, 起過務速改. 守仁義而確乎不拔, 處貧賤則樂以忘憂, 自然與禍斯違, 與福斯會, 豈假相形命命, 諂求榮達之期, 擇日選時, 苟免否[5]屯之運,【否, 閉塞也, 天地不交, 而萬物不通也. 以一人言, 陰陽不合, 氣血不通, 表裡失度也, 物不可以終通也. 屯, 難也, 剛柔始交而難生, 萬物始生, 屈而未申之象也.】此豈沙門之遠識? 實唯[6]俗子之妄情. 宜乎見賢思齊, 當仁不讓, 慕雪山之求法, 學善財之尋師,【佛, 昔爲雪山童子, 求法而行, 天帝化爲羅刹, 說半偈. 又欲畢聞下半, 忘身而求之, 見『涅槃』. 善財童子, 初從文殊發心, 遂南行百城, 叅五十三善知識, 見『華嚴』.】名利不足動於懷, 死生不足憂其慮. 倘[7]功成而事遂, 必自邇而陟遐,【『書』云: "若升高, 必自下; 陟遐, 必自邇." 註云: "行遠必自邇, 登高必自卑, 進德修業, 得如此也."】不沽名而名自揚, 不召衆而衆自至. 智足以照惑, 慈足以攝人, 窮則獨善其身, 達則兼善天下,【獨善言不失其身, 兼善[8]不失其望也.】使眞風息而再振, 慧炬滅而復明, 可謂大丈夫焉, 可謂如來使矣, 豈得身棲[9]講肆,【講道之所, 衆集如市肆, 故云講肆. 『肇論』云: "講學處, 陳列書史, 如市中陳列貨物也." 後漢張楷, 字公超, 學徒隨之, 所居如市, 故今講學處, 稱肆焉.】跡[10]混常徒, 在穢惡則無所間然, 於行解則不見可畏.【若有正解高行, 則人皆畏而敬之, 言無一可畏之解行也.】以至積習成性, 自滅其身? 始敎慕彼上賢, 終見淪於下惡, 如斯之輩, 誠可悲哉! 『詩』云: "靡不有初, 鮮克[11]有終",【『詩』「大雅蕩」之篇. 靡, 無也; 鮮, 小也; 克, 能也. 有始無終, 乃人之常情也.】斯之謂矣. 中人已上, 可不誡歟?【上善不待敎, 中容聞語而改, 下愚聞不遷. 故指中人, 一以誡之.】抑[12]又戒慧分宗,【律詮於戒, 論詮於惠, 律論分其宗.】大小異學, 悉自佛心而派出, 意存法界以同歸.【『華嚴』云: "無不從此法界流, 無不還歸此法界." 是謂同歸法界也.】旣而未曉大猷, 於是各權【執也.】所據, 習經論則以戒學爲棄物,【律制: "比丘, 五夏以前專精律部, 然後學經論." 今但習經論者, 以律學爲棄物.】宗律部則以經論爲憑虛,【比丘戒爲行本, 不能由之, 而但尙經論之學, 故謂爲憑虛.】習大法者則滅沒小乘,聽小乘者, 則輕毀大法. 但見人師偏讚, 遂執之而互相是非, 豈知佛意常融? 苟達之而不見彼此, 應當互相成濟, 共熟機緣, 其猶萬派朝宗無非到海.【『傳』曰: "江·漢朝宗于海." 謂江·漢之勢, 奔趨於海, 若諸侯之朝宗於王也. 春見曰朝, 夏見曰宗, 言諸宗融會於心海也.】百官涖[13]事, 咸曰勤王【勤王, 如『詩』云 "鞅掌王事, 王事靡盬"之類是也. 鞅掌, 失容也, 言王事煩勞, 不假爲儀容也. 盬, 音固, 不堅也. 言王事不可不堅固也.】, 未見護一派而擬塞衆流, 守一官而欲廢庶績. 原夫法王之垂化也, 統攝群品, 各有司存, 小律比禮刑之權【如禮部·刑部, 所執之權柄也.】, 大乘類鈞衡之任【鈞, 陶鈞也. 陶家謂轉者爲鈞, 蓋取周回均調之義. 言宰相法天, 而總百官馭萬民, 亦猶陶人轉鈞也. 衡, 阿衡, 號伊尹曰阿衡. 阿, 倚也. 衡, 平也. 言依倚而取平也.】, 營福如司於漕輓【舟運曰漕, 車運曰輓.】, 製撰若掌於王言【如左史·右史·知製誥·典翰之類, 掌記王言也.】在國家之百吏咸修, 類我教之群宗兢演. 果明此旨, 豈執異端? 當須量已才能【能, 獸名, 形色似熊, 足似鹿, 爲物堅中, 而力强故, 人之有賢才者, 皆謂之能.】, 隨力演布, 性敏則兼學爲善, 識淺則顓【專同.】門是宜. 若然者, 雖各播風猷【猷, 道也. 風, 聲也. 王者之聲教, 亦謂之風教. 又化也, 萬物以風動·以風化. 今言風猷者, 謂化道聲教也.】, 而共成慈濟, 同歸和合之海, 共坐解脫【出纒名解, 離障名脫.】之牀.[14] 夫如是, 則眞迷途之指南,【周時越裳入貢, 迷其去路, 周公作指南車, 載之以歸.】教門之木鐸也.【木鐸者, 金口木舌, 施政教時, 所振以警衆者. 木鐸, 金口木舌. 若金鐸, 則金口金舌. 春用木, 秋用金, 文用木, 武用金, 時與事之不同也. 或木鐸所以循于道路, 言天使夫子失位, 周流四方, 以行其教, 如木鐸之循于道路也.】居乎師位, 諒無慙德, 趣乎佛果, 決之不疑. 汝無矜伐小小見知,【伐者, 如伐木之伐. 凡人矜誇其能, 乃所以自伐其身, 故謂矜爲伐.】樹立大大我慢, 輕侮先覺, 熒惑後生. 雖云聽尋, 未補過咎,【古云: "聽經尋論, 未補道, 未除過."】言或有中, 汝曹思之.

---

1) ㉠'示'는 '視'로 되어 있는 곳도 있다. 2) ㉠'明'은 '朋'으로 의심된다. ㉡ 번역은 '朋'으로 하였다. 3) ㉠ 斨는 '軀'로 되어 있는 곳도 있다. 4) ㉠'無'는 '毋'로 되

어 있는 곳도 있다. 5) ㉔ '否'는 쥼로 되어 있는 곳도 있다. 6) ㉔ '唯'는 '惟'로 되어 있는 곳도 있다. ㉥ '唯'는 '惟'와 통용된다. 7) ㉔ '倘'은 '儻'으로 되어 있는 곳도 있다. 8) ㉡ '善' 다음에 문맥상 '言' 자가 들어가야 한다. 9) ㉔ '棲'는 '捷'로 되어 있는 곳도 있다. ㉥ '棲'는 '捷'와 통용된다. 10) ㉔ '跡'은 '迹'으로 되어 있는 곳도 있다. 11) ㉔ '克'은 '尅'으로 되어 있는 곳도 있다. 12) ㉔ '抑'은 '次'로 되어 있는 곳도 있다. 13) ㉔ '苙'는 '苙'로 되어 있는 곳도 있다. 14) ㉔ '牀'은 '床'으로 되어 있는 곳도 있다.

주

i 상법像法 : 불교에서 말하는 시대 구분에서는 정법正法·상법像法·말법末法이 있는데, 정법시대는 석가의 입멸 후 5백 년간으로 석가의 교법이 행해지는 시대이고, 상법시대는 정법 이후 천 년간으로 교법은 있으나 신앙이 형식화되어 불상佛像이나 사탑寺塔 등의 건축을 주로 하는 시대이며, 말법시대는 상법시대 이후의 약 만 년간을 이른 것으로 이때에 불교가 가장 퇴폐해진다고 한다.

ii 현인을 보면~것을 생각하고 : 『論語』「里仁」편에 "현인을 보면 그와 같이 되기를 생각하고, 그렇지 못한 자를 보면 안으로 자신을 살펴보아야 한다.(見賢思齊焉, 見不賢而內自省也.)"라고 하였다.

iii 인仁을 행해야~양보하지 않으며 : 『論語』「衛靈公」편에 "인을 행해야 할 때에는 스승에게도 사양하지 않는 법이다.(當仁不讓於師.)"라고 하였다.

면학 상 [서문을 병기함]

중근기의 성품은 배움에 힘써야 할 줄은 알면서도 혹은 배움을 게을리하니, 이에 면학勉學을 짓는다.

오호라![1] 배움은 잠시라도 게을리해서는 안 되며, 도는 잠시라도 떠나서는 안 된다. 도는 배움을 통해서 밝아지니[2] 배움을 게을리할 수 있겠는가? 성현[3]의 영역에는 도道를 통해서 도달하니 도를 떠날 수 있겠는가? 그러므로(肆)[4] 평범한 백성들이 배움을 게을리하지 않으면 현인에 이를 수 있고, 현인이 배움을 게을리하지 않으면 성인에 이를 수 있다.

염구冉求[5]의 학문이 안연顏淵에 이를 수 있었지만 전체를 갖춤에 미치지 못한 것은[6] 마음이 게을렀기 때문이다. 그러므로 "스승[7]의 도를 좋아하

---

1 까마귀는 이상한 것을 보면 지저귀기 때문에 오호烏呼(까마귀가 소리 낸다)라 하니, 기이한 것을 탄식하는 것이다. 본래 오烏 자인데, 후세 사람들이 입 구(口) 자를 곁에 붙였으니(嗚), 이는 잘못된 것이다.
2 하늘에 있는 것은 해와 달보다 밝은 것이 없기 때문에 일日과 월月로써 명明 자를 만들었다.
3 신령스럽게 밝으며 통철하게 비추는 것을 성聖이라 한다. 또 성聖은 정正과 같으니, 정교正敎로써 사람들을 가르치기 때문이다. 범부를 초월하여 성인에 버금가는 자를 현인이라 한다.
4 윗글을 이어 아랫글을 일으키는 말이니 '마침내(遂)'라고 말하는 것과 같다. 또는 '그러므로 이제'이니 『詩經』의 주석에 보인다.
5 공자의 제자로서 자는 자유子有이며 정사政事로 이름을 날렸다.
6 『傳』에서는 "전체를 갖추었으나 미약하다.*"라고 하였고, 주석에서는 "성인의 전체를 갖추고 있지만 다만 아직까지 성인에게 '대인이면서 저절로 화한 것'**이 무한한 것과는 같지 않기 때문에 미약하다고 하였다."라고 하였다.
  * 전체를 갖추었으나 미약하다 : 『孟子』 「公孫丑上」에서는 "자하·자유·자장은 모두 성인의 한 부분을 가졌고, 염우·민자건·안연은 그 전체를 갖추었으되 미약하다.(子夏·子游·子張, 皆有聖人之一體, 冉牛·閔子·顏淵, 則具體而微.)"라고 하였다.
  ** 대인이면서 저절로 화한 것 : 『孟子』 「盡心下」에서는 "대인이면서 저절로 화한 것을 성인이라 하고, 성스러워서 알 수 없는 것을 신인이라 한다.(大而化之之謂聖, 聖而不可知之之謂神.)"라고 하였다.
7 공자를 일컬은 것이다.

지 않는 것이 아니건마는 힘이 부족합니다."라고 하였으니, 공자가 "힘이 부족한 것을 근심하는 자는 중도에 그치니, 지금 너는 한계를 짓는구나."[8] 라고 하였다.

안연의 학문이 공자에 이르렀다고 할 수 있지만 성인과 나란하지 못한 이유는 단명하여 죽었기 때문이다.[9] 만일 죽지 않았다면 그가 중니와 같이 되었을지 어찌 알겠는가? 그가 배우기를 게을리하지 않았기 때문이다. 그러므로 "안씨의 아들이 배우기를 좋아하였는데 불행히도 단명하여 죽었으니, 지금은 없다."라고 하였다.[10]

어떤 사람이 "성인도 배웁니까?"라고 묻자 대답하였다.

"이 무슨 말인가? 이 무슨 말인가? 평범한 백성과 현인도 오히려 배울 줄 아는데, 어찌 성인이 배우기를 게을리하겠는가? 무릇 하늘은 강하지만 땅으로부터 부드러움을 배우기 때문에 사시四時의 차례를 침범하지 않으며,[11] 땅은 부드러우나 하늘로부터 강함을 배우기 때문에 금석金石을 낼 수 있다. 양陽은 생명을 발생시키지만 또한 음陰에게서 숙살肅殺[i]을 배우기 때문에 가느다란 풀이 죽으며,[12] 음은 숙살하지만 또한 양으로부터 생

---

[8] 마치 땅에 선을 그어 스스로 한계 짓는 것과 같으니 스스로 만족하여 그침을 말한다. 또는 끊어서 그만두는 것이다.
[9] 안회顔回는 자가 자연子淵이다. 공자는 그가 배우기를 좋아한다고 칭찬하였다. 29세 때 백발이 되었으며, 33세 때 요절하였다.
[10] 계강자季康子가 "제자 가운데 누가 배우기를 좋아합니까?"라고 물으니 공자가 "안씨의 아들이 있는데……"라고 하였으니, (안연은) 안로顔路의 아들이다.
[11] 『左傳』에서는 "하늘은 강한 덕이지만 오히려 때를 침범하지 않는다."라고 하였고, 주석에는 "추위와 더위가 서로 따르는 것이 마치 사시의 순서를 침범하지 않는 것과 같다."라고 하였다.
[12] 풀 중에 가지와 잎이 미세한 것은 음陰에 속하니 양陽이 치성하면 이들은 죽는다. 가을(秋)은 모든 곡식이 성숙하는 시기이니 때가 비록 여름이라도 보리는 성숙기이므로 '보리가 익는 시절(麥秋)'이라 말한다. 주석에서는 "모든 생물은 양의 기운이 치성하여 생겨나지만 부드럽고도 가는 것을 미초靡草라 하는데, 이것은 지극한 음기가 만드는 것이기 때문에 양을 이기지 못하고 죽는다."라고 하였다. 또 '하고초夏枯草'라고 하는 것은 그 형태가 들깨 또는 혜초蕙草와 비슷하며 평원의 모래땅에서 잘 자란다.

명을 발생시키는 것을 배우기 때문에 냉이와 보리가 자라난다.¹³

무릇 하늘과 땅과 양과 음은 서로에게 배우기를 게을리하지 않으므로 만물이 이루어지니, 하늘이 부드러움을 배우지 않으면 덮어 줄 수가 없고, 땅이 굳셈을 배우지 않으면 실어 줄 수가 없으며, 양이 음을 배우지 않으면 (춘하春夏의 계절을) 열 수가 없고, 음이 양을 배우지 않으면 (추동秋冬의 계절을) 닫을 수가 없다.¹⁴ 성인은 다른 게 아니라 하늘과 땅과 양과 음을 본받아 행하는 분이니, 이 네 가지가 배움을 게을리하지 않는데, 성인이 어찌 게을리하겠는가?"

그 사람이 자리를 피하며 말하기를, "나의 고루함이여!¹⁵ 다행히 그대가 몽매함을 열어 주셨으니, 원컨대 성인의 학문을 듣고자 합니다."라고 하므로 중용자가 말하였다.

"다시 앉으라, 내가 너에게 말하리라. 『서경』에서 말하지 않았던가? '오직 미치광이라도 제대로 생각하면 성인이 되고, 오직 성인이라도 제대로 생각하지 않으면 미치광이가 된다.'¹⁶·ⁱⁱ라고 하였으니, 그러므로 성인은 다급하거나(造次) 위급할(顚沛) 때에도¹⁷ 바른 도를 생각하지 않고서 배운

---

13 냉이(薺)는 단맛이 나는 풀이다. 『詩經』에서는 "단맛이 냉이와 같다."라고 하였고, 『淮南子』에서는 "냉이는 물에서 자라는 나물이다. 겨울에 물에서 나서 여름에 흙에서 죽는다."라고 하였다. 보리는 가을에 씨를 뿌려서 여름에 익으니 곡식이 끊어져 궁핍할 때에 연명하게 하는 곡식이다. 『春秋』에서는 "다른 곡식에 대해서는 기록하지 않지만 보리가 흉년이 들면 그 일을 기록하였다."라고 하였다.
14 『左傳』에서는 "무릇 분지계폐分至啓閉에 반드시 운물雲物을 기록하였다."라고 하였고, 주석에서는 "분分은 춘분春分과 추분秋分이고, 지至는 동지冬至와 하지夏至이며, 계啓는 입춘立春과 입하立夏이고, 폐閉는 입추立秋와 입동立冬이다. 운물雲物은 천기天氣와 물색物色이 크게 변화함이다."라고 하였다.
15 『禮記』「學記」에서는 "혼자서 배우며 벗이 없으면 고루해지고 듣는 바가 없다."라고 하였다.
16 제대로 생각한다는 것은 허물을 고쳐 선한 것으로 옮겨감을 말한다. 성聖은 통달하여 밝음을 일컫는 말이니, 어리석은 미치광이라도 제대로 생각하면 성인이 되고 비록 성인이라도 제대로 생각하지 않으면 미치광이가 됨을 말한 것이다.
17 조차造次는 급하고 구차한 때이고, 전패顚沛는 기울어 엎어지며 흩어지는 때이다.

적은 없었다.

공자는 큰 성인聖人으로 그 무리 중에 빼어났으며 그 부류 중에 출중하였으니,[18] 백성이 있은 이래로 공자 같은 이가 없었다. 그가 태묘太廟[19]에 들어갔을 때는 매사를 물었으니 이는 묘지기에게 배운 것이며, 세 사람이 길을 갈 때 좋은 사람을 가려서 그를 따랐으니[20] 이는 동행자에게 배운 것이며, 주나라에 들어가서는 노자에게 예禮를 물었으니 이는 도서관지기에게 배운 것이다.[21] 어찌 중니와 같은 성인이 묘지기나 행인이나 도서관지기만 못하겠는가? 아마도 성인은 바른 도를 생각하지 않고서 그것을 배우면 미치광이에 이를까 두려워했기 때문이다. 그러므로 '반드시 나(丘)와 같이 충성스럽고 신실한 자는 있을 수 있지만, 내가 배우기를 좋아하는 것만 못하다.'라고 하였다."

"성인은 나면서부터 아는 분인데, 어찌 배울 필요가 있습니까?"

"알고도 배우는 것이 성인이며 배워서 아는 것이 보통 사람이니, 비록 성인이나 보통 사람이나 간에 배움을 통하지 않은 자는 없다. 공자가 '군자[22]는 배우지 않으면 안 된다.'라고 하니, 자로가 '남산에 대나무가 있는

---

[18] 마치 풀과 나무가 숲으로 우거진 무더기에서 특출나게 드러난 것과 같이 성인도 평범한 대중의 무리에서 특별히 우뚝 선 것이다.
[19] 노魯나라 주공周公의 사당이다.
[20] 『論語』에서는 "세 사람이 길을 갈 때 반드시 나의 스승이 있으니, 좋은 사람을 가려서 그를 따르고 좋지 못한 사람을 (가려서 자기의 허물을) 고친다."라고 하였다.
[21] 노자는 성이 이씨李氏이고 이름이 이耳이며 자는 백양伯陽이다. 머리털은 학과 같고 얼굴은 용과 같았으며 또 긴 귀를 가졌기에 시호를 담聃이라 하였다. 그의 어머니가 일정日精이 입으로 들어오는 꿈을 꾸고는 태기가 있었고, 72세 때에 낳았다. 혹은 80세에 낳았다고도 하니, 그러므로 노자老子라 불렸다. 일찍이 주하사柱下史가 되었으니, 장서藏書를 지키는 관직이다. 공자는 휘가 구丘이며 자가 중니仲尼이다. 주나라 영왕靈王 경술 21년 12월 4일에 노나라 연주兗州의 추읍鄒邑 평창궐리平昌闕里에서 출생하였다. 부친은 앞서 시씨施氏에게 장가들어 아들 맹피孟皮를 낳았고, 뒤에 안씨의 딸에게 장가들어 공자를 낳았다. 자를 중仲이라 한 이유는 맹피 다음이기 때문이고, 니구산尼丘山에서 기도하여 낳았기 때문에 이름을 구丘라 하고 자를 니尼라 하였다.
[22] 위로 존장尊長을 공경하기를 마치 신하가 임금을 섬기듯 하고, 아래로 만백성을 구

데 바로잡지(柔)²³ 않아도 스스로 곧으니, 베어서 사용하면 무소의 가죽을 꿰뚫는다고 하였습니다.²⁴ 이로써 말하건대 무슨 배울 것이 있겠습니까?' 라고 하였다. 공자가 '오늬를 채워 깃털을 달고 살촉을 박아서 숫돌에 갈면 그 들어가는 깊이가 참으로 깊지 않겠는가?'라고 하니, 자로가 두 번 절하고(拜)²⁵ '삼가 가르침을 받겠습니다.'라고 하였다."

아! 성인의 배움은 오늬를 채워 깃털을 달고 살촉을 박아 숫돌에 갈아서 더욱 깊게 들어가게 하는 것이 아니겠는가? 나면서부터 아는 자라고 해서 어찌 우두커니 배우지 않겠는가?

勉學上【并序】

中人之性, 知務學, 而或墮於學, 乃作勉學.

嗚呼!【烏見異則噪, 故以爲烏呼, 歎所異也. 本作烏, 後人加口於傍, 非也.】學不可須臾怠, 道不可須臾離. 道由學而明,【在天者, 莫明於日月故, 以日月作明字.】學可怠乎? 聖賢之域,【靈明洞鑑曰聖. 又聖猶正也, 以正敎誨人也. 超凡亞聖曰賢.】由道而至, 道可離乎?【承上起下之辭, 猶言遂也. 又故今也, 見『詩』注.】凡民之學不怠, 可以至於賢; 賢人之學不怠, 可以至於聖. 冉求【孔子弟子, 字子有, 以政事著名.】之學, 可以至於顔淵, 而不逮其體者,【『傳』曰: "其體而微." 注云: "具有聖人之全體, 但未若聖人之大而化之無限量, 故云微."】中心怠耳. 故曰: "非不悅¹⁾子【謂夫子也.】之道, 力不足也." 子曰: "患力不足者, 中道廢, 今汝畫."【如畫地以自限, 謂自足而止也. 又截止也.】顔淵之學, 可以至於夫子, 而不齊於聖師者, 短命死耳.【顔回, 字子淵. 夫子稱其好學. 二十九髮白,

---

훌하기를 마치 아버지가 자식을 기르듯이 하기 때문에 군자라 한다.
23 (유柔는) 유揉와 같다.
24 옛날에 무소의 가죽으로 갑옷을 만든 것은 견고하여 화살이 뚫고 나가기 어려움을 취한 것이니, 그러므로 병갑兵甲을 일컬어 병혁兵革이라 하였다.
25 『荀子』에서는 "평형平衡을 배拜라 한다."라고 하였고, 주석에서는 "평형은 경쇠가 꺾여서 머리가 허리와 평평해진 것을 말한다."라고 하였다.

三十三天.】如不死, 安知其不如²⁾仲尼哉? 以其學之不怠也. 故曰: "有顏氏子好學, 不幸短命死矣, 今也則亡."【季康子問: "弟子中, 孰爲好學?" 子曰 "有顏氏子"云云, 顏輅之子.】或問: "聖人學耶?" 曰: "是何言歟? 是何言歟? 凡民與賢猶知學, 豈聖人怠於學耶? 夫天之剛也, 而能學柔於地, 故不干四時焉;【『左傳』云: "天爲剛德, 猶不干時." 註云: "寒暑相順也, 猶不犯四時之序."】地之柔也, 而能學剛於天, 故能出金石焉. 陽之發生也, 而亦學肅殺於陰, 故靡草死焉【草之枝葉靡細者, 屬陰, 陽盛則死. 秋者, 百穀成熟之期, 於此時雖夏, 麥即秋, 故云麥秋. 註曰: "凡物盛陽而生者, 柔而靡, 謂之靡草, 即至陰之所生, 故不勝陽而死焉." 又所謂夏枯草也, 其形類水荏·蕙子, 好生平原莎土.】陰之肅殺也, 而亦學發生於陽, 故薺麥生焉.【薺, 甘草.『詩』: "其甘如薺."『淮南子』: "薺, 水菜. 冬水而生, 夏土而死." 麥, 秋種夏熟, 繼絶續乏之穀也.『春秋』: "於他穀則不書, 至無麥則書之."】夫爲天乎地乎陽乎陰乎, 交相學而不怠, 所以成萬物. 天不學柔則無以覆, 地不學剛則無以載, 陽不學陰則無以啓, 陰不學陽則無以閉,【『左傳』云: "凡分至啓閉, 必書雲物." 註云: "分, 春分·秋分也; 至, 冬至·夏至也; 啓, 立春·立夏; 閉, 立秋·立冬也. 雲物, 氣色以大變也."】聖人無他也, 則天地陰陽而行者, 四者學不怠, 聖人惡乎怠?" 或者避席曰: "予之孤陋也!【『學記』云: "獨學而無友, 則孤陋而寡聞."】幸子發其蒙, 願聞聖人之學." 中庸子曰: "復坐, 吾語汝.『書』不云乎: '惟狂尅³⁾念作聖, 惟聖罔念作狂.【尅念者, 改過遷善之謂也. 聖, 通明之稱, 言狂愚尅念則爲聖, 雖聖而罔念則爲狂矣.】是故聖人造次顚沛【造次, 急遽苟且之時; 顚沛, 傾覆流離之際.】, 未嘗不念正道而學之也. 夫子大聖人也, 拔乎其萃, 出乎其類【如草木拔出乎叢林之萃, 聖人特立乎衆庶之類.】自生民以來, 未有如夫子者. 入太廟【魯周公廟也.】每事問, 則是學於廟人也; 三人行, 擇其善者而從之,【『論語』: "三人行, 必有我師, 擇其善者而從之, 不善者而改之."】則是學於偕行也; 入周則問禮於老子, 則是學於柱史也.【老子, 姓李, 名耳, 字伯陽. 鶴髮龍顏, 又長耳, 故立謚曰聃. 其母曾見日精落入口, 因以有娠, 七十二歲而生. 或曰八十載而生, 故號老子. 嘗爲柱下史, 守藏書之官. 孔子, 諱丘, 字仲尼. 周靈王庚戌二十一年十二月初四日, 生於魯國兗州鄒邑平昌闕里. 父先娶施氏, 生子孟皮, 後娶顏氏女, 生孔子. 爲字言仲者, 次兄孟皮也, 禱尼丘山而生, 故名丘, 字尼也.】豈仲尼之聖不若廟人·行人·柱史耶? 盖聖人懼夫不念正道而學之, 則至於狂也矣, 故曰: '必有如丘之忠信焉, 不如丘之好學也.'" 曰: "聖人生而知之, 何必學爲?" 曰: "知而學, 聖人也; 學而知, 常人也. 雖聖人·常人, 莫有不由於學焉. 孔子曰: '君子【上敬尊長, 如臣事君, 下恤萬民, 如父育子, 曰君子.】不可不學.' 子路曰: '南山有竹, 不柔【與揉同.】自直. 斬而用之, 達乎犀革.【古者, 以犀革爲甲, 取堅而箭難穿破, 故謂兵甲爲兵革.】以此言之, 何學之有?' 孔子曰: '括⁴⁾而羽之, 鏃而礪之, 其入之不亦深乎?' 子路再拜【『荀子』曰: "平衡曰拜." 註: "平衡, 謂磬折而首與腰下也."】曰: '敬受敎矣.'" 噫! 聖人之學, 無乃括*羽鏃礪使深入乎? 豈生而知之者, 兀然不學耶?

---

1) ㉮ '悅'은 '說'로 되어 있는 곳도 있다. 2) ㉯ '不如'는 『詩經』 주석에는 '如'로 되어 있다. 여기서는 '如'로 번역하였다. 3) ㉰ '尅'은 '克'으로 되어 있는 곳도 있다. 4) ㉱ '括'은 '栝'로 되어 있는 곳도 있다. 아래에도 같다.

주

i 숙살肅殺 : 가을의 쌀쌀한 기운이 풀이나 나무를 말려 죽이는 것을 말한다.
ii 오직 미치광이라도~미치광이가 된다 : 『書經』「周書」〈多方〉에 나오는 말이다.

면학 하

　무릇 성인과 현인도 반드시 배움에 힘쓰는데, 성현도 못 되는 자가 어찌 배우지 않고도 사람다움을 이룰 수 있겠는가? 배움이란 음식이나 의복과 같으니, 사람에게는 성인이 있고 현인이 있고 서민이 있어서 비록 이 셋이 다르지만, 굶주리면 음식을 찾고 목마르면 마실 것을 찾으며 추우면 옷을 찾는 것은 다르지 않은데, 배움이 어찌 다를 수 있겠는가? 오직 날짐승과 들짐승, 흙과 나무만이 배울 필요가 없을 뿐이다.
　오호라! 어리석은 사람은 먹고 마시기를 즐겨함에 게으르지 않으며 재물과 이익을 탐냄에(冒)[1] 그치지 않으나, 배움에 나아가서는 아침에 배우고 저녁에 게을리하는 자도 있으며, 봄에 배우고 겨울에 게을리하는 자도 있다. 진실로 먹고 마시기를 좋아하고 재물과 이익을 탐내는 것에 게으름을 모르는 자라면, 어찌 널리 듣지 못함을 근심할 것이며 군자가 되지 못함을 근심하겠는가?
　"세상에 지극히 어리석은 자가 있어 콩과 보리의 차이를 분별하지 못하고[2] 추위와 더위의 변화를 알지 못하면, 어찌 배우게 하며 어찌 가르칠 수 있겠습니까?"
　"지극히 어리석은 것도 가르치지 않았기 때문이며 배우지 않았기 때문이다. 진실로 스승이 그를 가르침에 게으르지 않고 그의 마음이 게으르지 않다면 성인의 경지를 밟아 올라 설 수 있는데, 어찌 콩과 보리를 분별하지 못함을 근심하겠는가? 또한 어리석은 자라도 목마르면 마실 줄 알고,

---

1　(모冒는) 탐함(貪)이며 구함(干)이다.
2　『左傳』에서는 "주공에게 형이 있었으나 지혜롭지 못하여(不慧) 콩(菽)과 보리도 분별하지 못하였기에 보위에 오르지 못하였다."라고 하였고, 주석에서는 "숙菽은 큰 콩인데, 콩과 보리는 모양이 달라서 쉽게 분별할 수 있으므로 어리석은 자의 징후로 삼은 것이다. 불혜不慧는 세상에서 '백치白痴'라고 하는 것이다."라고 하였다.

굶주리면 먹을 줄 알며, 추우면 입을 줄 안다. 이미 이 세 가지를 안다면 초목과 다르니, 어찌 배우지 않을 수 있으며 가르치지 않을 수 있겠는가?

사람이 아무리 어리석더라도 어찌 하루에 한마디의 말을 기억하지 못하겠는가? 날마다 축적해서 한 달이 되면 서른 마디의 말을 기억할 것이며, 달마다 축적해서 한 해가 되면 삼백육십 마디의 말을 기억할 것이니, 그렇게 축적하기를 몇 년 동안 하며 게으르지 않는다면 참으로 박문博聞에 가깝지 않겠는가? 또 하루에 한 가지의 작은 선행을 취하여 그것을 배우고 실천하기를 날마다 축적해서 한 달에 이르면 몸에는 서른 가지의 선행이 있게 되며, 달마다 축적해서 한 해가 되면 몸에는 삼백육십 가지의 선행이 있게 되니, 그렇게 축적하기를 몇 년 동안 하며 게으르지 않는다면 참으로 군자에 가깝지 않겠는가? 어리석은 이가 되고 소인이 되어 변화하지 않는 자는 배우지 않아서일 뿐이다."

중용자가 한숨 쉬며 탄식하여 말하였다.

"내 일찍이 지혜가 미치지 못하고 재주가 민첩하지 못함을 부끄러워하여 배움을 그만두는 자는 보았지만, 음식이 다른 사람처럼 많지 않음을 부끄러워하여 음식을 끊는 자는 보지 못했다. 음식을 끊으면 생명을 잃을 터인데, 어찌 반드시 많지 않다고 부끄러워할 것이며, 학문을 그치면 금수나 토목과 같아질 터인데, 어찌 반드시 재주나 지혜가 다른 사람보다 못하다고 부끄러워하겠는가? 진실로 재주와 지혜가 남만 못함을 부끄러워하여 배우지 않는다면 또한 마땅히 음식이 다른 사람보다 못함을 부끄러워하여 음식을 끊어야 할 것이다.

이로써 관찰하건대, 어찌 크게 잘못된 것이 아니겠는가? 나 역시 지극히 어리석으니, 매번 헤아려 보건대 재주와 지혜가 다른 사람에게 미치지 못함이 매우 크다. 그러나 음식은 그만둘 수 없음을 알기 때문에 배우기를 감히 게을리하지 않는다.

내 나이 마흔넷이라 비록 병들고 고달프지만 손에서 일찍이 책을 놓은 적이 없었던 것은³ 토목이나 금수와 같아질까 두려웠기 때문이니, 감히 성인의 경지에 이르기를 바란 것도 아니었으며, 또한 세상에 이름이 널리 알려지기를(聞)⁴ 바란 것도 아니었다. 간혹 뜰 앞을 배회하거나(彷徉)⁵ 들녘을 거닐(夷猶)⁶ 때에도 잠시나마 품성을 기르고자(頤養)⁷ 눈으로 보고 마음으로 생각하여 참으로 배움을 감히 그친 적이 없었다.

이로 말미암아 산에 오르면 그 높은 것을 배우기를 생각하고, 물가에 다다르면 그 맑은 것을 배우기를 생각하며, 돌에 앉으면 그 견고함을 배우기를 생각하고, 소나무를 보면 그 절개를 배우기를 생각하며, 달을 대하면 그 밝음을 배우기를 생각하였다. 삼라만상이 저마다 뛰어난 바가 있으니, 내가 모두 그것을 스승으로 삼아 배웠다.⁸ 삼라만상은 말이 없는데도 오히려 배울 만하거늘 하물며 사람은 말까지 할 수 있음에야! 비록 만 가지 악행이 있는 사람이라도 반드시 한 가지 선행은 있을 것이니, 한 가지 선행을 스승 삼아 배운다면 그 누가 옳지 않다고 하겠는가?"

중용자가 말하였다.

"세상에는 구하여도 간혹 얻지 못하는 것이 있으며, 세상에는 구하면 반드시 얻는 것이 있다. 구하여도 간혹 얻지 못하는 것은 이익이며, 구하면 반드시 얻는 것은 도道이다. 소인은 이익에 대하여 비록 만 번을 구하여 만 번을 얻지 못하더라도 그것을 구하기를 더욱 용맹스럽게 하는데,

---

3 선사가 일찍이 고치기 어려운 병에 걸렸으나 강의하고 찬술하는 일을 쉬어 본 적이 없었으니, 교법의 교화를 부수적으로 도왔다.
4 (문聞은) 거성이다.
5 『초사楚辭』에서는 "오직 할 일 없이 배회하며(彷徉) 소요한다."라고 하였고, 주석에서는 "한가하게 다니는 모양이며 또는 배회하는 것이다."라고 하였다.
6 (이유夷猶는) 머뭇거리듯 슬슬 거니는 모양이다.
7 정신과 성품을 기르는 것이다. 이頤 또한 양養이니, 아래턱을 움직여 위턱에 부딪치게 하여 위아래로 물건을 씹어 사람을 양육하기 때문이다. 선가에서는 공양 후에 잠시 동안 가볍게 거닐면서 마음과 성품을 수양한다.
8 만약 도를 배우는 데에 뜻이 있다면 눈앞에 펼쳐진 온갖 사물마다 배울 것이 아닌 게 없다.

군자가 도에 대하여 구하면 반드시 얻을 수 있는데도 앞길을 아득히 여기고 겁을 먹어서 스스로 힘이 부족하다고 여긴다면 이것은 이익을 구하는 소인에게 죄를 짓는 것이다.[9] 중니가 '인仁이 멀리 있는가? 내가 어질고자 하면 인仁이 이를 것이다.'라고 하였으니, 이것은 구하면 반드시 얻을 수 있음을 말한 것이다."

勉學下

夫聖且賢, 必務於學, 聖賢以下, 安有不學而成人哉? 學猶飮食衣服也, 人有聖乎·賢乎·衆庶乎, 雖三者異, 而飢索食, 渴索飮, 寒索衣, 則不異矣, 學也豈得異乎? 惟禽獸土木不必學也. 嗚呼! 愚夫嗜飮食而不怠, 冐[1]【貪也, 干也.】貨利而不休, 及就于學, 朝學而夕怠者有矣夫, 有春學而冬怠者有矣夫. 苟如嗜飮食冐*貨利之不知怠者, 何患於不爲博[2]聞乎, 不爲君子乎? 曰: "世有至愚者, 不辨菽麥之異,【『左傳』: "周公有兄而不慧, 不能辨菽麥, 故不可立." 註云: "菽, 大豆也. 豆麥殊形易別, 以爲痴者之候. 不慧, 世所謂白痴也."】不知寒暑之變, 豈令學耶? 豈可敎耶?" 曰: "至愚, 由不敎也, 由不學也. 苟師敎之不倦, 彼心之不怠者, 聖域可躋而陞乎, 何憂菽麥之不辨乎? 且愚者, 渴而知飮, 飢而知食, 寒而知衣. 旣知斯三者, 則與草木殊矣, 惡乎不可學也, 不可敎也? 人之至愚, 豈不能日記一言耶? 積日至月, 則記三十言矣; 積月至年, 則記三百六十言矣; 積之數年而不怠者, 亦幾於博*聞乎? 又日取一小善而學行之, 積日至月, 則身有三十善矣; 積月至年, 則

---

9 군자는 도를 구함에 태만하고 소인은 이익을 구함에 부지런하니 부지런하고 태만한 것으로 말하자면 군자가 소인만 못하다. 이는 군자가 소인에게 죄를 짓는 것이니 소위 '오패五伯가 삼왕三王의 죄인'*이라고 하는 것과 같다.

*오패五伯가 삼왕三王의 죄인 : 오패는 춘추시대 제후의 맹주盟主로서 패업伯業을 이룩한 다섯 사람으로 제 환공齊桓公·진 문공晉文公·진 목공秦穆公·송 양왕宋襄王·초 장왕楚莊王이다. 『맹자』「고자」편에서는 "오패는 삼왕의 죄인이고 지금의 제후는 오패의 죄인이다.(五伯者, 三王之罪人也; 今之諸侯, 五伯之罪人也.)"라고 하였다.

身有三百六十善矣; 積之數年而不怠者, 不亦幾於君子乎? 爲愚爲小人而 不變者, 由不學耳." 中庸子喟然歎曰: "吾嘗見恥智之不逮, 才之不敏, 而 輟於學者, 未見恥飮食不如他人之多, 而輟飮食者. 輟飮食則殞其命, 何必 恥於不多耶? 輟學問則同夫禽獸土木, 何必恥才智之不如他人耶? 苟恥才 智不如而[3)]不學, 則亦應恥飮食不如他人, 則廢飮食. 以是觀之, 豈不大誤 乎? 吾亦至愚也, 每揣才與智不逮他人者遠矣, 由知飮食之不可輟, 而不 敢怠於學也. 行年四十有四矣, 雖病且困, 而手未嘗釋卷.【師早嬰痾瘵, 而講 道撰述, 未嘗休息, 傍贊法化焉.】所以懼同於土木禽獸耳, 非敢求臻聖域也, 亦非求乎聞【去聲】達也. 雖或彷徉【『楚辭』: "聊彷徉以逍遙." 註: "徙倚貌, 又徘 徊也."】戶庭, 夷猶【盤桓也.】原野, 以暫頤養【頤神養性也. 頤養也, 動於下, 應 於上, 上下咀物, 以養人者也. 禪家齋後, 有小時經行, 以頤養情性也.】, 目觀心思, 亦未嘗敢廢於學也. 由是登山則思學其高, 臨水則思學其淸, 坐石則思學 其堅, 看松則思學其貞, 對月則思學其明, 萬境森列, 各有所長, 吾悉得師 而學之.【若志存學道, 則觸目萬物, 無非所學也.】萬境無言而尙可學, 人之能 言! 雖萬惡必有一善也, 師一善以學之, 其誰曰不然乎?" 中庸子曰: "世有 求之而或不得者也, 世有求之而必得者也. 求之而或不得者, 利也; 求之而 必得者, 道也. 小人之於利也, 雖或萬求而萬不得, 而求之彌勇; 君子之於 道也, 求之必得, 而望途[4)]懷怵,[5)] 自念力不足者, 此求利小人之罪耳.【君子 怠於求道, 小人勤於求利, 以勤怠言之, 則君子而不如小人矣. 是君子得罪於小人 耳, 如所謂'五伯三王之罪人'也.】仲尼曰: '仁遠乎哉? 我欲仁, 斯仁至矣.' 言 求之而必得也."

---

1) ㉖ '冒'는 '冐'로 되어 있는 곳도 있다. 아래에도 같다. 2) ㉖ '慱'은 '博'으로 되어 있 는 곳도 있다. 아래에도 같다. 3) ㉖ '而'는 '則'으로 되어 있는 곳도 있다. 4) ㉖ '途' 는 '塗'로 되어 있는 곳도 있다. 5) ㉖ '怵'은 '怯'으로 되어 있는 곳도 있다.

고소성 경덕사의 법운 법사가 학문에 힘쓰도록 권하는 열 가지 문〔서문을 병기함〕[1]

옥은 쪼지 않으면 그릇을 이루지 못하고, 사람은 배우지 않으면 도를 알지 못한다.[2] 나는 열다섯에 학문에 뜻을 두었으나 그럭저럭 세월만 보내다가 문득 늙음에 이르렀다. 세월이 이미 오래되어서야 그 지취旨趣를 대략 알았으니, 지난날 이 지취를 잃어버렸던 것을 돌이켜 탄식하게 되었다. 늘그막(桑榆)[3]에 임박해서는 배워도 미칠 수 없으니, 이로 인해 열 가지 법문을 저술하여 넉넉히(裕)[4] 후학(後昆)[5]들에게 남겨서 그들로 하여금 배움에 힘써 공부를 이루게 하고, 불교를 홍포하여 다시 드러나게 하는 것을 돕고자 할 뿐이다.

(첫째)[i] 학문을 닦지 않으면 이룰 수 없다.[6]

『열반경』에서는 "무릇 마음이 있는 자는 모두 마땅히 아뇩다라삼먁삼보리를 이룰 수 있다."[ii]라고 하였는데, 어째서인가? 대개 일체[7]중생에게

---

1 선사의 이름은 법운法雲이고 자는 천서天瑞이며 스스로 무기자無機子라 불렀다. 5세 때 출가하였으며, 후에 보윤대사普潤大師라는 호를 하사받았다.
2 두 구절은 『禮記』 「學記」편에 나온다.
3 상유桑榆는 저물녘이다. 혹은 해가 떨어지는 곳을 말한다. 『淮南子』에서는 "서쪽으로 해가 그림자를 드리우며 나무의 끝에 있는 것을 상유桑榆라 한다."라고 하였으니 해질 무렵을 말한다.
4 (유裕는) 넉넉함(饒)이고, 너그러움(寬)이고, 포용함(容)이다.
5 곤昆 역시 후後이다.
6 계·정·혜 삼학을 닦지 않으면 보리를 이룰 수 없다. 계·정·혜 세 가지를 통틀어 학學이라 한 이유는 정신을 소통시키고 생각을 활달하게 하며 감정을 편안하게 하고 성품을 다스리기 때문이니, 성인聖人이 가장 힘쓰는 것이다. 學은 '장식(飾)'과 같으니, 그릇은 장식하지 않으면 아름다운 기물이 될 수 없고, 사람은 배우지 않으면 기릴 만한 덕행이 없다.
7 '일체' 두 자는 육경六經*에 나오지 않는다. 『史記』에서는 "일체가 모두 고조의 공신이다."라고 하였으며, 「惠帝記」에서는 "일체가 높은 벼슬에 올랐다."라고 하였고, 주석에

모두 부처의 성품(佛性)이 있기 때문이다. 이 성품은 텅 비어 통하며 신령스럽고 밝으며 항상하고 고요하니, 이를 '있다'고 하자니 모양도 없고 이름도 없으며, 이를 '없다'고 하자니 성스러움(聖)[8]이 이로 인해 신령스럽다.

중생들이 시작 없는 옛적부터 깨치지 못하여 스스로 미혹하며 번뇌[9]에 덮여서 그 본래의 밝음을 잃어버려 모든 반연攀緣을 일으켜 육취六趣로 잘못 빠져들었다. 이 때문에 크게 깨우치신 부처님께서 중생들이 미혹하고 눈이 먼 것을 불쌍히 여기시어 계·정·혜 삼학의 법을 베푸셨으니, 그 도가 크고 드넓어서 진眞에서 망妄을 일으켰음을 보이시고, 중생들에게 궤범이 되어 망을 그쳐서 진으로 돌아가게 하셨다. 만일 부처님의 말씀을 믿고 받아들이며 스승의 학문을 따른다면, 고해苦海를 운행하는 빠른 배가 되고 성인聖人의 길에 오르는 사다리와 계단(梯隥)[10]이 될 것이다. 나갈 때 누군들 문을 통하지 않겠는가마는 어째서 이 도를 따르지 않는가?[11]

(둘째) 아만을 꺾지 않으면 배울 수 없다.
『설문해자』에서는 "나(我)라는 것은 (부모가) 낳아 주신 몸을 스스로 말한 것이다."라고 하였고, 『화엄경』에서는 "범부는 지혜가 없어서 '나'에 집

서는 "마치 칼로 물건을 절단한 듯하니, 진실로 외면의 가지런함만을 취한 것이고 내면의 길고 짧음과 크고 세밀함을 헤아리지 않았다."라고 하였다. 불경에서 이 두 자를 사용할 때도 그 의미가 이와 같다.
* 육경六經 : 춘추시대의 여섯 가지 경서로 『易經』·『書經』·『詩經』·『春秋』·『樂記』·『禮記』를 가리킨다.
8 성聖은 통달하여 밝음이다.
9 근심하여 마음 졸이는 것이 번煩이고, 미혹하여 혼란스러운 것이 뇌惱이다.
10 제梯는 나무 계단이며, 등隥 또한 제梯이다.
11 홍씨洪氏가 "사람들은 나갈 때 반드시 문을 통해야 한다는 것은 알면서도 행실은 반드시 도를 통해야 함은 알지 못하니 도가 사람을 멀리하는 것이 아니라 사람이 스스로 멀리할 뿐이다."라고 하였으며, 주자가 "이치에 합당하지 않은 곳은 도를 통하지 않은 것이다."라고 하였다.

착한다."ⁱⁱⁱ라고 하였으며, 『법화경』에서는 "아만으로 스스로 잘난 척하고, 아첨하여 굽은(諂曲) 마음은 실답지 못하다."¹²·ⁱᵛ라고 하였다. '아견我見'에 집착하기 때문에 교만하고 잘난 체하며, 지혜 없음을 부끄러워하지 않고 망령되이 스스로 존대하며, 착한 이를 보고도 따르지 않고 가르쳐 깨우쳐 줌을 받지도 않으며 어진 이를 가까이하지 않으니, 도道와의 거리가 매우 멀다. 법을 구하고자 한다면 마땅히 아만심을 꺾고 공손하고 묵묵히 도를 생각하며, 몸을 굽히고¹³ (자신이 받을) 예를 낮추어서¹⁴ 공경으로써 어른을 섬기며, 스승을 존경하고 도를 소중히 여기며, 현인을 보면 그와 같아질 것을 생각하라.

구마라집¹⁵이 처음에 소승교를 배울 때는 반두달다盤頭達多¹⁶에게 머리 숙여 절하였는데, 이는 아랫사람이 윗사람을 공경하는 것이니, 이를 '존장尊長을 귀하게 여긴다(貴尊)'라고 하며, 반두달다가 만년에 대승법을 구할 때는 다시 구마라집에게 예를 올렸는데, 이는 윗사람이 아랫사람을 공경하는 것이니, 이를 '현명한 이를 존귀하게 여긴다(尊賢)'라고 한다.¹⁷ 그러므로 『주역』에서는 "겸양은 덕의 자루이다."라고 하였고, 『서경』에서는 "네가 오직 뽐내지(矜)¹⁸ 않으면 천하에 너와 더불어 현능함을 다툴 자가

---

12 첨곡諂曲이란 다른 사람을 속이고자 굽혀서 시절의 편의를 따르며, 다른 의론을 속여서 주장하고 혹은 자기의 실수를 숨기는 것이다.
13 사지의 마디를 굽혀서 복종하고 섬기는 것이다.
14 (공경히 예우받음을) 낮추고 사양함이다.
15 한역하면 '동수童壽'이니, 그의 조상은 인도 사람이다. 부친이 총명하고 민첩함으로 칭송을 받자 구자왕龜玆王이 듣고서 그의 딸을 시집보내어 구마라집을 낳았다. 7세 때 출가하여 날마다 천 개의 게송을 외웠으며 또한 그 의미를 통달하였다. 모친도 구마라집을 낳은 후에 또한 출가하여 비구니가 되어 제3과(아나함과)를 증득하였다.
16 계빈국罽賓國 사람이다. 중국말로는 무엇이라 부르는지 상세하지 않다.
17 반두달다가 만년에 대승법을 구할 때에 구마라집에게 예를 올려 스승으로 삼고 말하기를, "화상은 서에게 대승의 스승이고 서는 화상에게 소승의 스승입니다."라고 하였다.
18 스스로 현명하다고 생각하는 것을 '긍矜'이라 한다.

없을 것이고, 네가 오직 자랑하지 않으면 천하에 너와 더불어 공功을 다툴 자가 없을 것이다."[19]라고 하였다.

안자晏子가 "무릇 작위(爵)[20]가 높을수록 뜻을 더욱 낮추고, 관직이 클수록 마음(아만심)을 더욱 작게 가지며, 녹봉이 많을수록 베풀기를 더욱 넓게 하라."라고 하였으며, 자하子夏가 "공경하며 실수가 없고 공손하며 예의가 있으면[21] 온 천하가 모두 형제이다.[22]"라고 하였다.

(셋째) 스승을 가리지 않으면 본받을 것이 없다.

새가 쉬고자 함에 반드시 그 숲을 선택하고, 사람이 배우기를 구함에 마땅히 스승을 선택해야 한다. 스승은 사람의 모범인데 모模가 모답지 못하고 범範이 범답지 못한 이가 고금에 많다.[23] 모범이 되는 자가 세상에

---

19 순임금이 우임금을 훈계한 말이다. 노자가 "스스로 자랑하지 않는 까닭에 공이 있고 스스로 뽐내지 않는 까닭에 오래가니, 스스로 자랑하는 자는 공이 없고 스스로 뽐내는 자는 오래가지 못한다."라고 하였다.
20 작爵은 새 이름인데, 그 모습을 본떠서 술잔을 만든 것은 새가 잘 날아서 술에 빠지지 않음을 취한 것이다. 『說文解字』에서는 "그 울음소리가 '절절족족'한 것을 취한 것이다."라고 하였다. 육전陸佃이 "1되(升)를 작爵이라 하며 또한 그 울음소리가 '절절'한 것을 취하여 사음邪淫을 경계한 것이다. 대부 이상에게 주연을 베푼 후에 잔(爵)을 하사하는 것은 덕이 있음을 표창한 것이니, 그러므로 이로 인해 품계나 벼슬을 주는 것을 작록爵祿 또는 작위爵位라 하였다. (명예적인 벼슬로서의) 품계나 벼슬을 작爵이라 하고, (실질적인 벼슬로서의) 관직을 관官이라 한다."라고 하였다.
21 (공손함의 정도가) 속마음은 많으나 겉모습은 적은 것을 경敬이라 하고, 겉모습은 많으나 속마음이 적은 것을 공恭이라 한다. 또는 겉모습이 정성스러운 것을 공恭이라 하고, 속마음으로 존중하는 것을 경敬이라 한다.
22 『論語』에서 사마우司馬牛가 "사람들은 모두 형제가 있으나 나만이 없다."라고 하자 자하가 그렇게 답한 것이다.
23 모범模範*이란, 나무로 된 것을 모模라 하고 대나무로 된 것을 범範이라 하는데, 모두 기물을 주조하는 형틀이다. 양자楊子가 "배움에 힘쓰는 것은 스승을 구함에 힘쓰는 것만 못하다. 스승이란 사람의 모범인데 모模가 모답지 못하고 범範이 범답지 못한 경우가 적지 않다."라고 하였다. 모模 또한 나무의 이름이다. 옛날에 모나무가 주공의 무덤가에 났는데, 그 잎이 봄에는 푸르고 여름에는 붉고 가을에는 희고 겨울에는 검었으므로 색色으로써 그 바름을 얻었다. 해楷나무가 공자의 무덤가에 났는데, 그 줄기와

두 부류가 있으니, 그중 상류는 지혜가 넓고 통달하며 행업行業이 굳고 바른 것이 마치 밀실의 등불이 창틈을 뚫고 나가는 것과 같다. 그다음 부류는 견해가 비록 밝으나 행업이 또한 허물을 숨기고 있는 것이 마치 범죄인이 등불을 들고 길을 비춰 주는 것과 같다. 이러한 두 고좌高座[24]는 모두 스승의 법도를 쌓았다. 그러나 만일 덕德은 부족한데 적당한 시기를 만나 명성은 있으나 고귀하지는 못한 이를[25] 그 소문만 바라보고 의지한다면 생을 마칠 때까지 황당荒唐할 것이다.[26]

　동진東晉의 도안道安 법사는 12세 때에 출가했는데, 얼굴이 검고 형색이 남루하여 스승이 그를 경시하고 농막에 내몰아 노역하게 하였다. 3년간 고생하고서야 비로소 스승에게 가르침을 구하니, 스승이 그에게 『변의장자경辯意長者經』을 주었다. 책을 가지고 밭에 들어가 쉬는 틈에 살펴보고 저물녘에 돌아와서 스승에게 돌려주고는 경전을 모두 암송하니, 스승이 그제서야 놀라 찬탄하고는 머리를 깎아 주었다.[27]

　가지가 성글었으나 굽지 않았으니 형질形質로써 그 곧음을 얻었다. 바르고 곧은 것으로도 법칙이 될 수 있는데 하물며 주공과 공자의 무덤가에 있는 것임에랴! 『淮南子』에 보인다.
　　＊모범模範 : 주조하는 형틀에서 속틀은 모, 겉틀은 범이라고도 한다. 밀랍 등으로 종 모양을 만들었으면 이것은 모, 그 밀랍에 주사鑄砂를 씌운 뒤 밀랍을 녹여 낸 후 쇳물을 부을 수 있게 남겨진 거푸집은 범이다.
24　상류는 수행과 견해가 모두 원만하고 그다음 부류는 견해는 있으되 수행이 없다. 시려밀다라尸黎蜜多羅는 천축국의 왕자인데, 왕위를 사양하고 출가하여 건강建康에 이르렀을 때 왕도王導·유량庾亮·주의周顗 등 한때 이름 있는 공경대부들이 모두 와서 벗을 맺고 그를 고좌高座라 불렀다. 고좌라는 호칭이 여기에서 비롯하였다.
25　『梁高僧傳』에서는 "수행은 실다우나 광명을 숨기면 고귀하되 명성은 없고, 덕德은 적으나 때를 잘 만나면 명성은 있으나 고귀하지는 않다."＊라고 하였다.
　　＊수행은~않다 : 『高僧傳序錄』 권14(釋慧皎撰, T50, 419a24~25).
26　허망하여 실답지 않아 기대어 의지할 만한 것이 없다.
27　도안은 그 집안이 대대로 뛰어난 선비였는데 일찍 부모를 잃고 사촌형에 의해 양육되었다. 7세 때 책을 읽는데 한 번 보기만 하고도 암기하였다. 12세 때 출가하였는데, 정신은 비록 총명하고 민첩하였으나 외모가 매우 남루하여 스승에게 존중받지 못하고 노역에 내몰려 일만 하였으나 그래도 원망하는 기색이 전혀 없었다. 처음으로 스승에

구족계를 받고서는²⁸ 마음대로 돌아다니며 배우다가 불도징²⁹에게 귀의하니, 그가 도안을 보고는 기이하게 여기며 말하였다.

"기이하도다, 작은 동자여! 참으로 세상의 훌륭한 말이지만 안목 있는 자를 만나지 못하여 고생스럽게 소금 수레를 끌었구나. 만일 백락伯樂이 아니었다면 어찌 뛰어난 천리마임을 드러내겠는가?"³⁰

그러므로 출가한 자는 삼가 마땅히 잘 살펴보고 선택하여야 하니, 나를 다듬어 줄 능력이 있다고 관찰되면 비로소 제자로서의 예를 갖출 것이다. 그러므로 남산南山이 "참된 출가는 사원四怨³¹·ᵛ의 많은 괴로움을 두려워 하고 삼계의 무상함을 싫어하며, 육친의 지극한 사랑을 여의고 오욕五慾ᵛⁱ

게 여쭈어 경전을 구하자 『辯意長者子經』 한 권을 주었는데, 그 경은 거의 5천 자(言)나 되었다. 밭에 들어가 쉬는 틈에 보고서는 저물녘에 돌아와서 경을 스승에게 돌려주며 다시 나머지를 구하자 스승이 말하였다. "어제 준 경전을 아직 다 읽지도 않고서 지금 다시 달라느냐?" 그가 답하였다. "이미 암송하였습니다." 스승이 비록 비상하게 여겼으나 믿지 않고 다시 『光明經』을 주었는데, 그 경은 거의 9천 자나 되었다. 저물녘에 돌아와서 스승에게 다시 돌려주자 스승이 경을 덮고 암기하게 하였는데 한 자도 틀리지 않았으니 스승이 매우 경이롭게 여겼다. (도안의) 외모가 검은 까닭에 당시 사람들이 그를 흑두타黑頭陀라 불렀고 또한 칠도인漆道人이라 불렀다.

28 부처님이 나열성羅閱城에 계실 때 17명의 동자들이 있었는데, 큰아이는 17세였고 작은아이는 12세였다. 이들이 출가하여 비구가 되고자 하니 바로 출가시켜 구족계를 받게 하였다. 그러나 하루 한 끼의 식사를 견디지 못하고 밤이면 울었다. 부처님께서 만 20세가 되어야 구족계를 받도록 제정하셨으니, '나이를 의지해서 구족계를 받는다'는 것이 바로 이것이다.

29 그의 신이한 점은 헤아릴 수 없다. 배 한쪽에 구멍이 하나 있어 항상 솜으로 그곳을 막고 있었는데, 밤에는 솜을 빼내 광명이 온 방안을 비추었다. 낮에는 흐르는 샘물에 가서 구멍으로 창자와 위장을 꺼내어 모두 씻은 후에 다시 배 안에 넣었다.

30 『祖庭錄』에서는 "이백락은 자가 손양孫陽으로 말을 잘 볼 줄 알았다. 길을 가다가 우산虞山의 언덕에 이르니 한 필의 준마가 있었는데, 그 주인은 알아보지 못하고 그 말을 소금 수레를 끄는 데 썼다. 말이 멀리서 백락을 보고는 울자 (백락이) 타고 있던 말과 바꾸니 하루에 천 리를 달렸다."*라고 하였는데, 어떤 사람이 시를 지어 말하였다. "꽃은 매화, 새는 꾀꼬리, 일찍 피고 앞서 울어 사람 마음 기쁘게 하네. 가련하도다! 고죽현孤竹縣의 소금 수레 끄는 말이여. 지음知音을 만나지 못해 일생을 망쳤구나."

＊이백락은~달렸다:『祖庭事苑』 권6(X64, 395a2~4).

31 사대四大이다.

의 깊은 애착을 버리는 것이다."[vii]라고 하였다. 이와 같이 하는 것을 참된 출가라 하니, 이렇게 하면 삼보를 계승하여 융성케 하고 사생四生[viii]을 제도하여 해탈케 하여 그 이익이 매우 깊고 공덕이 무량할 것이다.

근래에 참된 가르침이 무너지고(凌遲),[32] 지혜의 바람이 감춰지고, 속인들은 업신여기는 마음을 품고, 승려들은 법답지 못한 행동을 하는데, 이는 모두 스승에게는 이끌어 인도하려는 마음이 없고, 제자에게는 받들어 행하려는 뜻이 없기 때문이다.[33] 둘 다 서로를 버려 비루한 경계로 망령되게 흘러가니 도가 빛나도록 하고자 한들 어찌 가능하겠는가?

(넷째) 익히고 외우지 않으면 기억할 수 없다.

좋은 말들을 기록하여[34] 읽고(諷)[35] 외울지니, 가섭과 아난은 8만 권의 법장法藏을 온전하게 갖추어 지녔다.[36] 서역이나 중국의 고승 대덕들은 출가하면 어린 나이에 익히기 시작하여 모두 배워 암송하여 지녔으니, 축불도징은 수백만 글귀의 불경들을 능히 외웠다.

불타발타佛陀跋陀는 한역하면 '각현覺賢'인데,[37] 몇 명의 동학들과 함께

---

32 시들고 무너짐이다.
33 노자가 "착한 사람은 착하지 않은 사람의 스승이고, 착하지 않은 사람은 착한 사람의 밑천이다."라고 했는데, 해설자가 "착한 사람은 착하지 않은 사람이 있은 후에 그들을 잘 구제하는 공덕이 드러나니, 그러므로 '밑천'이라 하였다."라고 하였다.
34 『祖庭錄』에서는 "『魯論』* 20편은 모두 공자의 제자가 좋은 말들을 기록한 것이다."**라고 하였다.
  *『魯論』: 중국 한나라 때에 노나라에서 전해진 『論語』로 총 20편으로 구성되어 있다.
  **『魯論』~것이다 : 『祖庭事苑』 권2(X64, 326b18~19).
35 (풍諷은) 읽는 것이다.
36 잠자潛子가 "기록은 사람이 그 법을 유지하여 영원히 머물러 없어지지 않도록 하는 것이다."라고 하였다. 무릇 계·정·혜는 법을 유지시키는 도구이며, 승려와 사원의 상주물과 임무는 법을 유지시키는 밑천이다. 법은 큰 성인의 도이다.
37 그는 감로반왕甘露飯王의 후손으로 대승의 삼과三果를 증득한 사람이다. 일찍이 부모를 잃자 종조부가 그의 외롭고도 고달픔을 불쌍히 여겨 그를 출가시켜 사미가 되게 하였다. 17세에 이르러 동학들과 경전을 익히고 외우는 것을 업으로 삼다가 신주神州에

익히고 외우는 것을 업으로 삼았다. 그런데 다른 사람들이 한 달 동안 공부해야 외우는 것을 각현은 하루 만에 제대로 암기하였으니, 그의 스승이 "하루 동안 배운 것이 서른 명에 필적한다."라고 찬탄하였다.

사람이 지극히 어리석더라도 어찌 하루에 한마디를 기억하지 못하겠는가? 날로써 달을 잇고 달로써 해를 잇는다면[38] 쌓인 공부가 반드시 많아지고 누적된 성과도 깊어질 것이다. 그 도가 작은 것으로부터 생겨나니, 어찌 이룰 바가 없음을 근심하는가?

(다섯째) 쓰기를 공부하지 않으면 전할 수 없다.

'쓰다(書)'란 '같다(如)'는 것이니, 일을 서술함에 사람의 뜻과 똑같게 하는 것이다.[39] 현생에 잊어버림을 방지하려면 반드시 잘 엮어서(繕) 모으고(寫) 편집해서 기록해야 하고,[40] 후대에 전해지도록 하려면 마땅히 몸소 써서 완성시킬 것이니, 그렇게 하면 교풍教風이 추락하지 않고 도가 오래도록 더욱 칭송될 것이다. 그러므로 석가의 경전과 율장은 패다라 잎에 결집結集하였고,[41]

와서 구마라집과 서로 만나게 되었는데, 구마라집은 의심스러웠던 것들을 많이 가지고 가서 물어 해결하였다.

38 『左傳』에서는 "일을 기록한다는 것은, 일을 날에 잇고 날을 달에 잇고 달을 절기에 잇고 절기를 해에 잇는 것이니, 멀고 가까움을 기록하고 같고 다름을 구별 짓는 것이다."라고 하였고, 주석에서는 "절기(時)는 3개월을 한 절기로 삼는다. 잇는다(繫)는 것은 아래의 것을 위의 것에 이어 엮는다는 말이다. 어느 날에 어떤 사건이 있음을 기록하는 것은 그 일을 그 날에 이어 엮음이니, 연월의 멀고 가까움을 기록하고 사물의 같고 다름을 분별하는 것이다."라고 하였다.

39 서書는 또한 많다(庶)는 것이니, 여러 가지 사물을 기록하는 것이다. 또는 같다(如)는 것이니, 말을 글로 쓸 때에 그 뜻과 같게 하기 때문이다.

40 선繕은 깁거나 꿰매는 것이다. 문자를 꿰매어 모으는 것을 선사繕寫라 한다.

41 패다라는 한역하면 '언덕 모양(岸形)'이다. 『西域記』에서는 "남인도 건나국建那國의 북쪽에 다라수多羅樹가 있는데 (너비가) 30여 리이다. 그 잎이 길고도 넓으며 빛이 나고 윤기도 있었다. 모든 나라에서 글을 쓸 때에 그것을 따서 쓰지 않는 경우가 없었다."*라고 하였다. 그러므로 아난 등이 삼장三藏을 결집할 때 모두 이 잎에 글을 썼다.
*남인도~없었다 : 『大唐西域記』 권11(B13, 815a14).

공자의 시詩와 서書는 죽간竹簡에 산정刪定하였으니,⁴² 만약 쓰기를 공부하지 않았다면 일이 성취되기 어려웠을 것이다.

돌이켜 생각건대 지자대사智者大師⁴³의 무애한 변설은 당시의 근기에만 유익했을 뿐인데, 만일 장안 대사⁴⁴의 집필력이 아니었다면 어찌 오늘에까지 유포되었겠는가?

그러므로 계빈국의 고승 대덕인 반두달다槃頭達多는 아침부터 낮까지 손으로 천 개의 게송을 쓰고, 낮부터 저물녘까지 입으로 천 개의 게송을 외웠다. 그저 부처님(의 가르침)을 준수하여 명자名字를 쓸지언정 세속을 본받아 초서와 예서를 정미하게 쓰는 일은 삼가 하지 말라.⁴⁵

---

42 간簡은 대나무 조각이다. 옛날에는 종이가 없어서 사건이 있으면 죽간에 글을 썼다. 홀으로 들 수 있는 하나의 대나무 조각을 간簡이라 하고 여러 개의 간簡을 연결하여 엮은 것을 책策이라 하니, 말하자면 시詩와 서書를 추리고 예禮와 악樂을 정리하여 간책簡策에 기록한 것이다.

43 선사의 휘는 지의智顗, 자는 덕안德安이며 화용華容 진씨陳氏의 자손이다. 7세 때 절에 들어와 스님이 『법화경法華經』을 독송하는 것을 듣고는 문득 『법화경法華經』 7권의 글귀를 절로 기억해 냈는데, 그 완연함이 마치 옛날부터 익혔던 것 같았기에 십신十信의 앞인 오품제자五品弟子의 지위에 자리하게 되었다. 언변의 재주가 걸림이 없어 수 문제隋文帝가 '지자智者'라는 호를 하사하였다.

44 관정灌頂 법사는 자가 법운法雲이고 장안章安 사람이다. 타고난 지혜와 견해가 있었기에 지자대사가 명령하여 그를 시자로 삼았으니, 지자대사가 이야기한 것을 기록하여 뒷날까지 전해 주었다. 이는 경희慶喜*가 결집한 것과 그 공덕을 견줄 수 있으니, 장안 대사가 아니었다면 지자대사의 도는 아마도 오늘날 들을 수 없었을 것이다.

*경희慶喜 : 아난존자를 가리킨다. 범어의 아난은 경희慶喜 또는 환희라 번역되니, 부처님이 성도하신 날 밤에 낳았으므로 그런 이름을 지었다.

45 오군吳郡의 장지張芝는 자가 백영伯英으로 초서에 뛰어났는데, 기맥이 통하고 이어져서 한 줄을 건너도 끊어지지 않았으니 이를 일초서一草라 한다. 주周나라 태사 주籒가 처음으로 대전大篆을 만들었고, 진秦나라 이사李斯가 또 소전小篆을 만들었다. 진나라 하규下邽 사람 정막程邈이 옥졸이 되었다가 죄를 지어 옥에 갇혀 묵묵히 생각한 지 10년 만에 소전小篆을 바꿔 예서隸書 3천 자를 만들었다. 진시황이 기뻐하며 그의 죄를 면제해 주고 그를 어사御使로 등용하였다. (예서는) 죄수(徒隸)가 만든 것을 말한다.

(여섯째) 시를 배우지 않으면 말할 수 없다.

말이 좋으면 천리 밖에서도 호응하고, 말이 좋지 않으면 천리 밖에서도 외면할 것이다.[46] 『시경』에서는 칭찬하는 말(褒)과 억누르는 말(貶)[47]을 진술함에 언어가 성聲과 율律[48]을 따랐으니, 「국풍」은 도탑고 중후하며,[49] 「아」·「송」은 온화하면서 부드러우며,[50] 재기가 빛나고 기상이 맑으며, 어휘가 풍부하면서 밝고 치밀하다(彬蔚).[51]

오래 익히면 말과 논리[52]가 저절로 빼어나고, 외우고 나면 말을 머금고

---

46 『周易』「繫辭傳」에서는 "군자가 방에 있어도 그 내뱉는 말이 좋으면 천리 밖에서도 호응할 것이니 하물며 가까이 있는 자들이랴! 군자가 방에 있으면서 그 내뱉는 말이 좋지 못하면 천리 밖에서도 그를 외면할 것이니 하물며 가까이 있는 자들이랴!"라고 하였다.

47 포褒는 선양하여 찬미하는 것이고, 폄貶은 억눌러 꺾는 것이다. 선한 것은 사람들의 착한 마음을 감동시켜 일으키게 할 수 있으며, 악한 것은 사람들의 방일한 뜻을 징계할 수 있다. 창創 역시 징계한다는 것이다. 『詩經』의 시 3백 편은 선한 것을 칭찬하여 선양하고 악한 것을 깎아내려 억눌렀다.

48 성聲은 오음五音이고 율律은 육률六律이다.* 성聲과 율律에 화합하기 때문에 시를 노래할 때 금슬琴瑟을 탈 수 있다. 성은 양陽에 속하고 율은 음陰에 속한다. 양자楊子가 "성은 해에서 생겼고 율은 별에서 생겼다."라고 하였다.

   *오음과 육률 : 오음은 궁宮·상商·각角·치徵·우羽의 다섯 음을 말한다. 또 아악雅樂의 12음계는 음양의 원리에 따라 홀수 음계인 육률과 짝수 음계인 육려六呂로 나뉘는데, 이를 합하여 율려律呂라 한다. 그중 육률은 저음부터 차례로 황종黃鐘·태주太簇·고선姑洗·유빈蕤賓·이칙夷則·무역無射을 가리키고, 육려는 대려大呂·협종夾鍾·중려仲呂·임종林鍾·남려南呂·응종應鍾을 가리킨다.

49 열다섯 나라의 풍속과 가요는 도탑고 크면서도 중후하다. 풍風은 서민들이 지은 것이다. 『詩經』의 서문에서는 "윗사람은 풍風으로써 아랫사람을 교화하고, 아랫사람은 풍風으로써 윗사람을 풍자한다."라고 하였다. 자刺는 나무람이 절실한 것이다. 또한 마치 사물이 바람의 움직임으로 인하여 소리가 있고, 그 소리가 또한 사물을 움직일 수 있게 하는 것과 같다.

50 「雅」에는 〈大雅〉와 〈小雅〉가 있으며, 「頌」에는 〈周頌〉과 〈商頌〉과 〈魯頌〉이 있다. 「雅」는 조정의 시이며 「頌」은 종묘의 시이니, 모두 온화하고 유순하다.

51 빈彬은 문채가 밝은 것이고, 울蔚은 문채가 화려하면서 깊고 치밀한 모습이다. 『周易』에서는 "그 문장이 치밀하다."라고 하였다.

52 말로써 다른 사람에게 알리는 것을 어語라 하고, 다른 사람과 상대하여 힐난하고 분변分辨하는 것을 논論이라 한다.

내뱉음에 속되지 않을 것이다. 저쪽에서 "사해四海의 습착치입니다."라고 하자 이쪽에서 "미천彌天 석도안입니다."라고 대답한 경우도 있다.[53]

진류陳留의 완첨阮瞻이 어느 때 문득 조롱하기를, "대진大晋이 크게 일어나 천하를 집으로 삼았는데, 사문은 어째서 '터럭과 피부를 온전히 하고 가사를 버리며, 승복을 벗고 비단옷을 입는 것'을 하지 않습니까?"라고 하니, 효룡孝龍[54]이 대답하기를, "하나를 품어 소요하고, 오직 고요하여 정성을 다할 뿐입니다. 머리를 깎아 용모를 훼손하고 의복을 바꿔 모습을 변화시키니, 저들은 나를 욕되다고 여기지만 나는 저들의 영화로움을 버렸습니다. 그러므로 존귀함에 무심하나 더욱 존귀하게 되고, 풍족함에 무심하나 더욱 풍족합니다."라고 하였다. 이는 기개가 난초의 향기[55]를 쌓고 말이 풍류가 있는 문채[56]를 뿜어낸 것이니, 비록 귀먹고 속된 이들을 가까이하게 하지 못하나 맑고 재주 있는 이들을 제접할 만하다.[57]

불법을 이미 왕과 신하에게 위임하셨으니[58] 불도를 홍포하고자 하면

---

53 양양襄陽의 고사高士인 습착치習鑿齒가 먼저 도안道安의 높은 명성을 듣고는 글을 보내 우호를 맺었다. 도안이 육혼산陸渾山에서 내려와 단계사檀溪寺에 이르렀는데, 습착치가 도안이 도착하였다는 말을 듣고는 도안에게 가서 이윽고 앉자마자 스스로 일컫기를, "사해의 습착치입니다."라고 하였다. 그러자 도안이 "천하의 석도안입니다."라고 했으니, 당시 사람들이 이를 훌륭한 대구로 여겼다.
54 『高僧傳』에서는 "사문 지효룡支孝龍은 회양淮陽 사람이다. 젊어서 풍모와 자태로 존중받았고 게다가 뛰어난 논변이 시의적절하여 진류의 완첨 등이 모두 지음知音의 교우를 맺었다. 당시 사람들이 그들을 '팔달八達'이라 불렀다."라고 하였다.
＊사문~불렀다 : 『高僧傳』권4(釋慧皎撰, T50, 346c15~18).
55 난蘭은 깊은 계곡에서 자라 맑은 향기가 멀리까지 퍼진다. 황산곡黃山谷이 "한 줄기에 한 송이의 꽃이라도 향기가 넉넉한 것은 난蘭이고, 한 줄기에 여러 송이 꽃이라도 향기가 부족한 것은 혜蕙이다."라고 하였다. 혜蕙 역시 난蘭에 속한다.
56 (풍채風采는) 풍류가 있는 문채이다.
57 비록 귀먹고 눈먼 무지한 속인들에게는 버림을 받지만 맑고 새롭고 재주와 기예가 있는 선비들을 상대할 만하다.
58 부처님이 영산靈山에서 국왕과 대신들에게 부촉하여 그들로 하여금 (불법을) 외호하도록 하였다.

반드시 글(文翰)⁵⁹을 익혀야 한다. 지둔支遁은 북궐에 글을 올리고⁶⁰ 도안은 동산에 은둔하였으니(逸),⁶¹ 스스로 뛰어난 재주를 가진 사람이 아니라면 어찌 군주를 감동시켰겠는가?⁶² 광간狂簡한 말은 한갓 헛된말인 줄 살펴야 한다.⁶³

(일곱째) 널리 열람하지 않으면 근거할 것이 없다.⁶⁴

『고승전』에서는 "널리 열람하지 않으면 말에 근거할 것이 없다."라고 하였으니, 응당 고금의 흥망을 알고 한어와 범어의 명의名義⁶⁵를 알아서

---

59 한翰은 문장과 글귀이다.
60 진晉나라 애제哀帝 때 축잠竺潛이 북궐을 하직하고 섬剡 땅으로 돌아가자 지둔에게 조서를 내려 북궐에서 축잠이 강의하도록 하니, 지둔이 이에 표表를 올려 항명하고 산으로 돌아갔다. 북궐은 현무문玄武門이다. 미앙전未央殿의 앞쪽이 비록 남향이나 글을 올리거나 일을 아뢰고 알현하는 무리들이 모두 북궐에 이르니, 그렇다면 북궐이 정문이 된다.
61 동진東晉의 효무제孝武帝가 도안의 명성을 듣고 조서를 내리기를, "법사께서 도덕으로써 천하를 비추시어 큰 법을 유행하게 하였으니, 백성들이 의지하고 힘입게 되었으므로 날마다 왕공의 녹봉을 받아야 할 것입니다."라고 하고는 시절에 맞춰 재물을 내렸다. 그러나 도안이 받지 않고 마침내 동산에 은둔하였으니, 그 산은 노魯나라의 국경에 있다. 일逸은 도망가서 은둔하는 것이다.
62 두 법사에게 치성한 덕과 뛰어난 재주가 없었다면 어찌 제왕이 감동받았겠는가?
63 공자가 "우리 고을의 제자들은 뜻은 크지만 일에는 소략疏略하여 찬란히 문장을 이루었을 뿐 (그것을 마름질할 줄 모른다.)"라고 하였다. 광간狂簡은 뜻은 크나 일에는 소략한 것을 말하니, 뜻이 큰 것은 광狂이고 일에 소략한 것은 간簡이다. 비연斐然은 문채 나는 모양이고, 성장成章은 문장의 이치가 성취되어 볼 만한 것이 있음을 말한다. 반드시 성찰하여 (광간한) 문장을 받아들이지 말아야 하니, 이 광간한 말은 참된 말이 아니다. 이 도를 넓히고자 한다면 시편들을 곁들여 보아야 한다.
64 『高僧傳』에서는 "도를 창도할 때 귀중한 것이 네 가지 있으니 소리가 아니면 대중을 경책할 수 없고, 변재가 아니면 시의적절할 수 없으며, 재주가 아니면 채택할 만한 얘기가 없고, 널리 열람하지 않으면 말이 근거할 것이 없다."ᐟ라고 하였다. 『事鈔』에서는 "널리 배우는 것은 빈곤한 식견을 구제하기 위함이다."ᐟᐟ라고 하였으니, 식견의 빈곤을 구제하는 것을 말한다.
　ᐟ도를~없다 : 『高僧傳』 권13 (釋慧皎撰, T50, 417c15~17).
　ᐟᐟ널리~위함이다 : 『四分律刪繁補闕行事鈔』(T40, 155b12).
65 법운 법사法雲法師가 직접 저술한 『名義集』에서는 "명의名義라는 것은, 능전能詮을

삼장三藏의 바다에서 노닐고 육경六經[66]의 내용들을 완미하여야 말이 망령되지 않고 전거典據가 있다. 그러므로 습착치習鑿齒가 도안 법사를 칭찬하며 "속마음을 다스려 간결하고도 바르며(理懷簡衷)[67] 널리 섭렵한 바가 많아 내·외전들[68]을 대략 모두 두루 보았고 음양과 산술에도 모두 능통하니, 불경의 오묘한 이치가 본래부터 여유로운 칼날을 놀리듯 하였다."[69]라고 하였다.

진종 황제眞宗皇帝가 이시독李侍讀을 불러들여 술을 마시는데,[70] 중용이 일어나 굳게 사양하며 말하였다.

"관가官家께 아뢰오니 큰 잔을 거두소서."

천자가 물었다.

"어째서 나를 '관가'라 하는가?"

중용이 대답하였다.

"신이 일찍이 장제蔣濟의 『만기론萬機論』에서 '삼황은 천하를 관청(官)으로 삼으셨고, 오제는 천하를 집(家)으로 삼으셨다.'[71]라고 한 것을 기억하

명名이라 하고 소전所詮을 의義라 한다."*라고 하였다.
　*명의名義라는~한다 : 『翻譯名義集』(T54, 1056a28).
66　육경은 『詩經』·『書經』·『易經』·『春秋』·『周禮』·『禮記』이다.
67　이理는 다스림이고, 회懷는 속마음이며, 간簡은 번뇌롭지 않음이고, 충衷은 바름이다. 스스로 그 마음을 다스려 번뇌롭지 않고 또한 바름을 말한다.
68　유가에서는 아홉 종의 경전을 내전內典으로 삼고 제가諸家의 잡서를 외전外典으로 삼는다.
69　습착치가 사안謝安에게 준 글에 "이곳에 와서 석도안을 보니, 보통 사람들의 이목을 감동시킬 만한 변화무쌍한 재주나 기술이 없으며 뭇 소인배들의 들쭉날쭉한 바를 정돈할 만한 중후하고 위엄 있는 큰 위세는 없으나 스승과 제자가 엄숙하면서도 스스로 존경하니, 내가 여태껏 평소에 그런 사람을 본 적이 없습니다. 도안과 같은 이는 비상하고도 뛰어난 선비이니 공께서 한번 만나보지 못한 것이 한스러울 뿐입니다."라고 하였다. 포정이 소를 잡을 때에 칼날을 놀리는 부분이 여유로워 남은 공간이 있었다.
70　송宋나라 시독侍讀* 이중용李仲容은 술을 잘 마셔서 호가 이만회李萬回였다. 진종이 술을 마시면 대적하는 이가 없어서 마실 때는 반드시 중용을 불러들였다.
　*시독侍讀 : 임금을 모시고 경전을 강독하는 벼슬.
71　『史記』에서는 "오제는 천하를 관청으로 삼았고 삼황은 천하를 집으로 삼았으니, 관청

오니, (황제께서) 삼황과 오제의 덕을 겸비하셨기에 '관가'라 말씀드렸습니다."

천자가 기뻐하며 말하였다.

"참으로 이른바 '임금과 신하가 천 년에 한 번 만났다'[ix]는 것이로다."

이는 학문을 몸에 갈무리해 두어 선인의 말을 많이 기억하여서(識)[72] 걸릴 것이 없었기 때문이다.[73]

(여덟째) 일을 겪지 않으면 알 수 없다.

공자가 "나는 성인이 아니라 일을 경험한 지가 오래되었을 뿐이다."라고 하였으니, 태묘에 들어가서 매사를 물은 것은 헤아림(虞)이 없는 때를 경계儆戒하여 법도를 잃지 않게(罔) 한 것이다.[74] 나한이 비록 성인이나 붉은 소금을 알지 못하였고,[75] 동방삭이 비록 현인이나 겁회劫灰[x]를 알지 못하였으니,[76] 본 것이 많으면 알았겠지만 보지 못했기에 몰랐던 것이다.

으로써 성현에게 전하고 집안으로써 자손에게 전한다."라고 하였다.
72 (식識은) 음이 지志이니, 기억함(記)이다.
73 『周易』에서는 "군자는 선배들의 말과 과거의 행위를 많이 기억하여 그 덕을 축적한다."라고 하였다. 부견符堅이 남전藍田에서 오래된 솥 하나를 얻었는데 용량이 27곡斛이었다. 조정의 학사들 중에 이에 대해 아는 자가 전혀 없었다. 도안에게 물으니, "노魯나라 양공襄公이 주조한 것입니다."라고 하였다. 솥의 배 부분에 전문篆文*이 있었는데, 과연 (그 말이) 믿을 만하였다. 부견이 학사들에게 조칙을 내려 모두 도안을 스승 삼게 하니 나라 사람들이 말하기를, "배움에 있어 도안을 스승으로 삼지 않으면 이치에 있어 어려움을 금치 못할 것이다."라고 하였다.
* 전문篆文 : 전서체篆書體의 문자이다.
74 경儆은 '경警'과 같다. 우虞는 헤아림(度)이다. 망罔은 하지 말라(勿)는 것이다. 법도法度는 법칙과 제도이다. 우려하고 헤아리는 일이 없을 때에는 법도가 쉽게 피폐하고 느슨해지므로 실추될까 경계함을 말한 것이다.
75 법예法預 바라문이 붉은 소금을 가지고 가서 나한에게 물었으나 알지 못하였다. 『山海經』에서는 "대주大洲의 남극에 일곱 개의 큰 우물이 있는데, 밤낮으로 (그 우물의 물을) 달여서 소금을 만든다. 그 색은 붉은데, 이것은 천하의 독극물로서 문에 바르면 모든 귀신들이 들어오지 못하고, 나무에 바르면 모든 날짐승이 앉지 못한다."라고 하였다.

• 111

이후주李後主가 소 그림 한 폭을 얻었는데, 소가 낮이면 우리(欄)[77] 밖으로 나갔다가 밤이면 우리 안으로 돌아왔다.[78] 이를 가져다 궁궐에 바치니 태종이 뒷동산에 펼쳐 놓고 신하들에게 보였으나 아무도 아는 이가 없었는데, 오직 승록僧錄 찬녕贊寧이 말하기를, "남쪽 왜 지방에 바닷물이 간혹 줄어들면 물속의 자갈밭이 약간 드러나는데, 왜인들이 돌진주조개(方諸)[79]를 주워 그 속에 남아 있는 액 몇 방울을 얻어 물감과 섞어서 물건에 착색하면 낮에는 숨었다가 밤에는 드러납니다. 또 옥초산沃焦山[80]·[xi]이 때때로 바람에 흔들리고(燒)[81] 회오리에 부딪치면 어쩌다 해안으로 돌이 떨어지는데, 그것을 주워 몇 방울의 물을 떨어뜨려 물감과 갈아서 물건에 바르면 낮에는 나타났다가 밤에는 숨습니다."라고 하니, 제현 학사들이 전부 전거(稽)[82]가 없다고 하였다. 찬녕이 "장건張騫의 『해외이기海外異記』에서 보았습니다."라고 하였는데,[83] 훗날 두호杜鎬가 삼관三館의 서적 목

---

76 동방삭은 태어난 지 사흘 만에 부모가 모두 돌아가셨다. 훗날 못가에서 노닐 때에 눈썹이 누런 늙은이가 동방삭을 가리키며 말하기를, "이는 나의 아들이다. 기氣를 마신 지 3천 년에 한 차례 골수가 새롭게 바뀌고, 3천 년에 한 차례 가죽을 벗겨 내고 털을 갈게 되는데, 나는 태어나서 이미 세 차례 골수를 씻어 냈고 세 차례 털을 갈았다."라고 하였으니, 이로써 동방삭이 비상한 사람임을 알 수 있다. 한나라 무제가 곤명국昆明國을 치려고 할 때에 그 나라가 물 가운데 있으므로 종남산 아래 3백 리에 못을 파서 수전水戰을 가르쳤으니, 그 못을 곤명지昆明池라 하였다. 못 바닥에서 이상한 재를 얻자 동방삭에게 물었더니, "신은 아는 바가 없습니다."라고 대답하였는데, 뒤에 사람들이 인도 승려에게 물으니, "세계가 무너질 때 겁화劫火가 기세간을 모조리 태우는데 이것은 겁화의 재입니다."라고 하였다.
77 소 우리를 난欄이라 한다.
78 강남江南의 서지악徐知諤이 이것을 얻어 남당南唐의 군주인 이욱李煜에게 주니, 이욱이 태종太宗에게 바쳤다.
79 방方은 돌이며, 저諸는 진주이다.
80 『山海經』에서는 "옥초산이 있다."라고 했는데, 옥초란 물을 갖다 붓는 대로 타는 것을 말한다.
81 다른 판본에는 '요撓'로 되어 있다.
82 (계稽는) 상고함이다.
83 『海外異記』는 한나라 무제가 장건에게 명령하여 황하 물줄기의 근원을 찾도록 하자 뗏목을 타고 곧장 곤륜산에 오르고 다시 위로 은하銀河에 이르러 천녀의 지기석支機

록을 검열하던 중에[84] 과연 육조六朝[85]의 옛 서적 중에서 이를 보게 되었으니, 이는 듣고 잘 기억해 두었다가 기회를 보아 드러낸 것이다.

(아홉째) 벗을 구하지 않으면 이룰 수 없다.

나를 낳은 이는 부모이고 나를 완성시키는 이는 벗이다. 그러므로 군자는 벗을 통해 배우고 익히니, 글로써 벗을 모으고 벗으로써 인仁을 돕는다.[86] 그리하여 인품을 품평하여 선정하며,[87] 같고 다름을 헤아려 쓰되[88] 자르듯·썰듯·쪼듯·가는 듯 한다.[89]

유효표劉孝標[90]가 "인의仁義를 조직組織하고[91] 도덕道德을 탁마함에 그

石*을 얻어 돌아왔는데, 그가 왕래할 때 기록하였던 것이다.
  * 지기석支機石 : 전설에 직녀가 베를 짤 때 베틀이 움직이지 않도록 받쳤다고 하는 돌이다.
[84] 송나라 태종이 용문龍門의 동북쪽에 삼관을 처음 세웠는데, 태평흥국 3년(978)에 이르러 삼관이 낙성되자 숭문원崇文院이란 이름을 하사하고 서관의 서적을 옮겨 저장하게 하니 모두 8만 권이었다. 삼관은 소문관·집현관·사관인데 총괄하여 '숭문원'이라 한다.
[85] 진晉·송·제·양·진陳·수나라이다.
[86] 학문을 강론하여 벗을 모으면 그 도가 더욱 밝아지고, 선우善友를 얻어서 인仁을 도우면 그 덕이 날로 진전한다.
[87] 『漢書』의 주석에서는 "그 등급을 품평하고 문질文質*을 아름답게 꾸민다."라고 하였다.
  * 문질文質 : 문질은 겉으로 드러난 외면적 아름다움인 '문文'과 내면의 질박한 바탕인 '질質'을 아울러 이르는 말이다. 『論語』「雍也」편에 "본바탕인 질이 겉모양인 문을 압도하면 촌스럽게 되고 문이 질을 압도하면 겉만 번지르르하게 되니, 문과 질이 잘 조화되어야만 군자라 할 수 있다.(質勝文則野, 文勝質則史, 文質彬彬, 然後君子.)"라고 하였다.
[88] 인물의 같고 다름을 헤아려서 기용起用함이다. 또는 의리義理의 여부를 찾는 것이다.
[89] 뼈나 뿔을 다루는 경우는 먼저 자르고 다시 (줄로) 썰고, 옥이나 돌을 다루는 경우는 먼저 쪼고 다시 (숫돌에) 가니, 그 다음에 순서가 있어서 더욱 그 정교함을 이루는 것을 말한다. 붕우의 도리도 이와 같다.
[90] 이름이 준峻이다.
[91] 조組 역시 짜는 것(織)이다. 조직은 베나 비단을 짜는 것을 총괄하여 이름한 것이니, 인을 행하고 의를 깨우쳐 줌이 마치 베나 비단을 짜는 데 날줄과 씨줄이 있는 것과 같다.

즐거움(愉樂)⁹²을 기뻐하고 그 침체와 쇠퇴(夷)⁹³를 근심하여, 신통을 영대靈臺⁹⁴의 아래에 기탁하고 자취를 강호의 위에 남겨서⁹⁵ 비바람이 몰아쳐도 그 소리가 그치지(輟) 않고, 눈서리가 내려도 그 색이 바래지(渝) 않는다."라고 하였는데,⁹⁶ 이는 현인과 달사達士의 꾸밈없는 사귐이니, 만고를 지나도록 한 번 만나는 일이다.

동진의 도안道安 법사가 아직 계를 받지 않았을 때 사미 승광僧光을 여관(逆旅)⁹⁷에서 만나 함께 포부를 폈는데, 정신과 기운이 강개하였다. 헤어질 때에 서로 말하기를, "만약 함께 장대해지면 같이 노닐던 것을 잊지 말자."라고 하였다. 훗날 승광이 경론을 배워 통달하고는 비룡산에 은거하자,⁹⁸ 도안이 뒤에 다시 그를 쫓아가 서로 만나 기뻐하며 "옛적의 맹세를 비로소 따르게 되었다."라고 하고는 함께 글을 펴고 생각을 펼쳐 가니, 새로 깨달은 것이 더욱 많았다. 도안이 말하였다.

"선배들의 격의格義ˣⁱⁱ도 이치에 어긋남이 매우 많다."

승광이 말하였다.

"우선 분석하고 소요逍遙함이 마땅한데, 어째서 선배들을 시비하는 일을 용납할 수 있는가?"

---

92 유愉 또한 즐거움이니, 안색이 평화로운 모습이다.
93 이夷는 평평해지는 것이니 사람이 무너져 쇠퇴하여 활발하지 못함이 마치 언덕이 점차 평평해지는 것과 같음을 말한다.
94 영대는 마음이다. 장주莊周가 "온갖 악을 영대 안에 들여서는 안 된다."라고 하였고, 사마표司馬彪가 "마음은 신령한 대臺가 된다."라고 하였으며, 선주選註에는 "신통을 심부心府 아래에 기탁한다."라고 하였다.
95 엄자릉嚴子陵이 부춘강富春江에 은거했는데, 엄자릉의 낚싯대(釣臺)가 남아 있다.
96 철輟은 그침이고, 유渝는 변화함이다. 『詩經』에서는 "비바람에 어둡거늘 닭 울음소리 그치지 않네."라고 하였으니, 때를 잃지 않음을 말한 것이다. 공자가 "날씨가 추워진 뒤에야 소나무와 측백나무가 뒤에 시듦을 안다."라고 하였으니, 색이 변치 않음을 말한 것이다. 군자의 교류는 귀천이나 이해득실로써 때를 바꾸거나 절개를 고치지 않는다.
97 객이 머무는 곳.
98 승광은 기주冀州 사람으로 상산常山 연공淵公의 제자이다. 후에 계를 받고는 힘써 수행하다가 석씨石氏의 난을 만나 비룡산에 은거하였다.

도안이 말하였다.

"진리의 가르침을 넓히고 찬양하고자 한다면 진실로 합당하게 해야 하니, 법고가 다투어 울림에 어찌 앞뒤가 있겠는가?"

이때 승려 도호道護도 비룡산에 은거하였으므로[99] 함께 이야기하였다.

"고요한 곳에 거처하며 속세를 떠나는 것은 매양 마음을 바로잡고 법을 크게 퍼뜨리고자 함인데, 어찌 산문을 홀로 거닐면서 법륜이 구르는 것(軫)[100]을 막아서야 되겠는가? 각자 능력이 미치는 바를 따라서 부처님의 은혜에 보답해야 한다."

대중이 모두(僉)[101] "좋다!"라고 하고는 마침내 각자 교화를 행하였다.

(열째) 마음을 관조하지 않으면 통할 수 없다.

『유마경』에서는 "모든 부처님의 해탈은 중생의 마음에서 구해야 마땅하다."[xiii]라고 하였는데, 무슨 까닭인가? 진역晉譯『화엄경』[102]에서는 "마음은 솜씨 좋은 화가와 같아서 갖가지 오음五陰을 만들어 내니, 일체 세간 중에 마음을 좇아 만들어지지 않는 것이 없다. 마음처럼 부처님도 그러하며,[103] 부처님처럼 중생도 그러하여,[104] 마음과 부처와 중생, 이 세 가지가 차별이 없다."[xiv]라고 하였으니, (마음이) 이미 중생과 부처의 어머니가 되었으며 또한 의보依報와 정보正報[xv]의 근원이 된다. 그러므로 『능엄경』에서는 "모든 법이 생겨난 것이 오직 마음이 나타낸 바이며, 일체의 인과[105]

---

99 도호도 기주 사람으로 절개가 곧고 지혜가 있었는데 또한 비룡산에 은거하였다.
100 진軫은 수레 뒤편의 가로목이다. 또는 움직임이다.
101 (첨僉) 역시 대중(衆)이며 또는 모두(皆)이다.
102 불타발다가 번역한 60권 『華嚴經』이다.
103 마음으로써 부처에 예시하였으니 말하자면 세간의 오온이 마음을 좇아 만들어진 것처럼 모든 부처님의 오온도 그러하다는 것이다.
104 부처님의 오온처럼 나머지 일체중생도 그러하니 모두 마음을 좇아 만들어진 것이다.
105 정보正報.

와 세계의 미진微塵¹⁰⁶이 마음을 통해 실체를 이룬다."ˣᵛⁱ라고 하였다. 마음이 있다고 말하고자 하나 공후箜篌의 소리와 같아서 구하여도 볼 수가 없고, 마음이 없다고 말하고자 하나 공후의 소리와 같아서 그것을 튕기면 또한 울림이 있다.¹⁰⁷ 있지도 않고 없지도 않으니 그 속에 오묘함이 있다.

그러므로 『반주삼매경般舟三昧經』¹⁰⁸에서는 "모든 부처님도 마음을 좇아 해탈을 얻었으니, 마음이란 청정하여 '무구無垢'라 이름하며, 오도五道에서도 깨끗하여 색을 받지 않는다.¹⁰⁹ 이것을 이해하는 자는 큰 도를 이룰 것이다."ˣᵛⁱⁱ라고 하였다.

이 열 가지 문을 준수하여 윗사람은 행하고 아랫사람은 본받음에 게을리하지 않고 일생을 다하면, 우리 부처님의 가르침이 후세에까지 이어질 것이다. 만약 그렇지 않으면 조사의 도가 반드시 없어질 것이다. 후학들이 살펴보고 경계하기를 간절히 바라노라.

姑蘇景德寺雲法師務學十門【幷序】【師名法雲, 字天瑞, 自稱無機子. 五歲出家, 後賜號普潤大師.】

玉不琢, 不成器, 人不學, 不知道.【二句出『禮』『學記』.】余十有五而志于學, 荏苒光景, 倏忽老至. 歲月旣深, 粗知其趣, 翻歎疇昔殊失斯旨. 限迫桑楡【桑

---

106 의보依報.
107 공후는 공국空國의 제후가 만든 것이다. 악사 연涓이 진晉나라 평공平公을 위해 연주하자 환담桓譚이 "촌뜨기들은 여우를 너구리라 하고 거문고를 공후로 여긴다."라고 했으니, 이는 단지 여우와 거문고를 알지 못할 뿐만 아니라 너구리와 공후도 알지 못하는 것이다.
108 『般舟三昧經』은 일명 '시방현재불실재전립정경十方現在佛悉在前立定經'으로 3권이다.
109 다섯 가지 색을 오도에 비유하면, 검은색은 지옥에 비유되니 흑업黑業으로 말미암아 받기 때문이며, 푸른색은 아귀에 비유되니 귀신의 얼굴이 푸르기 때문이며, 붉은색은 축생에 비유되니 피를 먹기 때문이며, 황색은 인도人道에 비유되니 천상과 지옥의 중간에 거처하기 때문이며, 흰색은 천도天道에 비유되니 순수하고 선한 업으로 감득하기 때문이다. 오도五道가 공하다고 말했다면 오색五色 또한 있을 수가 없다.

楡, 晚也. 或云: "日入處." 『淮南子』: "西日垂影, 在樹端曰桑楡. 言晚暮也.}, 學不可逮, 因述十門, 垂裕【饒也, 寬也, 容也.】後昆【昆亦後也.】, 俾務學而[1]成功, 助弘教而復顯云爾.

不修學, 無以成.【不修戒定慧三學, 無以成菩提. 戒定慧三, 通言學者, 所以踈神達思, 怡情治性, 聖人之上務也. 學猶飾也, 器不飾則無以爲美觀, 人不學則無以有懿德耳.】

『涅槃經』云: "凡有心者, 皆當得成阿耨多羅三藐三菩提." 何以故? 盖爲一切衆生【'一切'二字, 六經無出. 『史記』云: "一切皆高祖功臣." 『惠帝記』云: "一切滿秩." 注云: "如刀切物, 苟取外面整齊, 不稽內之長短巨細也." 佛經用此二字, 意義同此.】皆有佛性, 此性虛通, 靈明常寂. 若謂之有, 無狀無名; 若謂之無, 聖以之靈.【聖, 通明也.】群生無始不覺自迷, 煩惱【憂煎爲煩, 迷亂爲惱.】覆蔽, 遺此本明, 能生諸緣, 枉入六趣. 由是大覺憫物迷盲, 設戒定慧三學之法. 其道恢弘, 示從眞以起妄, 軌範群品, 令息妄以歸眞. 若能信受佛語, 隨順師學, 乃駕苦海之迅航, 則登聖道之梯隥.【梯, 木階也. 隥, 又梯也.】誰能出不由戶? 何莫由斯道焉?【洪氏曰: "人知出必由戶, 而不知行必由道, 道非遠人, 人自遠爾." 朱子曰: "不合理處, 便是不由道."】

不折我, 無以學.

『說文』云: "我, 施身自謂也." 『華嚴』云: "凡夫無智, 執着於我." 『法華』云: "我慢自矜高, 諂曲心不實.【諂曲者, 罔冒於他, 曲順時宜, 矯設異儀, 或藏己失.】由執我見, 憍慢貢高, 不愧無智, 妄自尊大, 見善不從, 罔受教誨, 於賢不親, 去道甚遠. 欲求法者, 當折我心, 恭默思道, 屈節【屈折肢節以服事也.】卑禮【卑辭敬禮.】以敬事長, 尊師重道, 見賢思齊. 鳩摩羅什【此云童壽, 其祖印土人. 父以聰敏見稱, 龜玆王聞之, 以女妻之而生什. 七歲出家, 日誦千偈, 亦通義旨. 母生什後, 亦出家爲尼, 得第三果也.】初學小敎, 頂禮盤頭達多,【罽賓國人,未詳華言.】此下敬上, 謂之貴尊; 盤頭達多晚求大法, 復禮鳩摩羅什, 此上敬下, 謂之尊賢.【達多晚求大乘, 禮什爲師曰: "和尙是我大乘師, 我是和尙小乘師."】故『周易』曰: "謙, 德之柄也."『書』云: "汝惟不矜,【自賢曰矜.】天下莫與汝爭能; 汝惟不伐, 天下莫與汝爭功."【舜誡禹之辭. 老子曰: "不自伐故有功, 不自矜故爲長; 自伐者無功, 自矜者不長."】晏子曰: "夫爵【爵, 鳥名, 象其形爲酌器, 取其能飛而不溺於酒.『說文』: "取其鳴節節足足也." 陸佃云: "一升曰爵, 亦取其鳴節節, 以誡荒淫. 大夫以上, 與燕享然後賜爵, 以彰有德, 故因謂命秩, 爲爵祿爵位, 命秩曰爵, 守戢曰官."】益高者, 意益下; 官益大者, 心益小; 祿益厚者, 施益博.[2])" 子夏曰: "敬而無失, 恭而有禮【心多貝小曰敬, 貝多心小曰恭. 又形虔曰恭, 心重曰敬.】四海之內皆兄弟也."【『論語』司馬牛曰: "人皆有兄弟, 我獨亡." 子夏答之.】

不擇師, 無以法.

鳥之將息, 必擇其林; 人之求學, 當選於師. 師乃人之模範, 模不模, 範不範, 古今多矣.【模範者, 以木曰模, 以竹曰範, 皆鑄器之式也. 楊子曰: "務學不如務求師. 師者, 人之模範, 模不模, 範不範, 爲不小矣." 模又木名. 昔模木生於周公冢上, 其葉春靑·夏赤·秋白·冬黑, 以色得其正也; 楷木生孔子冢上, 其餘枝疎而不屈, 以質得其直也. 若正與直, 可爲法則, 況在周孔之冢乎! 見『淮南子』.】爲模範者, 世有[3]二焉, 上則智慧博達, 行業堅貞, 猶密室燈光徹窓隙. 次乃解雖洞曉, 行亦藏瑕, 如犯罪人持燈照道. 斯二高座【上則行解俱圓, 次則有解無行也. 尸黎蜜多羅, 天竺國王子, 讓位出俗, 至建康, 王導·庾亮·周顗等一時名公, 皆造門結友, 號爲高座, 高座之號始此.】皆蘊師法. 其如寡德適時, 名而不高,【『梁高僧傳』云: "實行潛光, 則高而不名, 寡德適時, 則名而不高."】望風依附, 畢世荒唐.【虛而不實, 無所憑據.】東晋安師, 十二出家, 貌黑形陋, 師輕視之, 駈[4]役田舍. 執勞三年, 方求師敎, 授『辯意經』, 執卷入田, 因息就覽, 暮歸還師, 經已闇誦. 師方驚歎, 乃爲剃髮.【道安, 家世英儒, 早失覆蔭, 爲表兄所養. 七歲讀書, 一覽能記. 十二出家, 神雖聰敏, 形皃甚陋, 不爲師所重, 駈役執勞, 曾無怨色. 方啓師求經, 授『辯意長者經』一卷, 僅五千言, 入田因息而覽, 暮歸以經還師, 更求餘者. 師曰: "昨經未讀, 今更求耶?" 答: "已暗誦." 師雖異而未信, 復與『光明經』, 可九千言. 暮歸復還, 師執經覆之, 不差一字. 師大驚異. 以貌黑故, 時人謂之黑頭陀, 又謂漆道人.】至受具戒.【佛在羅閱城, 有十七群童子, 大者年十七, 小者十二, 欲出家比丘, 即度受大戒, 不堪一食, 夜啼. 佛制年滿二十, 方受大戒, 依年受具, 是也.】恣其遊5)學, 投佛圖澄.【神異不測, 腹傍有一孔, 常以絮塞之, 夜乃拔之, 光照一室. 晝至流泉, 從孔中引出腸胃, 洗訖, 還內腹中.】見以奇之: "異哉, 小童! 眞世良驥, 不遇靑眼, 困駕鹽車. 自非伯樂, 奚彰千里之駿?"【『祖庭錄』云: "李伯樂, 字孫陽, 善相馬. 行至虞山之坂, 有一駿馬至, 而其人不識, 用駕鹽車. 遙見伯樂乃鳴, 以坐下馬易之, 日行千里." 有人詩云: "花有梅花鳥有鸎, 早開先囀悅人情. 可憐孤竹鹽車馬, 不遇知音負一生."】故出家者愼宜詳擇, 察有匠成之能, 方具資禀之禮. 故南山云: "眞誠出家者, 怖四怨【四大也.】之多苦, 厭三界之無常, 辭六親之至愛, 捨五慾之深着." 能如是者, 名眞出家, 則可紹隆三寶, 度脫四生, 利益甚深, 功德無量. 比眞教凌遲【凋敗也.】, 慧風掩扇, 俗懷侮慢, 道出非法, 並由師無率誘之心, 資缺奉行之志.【老子曰: "善人, 不善之師; 不善人, 善人之資." 說者曰: "善人有不善人, 然後善救之功著, 故曰資."】二彼相捨, 妄流鄙境, 欲令道光, 焉可得乎?

不習誦, 無以記.

記諸善言,【『祖庭』云: "『魯論』二十篇, 皆孔子弟子記諸善言也."】諷【讀也.】而誦之, 迦葉·阿難, 具足住持【潛子云: "籍人持其法, 使之永住而不泯也." 夫戒·定·慧, 持法之具也. 僧園物務, 持法之資也. 法者, 大聖人之道也.】八萬法藏. 西域·東夏高德出家, 幼年始習, 皆學誦持, 竺佛圖澄能誦佛經數百萬言. 佛陀跋陀, 此云覺賢【此乃甘露飯王之裔, 大乘三果人, 早失怙恃, 從祖悼其孤露, 度爲沙彌. 至年十七, 與同學, 習誦爲業, 來神州, 與什相見. 什所有疑者, 多就否決.】同學數人習誦爲業, 餘人一月工誦, 覺賢一日能記. 其師歎曰: "一日 之學, 敵三十夫." 然人至愚, 豈不日記一言? 以日繫月, 以月繫年,【『左傳』 云: "記事者, 以事繫日, 以日繫月, 以月繫時, 以時繫年, 所以記遠近·別同異也." 註: "時者, 三月爲一時. 繫者, 以下綴上之辭. 書其日有事, 即以事綴於日, 紀年月 之遠近, 分事物之同異."】積工必廣, 累課亦深, 其道自微而生, 何患無所立 矣?

不工書, 無以傳.

書者, 如也, 叙事如人之意.【書者, 亦庶也, 記庶物也. 又如也, 寫其言如其意 也.】防現生之忘失, 須繕寫而編錄,【繕, 補也, 絹也. 綴緝文字, 謂之繕寫也.】欲 後代以流傳, 宜躬書以成集, 則使教風不墜, 道久彌芳. 故釋氏經律, 結集 貝多,【貝多羅, 此云岸形.『西域記』: "南印度建那國北, 有多羅樹, 三十餘里, 其葉 長廣, 其色光閏, 諸國書寫, 莫不採用." 故阿離等結集三藏, 皆書此葉.】孔子詩 書, 刪之竹簡,【簡, 竹片也. 古者無紙, 有事書之於簡. 單執一札曰簡, 連編諸簡曰 策, 謂刪詩書, 定禮樂, 書之於簡策也.】若不工書, 事難成就. 翻思智者無礙之 辯,【師諱智顗, 字德安, 華容陳氏子. 七歲入寺, 聞僧誦『法華』, 忽自憶七卷之文, 宛 如夙習, 位居十信前五品弟子位. 辯才無礙, 隋文帝賜智者之號.】但益時機, 自非 章安【灌頂法師, 字法雲, 章安人. 慧解天縱, 智者命爲侍者, 記其所說, 垂之未來, 殆與慶喜結集, 同功而比德. 微章安, 智者之道, 將絶聞於今日也.】秉筆之力, 豈 流今日? 故罽賓高德槃[6)]頭達多, 從旦[7)]至中, 手寫千偈, 從中至暮, 口誦 千偈. 但當遵佛, 能寫名字, 愼勿俲世精草隸焉.【吳郡張芝, 字伯英, 善草書, 氣脉通連, 隔行不斷, 謂之一草書. 周太史籒始制大篆, 秦李斯又爲小篆. 秦下邽人 程邈爲獄吏, 得罪繫獄, 覃思十年, 易小篆爲隸書三千字. 秦始皇喜而免其罪, 用爲 御史, 謂徒隸所造也.】

不學詩, 無以言.

言善則千里之外應之, 言不善則千里之外違之.【『易』「繫辭」: "君子居其室, 出其言善, 則千里之外應之, 況其邇者乎? 君子居其室, 出其言不善, 則千里之外違之, 況其邇者乎?"】『詩』陳褒貶,【褒, 揚美也. 貶, 抑挫也. 善者, 可以感發人之善心; 惡者, 可以懲創人之逸志也. 創, 亦懲也. 詩三百, 褒揚其善, 貶抑其惡也.】語順聲律,【聲, 五音也; 律, 六律也. 叶於聲律故, 歌詩以皷琴瑟. 聲屬陽, 律屬陰. 楊子曰: "聲生於日, 律生於辰也."】「國風」敦厚,【十五國風俗歌謠, 敦大而重厚也. 風是民庶之作也. 『詩』序云: "上以風化下, 下以風刺上." 刺, 譏切也. 又如物因風之動以有聲, 而其聲又足以動物也.】「雅」·「頌」溫柔,【「雅」, 大·小二雅.「頌」, 周·商·魯三頌.「雅」是朝廷之詩,「頌」是宗廟之詩, 皆溫和而柔順也.】才華氣淸, 詞富彬蔚,【彬, 文采炳朗也. 蔚, 文華深密皃.『易』曰: "其文蔚也."】久習則語論【以言告人曰語, 對人難辨曰論.】自秀, 纔誦乃含吐不俗. 彼稱四[8]海習鑿齒, 此對彌天釋道安.【襄陽高士習鑿齒, 先聞安重名, 致書通好. 安自陸渾山, 至檀溪寺. 習聞安至, 詣安旣坐, 自稱"四海習鑿齒", 安曰"彌天釋道安", 時人以爲名對.】陳留阮瞻時忽嘲曰: "大晉龍興, 天下爲家, 沙門何不全髮膚, 去袈裟, 釋梵服, 被綾紗?" 孝龍【『高僧傳』云: "沙門支孝龍, 淮陽人. 少以風姿見重, 加以高論適時, 陳留阮瞻等, 並結知音之交, 時人號爲八達."】對曰: "抱一以逍遙, 唯寂以致誠. 剪髮毀容, 改服變形, 彼謂我辱, 我棄彼榮. 故無心於貴而愈貴, 無心於足而愈足." 此乃氣蘊蘭芳【蘭生幽谷, 淸香遠聞. 黃山谷曰: "一榦一花而香有餘者, 蘭; 一榦數花而香不足者, 蕙也." 蕙亦蘭屬也.】, 言吐風采【風流文采.】, 雖不近乎聾俗, 而可接於淸才.【雖見棄於聾瞽無知之俗, 可以敵於淸新才藝之士.】佛法旣委王臣,【佛於靈山付囑國王·大臣, 使其外護.】弘道須習文翰【翰, 文詞也.】. 支遁投書北闕,【晉哀帝時, 笁潛辭闕歸剡, 詔支遁繼講於禁中, 遁乃抗表還山. 北闕卽玄武門也. 未央殿前雖南向, 而上書奏事謁見之徒, 皆詣北闕, 然則北闕爲正門.】道安[9]方逸東山,【東晉孝武聞安高名, 有詔曰: "法師以道德照臨天下, 使大法流行, 蒼生依賴, 故宜日食王公祿." 以時資給. 安因不受, 遂隱東山, 山在魯境. 逸, 逃遁也.}自非高才, 豈感君主?{二師非有盛德高才, 豈帝王之所感動哉?} 宜省狂簡之言, 徒虛語耳.{子曰: "吾黨之小子狂簡, 斐然成章." 狂簡, 志大而略於事也. 志大, 狂也. 略於事, 簡也. 斐然, 文皃. 成章, 言其文理成就有可觀者. 須省察而勿聽乎文章, 是狂簡之說, 非其實言也. 欲弘斯道, 可以傍閱詩編耳.}

非博[10]覽, 無以據.{『高僧傳』云: "唱道所貴有四: 非聲則無以警衆, 非辯則無以適時, 非才則無言可採, 非博則語無所據." 『事鈔』云: "博學爲濟貧." 謂濟識見之貧也.}

『高僧傳』云: "非博*則語無所據." 當知今古之興亡, 須識華梵之名義.{法雲法師所以自述『名義集』云: "名義者, 能詮曰名, 所以爲義."} 游三藏之敎海, 玩[11] 六經之詞林,{六經:『詩』『書』『易』『春秋』『周禮』『禮記』.} 言不妄談, 語有典據. 故習鑿齒讚安師曰: "理懷簡衷,{理, 治也. 懷, 中情. 簡, 不煩也. 衷, 正也. 言自治其心情, 不煩而且正也.} 多所博涉, 內外群書,{儒以九經爲內, 以諸家雜書爲外也.} 暑皆遍[12]親, 陰陽筭數, 悉亦能通, 佛經妙義, 故所游刃."{習與謝安書云: "來此見釋道安, 無變化伎術可以感常人之耳目, 無重威大勢可以整群小之恣差, 而師徒肅肅, 自相尊敬, 乃是吾由來素未見其人. 若安者, 非常勝士, 恨公不一見耳." 庖丁解牛, 恢恢乎其游刄, 有餘地矣.} 眞宗皇帝詔李侍讀飮,{宋侍讀李仲容善飮, 號李萬回. 眞宗飮無敵, 飮則必召仲容.} 仲容起, 固辭曰: "告官家, 徹巨器." 上問: "何故謂天子爲官家?" 對曰: "臣嘗記蔣濟『萬機論』言: '三皇官天下, 五帝家天下.'{『史』: "五帝官天下, 三皇家天下, 官以傳聖賢, 家以傳子孫也."} 兼三五之德, 故曰官家." 上喜曰: "眞所謂君臣千載一遇." 此由學問藏身, 多識{音志, 記也.}前言, 無所累矣.『易』曰: "君子多識前言徃行, 以蓄其德." 符堅於藍田得一古鼎, 容二十七斛. 朝士皆無知者. 以問安, 安曰: "魯襄公所鑄也." 腹有篆文, 果信. 堅敕諸學士, 皆師於安. 國人語曰: "學不師安, 義不禁難."}

不曆[13]事, 無以識.

子曰: "吾非聖人, 經事久矣." 洎入太廟, 每事問者, 儆戒無虞, 罔失法度.【儆, 與警同. 虞, 度也. 罔, 勿也. 法度, 法則制度也. 言當無可虞度之時, 法度易至廢弛, 故戒其失墜.】羅漢雖聖, 赤鹽不知.【法預波羅門, 將赤鹽問羅漢, 不知.『山海經』: "大洲南極有七大井, 晝夜賁而爲鹽, 其色赤, 此天下之毒物, 塗之門則諸鬼不能入, 塗之木則諸禽不能止."】方朔雖賢, 劫灰罔辨.【東方朔生三日, 父母俱亡. 後遊澤中, 黃眉翁指朔曰: "此吾兒也. 服氣三千年, 一返髓, 三千年一剝皮伐毛也. 吾生已三洗髓三伐毛." 從知朔是非常人也. 漢武帝欲伐昆明國, 其國在水中, 鑿池終南山下三百里, 敎水戰, 號昆明池. 池底得異灰, 問朔, 朔曰: "非臣所知." 後人問胡僧, 曰: "世界壞時, 劫火燒盡器界, 是劫燒之灰也."】多見而識之, 未見而昧矣. 李後主得畫牛一軸, 晝則出於欄外【牛圈曰欄.】, 夜乃歸於欄中,【江南徐知諤, 得之, 與南唐主李煜, 煜獻太宗.】持貢闕下, 太宗張後苑以示群臣, 俱無知者, 惟僧錄贊寧曰: "南倭海水或減, 則灘磧微露, 倭人拾方諸【方, 石. 諸, 珠也.】蚌蠟[14]中, 有餘淚數滴者, 得之和色着物, 則畫隱而夜顯. 沃焦山【『山海經』: "有沃焦山." 沃焦者, 謂隨沃隨焦也.】, 時或風燒【他本作撓.】飄擊, 忽有石落海岸, 得之滴水, 磨[15]色染物, 則畫顯而夜晦." 諸學士皆以爲無稽【考也.】. 寧曰: "見張騫『海外異記』."『異記』者: 漢武帝令張騫, 尋黃河水源, 乘槎而直上崑崙山, 復上至銀河, 得天女支機石而來, 其徃來時, 所記者也.】後杜鎬檢三舘書目,【宋太宗, 於龍門東北, 剏立三舘, 至太平興國三年, 三舘成, 賜名崇文院, 遷西舘書貯焉, 凡八萬卷. 三舘: 昭文舘·集賢舘·史舘. 總名崇文院.】果見於六朝【晋·宋·齊·梁·陳·隋也.】舊本書中, 此乃聞強識, 見幾而作也.

不求友, 無以成.

生我者父母, 成我者朋友. 故君子以朋友講習, 以文會友, 以友輔仁.【講學以會友, 則其道益明; 取善以輔仁, 則其德日進.】品藻人物,【『漢書』註云: "品其差次, 藻飾文質也."】商[16]搉同異,【商量推擧乎人物之同異也, 又搜求義理之當否也.】如切如磋, 如琢如磨.【治骨角者, 旣切而復磋之; 治玉石者, 旣琢而復磨之. 言其治之有緖而益致其精也. 朋友之道, 亦如是也.】劉孝標【名峻.】云: "組織仁義,【組亦織也. 組織作布帛之總名, 行仁喩義, 如織布帛之有經緯也.】琢磨道德, 歡其愉樂,【愉亦樂也, 顏色和悅之皃.】恤其陵夷,【夷, 平也. 言人之頹替不振, 如丘陵之漸平.】寄通靈臺之下,【靈臺, 心也. 莊周曰: "萬惡不可內於靈臺." 司馬彪曰: "心爲神靈之臺." 選註云: "寄神通於心府之下."】遺跡江湖之上.【嚴子陵隱富春江, 有嚴陵釣臺.】風雨急而不輟其音, 雪霜零而不渝其色."【輟, 止也. 渝, 變也.『詩』云: "風雨如晦, 雞鳴不已." 言不失時也. 子曰: "歲寒然後, 知松栢之後凋." 言不變色也. 君子之交, 以貴賤得失, 不易時改節也.】斯乃賢達之素交, 歷萬古而一遇. 東晋道安未受戒時, 會沙彌僧光於逆旅【客店】, 共陳志慕, 神氣慷慨, 臨別相謂曰: "若俱長大, 勿忘同遊.[17])" 後光學通經論, 隱飛龍山.【僧光, 冀州人, 常山淵公弟子. 後受戒勵行, 値石氏之亂, 隱飛龍山.】安後復從之, 相會所喜, 謂昔誓始從, 因共披文屬思, 新悟尤多. 安曰: "先舊格義, 於理多違." 光曰: "且當分析逍遙, 何容是非先達?" 安曰: "弘贊理敎, 宜令允愜, 法皷競鳴, 何先何後?" 時僧道護亦隱飛龍,【護亦冀州人, 貞節有慧解, 又隱飛龍.】乃共言曰: "居靜離俗, 每欲匡心大法, 豈可獨步山門, 使法輪輟軫【軫, 車後橫木. 又動也.】? 宜各隨力所被, 以報佛恩." 衆僉【亦衆也. 又皆也.】曰: "善", 遂各行化.

不觀心, 無以通.

『維摩』云: "諸佛解脫, 當依[18])衆生心行中求." 何以故? 晋『華嚴』【佛陀跋多所譯六十卷經】云: "心如工畫師, 造種種五陰. 一切世間中, 無不從心造. 如心佛亦爾,【以心例佛也, 謂如世五蘊從心而造, 諸佛五蘊亦然.】如佛衆生然,【如佛五蘊, 餘一切衆生亦然, 皆從心造也.】心佛及衆生, 是三無差別." 旣爲生佛之母, 亦爲依正之源. 故『楞嚴』云: "諸法所生, 唯心所現. 一切因果【正報】, 世界微塵【依報】, 因心成體." 欲言心有, 如空筏聲, 求不可見; 欲言其無, 如空篌[19]聲, 彈之亦響.【空篌者, 盖空國之侯所作也. 師涓爲晋平公皷焉, 桓譚曰: "鄙人謂狐爲狸, 以瑟爲空篌." 此非徒不知狐與瑟, 乃不知狸與空篌也.】不有不無, 妙在其中. 故『般舟』【『般舟三昧經』, 一名'十方現在佛悉在前立定經', 此經三卷.】云: "諸佛從心得解脫, 心者淸淨名無垢. 五道鮮潔不受色.【五色譬五道: 黑喩地獄, 由黑業所感故; 靑喩餓鬼, 鬼面靑故; 赤喩畜生, 由噉血故; 黃喩人道, 居天獄之中故; 白喩天道, 純善業所感故. 言五道空則五色亦不有也.】有解此者, 大道成."

遵此十門, 上行下效[20]不倦, 終之則吾佛之敎可延[21]于後世; 苟謂不然, 祖道必喪. 傾望後裔[22]覽而警焉.

---

1) ⓼ '而'는 '以'로 되어 있는 곳도 있다. 2) ⓼ '博'은 '博'으로 되어 있는 곳도 있다.
3) ⓼ '有'는 '唯'로 되어 있는 곳도 있다. 4) ⓼ '駈'는 '驅'로 되어 있는 곳도 있다.
5) ⓼ '遊'는 '游'로 되어 있는 곳도 있다. 6) ⓼ '槃'은 '盤'으로 되어 있는 곳도 있다.
7) ⓼ '旦'은 '且'로 되어 있는 곳도 있다. 8) ⓼ '四'는 '曰'로 되어 있는 곳도 있다.
9) ⓼ '安'은 '林'으로 되어 있는 곳도 있다. 10) ⓼ '博'은 '博'으로 되어 있는 곳도 있다. 아래에도 같다. 11) ⓼ '玩'은 '甑'으로 되어 있는 곳도 있다. 12) ⓼ '遍'은 '徧'으로 되어 있는 곳도 있다. 13) ⓼ '曆'은 '歷'의 오기인 듯하다. 14) ⓼ '蠟'는 '臘'으로 되어 있는 곳도 있다. 15) ⓼ '麿'는 '摩'로 디어 있는 곳도 있다. 16) ⓼ '商'은 '商'으로 되어 있는 곳도 있다. 17) ⓼ '遊'는 '游'로 되어 있는 곳도 있다. 18) ⓼ '依'는 『維摩經』에는 於로 되어 있다. 번역문도 於로 하였다. 19) ⓼ '空篌'는 '箜篌'의 오기인 듯하다. 20) '效'는 '傚'로 되어 있는 곳도 있다. 21) ⓼ '延'은 '廻'으로 되어 있는 곳도 있다. 22) ⓼ '裔'는 '商'으로 되어 있는 곳도 있다.

주

i 첫째 : 원문에는 없으나 번역문에서는 편의상 순차(첫째~열째)를 기입하였다.
ii 무릇 마음이~수 있다 : 『大般涅槃經』 권27(T12, 524c8~9).
iii 범부는 지혜가~'나'에 집착한다 : 『大方廣佛華嚴經』 권37(T10, 193c20).
iv 아만으로 스스로~실답지 못하다 : 『妙法蓮華經』 권1(T9, 8b19).
v 사원四怨 : 번뇌마煩惱魔・사마死魔・음마陰魔・천자마天子魔이다.
vi 오욕五慾 : 불도를 닦는 데 장애가 되는 다섯 가지 욕심으로 재물・색욕・음식・명예・수면이다.
vii 참된 출가는~버리는 것이다 : 『四分律刪繁補闕行事鈔』(T40, 21c26~27).
viii 사생四生 : 일체의 생물이 네 가지 방법으로 태어나는데, 난생卵生・태생胎生・습생濕生・화생化生이다.
ix 임금과 신하가~번 만났다 : 천재일우千載一遇는 천 년에 한 번 오는 기회로 좀처럼 만나기 어려운 좋은 기회를 비유하는 말이다. 동진東晉의 원굉袁宏은 『三國名臣序贊』을 남겼는데, 그중 위魏나라의 순욱荀彧에 대한 글에서 현군과 명신의 만남이 결코 쉽지 않다는 것을 천재일우로 표현하였다.
x 겁회劫灰 : 세상이 멸망할 때에 일어난다는 큰불의 재를 말한다.
xi 옥초산沃焦山 : 옥초는 큰 바다 밑에서 물을 빨아들인다는 돌의 이름인데, 그 아래 무간지옥無間地獄의 화기火氣로 말미암아 이 돌은 항상 불에 타 뜨겁다고 하며 또 이 돌은 넓고 크기 때문에 산山이라고 한다.
xii 격의格義 : 불교의 사상・용어를 해석할 때 그것과 유사한 유교・노장 사상 등 중국 전통의 사상・용어에 적용하여 해석하는 것으로 중국에서 4세기 무렵에 크게 유행하였다. 서역의 승려인 구마라집이 401년경 중국에서 포교를 시작하면서부터는 교리가 인도의 권위자에 의해 직접 설명될 수 있었기 때문에 격의의 방법은 더 이상 쓰이지 않게 되었다.
xiii 모든 부처님의~구해야 마땅하다 : 『維摩詰所說經』 권중(T14, 544c6~7).
xiv 마음은 솜씨~차별이 없다 : 『大方廣佛華嚴經』 권10(T9, 465c26~29).
xv 의보依報와 정보正報 : 의보는 정보의 몸이 의지하고 있는 환경, 국토 또는 기세간器世間을 말하고, 정보는 과거세에 지은 업인業因에 의해 그 갚음으로 얻어진 유정有情의 몸을 말한다.
xvi 모든 법이~실체를 이룬다 : 『首楞嚴經』 권1(T19, 109a3~4).
xvii 모든 부처님도~이룰 것이다 : 『般舟三昧經』 권중(T13, 909a7~8).

상봉사 불심 본재 선사의 좌선의[1]

무릇 좌선은 마음을 단정히 하고 뜻을 바르게 하며, 자기 몸을 깨끗이 하고 마음을 비우고서는 발을 포개어 가부좌를 하고,[2] 보는 것을 거두고 듣는 것을 돌이킨다.[3] 또렷하게 깨어 있어 어둡지 않게 하여 혼침惛沈과 도거掉擧[i]를 길이 벗어나며, 생각대로 일이 일어나도 망정妄情을 남김없이 포기하고 고요한 곳에서 생각을 바르게 하여 자세히 관찰한다. 앉아 있는 것을 아는 것이 마음이고, 돌이켜 비추어보는 것이 마음이며, 유·무·중간·가·안·밖을 아는 것이 마음이다. 이 마음은 텅 비어 있으면서도 아는 작용이 있고, 고요하면서도 비추는 작용이 있어서 두루 밝아 또렷하여 단견斷見과 상견常見[ii]에 떨어지지 않으며, 신령스러운 깨달음이 환하여 헛되거나 망령된 것과는 구별된다.

지금 수행자 중에 힘써 좌선하면서도 깨닫지 못하는 자를 보건대, 그 병통이 의타依他와 변계遍計[4·iii]를 말미암아 망정妄情이 편벽되고 삿된 것에 붙어서, 미혹하여 정인正因[iv]을 등지고 잘못되어 지병止病과 작병作病[5]을 따르니, 깨닫지 못하는 잘못이 여기에 있다. 만약 한 생각을 거두어 맑히고 무생無生의 도리에 은밀히 계합하여 지혜의 거울이 환하게 밝고 마음의 꽃이 단박에 피어나면, 끝없는 계교와 집착이 그 자리에서 소멸되고, 오랜 겁 동안 깨닫지 못했던 것이 일시에 또렷이 나타나서 잊었던 것

---

1 불심 본재佛心本才 선사는 영원 유청靈源惟淸 선사의 법을 이었다.
2 가부좌에 다섯 가지 이로움이 있으니, 첫째는 가장 편안하고, 둘째는 마음이 산란하지 않고, 셋째는 마왕魔王이 두려워하고, 넷째는 외도들과 다르고, 다섯째는 마음을 바르게 하기 쉽다.
3 모두 번뇌를 여의고 본성을 회복함이다.
4 의依는 의타기성依他起性의 망령된 경계이고, 계計는 변계소집성遍計所執性의 망령된 마음이다.
5 작지임멸作止任滅의 네 가지 병통 중 둘이다.

을 문득 기억하고 묵은 병통이 단박에 치료되듯 할 것이다. 그리하여 안으로 환희심이 생겨나고 반드시 성불할 것이라고 스스로 알아차리면 자기 마음 밖에 특별한 부처가 없음을 깨달을 것이다. 그런 후에 깨달음을 수순하여 더욱 수행하고, 수행을 거쳐 증득하리니, 깨달음과 수행과 증득의 근원에 있어서는 이 세 가지가 다를 것이 없다. 이를 이름하여 일해일행삼매一解一行三昧[6]라고 하며 또는 무공용도無功用道라고도 한다. 이것이 바로 사물을 전변시켜 육근과 육진을 여의지 않고, 손 가는 대로 잡아도 상호간에 주主와 반伴으로 나뉘는 경지이니, 온 우주에 눈이 청정해지고 예와 지금이 번갈아 펼쳐지며[7] 신묘한 기틀을 체달하여 자연히 부합하게 된다.

그러므로 유마힐維摩詰이 "적멸의 선정에서 일어나지 않고 모든 위의를 나타내니, 이것이 연좌宴坐이다."[v]라고 하였다. 그러나 물이 맑아야 달이 나타나고, 거울이 깨끗해야 광명이 온전함을 알게 되니, 도를 배우는 사람은 좌선을 요체로 삼아야 한다. 그렇지 않으면 기나긴 도道[8]를 유전하고 사생四生[vi]에 빠지게(汨沒)[9] 될 것이다.

코가 시리고 마음이 아파 스스로 침묵하기 어려워 애오라지 대강을 써서 참된 근원을 밝히는 데 도움이 되고자 한다. 만약 수행을 중도에 그치지 않는다면 깨달음에 동참할 것이다.

---

[6] 일해一解는 일법계一法界를 아는 것이고 일행一行은 일법계를 행하는 것이니, 일법계해와 일법계행이다. 또는 "법계는 일상一相이라 법계에 반연한다."라고 했으니 즉 부동법계不動法界이다.
[7] 온 우주에 눈이 청정해짐은 대천세계에 막히거나 걸림이 없다는 것이고, 예와 지금이 번갈아 펼쳐짐은 먼 겁이 한순간이고 한순간이 먼 겁이라는 것이다.
[8] (도道는) 삼도三途*이다.
  *삼도三途 : 삼악도를 말하니, 지옥·아귀·축생이다.
[9] 『列子』에서는 "재齎와 함께 들어가서 골汨과 함께 나온다."라고 하였고, 주석에서는 "재齎는 소용돌이(水臍)이니 위에서부터 아래로 들어가 빠지는 것이고, 골汨은 물거품(水泡)이니 아래로부터 위로 떠서 나오는 것이다."라고 하였다. 그러므로 골몰汨沒이라 하였다.

上封佛心才禪師坐禪儀【佛心本才禪師, 嗣靈源惟淸禪師.】

夫坐禪者, 端心正意, 潔己虛心, 疊足跏趺,【跏趺有五利: 一最安穩, 二心不散, 三魔王怖, 四異外道, 五心易正.】收視反聽.【皆離塵復性也.】惺惺不昧,[1] 沉掉永離, 縱憶事來, 盡情抛棄, 向靜之處, 正念諦觀. 知坐是心及返照是心, 知有無中邊內外者心也. 此心虛而知, 寂而照, 圓明了了, 不墮斷常, 靈覺昭昭, 揀非虛妄. 今見學家力坐不悟者, 病由依計,【依, 依他妄境. 計, 遍計妄心.】情附偏邪, 迷背正因, 枉隨止作,【作止任滅, 四病之二.】不悟之失, 其在斯焉. 若也歛澄一念, 密契無生, 智鑑廓然, 心華頓發, 無邊計執, 直下消磨, 積劫不明, 一時豁現, 如忘忽記, 如病頓瘳. 內生歡喜心, 自知當作佛, 卽知自心外無別佛, 然後順悟增修, 因修而證, 證悟之源, 是三無別, 名爲一解一行三昧.【一解, 解一法界; 一行, 行一法界, 卽一法界解, 一法界行也. 又云"法界一相, 繫緣法界", 卽不動法界也.】亦云無功用道, 便能轉物, 不離根塵, 信手拈來, 互分主伴, 乾坤眼淨, 今古更陳,【乾坤眼淨, 大千無隔碍處. 今古更陳, 遠劫一念, 一念遠劫.】覿體神機, 自然符契. 所以維摩詰曰:"不起寂滅之, 而現諸威儀, 是爲宴坐也." 然當知水澄月現, 鏡淨光全, 學道之人, 坐禪爲要. 苟不爾者, 脩道[2]【三途也.】輪轉, 汨沒四生.【『列子』云: "與齎俱入, 與汨俱出." 註: "齎, 水臍也, 從上入下而沒; 汨, 水泡也, 從下泛上而出, 故云汨沒."】酸鼻痛心, 難以自默, 聊書大槩, 助發眞源. 果不廢修, 卽同㸑契.

---

1) 꿺 '昧'는 '眜'로 되어 있는 곳도 있다. 2) 꿺 '道'는 '途'로 되어 있는 곳도 있다.

주

i 혼침惛沈과 도거掉擧 : 혼침은 게으름으로 마음이 흐리고 몸이 무거워지는 것이고, 도거는 들뜸으로 마음이 흔들리고 근심 또는 후회하는 것이다.
ii 단견斷見과 상견常見 : 단견은 세간世間과 자아自我가 사후死後에 완전히 소멸된다는 견해이고, 상견은 세간과 자아가 사후에도 없어지지 않는다는 견해이다.
iii 의타依他와 변계遍計 : 의타기성과 변계소집성을 말한다. 의타기성은 다른 것에 의지하여 일어나는 성질로 연기緣起의 성질이다. 변계소집성은 두루 계탁計度하여 집착하는 성질로 존재의 허망한 상태이다.
iv 정인正因 : 왕생 또는 성불하는 결과를 얻는 데 대하여 정당한 원인이 되는 것을 말한다.
v 적멸의 선정에서~이것이 연좌宴坐이다 :『維摩詰所說經』(T14, 539c21~2).
vi 사생四生 : 난생卵生·태생胎生·습생濕生·화생化生을 말한다.

장로산 자각 종색 선사의 좌선의[1]

반야를 배우는 보살은 먼저 마땅히 큰 자비심을 일으키고 큰 서원을 내어서 삼매를 정미하게 닦으며 중생을 제도할 것을 맹세해야 하니, 자기 한 몸만을 위하여 해탈을 구해서는 안 된다. 그런 후에 모든 인연을 놓아 버려서 온갖 일을 쉬며, 몸과 마음이 한결같아져서 움직임과 고요함에 끊어짐이 없으며, 먹고 마심을 헤아려서 많지도 않고 적지도 않게 하고, 수면을 조절하여[2] 부족하지도 않고 마음대로 하지도 않게 하라.[3]

좌선하고자 할 때는 한가하고 고요한 곳에서[4] 좌복을 두텁게 깔고 옷의 띠는 느슨하게 매어 위의를 가지런히 정돈한 후에 결가부좌하는데, 먼저 오른발을 왼쪽 넓적다리 위에 올리고 왼쪽 발을 오른쪽 넓적다리 위에 올려놓는다. 혹은 반가부좌도 괜찮으니, 다만 왼발로 오른발을 눌러 줄 뿐이다. 다음으로 오른손을 왼발 위에 올려놓고, 왼쪽 손바닥을 오른쪽 손바닥 위에 올려놓는데, 양손의 엄지손가락을 마주하여 서로 떠받치게 한다. 그리고 서서히 몸을 들어 앞을 향하고, 다시 좌우로 흔들고는 이에 몸을 바로 하여 단정히 앉되 좌우로 기울거나 앞뒤로 굽히고 젖히지 말아야 한다.

허리와 등골뼈와 머리와 목의 골절을 서로 버티게 하여 그 형상이 마치 부도浮屠[5]와 같게 하며, 또 몸을 너무 지나치게 솟구쳐서 사람들로 하

---

1 진주眞州의 장로산長蘆山 자각 종색慈覺宗頤 선사는 낙주洛州 손씨孫氏의 자손으로서 장로산 응부應夫 선사의 법을 이었다.
2 의식이 혼미한 것을 수睡라 하고, 오근五根의 정욕情欲이 어두운 것을 면眠이라 한다.
3 좌선할 때는 반드시 다섯 가지를 조절해야 하는데, 마음을 조절해서 가라앉지도 않고 들뜨지도 않게 할 것이며, 몸을 조절해서 느슨하지도 않고 급하지도 않게 할 것이며, 호흡을 조절해서 거칠지도 않고 (의식적으로) 원활하지도 않게 할 것이며, 수면을 조절해서 절제하지도 않고 마음대로 하지도 않게 할 것이며, 음식을 조절해서 굶주리지도 않고 배부르지도 않게 할 것이다. 여기서는 두 가지만 말하였다.
4 혼잡한 일이 없는 곳을 한閑이라 하고, 산란함이 없는 곳을 정靜이라 한다.
5 (부도는) 한역하면 형상을 모음(聚相)이니 유골의 형상을 온전히 모은 것이다.

여금 호흡의 기운이 급하여 불안하게 해서는 안 된다. 또 귀가 어깨와 수직이 되게 하고,[6] 코가 배꼽과 수직이 되게 하며,[7] 혀는 윗잇몸을 떠받치고 입술과 이는 서로 붙이며, 눈은 반드시 가늘게 떠서 혼미하게 잠드는 것에 이르지 않도록 한다. 만약 선정을 얻으면 그 힘이 가장 수승할 것이다.

옛날에 선정을 닦던 고승이 있었는데 좌선할 때는 항상 눈을 뜨고 있었으며, 예전에 법운 원통法雲圓通 선사[8] 역시 눈을 감고 좌선하는 사람들을 꾸짖어 흑산의 귀신 소굴로 여겼다.[9] 여기에는 대개 깊은 뜻이 있으니, 통달한 자는 알 것이다.

몸의 모습이 이미 안정되고 호흡의 기운이 이미 조절된 후에 배꼽과 배를 느슨하게 풀고 일체의 선과 악을 모두 헤아리지 말라. 망념이 일어나면 이를 알아차릴지니, 알아차리면 (망념이) 없어진다. 이를 오래도록 하여 반연을 잊으면 저절로 한 조각을 이룰 것이니, 이것이 좌선의 요긴한 방도이다.

생각건대 좌선은 안락한 법문인데도 질병에 걸리는 사람이 많은 것은 대개 마음을 잘 쓰지 못하기 때문이다. 만약 이 (좌선하는) 뜻을 잘 체득하면 자연히 사대四大가 가볍고 편안해질 것이고, 정신이 상쾌하고 예리해질 것이며, 바른 생각이 분명하고 법미法味가 정신을 도와 고요히 맑고도 즐거울 것이다. 만약 이미 깨달은 자라면 마치 용이 물을 얻은 듯, 범이 산을 의지한 듯하다고 할 수 있으며, 만약 아직 깨닫지 못한 자라도 또

---

[6] 위의 '앞뒤로 굽히고 젖히지 말라'고 한 것을 풀이한 것이다.
[7] 위의 '좌우로 기울이지 말라'고 한 것을 풀이한 것이다.
[8] 법운 원통 법수圓通法秀 선사는 천의 의회天衣義懷 선사의 법을 이었다.
[9] 『四行論』에서는 "눈을 감고 선정에 들어가면 그것을 귀신이나 도깨비의 마음이라 한다."라고 하였다. 대철위산과 소철위산 사이로 해와 달의 빛줄기가 도달하지 않는 곳이 흑산인데, 귀신의 무리들이 모두 모여 있다고 한다. 눈을 감으면 앉은자리에서 치달리는 마음이 생기므로 흑산의 귀신 소굴과 같다고 한 것이다.

한 바람으로 불을 피우는 격이라 힘이 많이 들지 않을 것이다. 다만 긍정적인 마음을 갖추기만 하면 반드시 그대를 속이지 않을 것이다. 그러나 도가 높아지면 마魔가 왕성하여 역경계와 순경계가 갖가지로 나타나니, 다만 바른 생각이 현전한다면 일체가 만류하거나 장애하지 못할 것이다.[10] 예컨대 『능엄경』과 천태의 『마하지관摩訶止觀』과 규봉의 『수증의修證儀』 등에서는 마군의 일을 자세히 밝혀서 대비하지 않은 자에게 미리 대비하도록 하였으니, 반드시 알아야 한다.

만일 선정에서 나오고자 한다면 서서히 몸을 움직여 편안하고 조심스레 일어나야 하며 갑자기 일어나서는[11] 안 된다. 선정에서 나온 후에는 모든 때에 항상 방편[12]을 의지하여 선정의 힘을 보호하여 지니기를 마치 갓난아이(嬰兒)[13]를 보호하듯 한다면 선정의 힘을 쉽게 이룰 것이다.

무릇 '선정'이라는 이 하나의 문이 가장 급선무이니, 만약 좌선을 편안히 하여 생각을 고요하게 하지 못하면 여기에 이르러 모두 망연자실할 것이다. 그러므로 구슬을 찾으려면 반드시 물결을 고요하게 해야 하니, 움직이는 물에서는 얻기가 어렵고, 선정의 물이 고요하고 맑으면 마음의 구슬이 저절로 드러날 것이다. 그러므로 『원각경』에서는 "걸림 없는 청정한 지혜가 모두 선정을 의지해서 생겨난다."[i]라고 하였고, 『법화경』에서는 "한가한 곳에 있으면서 그 마음을 닦아 거두어 편안히 머물며 움직이지 않기를 마치 수미산과 같이 하라."[ii]라고 하였다.

범부를 초월하고 성인聖人을 뛰어넘으려면[14] 반드시 고요한 인연을 빌려야 하고, 좌탈입망坐脫立亡하려면 반드시 선정의 힘을 의지해야 한다는

---

10 일체 마군의 일이 나를 어찌하지 못할 것이다.
11 급작스러움이며 또는 갑자기 일어나는 모습이다.
12 좌선하는 방법과 편의.
13 사람의 가슴 앞을 영嬰이라 하니, 어린아이를 가슴 앞에 두고 젖을 먹여 기르므로 영아嬰兒라 한다.
14 범부의 망정妄情과 성인이라는 견해를 초월하는 것이다.

것을 이로써 알 수 있다.[15] 일생 동안 힘쓰더라도 오히려 어긋날까 염려되는데, 하물며 세월을 그럭저럭 보내다간 무엇을 가지고 업에 대적하겠는가? 그러므로 옛사람이 "만약 선정의 힘이 없으면 죽음의 문 앞에 기꺼이 엎드려 눈을 가리고 헛되이 돌아가서 완연히[16] 생사生死를 유랑할 것이다."라고 하였다. 바라건대 모든 선우禪友들이 이 글을 여러 번 반복하여 읽어서(三復)[iii] 스스로를 이롭게 하고 다른 이를 이롭게 해서 함께 바른 깨달음을 이룰지어다.

長蘆慈覺賾禪師坐禪儀【眞州長蘆慈覺宗賾禪師, 洺州孫氏子, 嗣長蘆應夫禪師.】學般若菩薩, 先當起大悲心, 發弘誓願, 精修三昧, 誓度衆生, 不爲一身獨求解脫. 爾乃放捨諸緣, 休息萬事, 身心一如, 動靜無間, 量其飮食, 不多不少[1]; 調其睡眠,【意識昏迷曰睡, 五情暗冥曰眠.】不節不恣.【坐禪須調五事: 調心, 不沈不浮; 調身, 不緩不急; 調息, 不澁不滑; 調眠, 不節不恣; 調食, 不飢不飽. 今則有二.】欲坐禪時, 於閑靜處【無雜事處名閑, 無憒鬧處名靜.】厚敷坐物, 寬繫衣帶, 令威儀齊整, 然後結跏[2]趺坐, 先以右足安左胜上, 左足安右胜上. 或半跏坐亦可, 但以左足壓右足而已. 次以右手安左足上, 左掌安右掌上, 以兩手大拇指面相拄, 徐徐擧身前向, 復左右搖振, 乃正身端坐, 不得左傾右側, 前躬[3]後仰. 令腰脊頭項骨節相拄,[4] 狀如浮屠【此云聚相, 安聚骨相.】,

---

15 앉은 채로 입적한 자는 무수히 많으며 선 채로 입적한 자 역시 많은데, 등은봉鄧隱峯*은 거꾸로 선 채로 입적하였으니 선정의 힘이 아니면 어찌 이와 같이 할 수 있겠는가?
  *등은봉鄧隱峯 : 당나라 때의 등은봉 스님은 생몰 연대가 확실치 않고, 『宋高僧傳』·『傳燈錄』 등에 그의 전기가 전한다. 그는 마조馬祖의 법을 이어받았으며, 평소에도 아주 괴팍스럽게 수행을 한 것으로 유명하다. 그가 입적할 때에 거꾸로 물구나무를 서서 입적하였으니, 대중들이 다비를 거행하려고 했으나 시신이 꼼짝하지 않고 그대로 서 있었다. 마침 여동생인 비구니가 곁에 가서 "오라버니, 평소에도 괴팍스럽게 수행하시더니 죽어서도 다른 이를 어렵게 만드시럽니까?"라고 하니, 그제서야 몸이 풀어져 다비를 할 수 있었다고 전한다.
16 완연宛然은 '여전히(依然)'와 같다.

又不得聳身太過, 令人氣急不安. 要令耳與肩對,【釋上不得前躬後仰.】鼻與臍對,【釋上不得左傾右側.】舌拄上腭, 唇齒相着, 目須微開, 免致昏睡. 若得禪之, 其力最勝. 古有習之高僧, 坐常開目, 向法雲圓通禪師【法雲圓通法秀禪師, 嗣天衣義懷禪師.】亦訶人閉目坐禪, 以爲黑山鬼窟,【『四行論』: "閉目入禪定, 是謂鬼魅心也." 大鐵圍山小鐵圍山中間, 日月光明不到處爲黑山, 群鬼咸萃焉. 言合眼而有坐馳之心, 故如黑山鬼窟也.】盖有深旨, 達者知焉. 身相旣之, 氣息旣調, 然後寬放臍腹, 一切善惡都莫思量. 念起即覺, 覺之即失, 久久忘緣, 自成一片, 此坐禪之要術也. 竊爲坐禪乃安樂法門, 而人多致疾者, 盖不善用心故也. 若善得此意, 則自然四大輕安, 精神爽利, 正念分明, 法味資神, 寂然淸樂. 若已有發明者, 可謂如龍得水, 似虎靠山; 若未有發明者, 亦乃因風吹火, 用力不多. 但辨肯心, 必不相賺. 然而道高魔盛, 逆順萬端, 但能正念現前, 一切不能留礙【一切魔事, 無奈我何?】如『楞嚴經』·天台『止觀』·圭峯『修證儀』, 具明魔事, 預備不虞者, 不可不知也. 若欲出之, 徐徐動身, 安詳而起, 不得卒暴【急也, 又卒起貌.】. 出之之後, 一切時中, 常依方便【坐禪方法便宜】, 護持之力, 如護嬰兒【人之胸前曰嬰, 以小兒置之胸前, 以乳養之, 故曰嬰兒.】, 即之力易成矣. 夫禪之一門最爲急務, 若不安禪靜慮, 到遮裏, 總須茫然. 所以探珠宜靜浪, 動水取應難, 之水澄淸, 心珠自現. 故『圓覺經』云: "無礙淸淨慧, 皆依禪之生." 『法華經』云: "在於閑處, 修攝其心, 安住不動, 如須彌山." 是知超凡越聖【超脫凡情·聖解.】, 必假靜緣; 坐脫立亡, 須憑之力.【坐化者無數, 而立亡者亦多, 如鄧隱峯倒立而化, 若非禪定之力, 能如是乎?】一生取辨, 尙恐蹉跎, 況乃遷延, 將何敵業? 故古人云: "若無之力, 甘伏死門, 掩目空歸, 宛然【宛然, 猶依然也.】流浪." 幸諸禪友三復斯文, 自利利他, 同成正覺.

---

1) ㉑ '小'는 '少'로 되어 있는 곳도 있다.　2) ㉑ '跏'는 '加'로 되어 있는 곳도 있다.
3) ㉑ '躬'은 '㢮'으로 되어 있는 곳도 있다. ㉓ '躬'은 '㢮'과 통용된다.　4) ㉑ '拄'는 '挂'로 되어 있는 곳도 있다.

주

i 걸림 없는~의지해서 생겨난다 : 『大方廣圓覺修多羅了義經』(T17, 919a21).
ii 한가한 곳에~같이 하라 : 『妙法蓮華經』권5(T9, 37c16~17).
iii 여러 번 반복하여 읽어서(三復) : 삼복三復은 『論語』「先進」편에 "남용이 백규의 글을 세 번씩 되풀이하여 읽거늘 공자가 형의 딸을 그의 아내로 삼아 주었다.(南容三復白圭, 孔子以其兄之子妻之.)"라고 한 데서 온 말이다. 여러 번 되풀이하여 보는 것을 말한다.

참선을 권유하는 글

무릇 이해는 원만한 이해를 필요로 하니 저 눈 밝은 종사에게 돌아가야 하고, 수행은 원만한 수행을 필요로 하니 총림의 도반들에게 의탁해야 한다.[1] 초심자가 박복하여 (종사와 도반을) 가까이하고 의지함을 잘하지 못하면 견해가 치우치고 수행이 게을러져서 혹 성현의 경계를 높이 추앙하고 자기의 영명함을 저버리게 되니, 어찌 (자신의) 덕상德相과 신통神通을 알겠는가? 범부도 도를 깨달을 수 있음을 믿지 않는 것이다.

혹은 (자신의) 천진불天眞佛만 스스로 믿고서 인과를 무시해 버리며, 흉금에서 흘러나오는 대로만 할 뿐 지위에 의지해서 수행하지 않는다. 그러므로 견해가 거친 법사는 교리의 안목을 통달하지 못하고, 골 빈 선객은 수행의 문을 귀하게 여기지 않으니, 이것은 (견해가) 치우치고 메마른 죄업이다. 혹은 온몸이 부서지고[2] 온 얼굴이 풍진風塵이어서[3] 3천 가지 세밀한 계행이 전혀 없고 8만 가지 위의가 모두 부족하다.[4] 혹은 세속의 인사人事를 쫓아다니며 문도를 모아 다스려서 몸은 저잣거리(市井)[5]에서 노닐

---

1 총림叢林이란 승려들이 몸을 의탁하여 도를 수행하는 곳이다. 풀이 어지럽지 않게 나는 것을 총叢이라 하고, 나무가 어지럽지 않게 자라는 것을 림林이라 하니, (총림은) 그 내부에 규율과 법도가 있음을 말한다. 또 『大智度論』에서는 "무리를 이룬 많은 비구들이 한곳에서 화합하며 지내는 것을 승가僧伽라 하는데, 비유하면 큰 나무들이 떼 지어 모여 숲을 이룬 것과 같다. 나무 한 그루를 숲이라 부르지 않듯이 한 명의 비구를 승僧이라 이름하지 않으니, 모든 비구들이 화합하여 정연히 모인 곳이라야 총림이라 할 수 있다."라고 하였다.
  *무리를~있다:『大智度論』 권3(T25, 80a10~14).
2 계행으로 자신을 검속함이 전혀 없음을 말한다.
3 풍진에 분주함을 말한다.
4 삼취三聚에 각각 1천이 있으니 합치면 3천이고, 탐·진·치와 등분等分에 각각 2만 1천이니 합치면 8만 4천이다.
5 시市는 믿음이니, 늙은이와 어린이에게 넉넉하게 봉양하여 믿음을 주고 부족하지 않게 하는 것이다. 축융祝融이 시市를 만들었다고 하며 또는 신농씨神農氏가 만든 것이라고도 한다. 시市는 교역의 장소이며, 정井은 함께 물을 긷는 곳이다. 옛날에는 아침이면

고 마음은 여염閻閻의 세태에 물들었다.⁶

그러므로 산야의 평범한 승려가 농부農夫⁷의 꾸지람을 면하지 못하고, 성황城隍⁸의 승려들이 도리어 유생들의 수치가 되었으니, 이것은 수행을 게을리한 죄업이다. 어찌하여 번뇌의 집을 다시 여의고 번뇌의 그물을 거듭 베어 내어 맑은 바람을 마시고 도 닦는 무리들을 방문하며, 미묘한 언어를 탐색하고 자기를 알아주는 이를 찾아다니며, 조사의 영역에서 정신을 맑히고 최상의 가르침에서 뜻을 쉬며, 고요하고 빈 방에서 승복을 여미어 입고 편안히 앉으며, 청산녹수에서 석장을 짚고 경행하지 않는가?

문득 마음의 빛이 번뇌망상(漏)을 뚫어서 막혔던 의심이 얼음 녹듯 사라지면 그 자리에서 분명해질 텐데, 어찌 삼아승지겁을 닦아 얻는 궁극의 불과佛果에 미혹하는가?⁹ 본래 갖추어져 있는데, 어찌 만행의 인화因華¹⁰에 방해가 되겠는가? 이러한 까닭에 종통宗通과 설통說通을 겸하여 능통함이¹¹ 마치 밝은 해¹²가 허공계에 걸린 것 같으며,¹³ 마음과 몸이 모두 고요함이 마치 유리가 보월寶月의 광명을 머금은 것과 같으니, 쑥이 삼밭에

물 긷는 곳에 모였으니, 물건을 가지고 와서 우물가에서 사고팔았기 때문에 시정市井이라 하였다.
6 여閻와 염閻은 모두 동네 어귀에 세운 문 이름이니 세태에 물들었음을 말한다.
7 여산씨厲山氏에게 아들이 있었는데, 농農이라 하였다. 그는 모든 곡식을 능숙하게 경작하였기 때문에 후세에 그로 인해 밭을 경작하는 백성들을 이름하여 농農이라 하였다.
8 황隍은 『說文解字』에서는 "성 주위로 파 놓은 못이니, 물이 있으면 지池라 하고 물이 없으면 황隍이라 한다."라고 하였다.
9 여러 부처님들이 모두 삼아승지겁 동안 인因을 닦아서 불과佛果를 이루었다.
10 여러 보살들이 모두 만행을 닦아서 성불成佛의 인因을 이루었다.
11 청량清涼이 "종통宗通은 스스로 수행함이고, 설통說通은 아직 깨닫지 못한 이에게 보여 주는 것이다."*라고 하였다.
  *종통宗通은~것이다 : 『大方廣佛華嚴經隨疏演義鈔』 권9(T36, 70b1~2).
12 해가 나무 아래에 있으면 묘杳이고, 해가 나무 가운데 있으면 동東이고, 해가 나무 위에 있으면 고杲이다.
13 『周易』에서는 "해와 달은 하늘에 걸려 있고 백곡과 초목은 땅에 붙어 있다."라고 하였는데, 려麗는 음이 리離이고 '붙어 있다' 또는 '부착되어 있다'는 뜻이다.

서 나옴에 북돋우지 않아도 저절로 곧고, 여러 물줄기가 바다로 들어감에 통틀어 '천지天池'[14]라고 부르는 것과 같다. 예전의 잘못을 돌이켜보아야 크게 잘못되었음을 비로소 알 수 있다. 충직한 말이 귀에 거슬리나 마음에 새겨서 이생과 내생에 함께 불법佛法의 도반이 되기를 감히 바라노라.

勸叅禪文

夫解須圓解, 還他明眼宗師; 修必圓修, 分付叢林道伴.【叢林, 乃衆僧捿身行道之所也. 草不亂生曰叢, 木不亂長曰林, 言其內有規矩法度也. 又『大論』云: "衆多比丘, 一處和合, 是名僧伽, 譬如大樹叢聚成林. 一樹不名爲林, 一比丘不名爲僧, 諸比丘和合叢聚處, 得名叢林."】初心薄福, 不善親依, 見解偏枯, 修行懶墮. 或高推聖境, 孤負己靈, 寧知德相神通? 不信凡夫悟道. 或自恃天眞, 撥無因果, 但向胷襟流出, 不依地位修行. 所以俍解法師不通敎眼, 虛頭禪客不貴行門, 此偏枯之罪也. 或則渾身破碎,【言全無戒行檢束也.】滿面風埃,【言奔走風塵也.】三[1]千細行全無, 八萬威儀總缺.【三聚各有一千, 幷三千; 貪嗔痴等分各二萬一千, 幷八萬四千.】或則追陪人事, 緝理門徒, 身遊市井之間.【市, 恃也, 養贍老小, 恃而不匱也. 祝融作市, 又神農所作. 市, 交易之處; 井, 共汲之所. 古者, 朝聚汲水處, 將貨物於井邊買賣, 故曰市井.】心染閭閻之態.【閭閻, 皆里門名也, 謂染於俗態也.】所以山野常僧未免農夫【厲山氏有子, 曰農, 能植百穀, 故後世因名耕田氓爲農.】之誚, 城隍【隍,『說文』: "城池也. 有水曰池, 無水曰隍."】釋子反爲儒士之羞, 此懶惰[2]之罪也. 何不再離煩惱之家, 重割塵勞之網, 飮淸風而訪道流, 探微言而尋知己, 澄神祖域, 息意宗乘, 靜室虛堂, 歛[3]禪衣而宴坐; 靑山淥水, 携杖錫以經行? 忽若心光透漏, 疑滯氷[4]消, 直下分明, 豈昧三祇之極果?【佛佛皆修因於三阿僧祇劫, 以成佛果.】本來具足, 何妨萬行之因華?【諸菩薩皆修萬行, 以爲成佛之因.】由是宗說兼通,【淸凉云: "宗通自修

---

14 남명南溟이다.

行, 說通示未悟."} 若杲日【日在木下曰杳, 日在木中曰東, 日在木上曰杲.】麗虛空之界;【『易』: "日月麗乎天, 百穀草木麗乎土." 麗, 音離, 附也, 著也.】心身俱靜, 如琉璃合寶月之光, 可謂蓬生麻中, 不扶自直; 衆流入海, 總號天池【南溟也.】. 反觀前非, 方知大錯. 忠言逆耳, 敢冀銘心, 此世他生, 同爲法侶.

---

1) ㉘ '三'은 '二'로 되어 있는 곳도 있다. 2) ㉘ '惰'는 '憻'로 되어 있는 곳도 있다.
3) ㉘ '歃'은 '敛'으로 되어 있는 곳도 있다. 4) ㉘ '氷'은 '冰'으로 되어 있는 곳도 있다. ㉭ '氷'은 '冰'과 통용된다.

스스로 경계하는 글

신령스러운 마음을 통철하게 비추는 데에는 성스러운 침묵이 으뜸이지만[1] 이미 세 겹으로 꿰맨 입(三緘)[2]을 열었다면 반드시 네 가지 실어實語[3]를 따라야 한다. 현상(事)은 성인의 말씀과 관계되고 이치(理)는 경전과 합치해야 비로소 교법을 돕고 조사의 도를 밝게 드날려서 타인을 이롭게 하고 스스로도 이롭게 할 수 있어서 공덕을 헛되이 베풀지 않을 것이다.

만약 조정의 정사[4]를 몰래 논의하거나 군현의 관료들을 사사로이 비평하거나, 국토의 풍흉을 강론하거나(講)[5] 풍속[6]의 좋고 나쁨을 논의하거나, 공상工商의 세세한 일과 저잣거리의 한가한 얘기와 변방[7]의 전쟁과 중원中原의 도적(寇賊)[8]과 문장의 기예[9]와 의복·음식·재물에 이르기까지 스스로 자기의 장점만을 자랑하고 다른 사람의 좋은 일은 숨기거나 드러난 과

---

1 성스러운 침묵이란, 부처님이 마갈타국에서 7일 동안 빗장을 잠근 것과 정명거사淨名居士가 비야리성에서 입을 다문 것과 달마대사가 소림굴에서 9년 동안 면벽한 것 등의 사례들이다.
2 『孔子家語』에서는 "공자가 주周나라를 살펴보다가 마침내 태조太祖 후직后稷의 묘에 들어갔는데, 묘당의 오른쪽 계단 앞에 금인金人이 있었다. 그 입이 세 겹이나 꿰매어져 있었으며, 그 등에 '예전에 말을 삼가던 사람이다.'라는 명문銘文이 새겨져 있었다."라고 하였다.
3 사실과 같은 말·진실된 말·허망하지 않은 말·다르게 하지 않는 말이다.
4 기강과 법도를 정政이라 하고 동작과 언행을 사事라 한다. 또 임금에게는 정政이 되고 신하에게는 사事가 된다. 또 큰 것을 정政이라 하고 작은 것을 사事라 한다.
5 (강講은) 강론함이다.
6 위에서 말하는 것을 풍風이라 하고 아래에서 익히는 것을 속俗이라 한다.
7 『周禮』에서는 "4리里가 찬酇이 되고, 5찬酇이 비鄙가 되니, 5백 가家이다."라고 하였으며 또는 변두리이다. 혹은 도비都鄙라 하니, 도都는 군자가 사는 곳이고, 비鄙는 야인野人이 사는 곳이다. 그러므로 옛날에는 야野를 비루하다고 여겼고 도都를 아름답다고 여겼다.
8 겁탈을 구寇라 하고 살인을 적賊이라 한다.
9 두보의 시에서는 "문장은 하나의 작은 기예技藝이다."라고 하였다.

실을 퍼트리고 작은 허물을 지적한다면[10] 복업에 어긋날 것이니, 도 닦는 마음에 도움될 것이 없다.

이와 같이 떠도는 말은 모두 참된 덕을 손상시키니, 앉아서 신도의 시줏물만 녹이고 우러러 용중龍衆과 천중天衆[i]에 부끄러울 뿐이다. 죄는 작은 술잔을 넘치는 데에서 시작되니[11] 화禍가 마침내 정수리까지 소멸시키니, 어째서인가? 중생의 고苦의 불길이 사방에서 함께 타고 있는데, 어찌 편안하게 앉아서 의미 없는 이야기만 할 것인가?[12]

自警文

神心洞照, 聖默爲宗,【聖默: 佛於摩竭, 掩關七日; 淨名, 杜口毘耶; 達摩, 於少林面壁九載之類也.】旣啓三緘【『家語』: "孔子觀周, 遂入太祖后稷之廟. 廟堂右階之前, 有金人焉, 三緘其口, 而銘其背曰: '古之愼言人也.'"】, 宜遵四實【如語·實語·不妄語·不異語也.】. 事關聖說, 理合金文, 方能輔翼敎乘, 光揚祖道, 利他自利, 功不浪施. 若乃竊議朝廷政事,【紀綱法度曰政, 動作云爲曰事. 又在君爲政, 在臣爲事. 又大曰政, 小曰事.】私評郡縣官僚,[1)] 講【論也.】國土之豊凶, 論風俗之美惡,【上所說曰風, 下所習曰俗.】以至工商細務, 市井閑談, 邊鄙【『周禮』: "四里爲酇, 五酇爲鄙, 五百家也." 又邊也. 或云: "都鄙." 都者, 君子之居; 鄙者, 野人之居, 故古者謂野爲鄙, 謂都爲美.】兵戈, 中原寇賊【㤀奪曰寇, 殺人曰賊.】, 文章技藝,【杜詩: "文章一小技."】衣食貨財, 自恃己長, 隱他好事, 揄揚顯過, 指摘【挑發也.】微瑕, 旣乖福業, 無益道心. 如此游言, 並傷實德, 坐消信施, 仰愧龍

---

10 (지적指摘은) 들춰내는 것이다.
11 『書經』에서는 "세 강이 작은 술잔을 넘치는 물에서 시작된다."라고 하였는데, 주석에서는 "샘이 처음으로 흐를 때는 한 잔의 물에 불과하다가 불어나서 점점 나아가서는 마구 흐르는 데에 이른다."라고 하였다.
12 몸은 태어나서 늙고 병늘어 죽으며 마음은 생겨나서 머물다가 변하여 소멸되니, 이 부상한 괴로움의 불길이 일시에 사방에서 함께 생긴다. 글 전체가 구업口業을 간절히 경계하였다.

天. 罪始濫觴,【『書』: "三江濫觴." 註言: "泉始流, 不過杯水, 泛溢而漸, 至于橫流也."】禍終滅頂, 何也? 衆生苦火, 四面俱焚, 豈可安然坐談無義?【身則生老病死, 心則生住異滅, 此無常苦火, 一時而四面俱起也. 全篇切戒口業也.】

---

1) ㉑ '僚'는 '寮'로 되어 있는 곳도 있다.

▌주

i 용중龍衆과 천중天衆 : 용중과 천중은 불법을 수호하는 여덟 신神인 팔부중八部衆에 속하는 신이다.

용문산 불안 청원 선사의 좌선명坐禪銘[1]

심광心光은 텅 비어 비출 뿐, 본체는 치우침(偏)과 원만함(圓)[2]이 없네.

금빛 파도 널리 두루(匝匝)해도[3] 움직이나 고요하나 항상 선정이라네.

한 생각 일어나고 소멸해도 그치고 끊을 필요가 없어

흘러가는 대로 내맡길 뿐, 어찌 일어나고 소멸한 적 있던가?

일어났다 소멸함은 적멸하여 대가섭의 선정을 나타내니[4]

앉으나 누우나 경행할 때나 일찍이 그친 적 없다네.

좌선이 어찌 앉는 것이 아니며, 앉는 것이 어찌 좌선이 아니겠는가?

이와 같은 줄 알아야 비로소 좌선이라 부를 수 있다네.

앉는 자는 누구이며 선禪은 무엇인가?

앉으려고만 한다면 부처로써 부처를 찾는 격

부처는 찾을 필요 없으니 찾을수록 더욱 잃게 된다네.

앉는 것만이 나의 선관禪觀이 아니며[5] 선정이란 겉으로 보이는 방편이

---

1 서주舒州 용문산龍門山 불안 청원佛眼淸遠 선사는 임공臨卭 이씨李氏의 자손으로 오조 법연五祖法演 선사의 법을 이었다. 용문산은 동군東郡의 서쪽 경계에 있는데, 산 높이가 5천 길(仞)이나 되며 세 개의 층계가 있다. 그 물줄기는 아래로 흐르고, 붉은색 잉어가 매년 봄이면 이 산 아래에 모여 물을 거슬러 올라간다. 올라갈 능력이 있는 놈은 용문을 통과해서 저절로 하늘의 불에 꼬리를 태워 용으로 변할 수 있지만, 올라가지 못하는 놈은 자연히 이마에 붉은 점이 찍혀 그 아래에서 아가미를 드러낸다. 『呂氏春秋』에서는 "용문이 아직 열리지 않자 황하의 물이 맹문孟門 동쪽으로 크게 넘쳤는데, 이를 홍수洪水라고 불렀다. 우임금이 용문을 뚫어서 비로소 남쪽으로 흐르게 하였다."라고 하였다.
2 편偏은 용用이고, 원圓은 체體이다.
3 『杜詩』 주석에서는 "'가을 강물에 비친 달이 금빛 파도가 되었다.'라고 한 것은 지혜의 달을 머금은 고요한 물을 비유한 것이다."라고 하였다. 잡잡匝匝은 두루 널리함이다.
4 가섭존자는 계족산雞足山에서 나가대정羅迦大定*에 들어 자씨보살이 하생下生하기를 기다린다. 대가섭이라 말한 것은 대정大定을 일컫는다.
　*나가대정羅迦大定 : 부처님의 선정禪定을 나가정那伽定 또는 나가대정이라 한다.
5 비단 앉았을 때만이 선관禪觀이 아니라 행·주·좌·와 사위의四威儀가 모두 선관이다.

아니다.[6]

초심자는 혼란하니 돌아옴을 면치 못하기에
그러므로 많은 방편으로 고요히 관조하도록 가르치는 거라네.
단정히 앉아 정신 가다듬으면 처음의 어지럽던 마음이
오래될수록 고요하고 편안하여 육근이 텅 비어 한가하게 된다네.
육근이 차츰 쉬어지면 그 속에서 다시 분별하게 되니[7]
분별이 생기기만 하면 이미 일어나고 소멸함이 성하다네.
일어나고 소멸함이 흐르고 변하여 마음으로부터 나타나는 것이니
자기의 마음을 돌이켜 다시 한번 관조해야 한다네.
한 번의 돌이킴으로 다시 돌이키지 않아도 뚜렷한 광명이 정수리에 이르고
신령스런 밝음이 솟구쳐 올라 마음마다 걸림 없을 것이네.
이리저리 포괄하고 들어감에 나고 죽음이 영원히 쉴지니
한 알의 환단還丹[8]을 쇠에 찍으면 액(汁)이 되는 격
몸과 마음의 객진번뇌客塵煩惱가 뚫을 문 없어지면
미혹함과 깨달음을 다시 말해도 순경계와 역경계를 논하지 말지니
곰곰이 생각해 보면, 지난날은 냉철하게 앉아 찾기만 했을 뿐
비록 분별하지는 않았으나 또한 크게 낭자狼藉하였다네.[9]

---

6 선정은 가부좌나 침묵 등 겉모습의 방편을 빌려서 되는 것이 아니라 오직 마음이 고요하여야만 한다.
7 육근의 문에서 거친 생각을 쉬면 또다시 미세한 분별이 일어나고 소멸하기를 멈추지 않는다.
8 『說文解字』에서는 "단丹은 파월巴越의 붉은 돌인데 또는 주사朱砂라고도 한다. 환還은 단丹을 태워 수은水銀을 만들고 수은을 태워 단을 만드니, 그러므로 환단이라 한다."라고 하였다.
9 이리(狼)의 성품은 돌아보기를 잘하고 자기가 머물 곳을 많이 탐내어 풀자리를 밟아서 어지러운 곳을 끊고 나눈다. 그러므로 낭자狼籍라고 한다. 유린蹂躪은 음으로 '유린由吝'이고 수레 자국이다. 이것은 크게 써서 끊고 나눔을 말한 것이다.

범부냐 성인이냐 하는 것이 한순간임을 아무도 믿지 않고
온 천하 사람들이 바쁘게 쫓으니[10] 크게 삼가고 조심해야 한다네.
만약 알지 못하겠으면 단정히 앉아 사유하리니
어느 날엔가 문득 깨닫기를 엎드려 바라고 엎드려 바라노라.

龍門佛眼遠禪師坐禪銘【舒州龍門山佛眼淸遠禪師, 臨卭李氏子, 嗣五祖法演禪師. 龍門山在東郡之西界, 山高五千仞, 而有三級. 其水流注於下, 赤色鯉魚, 每於春時, 會此山下, 逆水而上. 若有分者, 登過龍門, 自有天火燒尾, 得化爲龍. 若不登者, 自有紅朱點額, 曝腮於下.『呂氏春秋』云: "龍門未開, 河水於孟門東大溢, 是謂洪水. 禹鑿龍門, 始南流."】
心光虛暎,[1] 體絶偏圓【偏, 用也. 圓, 體也.】.
金波匝匝,【『杜詩』註: "月印秋水爲金波, 比涵慧月之定水也." 匝匝, 周遍也.】動寂常禪.
念起念滅, 不用止絶.
任運滔滔, 何曾起滅?
起滅寂滅, 現[2] 大迦葉.【迦葉尊者, 入羅迦大定, 在雞足山, 以侍慈氏下生. 言大迦葉謂大定也.】
坐臥經行, 未甞間歇.
禪何不坐, 坐何不禪?
了得如是, 始號坐禪.
坐者何人? 禪是何物?
而欲坐之, 用佛覔佛.
佛不用覔, 覔之轉失.
坐不我觀,【非獨坐時是觀, 行住四威儀, 皆是禪觀.】禪非外術.【禪定非假跏趺宴

---

10 잡지匝匝地는 큰 땅이다. 온 천하 사람들이 모두 바쁘게 달리며 쫓는 것이다.

默等外儀方便, 唯心寂靜, 是禪也.】

初心鬧亂, 未免廻[3]換.

所以多方, 教渠靜觀.

端坐收神, 初則紛紜.

久久恬惔,[4] 虛閑六門.

六門稍歇, 於中分別.【六根門頭, 麁念旣息, 又有微細分別, 起滅不停.】

分別纔生, 已成起滅.

起滅轉變, 從自心現.

還用自心, 反觀一遍.[5]

一反不再, 圓光頂戴.

靈熖騰輝, 心心無礙.

橫該竪入, 生死永息.

一粒還丹【『說文』: "丹, 巴越之赤石, 又朱砂也. 還者, 燒丹成水銀, 燒水銀成丹, 故曰還丹."】, 點金成汁.

身心客塵, 透漏無門.

迷悟且說, 逆順休論.

細思昔日, 冷坐尋覔.

雖然不別, 也大狼藉【狼性善顧, 多貪其所止處, 踩躪其草, 使之離披雜亂, 故曰狼籍. 踩躪, 音由吝, 車踏也. 此言大用離披也.】.

刹那凡聖, 無人能信.

匝地忙忙【匝地, 大地也. 大地之人, 皆奔忙馳逐也.】, 大須謹愼.

如其不知, 端坐思惟.

一日築着, 伏惟伏惟.

---

1) ㉮ '暎'은 '映'으로 되어 있는 곳도 있다. 2) ㉮ '現'은 '見'으로 되어 있는 곳도 있다.
3) ㉮ '廻'는 '回'로 되어 있는 곳도 있다. 4) ㉮ '惔'은 '淡'으로 되어 있는 곳도 있다.
5) ㉮ '遍'은 '偏'으로 되어 있는 곳도 있다.

세 가지를 스스로 성찰하다

이 몸의 수명은 망아지가 달리는 것을 문틈으로 보는 것처럼 빠른데
어느 겨를이라고 마음이 한가로워 헛되이 잡된 일을 한단 말인가?
이미 석씨 종자가 융성하다면 반드시 선문禪門의 가풍을 이어야 하니
앞의 종지가 어떤 격식을 드날리는지(標格)[1] 자세히 살펴야 한다.
도업道業을 아직 갖추지 못하였는데 성인 가신 지도 오래되었으니
좋은 벗과 스승의 가르침을 버려서는 진실로 아니 된다.
스스로 힘쓰고 권장하여 부처님 은덕에 보답할 것을 생각하고
오직 자기 스스로 알아서 대승의 마음에서 물러나지 말지어다.
과보로 받은 연緣[2]은 헛된 환영, 억지로 다스려서는(爲)[3] 아니 되건만
헛된 세상이 얼마 간다고 집안의 풍족함과 검소함을 따르는가?
고락苦樂, 역순逆順 경계 속에 도道가 있으니
움직이든 고요하든 추울 때든 더울 때든 스스로 부끄러워하고 스스로 뉘우쳐야 한다.

三自省察

是身壽命, 如駒過隙,

何暇閑情, 妄爲雜事?

旣隆釋種, 須紹門風,

諦審先宗, 是何標格.【標, 擧也. 又立木爲表, 繫綵於上爲標記也. 格, 法則也. 又

---

1 표標는 드는 것이다. 또는 나무를 세워 표表를 삼거나 위에 비단을 매어서 표기標記로 삼는 것이다. 격格은 법칙이다. 또는 나무의 높고 긴 가지를 격格이라고 하는데, 격식을 드는 것을 말한다.
2 몸이다.
3 (위爲는) 다스림이다.

樹高長枝爲格, 言標擧格式.】

道業未辦, 去聖時遙,

善友師敎, 誠不可捨.

自生勉勵, 念報佛恩,

惟己自知, 大心莫退.

報緣【身也.】虛幻, 不可强爲,【治也.】

浮世幾何, 隨家豊儉?

苦樂逆順, 道在其中,

動靜寒溫, 自愧自悔.

아호 대의 선사의 좌선명[1]

참선하여 도를 배움은 어떤 모습인가?
요컨대 당사자가 잘 선택하는 데에 달려 있노라.
그저 형상을 잊고 마음을 죽은 듯이 하지 말라.
이는 고치기 어려운 매우 심한 병통이로다.
반드시 앉아서 궁구하여 깊은 근원을 탐색할지니
이 도는 옛날과 지금의 천하 사람들이 전한 것이니라.
바르게 앉아 태산같이 곧고 우뚝하게 솟아 있되
공적하고 한가함만 지키는 것을 요하지 않는다.
오직 취모리검[i]을 잡아서
'조사가 서쪽에서 온 까닭'이라는 제일의제第一義諦를 갈라야 하노라.
눈을 부릅뜨고 눈썹을 치켜올리고서
반복하여 그를 볼지니, 그는 누구인가?
만약 도적을 잡았다면 모름지기 장물臟物을 볼 것이지
도적이 깊은 곳에 숨겼을까 염려하지는 말라.
지혜로운 자라면 찰나 사이에 잡아채지만
지혜 없는 자는 해를 넘기도록 그림자도 보지 못하는구나.
깊이 탄식하노니, 늘 죽은 사람마냥 우두커니 앉아서
천년만년토록 이렇게만 하는구나.
만약 이것을 참선의 종지라 한다면
염화미소拈花微笑가 가풍을 잃을 것이고
흑산 아래에 앉아 물에 잠겨 죽을 것이니
천하대지에 가득한 것을 어찌 막겠는가?

---

1 마조馬祖의 법을 이었다.

만약 쇠의 눈에 구리 눈동자를 가진 자라면
손으로는 마음을 잡고 머리로는 스스로 판단할 것이로다.
다만 깨달음에 이르기를 기약해야 하니
한 번 크게 울부짖는 사자새끼로다.
그대는 보지 못했는가?
기왓장을 갈아 거울을 만든다는 비유도 유래가 있고
수레가 가지 않으면 소를 때려야 하느니라.[11]
또 보지 못했는가?
바위 앞 고요한 물은 만 길이나 맑아서
깊고도 고요하며 아득하여 아무런 소리가 없지만
하루아침에 용이 휘젓고 요동치면
파도가 뒤집히고 물결이 솟구쳐 참으로 굉장하리라.
비유컨대 고요히 앉아 있기만 하고 공부는 안 한다면
어느 해에 급제하여 마음이 공적함을 깨닫겠는가?
급히 착수해서 눈을 높이 두고
반드시 금생에 끝마쳐야 하노라.
만약 다시 묵묵히 있다가 바보처럼 날뛴다면
그대가 아직 공부할 줄 모른다고 알리라.
정신 차리고 생각해 보라.
형상도 없고 그림자도 없는 깨달음은 어렵지 않도다.
이렇게 해야 부족함 없이 참으로 마음을 쓰는 것이니
용맹한 장부라면 다시 기억해야 하노라.
도는 참구할 필요가 없다는 말을 부디 따르지 말라.
예로부터 성인들은 부지런히 수행하는 것으로 지남指南을 삼았도다.
비록 그러하나 옛 누각과 쓸모없는 땅에서
한 차례의 고달픔을 얻었는가?

좌선하는 부동존不動尊을 알고자 한다면
바람이 지나감에 풀이 눕는다는 말이 모든 것을 말해 준다.
지금 사해가 거울같이 맑으니
두두물물을 모두 내가 듣노라.
길거나 짧거나 네모지거나 둥근 것을 다만 스스로 알 뿐
예로부터 털끝 하나 움직인 적 없구나.
만약 좌선해서 이루어지는 일을 묻는다면
해가 동쪽에서 떠서 밤에 서쪽으로 진다고 말하리라.

鵝湖大義禪師坐禪銘【嗣馬祖.】

叅禪學道幾般樣?[1] 要在當人能擇上.
莫只忘形與死心, 此箇難醫病最深.
直須坐究探淵源, 此道古今天下傳.
正坐端然如泰山, 巍巍不要守空閒.[2]
直須提起吹毛利, 要剖西來第[3]一義.
瞠却眼兮剔起眉, 反覆看渠渠是誰?
還如捉賊須見贓, 不怕賊埋深處藏.
有智捉獲利那頃, 無智經年不見影.
深嗟兀坐常如死, 千年萬歲只如此.
若將此等當禪宗, 拈花微笑喪家風.
黑山下坐死水沉,[4] 大地漫漫如何禁?
若是鉄[5]眼銅睛漢, 把手心頭能自判.
直須着到悟爲期, 哮吼一聲獅子兒.
君不見?
磨磚作鏡喩有由, 車不行兮在打牛.
又不見?

巖前湛水萬丈淸, 沉沉寂寂杳無聲.
一朝魚龍來攪動, 波翻浪湧眞堪重.
譬如靜坐不用工, 何年及苐*悟心空?
急下手兮高着眼, 管取今生敎了辦.
若還默默恣如愚, 知君未解做工夫.
抖擻精神着意看, 無形無影悟不難.
此是十分眞用意, 勇猛丈夫却須記.
切莫聽道不須叅, 古聖孜孜爲指南.
雖然舊閣閑田地, 一度贏來得也未?
要識坐禪不動尊, 風行草偃悉皆論.
而今四海淸如鏡, 頭頭物物皆吾聽.
長短方圓只自知, 從來絲髮不曾移.
若問坐禪成底事, 日出東方夜落西.

---

1) ㉮ '搽'은 '樣'으로 되어 있는 곳도 있다. ㉭ '搽'은 '樣'과 통용된다. 2) ㉮ '閗'은 '閑'으로 되어 있는 곳도 있다. 3) ㉮ '苐'는 '第'로 되어 있는 곳도 있다. 아래에도 같다. ㉭ '苐'는 '第'와 통용된다. 4) ㉮ '沉'은 '浸'으로 되어 있는 곳도 있다. 5) ㉮ '鈇'은 '鐵'로 되어 있는 곳도 있다. ㉭ '鈇'은 '鐵'과 통용된다.

주

i 취모리검 : 털 한 가닥을 칼 위에 올려놓고 입으로 불면 두 가닥으로 갈라질 정도로 예리한 칼을 말한다. 선가에서는 취모리검을 부처님의 혜명慧明을 증득하게 하는 지혜의 상징으로 사용한다.

ii 기왓장을 갈아~때려야 하느니라 : 『景德傳燈錄』권5(T51, 240c19~24)에 남악과 마조의 대화가 다음과 같이 나온다. 남악 선사가 마조의 법기를 한눈에 알아보고 어느 날 그에게 물었다. "그대는 왜 좌선을 하며, 좌선을 하여 무엇을 얻으려고 하는가?" "부처가 되고자 합니다." 남악 선사가 다음 날 기왓장 하나를 구해서 암자 앞에 앉아 기왓장을 갈기 시작했다. 이를 본 도일이 물었다. "스님께서는 무엇을 하고 계십니까?" "거울을 만들고 있네." "기왓장을 갈아서 어찌 거울을 만들 수 있습니까?" "그러면 좌선을 한다고 어떻게 부처가 될 수 있겠는가?" "그러면 어떻게 해야 합니까?" "사람이 수레를 몰고 가려는데, 수레를 때려야 하겠는가? 소를 때려야 하겠는가?" 마조가 대답하지 못하였다.

여산 동림사의 혼융 선사가 대중에게 법어를 보이다

만승萬乘[i]의 존귀한 영화를 버리고 6년간 굶주림과 추위를 겪으며 풀을 깔아 만든 자리를 떠나지 않고서 등정각等正覺을 이루어 무량한 중생을 제도하셨으니, 이것이 황면노자께서 출가하여 보여 주신 본보기이다. 그런데 후배들은 근본을 망각하고 도리어 입과 몸만을 위하며, 밭 갈거나 누에 치는 일은 힘쓰지 않고서 눈앞에 나타난 이익을 편안하다 여기고, 임금과 어버이를 받들지 않고서 군역과 부역을 면하는 것으로 안락함을 삼는다. 이름과 옷을 빌리고 세상의 인연을 훔쳐서 언쟁으로 불사佛事를 삼아[1] 늙도록 뉘우칠 줄 모르다가 죽어서 동산의 버섯이 되었으니[2] 참으로 슬프도다. 너희 출가자들은 풀을 깔아 자리를 만든 부처님과 같아지기를 생각하고, 동산의 버섯 이야기를 스스로 살펴보아야 할 것이다.

廬山東林混融禪師示衆

避萬乘尊榮, 受六年飢[1)]凍, 不離草座, 成等正覺, 度無量衆, 此黃面老爺出家樣[2)]子. 後輩[3)]忘本, 反爲口體, 不務耕桑, 見成利養爲便; 不奉君親, 免事征役爲安. 假名服竊世緣, 以鬪諍作佛事,【佛法中, 多有諍論, 且如西天

---

1 불법佛法 가운데 쟁론이 많았다. 우선 예를 들면 서천의 대·소승은 물줄기를 나누어 물을 마셨는데 대승 안에서도 성性·상相이 또한 달랐고, 소승 안에서도 20부파의 갈래가 있어 저마다 모두 자신은 옳고 타인은 그르다고 하였으니, 이 지방에 이르러서도 쟁론의 다툼을 어찌 면하겠는가?
2 범마정덕梵摩淨德이라는 이름의 한 장자長者가 있었다. 그의 동산에 있는 나무에서 큰 버섯이 났는데, 그 맛이 매우 좋았으나 오직 장자와 그 둘째 아들만이 따서 먹을 수 있을 뿐, 나머지 식구들은 모두 그것을 볼 수 없었다. 15대 조사인 가라제바迦羅提婆가 그것이 한 비구의 오랜 인과에 의한 것임을 알고는 장자에게 묻기를, "나이가 몇입니까?"라고 하니 "일흔아홉입니다."라고 하였다. 존자가 "그대의 나이가 여든한 살이 되면 이 나무에서 버섯이 나지 않을 것입니다."라고 하였다.

大·小乘, 分河飮水, 大乘之內, 性相又殊, 小乘之中, 二十部異, 各皆自是他非, 爰及此方, 詎免諍競?】老不知悔, 死爲園菌,【有長者, 名梵摩淨德, 園中有樹生大耳, 其味甚美, 惟長者及第二子取以食之, 自餘親屬皆不能見. 十五祖迦羅提婆, 知比丘之宿因, 問長者: "年多少?" 曰: "七十九." 尊者曰: "汝年八十一, 此樹不生耳."】良可悲夫! 汝輩*出家, 當思齊草座之前, 自省園菌之下, 可爾.

1) ㉮ '飢'는 '饑'로 되어 있는 곳도 있다. 2) ㉮ '搽'은 '樣'으로 되어 있는 곳도 있다.
3) ㉮ '輩'는 '軰'로 되어 있는 곳도 있다. 아래에도 같다. ㉯ '輩'는 '軰'와 통용된다.

• 157

| 주

i 만승萬乘 : 천자의 자리를 말한다.

남곡 회신 법사가 자경록에 쓴 서문

나는 아홉 살에 출가하여 지금 육십이 넘었다. 넓은 기와집을 한가로이 노닐고 꽃향기 나는 섬돌(除)[1]을 돌아보며, 몸을 가볍고 부드러운 곳에 두고 한적하고 조용한 곳에 거처한다. 동트기 전 별빛이 아직 남았을 때에 열 가지 이로움이 있는 정찬精饌이 이미 진열되어 있고,[2] 햇빛이 바야흐로 중천에 이르면[3] 삼덕三德[4]의 진수성찬이 모두 모이지만, 밭 갈고 수확하는[5] 고달픔을 모르고 솥에 음식을 익히는[6] 수고로움을 모르면서 6척의 몸뚱이를 길러 백 년의 수명을 온전히 할 수 있는 것은 누구의 덕택인가? 바로 우리 부처님의 원력 때문이다.

내가 우선 50여 년을 대략 계산해 보건대, 아침[7]과 점심[8]에 마시고 먹

---

1 제除는 섬돌 층계이다.
2 『四分律』에서는 "밝은 해가 뜰 때에 죽을 먹는다. 혹 해가 뜬 지 이미 오래된 후 또는 아직 뜨지 않았을 때는 먹을 때가 아니다."라고 하였다. 『僧祇律』에서는 "부처님께서 난타難陀의 어머니가 승려에게 죽을 시주한 것을 인연하여 게송을 읊어 말하였다 '지계청정 수행자를 사람들이 받드나니, 공경히 때에 맞춰 죽으로 시주하네. 열 가지 이로움으로 수행자를 유익케 하니, 이를 부처님께서 양약良藥이라 이름하셨네.'"*라고 하였는데, 열 가지 이로움이란 혈색을 돕고, 체력을 증진시키고, 수명을 늘리고, (몸과 마음이) 안락하고, 말이 유창해지고(辯說), 풍증風症을 없애고, 묵은 음식을 소화시키고, 말로 해석을 잘하고(詞淸), 굶주림을 해소하고, 갈증을 없애 주는 것이다. 사청詞淸이란 말로 해석을 잘하는 것을 이르고, 변설辯說이란 말에 걸림 없음을 이른다.
　*부처님께서~이름하셨네 : 『摩訶僧祇律』 권29(T22, 462c6~23).
3 『毘羅三昧經』에서는 다음과 같이 말하였다. "부처님께서 법혜보살에게 '음식에 네 가지 종류가 있으니, 해 뜰 때 일어나 먹는 것은 모든 하늘신이 먹는 것이고, 해가 중천에 있을 때 먹는 것은 모든 부처님이 먹는 것이고, 해가 서쪽에 있을 때 먹는 것은 축생이 먹는 것이고, 해가 저물었을 때 먹는 것은 귀신이 먹는 것이다.'라고 하셨다." 부처님께서 제정하신 것은 육도六道의 원인을 끊고 삼세三世의 부처님과 같게 하려는 것이기 때문에 해가 중천에 있을 때 음식을 먹게 하셨다.
4 청정함과 여법함과 유연함이다.
5 봄에 밭 갈고 가을에 수확함이다.
6 음식을 익힘.
7 죽.

은 것으로 대략 3백여 석碩[9]을 소비하였고, 추위와 더위에 쓴 의복과 약재로 대략 20여 만萬[10]을 소비하였으며, 높은 문과 깊숙한 집과 푸른 섬돌과 붉은 기둥과 헌승軒乘[11]과 노복의 무리와 책상·안석·평상·침구 같은 것들에 소비한 것도 끝이 없다. 혹은 다시 무명無明이 가만히 일어나거나 삿된 견해가 마구 생겨나서 법답지 않게 허망하게 사용했거나 때가 아닌 때에 마시고 먹어서 소비한 것들도 헤아리기 어렵다. 이는 모두 다른 이의 힘으로부터 생겨난 것을 밑천으로 내가 쓴 것들이니, 저 급급汲汲한[12] 무리와 함께 어찌 동일선상에 놓고 그 고락苦樂을 비교할 수 있겠는가?

이로써 크게 자애로운 가르침이 지극하고, 크게 어여삐 여기는 힘이 깊음을 알 수 있으니, 하물며 열 가지 명호를 갖춘 조어장부調御丈夫께서 나를 아들로 삼아 덮어 기르고, 팔부의 천룡이 나를 스승으로 삼아 받들어 모심에랴! 황제와 군왕이 비록 귀하나 (출가자를) 감히 신하의 예로써 기를 수 없으니 그 (출가자의) 존귀함을 알 수 있으며, 존귀하신 어버이가 비록 귀중하나 감히 자식의 도리로써 바라볼 수 없으니 그 존대함을 알 수 있다. 많고 많은(悠悠) 세속의 네 부류[13]와 끝도 없이(茫茫) 넓은 땅[14]과 같은 경우는 그 누구의 집이 나의 곳간(倉儲)이 아니며, 그 어떤 사람이 나의 자제子弟가 아니던가?

그러므로 발우를 들고 집으로 들어서면 깊이 간직했던 음식을 선뜻 열

---

8 재식齋食.
9 쌀이다.
10 돈이다.
11 수레 위에 덮개가 있는 것을 헌승이라 한다.
12 급급은 잠시도 쉬지 않는다는 뜻이다.
13 네 부류는 선비와 농부와 장인과 상인이다. 유유悠悠는 네 부류의 속인들이 많음을 말한다.
14 망망茫茫은 끝없이 넓은 모습이니, 구주九州의 넓음을 말한 것이다.

어서 주고,[15] 석장을 흔들며 거리에 오르면[16] 거만을 피우던 얼굴이 엄숙하고 예의 바르게 된다.[17]

옛사람들은 한 끼 음식의 은혜 때문에 오히려 절개를 바쳤고(効),[18·19] 한마디의 돌아봄에 오히려 몸을 잊기도 했으니,[20] 하물며 머리에서 발끝까지 모두 여래께서 길러 주시고, 태어나서 죽을 때까지 모두 여래의 음덕을 받음에 있어서랴!

만약 불법을 만나지 못하고 출가를 하지 못했더라면 바야흐로 아침저녁으로 서리와 이슬을 맞고, 밤낮으로 밭두둑과 논이랑에서 고생하며, 온갖 일로 뛰어다니고 온갖 계교에 핍박[21]당하며, 해진 적삼과 때 낀 솜옷으로[22] 혹은 몸뚱이를 가리기에 부족하고, 콩잎(藿)[23]과 채소(茹)[24]로 된 반찬

---

15 위의 '창저倉儲' 구절을 풀이한 것이다.
16 『根本雜事』에서는 다음과 같이 말하였다. "비구가 걸식하러 장자의 집에 들어갔다가 비난을 초래하자 비구가 부처님께 아뢰었다. 부처님이 '소리를 내어 경각심을 일으키면 될 것이다.'라고 하니, 이에 꾸짖듯이 큰소리를 지르다가 시끄럽다는 비난을 받았다. 부처님이 다시 제정하기를, 주먹으로 문을 두드리라 하였더니 집안사람들이 괴상히 여겨 물었다. '무슨 까닭으로 우리 집 문을 쳐부수는가?' 비구는 묵묵히 있을 뿐 대답하지 못했다. 부처님이 '석장을 만들어 그 머리에 둥근 고리를 장치하고 이를 흔들어 소리를 내어서 경각심을 불러일으킬 것이니, 두세 번 움직이고 묻는 이가 없을 때는 곧 가야 한다.'라고 하였다."
17 위의 '자제子弟' 구절을 풀이한 것이다.
18 (효効는) 보냄(致)이며 또는 바침(獻)이다.
19 뽕나무 숲 아래에서 굶주려 누워 있던 사람인 영철靈輒의 고사이다.
20 설산동자의 고사*이다.
   *설산동자의 고사 : 부처님이 예전에 설산의 동자로서 법을 구하며 다닐 때, 천제가 나찰로 변화하여 게송의 절반을 말하였는데 또 나머지 절반을 끝까지 듣고자 하여 몸을 잊고서 듣기를 구하였다는 내용이 『涅槃經』에 보인다. 앞의 「孤山圓法師示學徒」편 참조.
21 짐이 무거운데도 교체할 수 없는 것을 핍逼이라 하고, 강력한 힘에 부려지는 것을 박迫이라 한다.
22 옷의 앞부분이 해진 것을 첨襜이라 한다. 『說文解字』에서는 "서絮는 해진 솜이다."라고 하였다. 고치를 켜고 남은 것이 서絮이며, 고치를 켜지 않은 것이 면緜이다. 고치를 켠다는 것은 누에고치를 풀어내어 실을 만드는 것이다. 또는 솜의 다른 이름이니, 정밀한 것을 면綿이라 하고 거친 것을 서絮라 한다.
23 (곽藿은) 콩잎이다.

과 먹거리로 혹은 입을 채우기에 부족했을 것이니, 어느 겨를에 넓은 집에서 눈을 부릅뜨고 눈썹을 치켜올리며,[25] 한가한 정원에서 지팡이를 짚고 신발을 끌며 정담을 나누고, 옷깃을 헤치고 한가로이 농짓거리하며, 추위와 더위를 피하고, 달고 매운 것을 선택하며, 어린아이를 야단쳐 쫓아내고, 물을 길러 바치기를 요구하며, 제6식(意馬)이 뭇 (선업善業을) 해치는 대로 놓아두고, 제7말나식(情猿)이 (오욕락五欲樂의) 나무를 안고 희롱하는(矯樹) 것을 내버려두겠는가?[26]

다만 세 가지 장애[27]가 구름처럼 솟아오르고 열 가지 번뇌(纏)[28]가 얼기설기 얽혀 있으며 어리석음과 애욕이 마음을 어지럽혀 미친 마음과 어리석음이 머리를 근심하게 하니, 스스로 후회하고 책망하더라도 순식간에

---

24 (여茹는) 나물의 총괄적인 이름이다.
25 「左太沖賦」에서는 "눈을 부릅뜨고(盱) 눈썹을 치켜올리며(衡) 알리다(誥)."라고 하였는데, 주석에서는 "우盱는 눈을 크게 뜨는 것이고, 눈썹을 치켜올리는 것을 형衡이라 한다."라고 하였으니, 눈썹을 치켜올리고 눈을 크게 뜨는 것을 말한다. 고誥는 알리는 것이다.
26 『呂氏春秋』에서는 "초나라 왕에게 신비한 흰 원숭이가 있었는데, 왕이 직접 그 원숭이를 활로 쏘았더니 나무 사이를 뛰어다니며 희롱하였다. 신하들에게 각자 활을 쏘게 하였으나 아무도 그 원숭이를 맞히지 못하였다. 다시 양유기養由基에게 그 원숭이를 쏘게 하였더니 비로소 활을 조절하고 화살을 들어올렸다. 원숭이가 나무를 끌어안고 통곡하였는데 양유기가 화살을 쏘아 제대로 적중시켰다."라고 하였다. 교矯는 속이는 것이니, 교수矯樹는 나무를 감싸 안고 희롱하는 것이다. 박搏은 감싸 안음이다.
27 혹장惑障·업장業障·보장報障*
　*혹장惑障·업장業障·보장報障: 혹장은 중생이 탐욕치 등의 혹惑으로 말미암아 심성心性을 더럽히고 바른 도를 방해하는 장애이다. 업장은 언어와 동작 또는 마음으로 악업을 지어 정도正道를 방해하는 장애이다. 보장은 지옥과 아귀 및 축생 등의 과보를 받아 불법佛法을 들을 수 없는 장애이다.
28 전纏에는 오전五纏과 팔전八纏과 십전十纏*이 있으니, 모두가 자주자주 더해지고 번성해져서 관법 수행하는 모든 자들의 마음을 얽어맨다. 또 몸과 마음을 얽어 묶는 까닭에 (전纏이라) 이름한 것이다.
　*오전五纏과 팔전八纏과 십전十纏: 오전은 탐욕貪欲·진에瞋恚·수면睡眠·도회掉悔·의疑이다. 팔전은 무참無慙·무괴無愧·질새嫉·간간慳·회悔·수면睡眠·도거掉擧·혼침昏沈이다. 십전은 팔전에 분忿·복부覆를 더한 것이다.

이미 옮겨가고, 슬퍼하고 한탄하더라도 열흘이나 한 달만 지나면 갑자기 변한다. 혹은 다시 법당에 올라 예경함에 존엄한 성상께 부끄러워 비 오듯 눈물 흘리며, 경상經床을 마주하고 경문을 펴 봄에 성스러운 가르침에 부끄러워 눈물을 떨군다.

혹은 해진 옷[29]과 거친 밥(犬食)[30]으로 곤욕을 당하여도 이를 다스리며, 재물을 덜고 벗을 떠나와서 외롭고(孤) 곤궁하여도(窮) 이를 애써 감내하지만[31] 결국에는 교만의 산을 굴복시키지 못하고, 욕망의 불길을 식히지 못하며, 거칠고 피폐한 소리와 색을 버리지 못하고, 가마솥에 삶기는 극심한 벌을 면하지 못할 것이니, 어찌 고통스럽지 않겠는가? 어찌 고통스럽지 않겠는가? 그러므로 상참常慘보살과 상제常啼보살[32]이 갖은 수고를 다하여도 (고통받는 중생들을) 건져 내지 못하고, 공장空藏보살과 지장地藏보살이 그들을 구제하려고 해도 방도가 없다.

내가 또 반복하여 스스로에게 구하고 이리저리 스스로 어루만져 보니, 몸뚱이나 용모, 귀와 눈이 보통의 무리보다 모자라지 않지만 의식을 깨닫고 정신을 맑히는 일은 이름난 무리들과 어긋난다. 그런데 무슨 복으로 중국에 태어나고 무슨 선행으로 출가에 참여했으며, 무슨 죄업으로 계율로 검속(檢)[33]한 것을 그리 많이 어겼으며, 무슨 허물로 강경하여 교화하기 어렵게 되었는가? 그러므로 해가 기울도록 얽히고 얽혀서 한밤중까지 우두커니 한탄하지만 구제할 방법을 알지 못하고 바꾸는 방도를 밝히지

---

29 자하子夏는 집이 가난하여 의복이 마치 메추라기를 달아 놓은 듯하였다.
30 (견식犬食은) 거친 음식이다.
31 벗이 없는 것을 고孤라 하니 의지할 바가 없는 것이고, 재물이 없는 것을 궁窮이라 하니 밑천 삼을 것이 없는 것이다.
32 상참常慘은 원어를 알 수 없다. 살타파륜薩陀波崙은 한역하면 '항상 울다(常啼)'인데, 불법佛法을 구하고자 근심하여 7일 밤낮 동안 울었으니 이러한 인연으로 상제常啼라 부른다. 자세한 것은 『大般若經』에 실려 있다.*
  *자세한~있다 : 『大般若波羅蜜多經』 권398(T6, 1060b2~11).
33 검檢은 묶는 것인데, 계율로 몸과 마음을 묶는 까닭에 계검戒檢이라 한다.

못하였다.

그러나 어려서부터 가정교육(庭訓)[34]을 받고 일찍이 석가의 가르침에 젖어 선배들의 유훈을 자주 들었고, 유명한 스님들의 고론高論에 여러 차례 참여하였으니, 세 번 생각하는 선비라도[35] 가죽과 활시위를 빌려 이로써 의지하는 바를 삼았으며,[36] 구절판九折坂의 빈객이라도 잠箴·명銘을 기다려서 훈계를 삼았다.[37]

그러므로 이에 여러 세대로부터 상세히 구하고 여러 서적들을 자세히 살펴보았으며, 같은 병을 지닌 하근기들에게서 채집하고 길을 헤매는(迷津)[i] 길손들을 탐방하였으니, 혹 성인의 말씀을 능멸하고 업의 과보를 가

---

34 공자가 일찍이 혼자 앉아 있었는데, 공리孔鯉가 종종걸음으로 뜰을 지나갔다. 공자가 "시詩를 배웠느냐?"라고 하니 공리가 "시를 배우지 못했습니다."라고 하였다. 공자가 "시를 배우지 않으면 말할 수 없다."라고 하니 공리가 물러나서 시를 배웠다. 다른 날에 공리가 또 종종걸음으로 뜰을 지나갔다. 공자가 "예禮를 배웠느냐?"라고 하니 공리가 "예를 배우지 못했습니다."라고 하였다. 공자가 "예를 배우지 않으면 설 수 없다."라고 하니 공리가 물러나서 예를 배웠다. (이상의 내용은)「雜記」에 나온다. 후세 사람들이 그 어버이에게 배우는 것을 일컬어 '정훈庭訓'이라 하였다.
35 계문자季文子는 모든 일을 세 번 생각한 후에 행하였다.
36 『韓非子』에서는 "서문표西門豹는 성격이 급하였기 때문에 부드러운 가죽을 차고 다녔고, 동안우董安于는 성격이 느슨하기 때문에 활시위를 차고 다녔다."라고 하였다. 주석에는 "위韋는 가죽으로 된 노끈인데 느슨함을 비유하며, 현弦은 활시위인데 성급함을 비유한다."라고 하였다. 유이劉廙가 "가죽이나 활시위는 말을 할 줄 아는 물건이 아니지만 옛사람들이 그것을 인용하여 스스로 (잘못을) 바로잡았으니, 신은 원컨대 가죽과 활시위에 비견되고자 합니다."라고 하였다.
37 왕양王陽이 익주益州의 자사刺史가 되어서 구절판에 이르러 탄식하기를, "이 몸의 터럭과 살갗은 부모로부터 받았으니 감히 훼손할 수 없다."라고 하고는 이에 나아가지 않았으니, 이것은 효자의 입장으로서 훈계를 지은 것이다. 후에 왕준王遵이 익주 자사가 되어 여기에 이르러 말 모는 시종을 타일러 채찍질하며 나아가 말하기를, "이것이 어찌 내가 두려워하던 바이겠는가. 지사志士는 그 머리를 잃음을 잊지 않으며, 용사勇士는 도랑의 웅덩이에 버려짐을 잊지 않는다."*라고 하였다. 이것은 충신의 입장으로서 훈계를 지은 것이다.
   *지사志士는~않느냐 : 『孟子』「滕文公下」에서는 "지사는 자신의 시신이 노랑에 버려질 것을 잊지 않고, 용사는 자신의 머리를 잃을 것을 잊지 않는다.(志士不忘在溝壑, 勇士不忘喪其元.)"라고 하였다.

벼이 여기며, 수치심도 없이 멋대로 안일하고 완고하고 성글어도 단속하지 않는 등 징계하여 권면할 만한 것은 모두 모아 기록하였다. 이에 열 과목으로 간략히 하고 세 권으로 나누었으니, 아침저녁으로 이를 살펴보아 만의 하나라도 보탬이 되기를 바란다.

만약 문득(坐)[38] 용의 과보를 받거나 바로(立)[39] 뱀의 몸을 받거나[40] 소가 되어 눈물을 흘리며 비탈을 오르거나 낙타가 되어 울며 절을 빙빙 돌거나 혹은 곤장(杖)과 회초리(楚)[41]가 번갈아 이르러 온몸이 불길로 타오르거나 혹은 곧은 창과 굽은 창이 오고감에 그때마다 피를 흘리거나 혹은 혀가 녹아 없어지고 눈썹이 떨어지거나 혹은 실성하여 발광하거나 혹은 한 줌의 나물을 가져갔다가 노비가 되거나[42] 혹은 한 다발의 땔나무를 도둑질하였다가 발을 태우거나[43] 식신識神을 정원의 나무에 의탁하여 살을 베어 시주

---

38 (좌坐는) '문득'이다.
39 (입立은) '바로'이다.
40 문득 용의 과보를 받은 이야기는 다음과 같다. "양 무제梁武帝의 극황후郗皇后는 질투와 시기가 심했다. 무제가 처음 즉위하여 미처 책봉의 명령을 내리지 못했는데, 그로 인해 분노하여 갑자기 전각 앞에 있던 우물로 뛰어들었다. 대중들이 달려가 구하려 하였으나 이미 독을 품은 용으로 변하였기에 감히 접근하지 못하였다." 바로 뱀의 몸을 받은 이야기는 『自鏡錄』에 있다. "고려의 대흥륜사大興輪寺에 한 비구가 있었는데, 그의 이름은 도안道安이었다. 그는 강설을 잘하였는데, 항상 이 절에 기거하면서 승려들을 평가하였으며 어린아이들을 꾸짖어 쫓아내며 크게 화를 내었다. 후에 이로 인하여 풍병을 앓아 산 채로 뱀의 몸으로 변해 숲과 들녘을 지나다녔는데, 그 길이가 10여 길(丈) 남짓이나 되었다."*
 *고려의~되었다 : 『釋門自鏡錄』 권상(懷信述, T51, 809a22~29).
41 큰 것을 장杖이라 하고, 작은 것을 초楚라 한다.
42 『自鏡錄』에서는 또 "예전에 어떤 사람이 봄날의 달 밝은 밤에 흥에 겨워 친구의 집에서 노닐다가 몰래 나물 한 움큼을 가져갔는데 죽어서 그 집의 노비가 되었다."*라고 하였다.
 *예전에~되었다 : 『釋門自鏡錄』 권하(T51, 819b9~22).
43 (『自鏡錄』에서는) 또 "예전에 낭주朗州에 금일金鎰이란 자가 있었는데, 처음에는 부귀하였다가 나중에는 빈곤해져 결국에는 권속도 없게 되었다. 그러다가 어느 때에 폭설을 만나 극심한 추위를 견디지 못하게 되자 이웃집에서 한 묶음의 장작을 훔쳤는데 죽은 뒤에 발이 타는 환난을 만나게 되었다."*라고 하였다.

의 은혜를 갚거나⁴⁴ 자취를 지옥에 의탁하여 남을 비방한 죄를 뼈가 변하도록 받게 되면,⁴⁵ 예전에는 보지 못한 것을 지금에야 보게 되고, 앞서 알지 못한 것을 처음 알게 되어서는 하늘을 우러러 통곡하고 땅을 치더라도 아무 소용없으며, 쓸개를 부수고 간을 도려내도 미칠 수가 없다.

이때가 되어서는 부모가 백 개의 몸을 지녔다 해도 죄를 대신할 수 없고, 친지나 빈객들이 사방에서 달려와도 구제할 수 없으며, 재화와 뇌물이 쌓여 있어도⁴⁶ 헛되이 진열한 것이며, 좌우에서 가슴을 어루만져 준들 무슨 도움이 되겠는가? 예전의 환락과 즐거움이 어디에 있으며, 예전의 벗들과 권속 중에 누구를 믿겠는가?

오호라! 아침에는 성대한 덕을 지닌 이가 되어 기다란 행랑에서 노래하고 쉬다가 저녁에는 상처받은 자식이 되어 어두운 방에서 슬피 통곡한다. 이 사람에게만 (이러한 과보가) 있는 것이 아니라 나의 몸도 혹시 해당될까 염려되니, 혹시라도 일생에 한 번 만난다면 부끄러워하고 후회한들 어찌 미칠(昳)⁴⁷ 수 있겠는가? 어찌 슬프지 않으며 두렵지 않겠는가? 그러므로 그 처음과 끝을 엮어 좌우에 갖추어 두었다가 띠에 적어 둔 가르침에 더욱 힘쓰게 하며⁴⁸ 장차 전승의 공로를 기대하는 것이다.⁴⁹

---

* 예전에~되었다 :『釋門自鏡錄』권하(T51, 819b29~c23).
44 정원의 버섯은 앞쪽에 보인다.*
* 정원의 버섯 이야기는「廬山東林混融禪師示衆」편에 나온다.
45 무릇 감옥의 법제는 북두칠성을 본뜬 것이니, 담장을 환장圜墻이라 하고 문짝을 환비圜扉라 하는데, 모두 총괄하여 환토圜土라 한다. 지금 환비라 한 것은 지하의 감옥을 말한 것이다.
46 금과 옥을 재화(貨)라 하고 뇌賂는 보내온 선물이다. 위㞴는 음이 외畏이며 적積은 음이 자恣이니, 모두 축적하는 것이다. 작(게 쌓)은 것을 외㞴라 하고 많(이 쌓)은 것을 자積라 하니, 무릇 모아 둔 물건을 지적하여 말할 때는 음이 '외자'이며, 물건을 거두어 쌓는다 할 때는 글자의 본래 음('위적')이다.
47 (앙昳은) 미치는 것이다.
48『論語』에서는 "자장子張이 한마디 말을 듣기를 원하여 (그가 들은 말을) 띠(紳)에 기록하였다."라고 하였으니, 신紳은 큰 허리띠이다.
49『韓非子』에서는 다음과 같이 말하였다. "자하가 처음에는 야위었다가 뒤에 살이 쪘는

그 밖에 이름난 현인들의 바른 가르침(雅誥)⁵⁰과 지혜가 밝은 이의 뛰어난 자취와 불도의 교화가 쇠퇴하고(洿)⁵¹ 융성한 것과 당시의 일 중에서 선한 것(臧)⁵²과 선하지 않은 것(否)⁵³을 또한 첨부하여 기록해서 박식한 이에게 붙이노라. 옛사람이 "백 년의 그림자는 갔으나 천 년의 마음은 남아 있다."라고 하였으니, 천 년 후에 나의 마음 둔 곳을 알아주기를 진실로 바라노라.

藍谷信法師自鏡錄序

余九歲出家, 于今過六十矣. 至於逍遙廣廈, 顧步芳除【除, 階砌也.】, 體安輕軟, 身居開¹⁾逸. 星光未旦, 十利之精饌已陳;【『四分』云: "明相出時, 食粥. 或出已久後, 或未出時, 即是非時." 『僧祇』云: "佛因難陀母施衆僧粥, 說偈云: '持戒淸淨人所奉, 恭敬隨時以粥施, 十利饒益於行者, 是名良藥佛所說.'" 十利者: 資色·增力·益壽·安樂·辯說·風除·消宿食·詞淸·消飢·消渴. 詞淸, 謂訓釋言辭; 辯說, 謂言出無礙.】日彩方中,【『毘羅三昧經』云: "佛告法惠菩薩, 食有四種: 早起, 諸天食; 日中, 諸佛食; 日西, 畜生食; 日暮, 鬼神食." 佛制, 斷六道因, 同三世佛, 故令中食.】三德【淸淨, 如法, 柔軟.】之珍羞總萃, 不知耕穫【春耕秋穫.】之頓獘, 不識鼎飪【熟食.】之劬勞, 長六尺之躯,²⁾ 全百年之命者, 是誰所致乎? 即我本師之願力也. 余且約計五十之年, 朝【粥】中【齋食】飲食, 盖費三百餘碩矣.【米也.】寒暑衣藥, 盖費二十餘萬矣.【錢也.】爾其高門邃宇, 碧砌丹楹, 軒乘【車上有

데 어떤 이가 그 이유를 물으니, '제가 싸움에서 이겼습니다.'라고 하였다. '어찌하여 싸움에서 이겼다 하는가?'라고 하니, '제가 들어가서는 공자님의 의義를 보고 영광된 것으로 여겼으며, 나와서는 부귀를 보고서도 영광된 것으로 여겼으니, 이 두 가지가 마음속에서 싸웠기 때문에 야위었다가 지금은 공자님의 의義가 승리했기 때문에 살이 쪘습니다.'라고 하였다."

50 아雅는 바르다는 것이며, 고誥는 윗사람이 아랫사람을 경계시키는 말이다.
51 (오洿는) 음이 와哇이니, 더럽고도 낮은 땅이며 혼탁한 물이 고여서 흐르지 않는 곳이다.
52 (장臧은) 선함이다.
53 (부否는) 선하지 않음이다.

盖曰軒乘.}僕豎之流, 机案牀褥之類, 所費又無涯矣. 或復無明暗起, 邪見 橫生, 非法妄用, 非時飮噉, 所費又難量矣. 此皆出自他力, 資成我用, 與夫 汲汲之位{汲汲, 不暫休息之意.}, 豈得同年而較其苦樂哉? 是知大慈之敎至 矣, 大悲之力深矣, 況十號調御, 以我爲子而覆之; 八部天龍, 以我爲師而 奉之! 皇王雖貴, 不敢以臣禮畜之, 則其貴可知也; 尊親雖重, 不敢以子義 瞻之, 則其尊可知也. 若乃悠悠四俗,{四俗, 士農工商; 悠悠, 言四俗之多.} 茫 茫九土{茫茫, 曠蕩皃, 言九州之廣也.}, 誰家非我之倉儲? 何人非我[3)]之子弟? 所以提盂入室, 緘封之膳遽開;{釋上倉儲句.} 振錫登衢,{『根本雜事』云: "比丘 乞食, 入長者房, 遂招譏謗, 比丘白佛, 佛言: '可作聲警覺.' 即訶呵作聲, 喧鬧招毀. 佛復制以拳打門, 家人恠問: '何故打破我門?' 默爾無對. 佛言: '應作錫杖, 令杖頭 安環子, 搖振作聲而爲警覺, 動可二三, 無人問時, 即須行也."} 施慢之容肅敬.{釋 上子弟句.} 古人以一湌之惠, 猶能効{致也, 又獻也.}節,{翳桑餓人靈輒事.} 一 言之顧, 尙或亡軀,{雪山童子事.} 況從頂至踵, 皆如來之養乎; 從生至死, 皆 如來之蔭乎! 向使不遇佛法, 不遇出家, 方將曉夕犯霜露, 晨昏勤隴畝, 馳 驟萬端, 逼迫{任重無替曰逼, 强力所使曰迫.}千計, 獘襦塵絮{衣之獘前者曰襤. 『說文』: "絮, 獘綿也." 繰餘爲絮, 不繰爲綿. 繰, 繹璽爲絲也. 又纊之別名, 精曰綿, 麁曰絮.} 或不足以盖形; 藿{豆葉.}茹{菜之總名.}饘[4)]食, 或不能以充口, 何暇 盱衡{『左太沖賦』"盱衡而誥." 註: "盱, 張目也, 眉上曰衡." 謂擧眉揚目也. 誥, 告 也.}廣宇, 策杖閑庭, 曳履淸談, 披襟閑謔, 避寒暑·擇甘辛, 呵斥童稚, 懲[5)] 求捧汲, 縱意馬之害群, 任情猿之矯樹也?{『呂氏春秋』云: "楚王有神白猿, 王 自射之, 則搏樹而嬉. 使群臣各射而未能中之. 又使養由基射之, 始調弓擧矢. 猿擁 樹而號, 由基發箭能中之." 矯, 詐也; 矯樹, 如搏樹而嬉也. 搏, 抱也.} 但三障{惑 障·業障·報障}雲聳, 十纏{纏有五纏·八纏·十纏, 皆數數增盛, 纏繞一切觀行者之 心. 又纏縛身心故也.}縈結, 癡愛淸心, 狂愚患惱, 自悔自責, 經瞬息而已遷; 悲之恨之, 歷旬朔而俄變. 或復升堂致禮, 恥尊儀而雨泣; 對格披文, 慙聖 敎而垂淚. 或鶉衣{子夏家貧, 衣若懸鶉.}犬食{麁食也.}, 困辱而[6)]治之; 捐[7)]

財去友, 孤窮而苦之,【無友曰孤, 無所依也; 無財曰窮, 無所資也.】竟不能屈慢山, 淸欲火, 捨麁[8)]槩之聲色, 免[9)]鑊湯之深誅, 豈不痛哉? 豈不痛哉? 所以常慘·常啼,【常慘, 未詳. 薩陀波崙, 此云常啼, 求佛法故, 憂愁啼哭, 七日夜, 因是號常啼, 具如『大般若經』.】酸辛而不拯, 空藏·地藏, 救接而無方. 余又反覆求己, 周旋自撫, 形容耳目, 不減[10)]於常流, 識悟神淸, 叅差於名輩, 何福而生中國? 何善而預出家? 何罪而戒檢多違?【檢, 束也, 以戒律檢束身心, 故曰戒檢.】何釁而剛強難化? 所以縈紆[11)]日昃, 佇歎中宵, 莫識救之之方, 未辨革之之術. 然幼蒙庭訓,【夫子甞獨坐, 鯉趍而過庭. 子曰: "學詩乎?" 曰: "不學詩." 子曰: "不學詩, 無以言." 鯉退而學詩. 他日, 鯉又趍而過庭. 子曰: "學禮乎?" 曰: "不學禮." 子曰: "不學禮, 無以立." 鯉退而學禮, 出『雜記』. 後人學於其親者, 謂之庭訓.】早霑釋敎, 頗聞長者之遺言, 屢謁名僧之高論, 三思之士,【季文子, 每事三思而後行.】假韋絃以是資;【韓非子曰: "西門豹, 性急故佩韋; 董安于, 性緩故佩弦." 註: "韋, 皮繩喩緩; 弦, 弓弦也, 喩急." 劉廣曰: "韋弦, 非能言之物, 而古人引而自匡, 臣願比於弦韋."】九折之賓, 待箴銘而作訓.【王陽爲益州刺史, 至九折坂, 歎曰: "身體髮膚, 受之父母, 無敢毀傷." 仍以不赴, 此以孝子作箴也. 後, 王遵爲益州至此, 戒徒馭策進曰: "此豈王陽所畏乎? 志士不忘喪其元, 勇士不忘棄溝壑." 此以忠臣作訓也.】故乃詳求列代, 披閱群編,[12)] 採同病之下流, 訪迷津之野客, 其有蔑聖言, 輕業果, 縱逸無恥, 頑踈不撿,[13)] 可爲懲勸者, 並集而錄之, 仍簡十科, 分爲三軸. 朝夕觀覽, 庶裨萬一. 若乃坐【忽也.】成龍報, 立【卽也.】驗蛇[14)]身,【坐成龍報: 言梁武帝郄皇后性妬忌. 帝初立, 未及册命, 因憤怒, 忽投殿前井中. 衆趍救之, 已化爲毒龍, 莫敢近之. 立驗蛇身: 『自鏡錄』云: "高麗有大興輪寺, 有一比丘, 厥名道安, 善講說, 恒居此寺, 評量衆僧, 呵斥童兒, 大行嗔恚. 後因抱疾, 生變蛇身, 徑出林野, 長十丈餘."】牛泣登坡, 駞鳴遶寺, 或杖楚【大曰杖, 小曰楚.】交至, 遍體火燃,[15)] 或戈戟去來, 應時流血, 或舌銷眉落, 或失性發狂, 或取把菜而作奴,【『錄』又云: "昔有一人, 春月夜, 乘輿遊友人之家, 隱取一把之菜, 死作厥家之奴."】或侵束柴而燃[*]足,【又云: "昔, 朗州有金鎰者, 先富後貧, 終無眷屬. 時値雪不勝寒苦, 於隣家窃一束之柴, 死後遭然足之患."} 寄神園木, 割肉酬施主之恩,【園菌見上.】 托跡[16]圜扉, 變骨受謗人之罰,【凡獄之制, 以象斗星, 墻曰圜墻, 扉曰圜扉, 總以名之曰圜土. 此言圜扉, 謂地下之獄.】 昔不見而今見, 先不知而始知, 號天叩[17]地莫以追, 破膽摧肝非所及. 當此時也, 父母百身而無贖, 親賓四馳而不救, 貨賂委積【金玉曰貨. 賂, 遺贈也. 委, 音畏; 積, 音恣, 皆蓄積也. 小曰委, 多曰積, 凡指所聚之物而言之, 則音畏恣, 聚物而積累之, 則如字也.】而空陳, 左右撫膺而奚補? 向之歡娛美樂爲何在乎? 向之朋流眷屬爲何恃乎? 烏呼![18] 朝爲盛德, 唱息於長廟[19]; 夕爲傷子, 哀慟於幽房. 匪斯人之獨有, 念余身分或當, 儻百年而一遇, 將恥悔兮何央【及也.】? 可不愴乎? 可不懼乎? 故編其終始, 備之左右, 佇勗書紳之誡,【『論語』: "子張願聞一言, 書諸紳." 紳, 大帶也.】將期戰勝之功,【『韓非子』云: "子夏始癯而後肥, 有問之者, 曰: '吾戰勝.' 問: '何爲戰勝?' 曰: '吾入見夫子之義而榮之, 出見富貴又榮之. 二者戰於胸中, 故癯; 今見夫子之義勝, 故肥.'"】其有名賢雅誥【雅, 正也. 誥, 上之警下之言也.】, 哲人殊迹, 道化之洿【音哇, 汚下之地, 濁水不流處也.】隆, 時事之藏【善也.】否【不善也.】, 亦附而錄之, 以寄通識. 古人云: "百年影徂, 千載心在." 實望千載之後知余心之所在焉.

---

1) ㉠ '開'은 '閑'으로 되어 있는 곳도 있다. 2) ㉠ '舡'는 '軀'로 되어 있는 곳도 있다. 3) ㉠ '我'는 '余'로 되어 있는 곳도 있다. 4) ㉠ '饌'은 '飡'으로 되어 있는 곳도 있다. 5) ㉠ '懲'은 '徵'으로 되어 있는 곳도 있다. 6) ㉠ '而'는 '以'로 되어 있는 곳도 있다. 7) ㉠ '捐'은 '損'으로 되어 있는 곳도 있다. 8) ㉠ '篚'로 되어 있는 곳도 있다. 9) ㉠ '免'은 '色'으로 되어 있는 곳도 있다. 10) ㉠ '減'은 '咸'으로 되어 있는 곳도 있다. 11) ㉠ '紆'는 '紆'로 되어 있는 곳도 있다. 12) ㉠ '編'은 '篇'으로 되어 있는 곳도 있다. 13) ㉠ '撿'은 '檢'으로 되어 있는 곳도 있다. ㉡ '撿'은 '檢'과 통용된다. 14) ㉠ '蛇'는 '虵'로 되어 있는 곳도 있다. 15) ㉠ '燃'은 '然'으로 되어 있는 곳도 있다. 아래에도 같다. 16) ㉠ '跡'은 '迹'으로 되어 있는 곳도 있다. 17) ㉠ '叩'는 '扣'로 되어 있는 곳도 있다. 18) ㉠ '烏呼'는 '嗚呼'나 '嗚乎'로 되어 있는 곳도 있다. 19) ㉠ '廟'은 '廊'으로 되어 있는 곳도 있다.

■ 주

i 길을 헤매는(迷津) : 미진迷津은 나루를 찾지 못하고 헤맨다는 말이다. 장저長沮와 걸닉桀溺이 밭을 갈고 있을 때, 공자가 지나가다가 제자 자로子路를 시켜 나루를 물은 일이 있다.『論語』「微子」.

승려 되기가 어렵다는 글

희안希顔 수좌首座는 자가 성도聖徒이고, 성품이 강직하고 과감하며[1] 내·외전의 학문[2]을 통달하여 풍모와 절개를 스스로 지녔다. 제방을 유력하고는 돌아와 옛 오두막에 은거하며 자취를 세속에 들이지 않고 항상 문을 닫고 참선 수행하였으며, 행실과 의리(誼)[3]가 고결한 자가 아니면 함께 벗하지 않았다. 공경대부와 귀인들이 누차 여러 사찰에서[4] 그를 불러도 확고하여 응답하지 않았다.

이때 이름이 참기參己라는 행자가 있어 스님이 되고자 하여 가까이에서 스님을 시봉하였는데, 희안이 그가 법기法器가 아님을 알고는 「석난문釋難文」을 지어 그를 물리쳤으니, 내용은 다음과 같다.[5]

아들을 아는 자로는 아비만 한 이가 없고, 아비를 아는 자로는 아들만 한 이가 없는 법인데, 우리 참기의 경우는 승려가 될 그릇이 아니다. 대저 출가하여 승려가 되는 일이 어찌 작은 일이겠는가? 이는 안락하고 편안함을 구하는 것도 아니고, 따뜻하고 배부름을 구하는 것도 아니며, 달팽이

---

1 강직하고 굳세며 과감하게 결단함이다.
2 불가에서는 불경과 선어록을 내전內典으로 삼고 유교와 도교 등 제자백가를 외전外典으로 삼는다.
3 (의誼)는 의義와 같다.
4 『垂裕記』에서는 "대개 장엄의 차별을 취하였으므로 이를 찰刹이라 하였다."*라고 하였으니, 이는 나라 안의 명찰名刹을 통틀어 지적한 것이다. 또 가람을 범찰梵刹이라 불렀으니, 『止觀輔行』에서는 "서역에서는 나무로 사찰을 표시하여 거처하는 곳임을 보였다."**라고 하였으며, 『阿含經』에서는 "만약 사문이 불법에 대하여 부지런히 고행하여 한 법을 얻게 될 경우에는 응당 번찰幡刹을 세워서 사방 먼 곳까지 알려야 한다."***라고 하였다.
  *대개~하였다 : 『維摩經略疏垂裕記』 권1(釋智圓述, T38, 717b22).
  **서역에서는~보였다 : 『止觀輔行傳弘決』 권3(湛然述, T46, 186c2~3).
  ***만약~한다 : 『佛說長阿含經』 권12(T1, 79a11~13).
5 이상은 편집자가 서술한 것이다.

뿔의 이익이나 명예를 구하는 것도 아니다.[6] 생사生死를 (해결하기) 위함이고 중생을 (구제하기) 위함이며, 번뇌를 끊고 삼계의 바다를 벗어나 부처님의 혜명慧命을 잇고자 함이다. 성인이 계셨던 때와는 아득히 멀어지고 불법이 크게 무너졌는데, 네가 감히 망령되게도 스님이 되기를 바라는가?

『보량경寶梁經』에서는 "비구가 비구의 법을 닦지 않으면 대천세계에 침 뱉을 곳도 없다."[7]라고 하였고, 『통혜록通慧錄』에서는 "승려가 되어 10과科에 참여하지 못하면 부처님을 섬기더라도 한갓 평생을 쓸데없이 수고로울 뿐이니, 승려가 됨이 어렵지 않겠는가?"[8]라고 하였다.

이로써 보건대 나도 외람되이 승려의 무리에 끼어 부처님을 기만함이 있는데, 하물며 네가 승려가 되겠는가? 그러나 출가하여 승려가 되고서도 진실로 삼승 십이분교와 주공·공자의 도를 모르고 인과에 밝지 못하며, 자기의 성품을 통달하지 못하고 농사일의 어려움을 알지 못하며,[9] 신도들의 시줏물을 녹이기 어렵다는 것을 생각하지 못하고서 다만 술 마시고 고기 먹으며 재법齋法과 계율을 어기고, 나다니며 장사하고(行商) 들어앉아 물건을 팔며(坐賈)[10] 도둑질과 간음에 장기 두고(博) 바둑 두면서

---

6 만만蠻과 촉촉觸 두 나라는 달팽이의 두 뿔 위에 있는데,* 날마다 전쟁하여 주검이 도랑에 가득 찼으니 명예와 이익이 실답지 못함을 말한 것이다.
  *만만과~있는데 : 『莊子』「則陽」편에 나오는 우화이다. 달팽이의 오른쪽 뿔에 있는 만씨蠻氏와 왼쪽 뿔에 있는 촉씨觸氏의 다툼이라는 뜻으로, 사소한 일로 서로 싸우는 일을 이르는 말이다.
7 비구가 만약 계행이 없으면 5백 명의 큰 귀신들이 그 뒤를 쫓으며 그의 자취를 쓸어버릴 것이니, 그렇다면 발을 디딜 땅이 없게 된다. 침 뱉을 곳이 없다는 것은 이를 말한 것이다.
8 승록僧錄 찬녕贊寧은 자가 통원通遠이고 전당錢塘 고씨高氏의 자손이다. 태종太宗이 '통혜대사通慧大師'라는 호를 하사하였다. 일찍이 『大宋高僧傳』을 편찬하였는데, 그 후서後序에서는 "승려가 되어 10과에 참여하지 못하면……"라고 하였다.
9 『書經』에서는 "농사의 어려움을 알고서 이에 열심히 노력하니(逸) 소시민이 의지하는 바를 알 수 있다."라고 하였고, 주석에서는 "열심히 노력함(勤)을 일逸의 뜻으로 삼았다."라고 하였다. (또 『書經』에서는) "농사의 어려움을 알지 못하고 이에 편안히 노닌다(逸)."라고 하였고, 주석에서는 "편안히 노닒을 일逸의 뜻으로 삼았다."라고 하였다.
10 다니며 파는 것을 상商이라 하고, 앉아서 파는 것을 고賈라 한다.

(奕)¹¹ 요행히(覬)¹² 사찰에 들어와서(覦)¹² 화려한 수레로 출입하면서 자기 한 몸만을 봉양할 뿐이니, 슬프도다!

6척의 몸은 있되 지혜가 없으니 부처님께서 이를 어리석은 중(痴僧)이라 하였으며, 세 치 되는 혀는 있되 불법을 말하지 못하니 부처님께서 이를 벙어리 염소 같은 중(啞羊僧)¹³이라 하였으며, 승려 같으나 승려가 아니고 속인 같으나 속인도 아니니 부처님께서 이를 일러 박쥐 같은 중(鳥鼠僧)¹⁴이라 하였고 또는 대머리 거사(禿居士)¹⁵라 하였다.

『능엄경』에서는 "어찌하여 도적이 나의 옷을 빌려 입고 여래를 팔아(裨販) 갖가지 업을 짓는가?"¹⁶·ⁱ라고 하였다. 세상 사람들을 건네주는 배가 아니라 지옥 종자일 따름이니, 설령 미륵불이 이 세상에 내려온들 벗어날 수 있겠는가? 몸은 이미 철위산에 빠졌으니 온갖 형벌의 고통이 하루아침이나 하루저녁뿐만이 아니다.

---

11 박博은 육박六博이니, 쌍육雙六이다. 또 주사위 놀음(投瓊)을 박博이라 하는데, 경瓊은 지금의 주사위(骰子)이다. 혁奕은 바둑이다. 박博과 혁奕은 모두 간교한 일이다. 투骰는 음이 투(投)이다.
12 『漢書』의 주석에서는 "기覬는 음이 기冀이니, 바라는 것이다. 유覦는 하고자 함이니 (기유覬覦는) 요행히 하고자 하는 바를 얻는 것이다."라고 하였다. 성대한 사찰을 얻어서 몸을 영예롭게 하고 뜻을 안일하게 하고자 함을 말한다.
13 비록 재법齋法과 계율을 깨뜨리지는 않았으나 근기가 아둔하고 지혜가 없어 좋고 나쁨과 가볍고 무거움을 구분하지 못하고 죄가 있는지 여부를 알지 못한다. 만약 승가에 일이 있어 두 사람이 다투더라도 제대로 결단을 내리지 못하고 묵묵히 말이 없으니, 마치 벙어리 양을 사람이 죽이더라도 양이 소리를 지르지 못하는 것과 같다. 또는 두 가지 뜻을 각기 비유하였으니, 아啞는 설법할 능력이 없는 것이고 양羊은 법을 듣는 작용이 없는 것이다.
14 『正法念處經』에서는 "박쥐는 사람들이 새를 잡을 때는 구멍으로 들어가 쥐가 되고, 사람들이 쥐를 잡을 때는 구멍에서 나와서 새가 된다."*라고 하였는데, 승가를 회피하고 세속도 회피하는 것을 조서鳥鼠라 하니, 부처님이 이를 취하여 비유로 삼았다.
  *박쥐는~된다 : 『正法念處經』에 보이지 않고 『佛藏經』 권상(T15, 788c14~15)에 보인다.
15 승려의 모습으로 속인의 행위를 하는 자를 독거사라 한다.
16 비裨는 빌붙음이니, 부처님의 가르침에 빌붙어 부처님을 이용하여 이양을 탐내고 파는 것이다.

지금 승려 된 자가 혹 백 명, 혹 천 명, 심지어 천만 명을 헤아리더라도 겉으로 옷만 입었을 뿐, 그 내심을 확실히 따져 본다면 어찌 있겠는가? 말하자면 맹금猛禽의 깃털을 하고 봉황새의 울음을 우는 격이니,[17] 자질구레한 돌멩이는 옥석이 아니고, 흩어져 있는 소蕭와 무성한 애艾[18]는 설산의 인내초[19]가 아니다.

나라에서 승려를 득도시키는 것은 본래 복을 빌기 위한 것인데, 지금은 도리어 정전丁錢을 징수하여[20] 백성들에게 승려가 그렇지 않음을 보여 주니, 우리 승려들로 하여금 충분히 대접받지 못하게 함이 심하다. 다만 예전의 육왕 연育王璉[21]과 영안 숭永安嵩[22]과 용정 정龍井淨[23]과 영지 조靈芝照[24] 같은 이들은 한 마리 여우의 겨드랑이 가죽이고 그 나머지는 천 마리의 양 가죽이니 말해 무엇하겠는가?

오호라! 부처님의 바다가 더럽혀지고 때가 낀 것이 오늘날처럼 심한 적이 아직 없었으니, 이를 지혜로운 자와 더불어 말할 수 있을 뿐, 속인과는 말하기 어렵도다.[25]

---

17 『楊子法言』에서는 "봉황새의 울음을 우는데 맹금의 날갯짓을 하고 있다."라고 하였는데, 주석에서는 "무릇 날짐승 가운데 용맹스러운 것과 들짐승 가운데 사나운 놈은 모두 취鷲라 한다."라고 하였다. 또는 사납게 공격하는 새(猛擊鳥)이다.
18 소蕭는 풀이름이다. 잎사귀는 희고 줄기는 거칠며 쑥의 종류로 향기가 나는데, 제사 때는 불에 살라서 향기로써 조상에게 알린다. 애艾는 『說文解字』에서 말한 빙대氷臺이다. 『博物志』에서는 "얼음을 깎아 둥글게 만들어 해를 향해 들고 서서 애艾로 그 그림자를 받아 불을 얻기 때문에 빙대氷臺라 부른다."라고 하였다.
19 향기 나는 풀이다.
20 출가의 공덕이 지극히 크고도 무거우니 만약 사람을 득도시켜 승려로 만들면 나라의 복록이 길게 이어진다고 여긴 것이 오래된 제도이다. 지금은 도리어 만 20세(丁年)에 부역이나 군역을 면제해 주는 대신 금전으로 징계하니, 우리를 멸시함이 매우 심하다.
21 육왕사育王寺의 회연懷璉 선사.
22 영안사永安寺의 설숭契嵩 선사.
  *契 : 원문에는 '戒'라고 되어 있으나 신수대장경에 실린 다른 전적들을 참조해 볼 때, '契嵩'인 듯하다.
23 남산南山 용정사龍井寺의 원정元淨 선사.
24 영지사靈芝寺의 원조元照 율사.

釋難文

希顏首座, 字聖徒, 性剛果【剛毅果斷.】, 通內外學【釋氏, 以佛經禪策爲內, 以儒道諸家爲外.】, 以風節自持. 遊歷罷, 歸隱故廬, 跡不入俗, 常閉門宴坐, 非行誼【與義同.】高潔者, 莫與友也. 名公貴人累以諸利『垂裕記』云: "盖取莊嚴差別, 名之爲利." 此通指國土名利也. 又伽藍, 號梵刹者, 『輔行』云: "西天以樹表刹, 示所居處也." 『阿含』云: "若沙門於佛法中, 勤苦得一法者, 便當豎幡刹, 以告四遠也."】招之, 堅不答. 時有童行, 名參己, 欲爲僧, 侍左右. 顏識其非器, 作『釋難文』以却之曰:【上即編集者所叙.】

知子莫若父, 知父莫若子, 若予之參己, 非爲僧器. 盖出家爲僧, 豈細事乎? 非求安逸也, 非求溫飽也, 非求蝸角利名也.【蠻與觸二國, 在蝸兩角上, 日以戰爭, 伏屍盈溝, 言名利之不實.】爲生死也, 爲衆生也, 爲斷煩惱, 出三界海, 續佛慧命也. 去聖時遙, 佛法大壞, 汝敢妄爲爾?『寶梁經』云: "比丘不脩比丘法, 大千無唾處."【比丘若無戒行, 五百大鬼從後掃其跡, 然則無容足之地. 無唾處者, 斯之謂矣.】『通慧錄』云: "爲僧不預十科, 事佛徒勞百載, 爲之不難得乎?"【僧錄贊寧, 字通遠, 錢塘高氏子. 太宗賜號通慧大師. 嘗撰『大宋高僧傳』, 其後序云'爲僧不預十科'云云.】以是觀之, 予濫厠僧倫, 有詒於佛, 況汝爲之耶[1)]? 然出家爲僧, 苟不知三乘十二分敎·周公·孔子之道, 不明因果, 不達己性, 不知稼穡艱難, 【『書』云: "知稼穡之艱難, 乃逸則知小民之所依." 註: "以勤爲逸也." "不知稼穡之艱難, 乃逸." 註: "以逸爲逸也."】不念信施難消, 徒飲酒食肉, 破齋犯戒, 行商坐賈【行販曰商, 坐賣曰賈.】, 偸姦博[2)]奕,【博即六博, 雙六也. 又投瓊曰博, 瓊即今骰子也. 奕, 圍棋也. 博與奕, 皆姦巧之事也. 骰, 音投.】覬覦院舍,【『漢書』註云: "覬, 音冀, 幸也. 覦, 欲也, 謂幸得其所欲也." 言幸得盛利, 欲以榮身逸志.】車盖出入, 奉養一己而已, 悲夫! 有六尺之身而無智慧, 佛謂

---

25 안사고安師古가 "여우의 겨드랑이(腋) 아래쪽 가죽은 가볍고도 부드러운데 얻기 어렵다."라고 하였다. (액腋이)『漢雋』에는 '액掖'으로 되어 있다.*
  * 안사고安師古가~있다 : 이 주는 성화본『緇門警訓』에 그대로 나온다.

之痴僧; 有三寸舌而不能說法, 佛謂之啞羊僧;【雖不破戒, 根鈍無慧, 不分好惡輕重, 不知有罪無罪. 若有僧事, 二人共爭, 不能決斷, 默然無言, 如啞羊, 人殺之, 不能作聲. 又各喩二意, 啞, 無說法之能, 羊, 無聽法之用也.】似僧非僧, 似俗非俗, 佛謂之鳥鼠僧.【『正法念經』云: "蝙蝠, 人捕鳥時, 入穴爲鼠, 人捕鼠時, 出穴爲鳥." 避僧避俗曰鳥鼠, 佛取之爲喩也.】亦曰禿居士.【僧形俗行曰禿居士.】『楞嚴經』[3]曰: "云何賊人假我衣服, 裨販如來, 造種種業?"【裨, 附也. 裨附佛教中, 以佛貪販利養也.】非濟世舟航也, 地獄種子爾! 縱繞[4]彌勒下生, 出得頭來? 身已陷鐵圍, 百刑之痛非一朝一夕也. 若今爲之者, 或百或千, 至千萬計, 形服而已, 篤論其中, 何有哉? 所謂鶩翰而鳳鳴也,【『楊子法言』: "鳳鳴而鶩翰." 註: "凡鳥之勇, 獸之猛悍者, 皆曰鶩." 又猛擊鳥也.】碌碌之石非玉也, 蕭敷艾榮.【蕭, 草名, 白葉莖麁, 科生有香氣, 祭則爇以報氣也. 艾,『說文』"冰臺"也.『博物志』: "削冰令圓, 擧以向日, 以艾承其影得火, 故號冰臺."】非雪山忍草也.【香草也.】國家度僧, 本爲祈福, 今反責以丁錢,【出家功德, 至大至重, 脫若度人爲僧, 國祚綿長, 是古制也; 今則反懲以丁年差役軍夫之錢, 蔑視吾徒之至也.】示民於僧不然, 使吾徒不足待之之至也. 只如前日育王璉·【育王寺懷璉禪師】永安嵩·【永安寺戒嵩禪師】龍井淨·【南山龍井寺元淨禪師】靈芝照,【靈芝寺元照律師】一狐之掖, 自餘千羊之皮, 何足道哉? 於戲! 佛海穢滓, 未有今日之甚也, 可與智者道, 難與俗人言.【師古曰: "狐腋[5]下之皮, 輕柔難得."『漢雋』作掖.】[6]

---

1) ㉮ '耶'는 '邪'로 되어 있는 곳도 있다. 2) ㉮ '博'은 '愽'으로 되어 있는 곳도 있다. 3) ㉮ '經'은 '故'로 되어 있는 곳도 있다. 4) ㉮ '繞'는 '饒'로 되어 있는 곳도 있다. 5) ㉮ '腋'은 '掖'으로 되어 있는 곳도 있다. 6) ㉮ 師古~作掖 : 이 글자들은 원문의 협주이다.

주

i 어찌하여 도적이~업을 짓는가 : 『首楞嚴經』권6(T19, 132b11~12).

법주라 칭하는 양나라 고승이 어린 스님에게 남긴 훈계[1]

티끌세상은 견고한 것이 아니며 뜬구름 같은 삶은 오래가지 않는다. 나는 세월 따라 물러가고 너희는 나이[2]가 점차 많아지니, 세상의 이익 때문에 그 몸을 낮추지 말고 헛된 명성 때문에 그 이익을 구차하게 구하지 말라. 어진 이를 가볍게 여기거나 의로운 이를 천하게 여기지 말며, 훌륭한 이를 시기하거나 재주 있는 이를 질투하지 말며,[3] 무고한 사람을 내치거나 억누르지 말며, 덕 있는 사람을 매장하지 말라. 인사人事를 소홀히 여기거나 게을리하지 말며, 향을 사르고 예불하는 것을 게을리하지 말며, 잠에 지나치게 빠지지 말며,[4] 남의 일을 굳이 알려고 하지 말라. 속은 비었으면서 아만심만 높이 가지지 말며, 사사로움을 도모하여 자신을 이익되게 하지 말며, 강한 자를 믿고 약한 자를 기만하지 말며, 자신을 이롭게 하고 남에게 손해를 끼치지 말라.

어른이라 하여 후학들을 업신여기지 말며, 젊었다 하여 원로들을 기만하지 말며, 재물과 영화로 남을 깔보지 말며, 의기로 남에게 거만하게 읍

---

1 칭侔과 칭稱은 같다. 구족계를 받고 아직 10년이 차지 않았으면 여전히 소사小師라 부른다.
2 법랍이다.
3 현능한 이를 해치는 것을 질嫉이라 하고, 재주 있는 이를 시기하는 것을 투妬라 한다. 또는 자신의 명예와 이익을 좇고 다른 사람의 영화를 참지 못하는 것을 질투嫉妬라 한다.
4 수면睡眠이라는 마군은 비록 얼음 침상에 눈 이불을 덮고 있어도 자기도 모르는 사이에 와서 사람을 무력하게 만드는데, 하물며 자리를 두껍게 깔고서 다리를 펴고 크게 누워 있다면 어떻게 수마를 물리칠 수 있겠는가? 그러므로 흡사 죽은 사람처럼 숙면에 깊이 빠져 있어서 밤이 새는 줄도 모르고 날이 저무는 줄도 모르니, 어느 겨를에 마음을 거두어 공부를 하겠는가? 그러므로 잠에 깊이 빠져들지(洒) 말라고 경계한 것이다. 하물며 (과도한 수면에) 다섯 가지 허물이 있으니, 첫째는 악몽이 많고, 둘째는 모든 천신이 보호하지 않고, 셋째는 마음이 법에 들어가지 못하고, 넷째는 밝은 상相을 생각하지 못하고, 다섯째는 정액을 내기 좋아한다. 면洒은 음이 면勉이다.

하지 말라.⁵ 착하지 못한 것으로써 친한 상대방을 괴롭히지 말며, 착한 것으로써 미워하는 이를 물리치지 말며, 조그마한 능력으로 내가 옳다고 일컫지 말며, 소소한 견해로 다른 이가 그릇되다고 말하지 말라. 손님으로 있으면서 주인에게 거만히 굴지 말며, 주인이 되어서는 손님을 가볍게 여기지 말며, 일에 있어서는 기강⁶을 잃지 말며, 대중을 어겨서(㑃)⁷ 법규(條章)를 깨뜨리지 말며, 비방함으로써 남을 괴이하게 여기도록 하지 말며, 천착함으로써 남의 허물을 찾지 말라. 불법佛法 속에서 마음쓰기를 좋아하며, 육진경계에서 세속의 정情을 자주 제거하라.

　가사袈裟 아래에서 (견성하지 못하고서) 사람의 몸을 잃는 것은 실로 고통이며, 지옥(捺落) 속에서 온갖 많은 과보(異報)를 받는 것은 굴욕스럽다고 할 만하다.⁸ 하물며 하는 일도 없이 단정히 팔짱 끼고, 노역도 하지 않으면서 편안하고 한가롭게 절간을 천천히 거닐고, 화려한 법당에 높이 앉아서 발은 진흙을 밟지 않고 손에는 물을 묻히지 않으니, 몸에 걸친 옷이며 입에 넣은 음식을 어찌 쉽게 소화해 내겠는가? 정수리를 둥글게 하고 네모난 가사를 걸친 것은 무슨 일을 하려는 것인가?

　혹 강하고 부드러움이 제자리를 얻어서⁹ 나아가고 물러남에 넉넉하여 (含容)¹⁰ 나아갈 만하면 바로 나아가고(行)¹¹ 그칠 만하면 반드시 그쳐서

5　장읍長揖이란 두 손을 들어 읍하는 것이고, 고읍高揖이란 단지 한 손만을 들어 읍하는 것이니 거만함을 말한다.
6　강綱은 펼침이고 기紀는 다스림이다. 큰 것은 강綱이고 작은 것은 기紀이니, 위아래를 펼치고 다스려서 대중 스님들을 정돈하여 가지런하게 하는 것이다.
7　요㑃는 요拗와 같으며 음이 요了이니, 고집하여 서로 어긋나는 것이다.
8　나락捺落은 갖추어 말하면 '나락가捺落迦'인데, 한역하면 '헤아릴 수 없음'이다. 또는 '지극히 고통스러운 곳'이라고도 하는데, 고통이 지하에 갖추어져 있으므로 지옥이라 일컫는다. 이보異報에서 '이異'는 '많다'는 말이니 갖가지로 고통의 과보를 받는다는 말이다.
9　『素書』에서는 "강함도 시설하는 바가 있고 부드러움도 시설하는 바가 있다."라고 하였는데, 주석에서는 "망령되이 시설하지 않는다."라고 하였으니, 마치 처녀가 부드러움으로 베푸는 바가 있고 그물을 벗어난 토끼가 강함으로 펼치는 바가 있는 것과 같다.
10　함용含容은 포함하여 감싸는 것이다. 나아가고 물러나며 행하고 그침에 있어서 관대

(止)¹² 눈앞의 것을 탐하지 않고 때에 맞는지 자주 살펴서 한 소식 통하게 되면 만냥의 황금도 녹일 수 있을 것이다. 내가 천 번, 만 번 고구정녕히 감언¹³으로 부탁하노니, 내 말에 의지하는 자는 내세에 서로 만날 것이지만, 내 말에 의지하지 않는 자는 어느 곳에 나타나려는가? 살피고 살필지어다.

梁高僧俤法主遺誡小師【俤稱同. 受具而未滿十歲, 猶稱小師.】
塵世匪堅, 浮生不久. 我光陰以謝, 汝齒髮【年臘也.】漸高. 無以世利下其身, 無以虛名苟其利, 莫輕仁賤義, 莫嫉善妬才,【害賢曰嫉, 忌才曰妬. 又徇自名利, 不耐他榮曰嫉妬.】莫抑遏無辜, 莫沉埋有德, 莫疎慵人事, 莫懶惰¹⁾焚脩, 莫耽²⁾湎睡眠,【睡眠之魔, 雖氷牀雪被, 不覺中來, 令人無力, 況厚敷茵席, 伸脚大臥, 則安能却之? 所以熟眠沉溺, 猶如死人不知夜之旦·日之暮, 何暇攝心做工乎? 故戒莫沉湎耳. 況有五過: 一多有惡夢, 二諸天不護, 三心不入法, 四不思明相, 五喜出精. 湎, 音勉.】莫强知他事, 莫空腹高心, 莫營私利己, 莫恃强欺弱, 莫利己損他. 無以長而慢後生, 無以少而欺老宿, 無以財華下視物, 無以意氣高揖人,【長揖者, 擧兩手而揖; 高揖者, 但擧一手而揖, 謂踞傲也.】無以不善苦相親, 無以善而却憎惡, 無以片能稱我是, 無以少解道他非, 無以在客慢主人, 無以爲主輕旅客, 無以在事失綱紀【綱, 張也. 紀, 理也. 大, 綱; 小, 紀, 所以張理上下, 整齊衆僧也.】無以伪衆【伪與拗同, 音了, 固相違也.】破條章, 無以誹謗怔³⁾他人, 無以穿鑿覔他過. 好向佛法中用意, 多於塵境上除情. 袈裟下失却人身, 實爲苦也; 捺落裡⁴⁾受諸異報, 可謂屈焉【捺落, 具云捺落迦, 此翻不可量. 又云極苦處, 苦具在地之下, 故稱地獄也. 異報者, 異之言多也, 謂受種

하고 넉넉하여 조금도 각박하거나 급함이 없는 것을 말한다.
11 (행行은) 나아감이다.
12 (지止는) 물러남이다.
13 말이 귀를 즐겁게 하는 것을 감언甘言이라 한다.

· 181

種諸苦報也.】況端拱無爲, 安閑不役, 徐行金地, 高坐華堂, 足不履泥, 手不彈水, 身上衣而口中食, 豈易消乎? 圓却頂而方却袍, 爲何事也? 其或剛柔得所,【『素書』云: "剛有所施, 柔有所設." 註云: "不妄設也." 如處女柔有所設也, 如脫兔剛有所施也.】進退含容【含容, 謂包啣也, 進退行止, 可以寬裕, 少無刻急也.】堪行即行【進也.】, 可止須止【退也.】, 無貪眼下, 數省時中, 一點相當, 萬金消得. 予以千叮萬囑, 苦口甘言【言之悅於耳者曰甘言.】, 依予言者, 來世相逢; 若不依予言者, 擬向何處出頭? 珍重珍重!

1) ㉮ '惰'는 '墮'로 되어 있는 곳도 있다. 2) ㉮ '耽'은 '躭'으로 되어 있는 곳도 있다.
3) ㉮ '恠'는 '怪'로 되어 있는 곳도 있다. ㉯ '恠'는 '怪'와 통용된다. 4) ㉮ '裡'는 '裏'로 되어 있는 곳도 있다. ㉯ '裡'는 '裏'와 통용된다.

우가 찬녕 승록이 불법 외의 학문에도 능통하길 권면하다

무릇 배울 때는 널리 익힘을 싫어하지 말며,[1] 모르는 것이 있으면 모르는 채로 놓아두어라(闕如).[2] 우리의 가르침이 널리까지 이르는 것은 삼승 三乘의 법으로 실어 나르기 때문이다. 그러나 혹시라도 마장魔障이 불교를 능멸한다면 업신여김을 반드시 막아야 하니, 업신여김을 막는 방술로는 상대의 실정을 아는 것만 한 게 없다. 상대의 실정이란 서역의 천축국에서는 위타韋陀이며 동쪽의 중국에서는 경적經籍[i]이다.

그러므로 기환사祇桓寺에는 사위타원四韋陀院[3]이 있으니, 외도들은 이것을 궁극의 가르침이라 여긴다. 또 서원書院이 있어서 대천세계 안에 있는 서로 다른 문서들을 모두 그 안에 모아 놓았는데, 부처님이 이를 읽는 것을 모두 허락하였으니, 이는 외도를 굴복시키기 위함이지 그들의 견해에

---

[1] 『高僧傳』에서는 "배울 때는 널리 익히는 것을 싫어하지 말지니 널리 익히면 통할 것이다."라고 하였고, 공자는 "군자가 문장을 널리 배우고 예禮로써 요약하면 또한 어긋나지 않을 것이다."라고 하였으니, 도에 어긋나지 않음을 말한 것이다.

[2] 공자가 자하에게 "군자는 자기가 모르는 것에 대해서는 모르는 채로 놓아둔다."라고 하였는데, 알지 못하는 것은 반드시 놓아두었다가 아는 자에게 물으라는 말이니 대개 자기의 소견이 옳다고 여기지 말라는 것이다. 여기서 '궐여闕如'라고 한 것은 '없다'는 말이다.

[3] 위타韋陀는 한역하면 지론智論인데, 이것을 알면 지혜가 생기니 삿된 지론(邪智論)이다. 위타에 네 가지가 있다. 첫 번째는 아유阿由이니, 한역하면 '방명方命' 또는 '수壽'라 하는데 양생養生하고 성품을 다스리는 것을 말한다. 두 번째는 수야殊夜이니, 제사와 기도를 말한다. 세 번째는 바마婆磨이니, 예의禮儀와 점복占卜과 병법兵法과 군진軍陣을 말한다. 네 번째는 아달바阿達婆이니, 기예와 주술과 의술을 말한다. 또는 사명四明이라 하는데, 첫 번째는 성명聲明이니, 소리를 통한 가르침으로 세간의 문자와 석어釋語와 훈자訓字를 분명하게 아는 것을 말한다. 두 번째는 공교명工巧明이니, 기술과 음양과 역수曆數이다. 세 번째는 의방명醫方明이니, 주술과 침약針藥과 의술의 치료 방법을 말한다. 네 번째는 인명因明이니, 인因은 만법이 생기는 원인으로 갖가지 언론과 도인圖印 등으로 낱낱이 진위를 연구하여 밝히는 것이다. 오명五明 가운데 내명內明은 제외하였다.

의지함을 허락한 것은 아니다. 이 땅의 대덕 고승들이 다른 종파를 두렵게 만들어 굴복시킬 수 있었던 것은 대개 널리 그것을 배웠기 때문이다. 비유하자면 오랑캐들은 언어가 통하지 않고 음식이 같지 않은데, 누가 그들의 의지와 욕구를 통달할 수 있겠는가? 만일 오랑캐의 말을 조금이라도 안다면 바로 길들여 순화시킬 수 있을 것이다.[4]

그러므로 습착치習鑿齒를 도안道安이 해학으로써 굴복시켰고(詼諧),[5] 종병宗炳과 뇌차종雷次宗의 무리는 혜원慧遠이 『시경』과 『예기』로써 꾀여 들였으며,[6] 권무이權無二[7]는 복례復禮가 『십문변혹론十門辨惑論』[ii]을 지어서 인도하였으며, 육홍점陸鴻漸은 교연皎然이 『시식詩式』[iii]을 지어서 벗하였다.[8]

이는 모두 다른 도를 베푼 것이 아니라 외도의 학문에 능통했을 뿐이다. 하물며 유교와 도교는 그 뜻과 이치가 깊고도 넓으니, 승려가 이미 본업(불교)을 정밀하게 하였다면 (외도의 서적을 널리 보는 것이) 본업을 꿰뚫는 것(鑽極)에 어찌 방해가 되겠는가?[9] 견문을 넓혀서 어느 한쪽에 막히지 말라.

---

4 이것은 엄우嚴尤의 『匈奴論』 전문이다.
5 회해詼諧는 조롱하여 놀리는 것이다. '미천 석도안'이라는 말로 '사해 습착치'라는 말에 대답한 것이 그것이다. 혹자는 "쌀을 일어 씻으니 모래가 뒤따라온다."*라는 말이라고 하나, 틀렸다.
  *쌀을~뒤따라온다 : 진晉나라 왕탄지王坦之와 범계范啓가 서로 앞을 양보하면서 걸어가다가 뒤에 처지게 된 왕탄지가 "곡식을 까부르며 바람에 날리면 겨와 쭉정이가 앞에 있게 마련이다.(簸之颺之, 糠秕在前.)"라고 한마디 하자 범계가 "조리질을 하며 물에 흔들면 모래와 자갈이 뒤에 있게 마련이다.(淘之汰之, 沙礫在後.)"라고 응수한 고사가 전한다. 『世說新語』 「排調」.
6 태자사인太子舍人인 종병宗炳과 산기상시散騎常侍 뇌차종雷次宗은 모두 혜원의 백련결사白蓮結社에 머물던 객으로 『詩經』·『書經』·『禮記』 등으로 불러들인 자들이다.
7 당唐나라 때의 문인.
8 도사 육우陸羽는 자가 홍점鴻漸으로 일찍이 『茶經』을 저술하였다. 시인 승려인 청주清晝는 자가 교연皎然으로 사강락謝康樂의 10세손이다. 그는 시인의 오묘한 지취를 얻어 선조의 정화精華를 전하였으니, 문장은 화려하고 윤택함이 많았고 계율은 맑고 건장함을 숭상하였다. 당시의 문인들이 그를 본보기로 삼지 않는 자가 없었다.
9 『止觀輔行』에서는 "『春秋』를 읽고 『左傳』을 외우면 하루 종일 마음이 전쟁터에서 노닐고 입으로는 속임수와 모사를 연설하니 불법을 돕는 것과는 멀다. 그러나 『老子』·『莊

右街寧僧錄勉通外學

夫學不厭博,[1]【『高僧傳』云: "學不厭博, 則通矣." 孔子曰: "君子博學於文, 約之以禮, 亦可以不畔矣." 言不違反於道也.】有所不知, 盖闕如也.【孔子謂子夏曰: "君子於其所不知, 盖闕如也." 謂不知必闕, 問於知者, 盖不以己所見爲是也. 此言闕如者, 謂無也.】吾宗致遠, 以三乘法而運載焉. 然或魔障相陵, 必須禦侮, 禦侮之術, 莫若知彼敵情. 敵情者, 西竺則韋陀, 東夏則經藉[2]矣. 故祇桓寺中, 有四韋陀院【韋陀, 此云智論, 知此生智, 即邪智論. 韋陀有四: 一阿由, 此云方命, 亦曰壽, 謂養生繕性; 二殊夜, 謂祭祀祈禱; 三婆磨, 謂禮儀占卜兵法軍陣; 四阿達婆, 技藝禁呪醫方. 又云四明: 一聲明, 謂聲敎明了世間文字釋語訓字; 二工巧明, 技術陰陽曆數; 三醫方明, 謂禁呪針藥醫治方法; 四因明, 因即萬法生起之因, 種種言論圖印等, 一一覆研眞僞, 五明中除內明.】, 外道以爲宗極. 又有書院, 大千界內所有不同文書, 並集其中, 佛俱許讀之, 爲伏外道, 而不許依其見也. 此土古德高僧能懾伏異宗者, 率由博*學之故, 譬如夷狄之人, 言語不通, 飲食不同, 孰能達其志・通其欲? 其或微解胡語, 立便馴和矣.【此嚴尤『凶奴論』全文也.】是以習鑿齒, 道安以詼諧而伏之;【詼諧, 嘲謔也. 以'彌天釋道安', 對'四海習鑿齒'者, 是也. 或云"沙石後來"等語, 非也.】宗・雷之輩, 慧遠以『詩』・『禮』而誘之;【太子舍人宗炳・散騎常侍雷次宗, 皆遠公蓮社中客, 以『詩』・『書』・『禮記』誘致之也.】權無二【唐文人】, 復禮以『辨惑』而柔之; 陸鴻漸, 皎然以『詩式』而友之.【道士陸羽, 字鴻漸, 甞著『茶經』. 詩僧淸晝, 字皎然, 謝康樂十世孫. 得詩人之奧旨, 傳乃祖之菁華, 詞多芳澤, 律尙淸壯. 一時詞人莫不楷範.】此

子』・『孔子』・『孟子』 같은 것은 그 글이 인의仁義를 넓히기 때문에 신학자新學者가 도에 들어가는 문호가 되니 때때로 살펴볼 만하다."라고 하였고, 『毘奈耶』에서는 "부처님은 비구들이 하루를 3등분하여 처음과 중간의 두 차례 동안에는 불경을 읽고, 저녁에는 외도의 서적을 읽는 것을 허락하셨다."라고 하였고, 『列仙傳』에서는 "어떤 사람이 도를 구하려고 산에 들어갔는데, 노군이 쇠망치를 주며 돌을 뚫게 하였다. 돌의 두께는 5척이었는데, 만약 능히 뚫는다면 도를 얻을 것이라고 하였다. 밤낮으로 뚫기를 40일 동안 하여 돌을 뚫고는 선단仙丹을 얻어 마침내 신선이 되었다."라고 하였다.

皆不施他術, 唯通外學耳, 況乎儒道二教, 義理玄邈, 釋子旣精本業, 何妨鑽極?『補行』云: "讀『春秋』, 誦『左傳』, 終朝心遊戰陣, 口演詐謀, 助佛法者遠矣." 如老·莊·孔·孟之書, 文弘仁義, 故爲新學入道之門, 亦可時覽.『毘奈耶』中, "佛聽比丘一日三分, 初中二分讀佛經, 晚讀外書."『列仙傳』云: "有人入山求道, 老君與鐵杵使鑽石. 石厚五尺, 此若能穿, 便當得道. 晝夜鑽之, 積四十日, 石穿得仙丹, 遂爲仙."} 以廣見聞, 勿滯於一方也.

---

1) ㉑ '博'은 '博'으로 되어 있는 곳도 있다. 아래에도 같다. 2) ㉑ '藉'는 '籍'으로 되어 있는 곳도 있다.

주

i 경적經籍 : 옛 성현들이 유교의 사상과 가르침을 적어 놓은 책으로 사서오경四書五經을 말한다.
ii 『십문변혹론十門辨惑論』: 불전 속에 있는 열 가지 의혹에 대하여 논한 책이다. 당 고종唐高宗이 태자의 문학文學 권무이權無二에게 석전계의釋典稽疑 10항을 짓도록 하고 그것을 복례에게 답하도록 하였는데, 이 책은 그 10종의 의문과 그에 대한 답변을 적은 것이다.
iii 『시식詩式』: 교연이 지은 시 평론집. 시법詩法을 논하여 작품을 5격格으로 나누고, 한漢·위魏 이래의 시인의 구절을 인용하여 평론을 가하고 수사론修辭論·창작론創作論까지 다루었다.

진나라 지둔 선사의 좌우명[1]

부지런히 하고 부지런히 하여라. 지극한 도는 애쓰는 것이 아니지만
어찌 지체하여 젊은 나이(弱年)에 신묘하고 기특함을 잃는가?[2]
광활한(茫茫) 삼계三界에 아득히(渺渺) 오래도록 속박되어서[3]
번뇌가 밖에서 모여들고 어두운 마음이 안에서 치달린다.
따라(殉) 나아가며[4] 흠모하고(欽) 갈망하여[5] 아득히 헤매도 피로한 줄 모르니
사람의 일생이 마치 이슬방울이 떨어지는 것과 같다.
내 몸이 내가 아닌데 누구에게 베푸는가?
통달한 사람은 덕을 품고 있어서 편안함이 반드시 위태로움이라는 것을 안다.
고요한 가운데 맑게 행동하고 선정의 연못에서 때를 씻으며
분명한 금계禁戒를 삼가 지키고 현묘한 법규를 바르게 말하라.
신묘한 도에서 마음을 편안하게 하고 무위無爲에서 뜻을 들어(抗)[6]

---

1 지둔支遁은 자가 도림道林이며 월越의 섬산剡山에 절을 세워 도를 행하였는데, 여러 승려들이 그에게 가르침을 받았다. 당시에 게으른 자가 있어 마침내 좌우명을 지어 그를 힘쓰게 하였다.
2 『莊子』에서는 "약년弱年에 잃고서 돌아갈 줄 모른다."라고 하였는데, 약년에 고향을 떠나감을 말한 것이다. 이는 옛날부터 자기의 신묘하고 기특한 도를 잃어버렸음을 말한 것이다.
3 망망茫茫은 드넓음이고 묘묘渺渺는 아득함이니, 광활한 삼계 속에 오래도록 속박되었음을 말한 것이다.
4 순殉은 따름(從)이니, 몸으로 도를 따르는 것이다. 열사들은 명예를 따른다. 또는 영위함이고 구함이다. 『商書』에서는 "감히 재물과 여색을 구한다."라고 했는데, 이는 이익과 명예를 좇아 구해서 치달려 나감을 말하는 것이다.
5 명성과 재물을 흠모하고 갈망함이다. 혹자는 "(흠欽이) 음飮의 오자이니, 말하자면 성색聲色을 좇는 것이 마치 목마른 사슴이 신기루의 물을 마시기를 구하는 것과 같다."라고 하였으나, 아니다.
6 (항抗은) 드는 것이다.

삼독三毒을 멀리 밝히고 육적六賊을 원융하게 다스려라.

오음五陰을 텅 비우고 사지四支를 활달하게 하여

손가락 아닌 것으로 손가락을 깨우쳐 주되 끊어서 얽히지(離)[7] 말라.

신묘한 깨달음이 이미 펼쳐지면 또 그 앎을 현묘하게 여겨서

원만히 굴리고(婉轉) 평이하게 보임하여(平任) 사물의 추이와 함께하라.[8]

이외에는 생각하거나 의논하지 말라.

晋支遁禪師座右銘【支遁, 字道林, 於越之剡山, 立寺行道, 衆僧禀學. 時有惰者, 遂作銘以勗之.】

勤之勤之, 至道非攸,

奚爲淹滯, 弱喪神奇?【『莊子』: "弱喪而不知歸." 謂弱年而去其鄕也. 此言自昔喪其神妙奇特之道也.】

茫茫三界, 渺渺[1)] 長羈,[2)]【茫茫, 曠蕩也. 渺渺, 悠遠也. 謂曠濶三界之中, 久遠羈縻也.】

煩惱[3)] 外湊, 冥心內馳.

殉赴【殉, 從也, 以身殉道. 烈士殉名. 又營也, 求也. 『商書』云: "敢有殉于貨色." 此謂從求利名而奔赴也.】欽渴【欽慕渴仰乎名聞財利也. 或云: "飮字之誤, 謂追逐聲色, 如渴鹿求飮陽焰之水." 非也.】緬邈忘疲,

人生一世, 涓若露垂.

我身非我, 云云誰施?

達人懷德, 知安必危.

---

7 (리離는) 리羅와 같으니, 얽힘이다.
8 완婉은 훌륭함이니, 완전婉轉은 좋게 원만히 굴러감이다. 평平은 쉬움이고 보保는 맡김이다. 일체의 성색에 구애되지 않고 그 마음을 평이하게 보임하라고 말한 것이다. 사물의 추이와 함께한다는 것은 화광동진和光同塵*의 뜻이다.
 *화광동진和光同塵 : 빛을 감추고 티끌 속에 섞여 있다는 뜻으로, 자기의 뛰어난 지덕智德을 나타내지 않고 세속을 따름을 이르는 말이다.

寂寥淸擧, 潔累禪池,

謹守明禁, 雅說玄規.

綏心神道, 抗【擧也.】志無爲,

遼朗三蔽, 融冶⁴⁾六疵.

空洞五陰, 虛豁四支,

非指喩指, 絶而莫離【與㒰同, 胃也.】.

妙覺旣陳, 又玄其知,

婉轉平任, 與物推移【婉, 美也. 婉轉, 好爲圓轉也. 平, 易. 保, 任也. 言不爲一切聲色之所拘碍, 平易其心而保任之也. 與物推移者, 卽和光同塵之義.】

過此以徃, 勿思勿議!

---

1) ㉠ '渺渺'는 '眇眇'로 되어 있는 곳도 있다. 2) ㉠ '羈'는 '羇'로 되어 있는 곳도 있다. 3) ㉠ '惱'는 '勞'로 되어 있는 곳도 있다. 4) ㉠ '冶'는 '治'로 되어 있는 곳도 있다.

주나라 수도(京師)¹ 대중흥사의 도안 법사가 남긴 아홉 가지 훈계²

삼가 여러 제자들에게 감사를 드린다.³

무릇 출가하여 도를 닦는 것은 지극히 중대하고도 지극히 어려우니, 스스로 가볍게 여겨서는 안 되고 스스로 쉽게 여겨서도 안 된다. 중대하다고 한 것은 도와 덕을 지니고 인과 의를 짊어져서 청정한 계를 받들어 지키다가, 죽어서야 그만둘 수 있기 때문이다. 어렵다고 한 것은 세상과 단절하고 속세를 떠나 어버이의 사랑을 영원히 끊어 내며, 인정을 돌리고 습성을 바꾸어 세속 사람들과는 같지 않기 때문이다. 세속 사람들이 행하지 못하는 것을 행하고 세속 사람들이 끊어 내지 못하는 것을 끊어 내며, 고통을 참고 모욕을 감수하며 몸과 목숨을 버리니 이를 '어렵다'고 하며, 이런 사람을 '도인道人'이라 한다.

도인이란 인도하는 사람이니, 그 행위는 반드시 따를 만한 것이고 그 언행은 반드시 본받을 만한 것이다. 승복을 입고 출가하면 행동하는 것이 법칙이 되어야 하며, 탐내지도 않고 다투지도 않고 헐뜯지도 않고 간사하지도 않으며, 배우고 묻는 것은 고원하고 뜻은 깊이 침묵하는 곳에 두어야 하니, 이것이 명성(名)과 칭송(稱)⁴이 되어 삼존三尊의 지위에 참여하게 된다.⁵

---

1 경京은 '크다'이고 사師는 '사람이 많다'이니, 천자가 거처하는 곳은 반드시 '사람이 많고 크다'는 것을 말한다.
2 진晉나라 도안道安은 성이 위씨衛氏이고, 주나라 도안 법사는 성이 요씨姚氏이다.
3 『維摩經略疏』에서는 "선사가 겸양으로 제자를 대하는 것이 아우와 같다."라고 하였으니, 자식이 부모를 버리고 스승을 따르는 것이 마치 자식이 부모를 섬기는 것과 같다. 또 배움이 스승의 뒤를 좇기 때문에 제弟라 하고, 그 견해가 스승을 좇아 생겨나기 때문에 자子라 한다.
  * 선사가~같다 : 『維摩經略疏』 권4(T38, 608b29~c1).
4 밖으로 난 소문을 명名이라 하고, 내실에 부합하는 것을 칭稱이라 한다.
5 지위가 승보에 참여하게 된다.

현인의 지위를 벗어나 성인의 단계로 들어가서 정혼精魂을 씻어 버렸으니,[6] 그러므로 군주는 그의 보답을 바라지 않고, 부모는 그의 힘을 바라지 않으며, 온 천하 사람들이 그에게 귀의하고 거두어지지 않음이 없으니, 처의 것을 덜고 양식을 줄여 옷과 음식을 공양하며, 몸을 굽혀 우러르고 노역을 사양하지 않는 것은 그 뜻과 행위가 청결하여 신명神明과 통하고, 담박[7]하고 텅 비어 밝아서(虛白)[8] 기이하고 존귀하게 여길 만하기 때문이다.

황당한 무리를 얻어 도법이 마침내 쇠퇴해짐으로부터 새로 배우는 사람은 법칙을 체득하기도 전에 삿된 것에 집착하고 바른 법을 버려서 그 진실을 망각하며, 작은 꾀를 지혜라 여기고 작은 공경을 만족하게 여겨 하루 종일 배불리 먹기만 하고 마음 쓰는 바가 전혀 없으니, 물러나 스스로 미루어 살펴보건대 참으로 슬프도다!

금생의 출가를 헤아려 보건대 혹 나이는 있으나 경업經業에 아직 통달하지 못하고, 문자도 판별하지 못하면서 헛되이 일생을 허비하여 명성을 이룬 바가 없으니, 이와 같은 일을 어찌 깊이 생각하지 않겠는가?

무상한 세월의 기한은 아침이 지나면 바로 저녁이며, 삼도三塗[9]의 고통에는 강자도 약자도 없다. 스승과 제자 간에는 의리가 깊으므로 이 글을 펴 보이니, 유정有情의 무리들은 영원한 경계로 삼을지어다.

첫 번째, 그대들이 이미 출가하여 낳아 주신 부모(所生)[i]를 길이 떠나고,

---

6 심식心識을 씻어서 쓸어버리는 것이다.
7 담박惔泊은 담박澹泊으로 되어 있는 곳도 있으니, 편안하고 고요하며 작위作爲가 없는 모습이다.
8 허백虛白이란 『莊子』에서 "방이 비면 밝음이 생겨난다.(虛室生白.)"*라고 하였다.
  *허실생백虛室生白 : 방이 비면 밝다는 뜻으로, 사람의 마음도 망상이 들어가지 않으면 도를 깨달을 수 있다는 말이다.
9 삼도三塗는 『四解脫經』에서 "삼도를 삼독三毒에 대응시키니 첫째, 불이 치솟는 세계는 화내고 분노함이고, 둘째, 칼날이 우뚝 솟은 세계는 아끼고 탐냄이고, 셋째, 피가 가득 찬 세계는 어리석고 미련함이다."라고 하였다.

머리 깎아 용모 헐고 법복을 몸에 걸쳤네. 부모님과 이별하던 날 위아래로 눈물을 떨구었고, 애욕을 끊어 내고 도를 숭상하니 의지가 푸른 하늘에 닿았네. 마땅히 이 뜻을 따라 경전의 도리를 닦아 밝혀야 하는데, 어찌하여 무심하게 여전히 색과 소리에 머무는가? 그럭저럭 날을 보내 경업經業도 이루지 못하고 덕행은 날로 줄어 허물만 쌓여 넘치니, 스승과 벗에게 부끄럽고 속인들에게 경시받네. 이와 같은 출가는 한갓 스스로 이름만 욕되게 할 뿐, 이제 그대들에게 권면하니 전일하게 정진해야 한다.

두 번째, 그대들이 이미 출가하여 세속을 버리고 군주와 하직하였으니 스스로 책려하여 청운의 꿈을 이루어야 마땅하다. 재물과 여색을 돌아보지 말고 세속과 함께 무리짓지 말며, 금옥金玉을 귀하게 여기지 말고 오직 도道를 보배로 삼아야 한다. 자기를 단속하여 절개를 지키며 고통을 감내하고 가난을 즐겁게 여겨 덕德에 나아가 자신을 제도하고 타인도 제도해야 하는데, 어째서 지조를 고쳐 풍진의 세상으로 치달리는가? 앉은 자리가 데워지기도 전에 여기저기로 치달려서, 부역 갈 때 관리들에게 끌려가듯 급하게 하니, 경전의 길은 막히고 계율의 덕德도 온전치 못하네. 벗들은 희롱하고 동학들도 멀리하니, 이와 같은 출가는 쓸데없이 일생을 허비하는 것, 이제 그대들에게 권면하니 각자 스스로 가련하게 여겨야 한다.

세 번째, 그대들이 이미 출가하여 친족들과 영원히 이별하였으니 친한(親) 이도 소원한(疎) 이도[10] 없고 청정하여 욕심이 없으며, 경사에도 기뻐하지 않고 흉사에도 슬퍼하지 않아 초연하게 고요하고 활달하게 세속을

---

[10] 사랑하여 가까이하는 것을 친親이라 하고 싫어하여 멀리하는 것을 소疎라 하니, 좋아하고 싫어하는 생각이 없이 평등하게 마음을 지니는 것을 말한다.

여의며, 뜻은 현묘한 진리에 두어서 참됨을 따르고 소박함을 지켜 가며, 득도하고 널리 제도하여 두루 복록을 받도록 해야 하는데, 어째서 무심하게 여전히 물들어 오염의 때에 집착하는가? 길고 짧음, 한 수銖와 두 수, 한 되(升)와 두 되[11]를 부질없이 싸우며 세간과 이익을 다투니, 종복들과 무엇이 다른가? 경전의 도리를 밝히지 못하고 덕행도 부족하네. 이와 같은 출가는 한갓 스스로 망치고 욕되게 할 뿐, 이제 그대들에게 가르쳐 보이니 스스로 씻어야 한다.

네 번째, 그대들이 이미 출가하여 도인이라 불리니 부모를 공경하지 않고 군주에게도 굽히지 않네. 신을 섬기듯이 온 천하 사람들이 함께 받들어 부귀와 빈천을 가리지 않고 머리 숙여 공경하니, 청정한 수행을 숭상하여 자신과 남을 이롭게 해야 한다. 시주자가 줄이고 베어 낸 무게가 쌀 한 톨이 일곱 근인데, 어째서 태만하게 은혜에 보답하지 못하고 방종하게 노닐면서 몸과 뜻은 텅 비고 번잡하게 하는가? 계행 없이 시줏물만 먹으면 죽어서 태산지옥에 들어가 녹인 쇳물을 먹고 녹인 구릿물로 목을 축일 것이니, 이와 같은 고통은 『법구경』에 적혀 있네. 이제 그대들에게 단속하기를 보이니 고쳐서 스스로 새롭게 해야 한다.[12]

다섯 번째, 그대들이 이미 출가하여 '식심息心'[iii]이라 불리니 더럽고 잡된 것에 집착 말고 오직 도를 흠모하라. 뜻은 옥과 얼음같이 청결한 데 참

---

11 『律歷志』에서는 "저울추(權)란 무겁고 가벼움을 알 수 있는 것인데, 본래 황종黃鍾에서 기원한다. 황종 1약龠은 그 용량이 1천2백 알의 기장을 담을 수 있으며 무게는 12수銖이니, 24수가 1냥兩이 되고, 16냥이 1근斤이 되며, 30근이 1균鈞이 되고, 4균이 1석石이 된다. 분량이라는 것은 약龠·합合·승升·두斗·곡斛 등이니, 기장 1천2백 알이 1약이 되고, 10약은 1합이 되고, 10합은 1승이 되고, 10승은 1두가 되고, 10두는 1곡이 된다."라고 하였다.
12 날로 새롭고 또 날로 새롭게 하는 것이다.

여하고 경전과 계율을 익혀서 정신을 구제하여야 한다. 중생들에게 도움을 주고 친한 이도 제도해야 하는데, 어째서 무심하게 세속의 홍쇠를 따르는가? 사대四大를 제멋대로 하고 오근五根도 함부로 하니, 도와 덕은 마침내 얕아지고 세속 일은 더욱 깊어지네. 이와 같은 출가는 세상과 티끌을 함께할 뿐이다. 이제 그대들에게 단속하기를 훈계하니, 부디 스스로 정신 차리기를 바란다.

여섯 번째, 그대들이 이미 출가하여 세속의 모습을 버렸으니 마땅히 망정을 고갈시키고 열반에 부합하도록 힘써야 하는데, 어째서 요동쳐서 한가로움을 즐기지 않으며 경전의 도리는 덜어 내고 세속의 일은 넉넉하게 하는가? 맑고 밝은 길은 가지 않고 진흙길로 들어가니, 지나가는 그림자와 같은 목숨은 잠깐 사이에 있고 지옥의 고통은 이루 다 말하기 어렵네. 이제 그대들에게 권면하니, 마땅히 전모典謨[13]를 숭상하여야 한다.

일곱 번째, 그대들이 이미 출가함에 스스로에게 너그럽게 해서는 안 되니 형상은 비록 누추하나 행실은 볼 만하게 하고, 의복은 비록 누추하나 앉고 일어섬을 단정하게 하며, 음식은 비록 간소하나 내뱉는 말은 맛깔스럽게 해야 하네. 여름에는 더위를 참고 겨울에는 추위를 견디며, 스스로 절개를 지켜 도천盜泉[14]을 마시지 말고 불초不肖한 사람의 공양에는 함부로 발을 들이지 말라. 자신의 방에 오래 머물더라도 존귀한 분을 마주하듯 하고, 배움이 비록 많지 않아도 어진 이와 나란히 해야 한다. 이와 같

---

[13] 전典은 주로 어떤 사건을 기록하므로 요전堯典과 순전舜典은 모두 그 사실을 기재하였고, 모謨는 주로 말을 기록하므로 대우모大禹謨와 고요모皐陶謨는 그 말(나랏일을 의논한 말)을 기재하였다. 이는 두 글자가 통틀어 '법칙'의 뜻이 됨을 말하였다.

[14] 광주廣州에 샘이 있는데 '도천盜泉'이라 이름한다. 한 모금 마시면 천금을 (훔칠 것을) 생각하니 서쪽 나라에 있는 '치수痴水(마시면 어리석어지는 물)'와도 같다.

은 출가라야 양친에게 보답하고 종친宗親과 아는 이들(知識)[15]에게 모두 은덕을 입히게 된다. 이제 그대들에게 권면하니 각기 스스로 돈독하라.

여덟 번째, 그대들이 이미 출가하여 성품에는 혼미하고 밝음이 있지만 배움은 많으냐 적으냐를 불문하고 정미하게 수행했는지가 중요하네. 상근기는 좌선하고 중근기는 독경하며 하근기는 탐사의 경영을 감당해야 하거늘,[16] 어째서 종일토록 하나도 이룬 것이 없는가? 입신했다는 소문도 없으니 허송세월했다 할 만하네. 이제 그대들에게 가르쳐 주니 스스로 뜻을 단정히 해야 한다.

아홉 번째, 그대들이 이미 출가하여 양친을 떠나서 도법道法으로 성품을 바꾸고 속복을 몸에서 벗었네. 양친과 이별하던 날은 슬프기도 기쁘기도 하며 멀리 세속을 떠나 티끌세상 벗어났네. 마땅히 경전의 도리를 닦아 자신을 제어하고 진리의 세계를 밝아야 하는데, 어째서 무심하게 다시 세속의 인연에 물드는가? 경전의 도리는 이미 희박하고 행실은 터럭만큼도 없으며 진귀하게 여길 말이나 덕행도 없구나. 스승과 벗에게 누를 끼치고 원망은 날로 많아지네. 이러한 출가는 불법을 해치고 자신을 욕되게 하니 깊이 생각하고 유념하여 스스로 몸을 다스려야 한다.

---

15 부류와 파벌이 나오는 곳을 종宗이라 하고, 혼인으로 맺어진 권속들을 친親이라 하며, 대면해서 본 사람을 지知라 하고, 이름을 들어 본 사람을 식識이라 한다.
16 『無爲經』에서는 "사문沙門에 세 무리가 있으니 좌선하는 이가 상근기이고, 독경하는 이가 중근기이며, 대중을 돕는 이가 하근기이다."라고 하였으며, 『瑜伽論』에서는 "자리행自利行과 이타행利他行이 없는 자가 하근기이고, 자리행이 있고 이타행은 없는 자가 중근기이고, 자리행과 이타행이 있는 자를 상근기라 한다."라고 하였다. 경영經營에서 경經은 도모하는 것이고 영營은 재고 측정하는 것이다. 또는 가로와 세로가 경經이고 회전하는 것이 영營이다.

周京師【京, 大也. 師, 衆也. 天子所居, 必以衆大言之也.】大中興寺道安法師遺誡九章, 以訓門人, 其詞曰:【晋道安, 姓衛. 此師姓姚氏.】

敬謝諸弟子等.【『淨名疏』云:"師之謙光處資如弟." 子則捨父從師, 如子事父. 又學從師後曰弟, 紸從師生曰子.】夫出家爲道, 至重至難, 不可自輕, 不可自易. 所謂重者, 荷道佩德, 縈仁負義, 奉持淨戒, 死而有已. 所謂難者, 絶世離俗, 永割親愛, 廻情易性, 不同於衆. 行人所不能行, 割人所不能割, 忍苦受辱, 捐棄軀[1)]命, 謂之難者, 名曰道人. 道人者, 導人也, 行必可履, 言必可法. 被服出家, 動爲法則, 不貪不諍, 不讒不慍,[2)] 學問高遠, 志在玄默, 是爲名稱.【外聞之聲曰名, 叶於内實曰稱.】叅位三尊.【位叅僧寶.】出賢入聖, 滌除精魂.【洗滌掃除心識也.】故得君主不望其報, 父母不望其力, 普天之人莫不歸攝, 捐妻減養, 供奉衣食, 屈身俯仰, 不辭勞恨者, 以其志行清潔, 通於神明, 惔怕【惔怕, 一作澹泊, 恬靜無爲皃.】虛白【虛白, 『莊子』:"虛室生白."】, 可奇可貴. 自獲荒流, 道法淩替, 新學之人, 未體法則, 着邪棄正, 忘其眞實, 以小黠爲智, 以小恭爲足, 飽食終日, 無所用心, 退自推觀, 良亦可悲! 計今出家, 或有年歲, 經業未通, 文字不決, 徒喪一世, 無所成名, 如此之事, 可不深思? 無常之限, 非旦即夕, 三塗【三塗者, 『四解脱經』: 以三塗對三毒: 一火塗瞋忿, 二刀塗慳貪, 三血塗愚痴.】苦痛, 無强無弱. 師徒義深, 故以伸[3)]示, 有情之流, 可爲永誡.

其一曰: 卿已出家, 永違所生. 剃髮毀容, 法服加形. 辭親之日, 上下涕零. 剖愛崇道, 意淩太淸. 當遵此志, 經道俻明. 如何無心, 故存色聲? 悠悠竟日, 經業不成. 德行日損, 穢積逾盈. 師友慙恥, 凡俗所輕. 如是出家, 徒自辱名. 今故誨勵, 宜當專精.

其二曰: 卿已出家, 棄俗辭君. 應自誨勵, 志果青雲. 財色不顧, 與世不群. 金玉不貴, 惟道爲珍. 約己守節, 甘苦樂貧. 進德自度, 又能度人. 如何改操, 趍走風塵? 坐不暖席, 馳騖東西. 劇如徭役, 縣官所牽. 經道不通, 戒德 不全. 朋友蛍弄, 同學棄捐. 如是出家, 徒喪天年. 今故誨勵, 宜各自憐.

其三曰: 卿已出家, 永辭宗族. 無親無踈.【愛而近之曰親, 惡而遠之曰踈, 言無 愛惡之念, 平等持心也.】淸淨無欲. 吉則不歡, 凶則不感. 超然縱容, 豁然離 俗. 志存玄妙, 軌眞守撲.[4] 得度廣濟, 普蒙福祿. 如何無心, 仍着染觸? 空 諍長短, 銖兩升斛.【『律歷志』云: "權者, 所以知輕重也, 本起於黃鍾. 黃鍾一龠, 容 千二百黍, 重十二銖: 二十四銖爲一兩, 十六兩爲一斤, 三十斤爲一鈞, 四鈞爲一 石. 量者, 龠·合·升·斗·斛也: 千二百黍爲龠, 龠十爲合, 合十爲升, 升十爲斗, 斗十 爲斛."】與世諍利, 何異僮僕? 經道不明, 德行不足. 如是出家, 徒自毀辱. 今故誨示, 宜自洗浴.

其四曰: 卿已出家, 號曰道人. 父母不敬, 君帝不臣. 普天同奉, 事之如神. 稽首致敬, 不計富貧. 尙其淸修, 自利利人. 減割之重, 一米七斤. 如何怠 慢, 不能報恩. 倚縱遊逸, 身意虛煩? 無戒食施, 死入太山. 燒鐵爲食, 融銅 灌咽. 如斯之痛, 法句所陳. 今故誨約, 宜改自新.【日新又日新也.】

其五曰: 卿已出家, 號曰息心. 穢雜不着, 惟道是欽. 志柰淸潔, 如玉如水. 當修經戒, 以濟精神. 衆生蒙祐, 并度所親. 如何無心, 隨俗浮沉? 縱其四 大, 恣其五根. 道德遂淺, 世事更深. 如是出家, 與世同塵. 今故誡約, 幸自 開神.

其六曰: 卿已出家, 捐世形躯.* 當務竭情, 泥洹合符. 如何擾動, 不樂閑居. 經道損耗, 世事有餘? 清白不履, 反入泥塗. 過影之命, 或在須臾. 地獄之 痛, 難可具[5]書. 今故戒勵, 宜崇典謨【典, 主記事, 故堯·舜皆載其實; 謨, 主記 言, 故禹·皐陶則載其謨. 此言兩字通爲法則義.】.

其七曰: 卿已出家, 不可自寬. 形雖鄙陋, 使行可觀. 衣服雖麁,[6] 坐起令端. 飮食雖踈, 出言可餐. 夏則忍熱, 冬則忍寒. 能自守節, 不飮盜泉【廣州有水, 名曰盜泉, 一酌懷千金, 如西國痴水也.】. 不肯之供, 足不妄前. 久處私室, 如臨至尊. 學雖不多, 可齊上賢. 如是出家, 足報二親. 宗親知識【流派所出爲宗, 姻眷爲親, 見面爲知, 聞名爲識.】, 一切蒙恩. 今故誡汝, 宜各自敦.

其八曰: 卿已出家, 性有昏明. 學無多少, 要在修精. 上士坐禪, 中士誦經. 下士堪能, 塔寺經營.【『無爲經』云: "沙門有三輩, 坐禪爲上, 誦經爲中, 助衆爲下." 『瑜伽論』云: "無二利行者, 下士; 有自利無利他行者, 中士; 有二利行者, 名上士." 經營者, 經謀爲也, 營量度也. 又縱橫爲經, 回旋爲營也.】豈可終日, 一無所成? 立身無聞, 可謂徒生. 今故誨汝, 宜自端情.

其九曰: 卿已出家, 永違二親. 道法革性, 俗服離身. 辭親之日, 乍悲乍欣. 邈爾絶俗, 超出埃塵. 當修經道, 制已履眞. 如何無心, 更染俗因? 經道已薄, 行無毛分. 言非可貴, 德非可珍. 師友致累, 恚恨日殷. 如是出家, 損法辱身. 思之念之, 好自將身.

---

1) ㉺ '䎹'는 '䮷'로 되어 있는 곳도 있다. 아래에도 같다. 2) ㉺ '愶'은 '匿'으로 되어 있는 곳도 있다. 3) ㉺ '伸'은 '申'으로 되어 있는 곳도 있다. 4) ㉺ '撲'은 '樸' 또는 '襆'으로 되어 있는 곳도 있다. 5) ㉺ '其'는 '眞'으로 되어 있는 곳도 있다. 6) ㉺ '麁'는 '麤'로 되어 있는 곳도 있다.

■ 주 ────────────────────

i 낳아 주신 부모(所生) : 소생所生은 부모이니 『詩經』「小雅」〈小宛〉에서는 "일찍 일어나고 밤늦게 잠자리에 들어 너를 낳아 준 부모를 욕되게 하지 말라.(夙興夜寐, 毋忝爾所生.)"라고 하였다.
ii 식심식심 : 사문沙門을 한역하면 식심식심이라 하는데, 이는 사량思量을 그치고 나쁜 일을 일으키지 않는다는 뜻이다.

대당 자은법사가 출가자에게 쓴 경계하는 글[1]

집 버리고 출가한 것은 무슨 까닭인가?
부처님께 머리 조아려(稽首) 생사해탈을 구함이니[2]
세 명의 스승과 일곱 명의 증계사證戒師가 초심자를 판단하여[3]

1　법사의 휘는 규기窺基이며 위衛나라 장군 위지尉遲 경종敬宗의 아들이다. 현장법사玄奘法師가 그를 설득하여 출가하게 하였더니, 많은 장경들을 읽고서는 모두 외워 버렸다. 논서 백 부를 저술하였으므로 당시 사람들이 그를 백부논사百部論師라 불렀다. 그러나 성격이 호방하여 매번 외출할 때마다 반드시 세 대의 수레에 경서와 음식을 싣고 다녔으므로 삼거법사三車法師라고도 불렸다. 고종高宗이 태자로 춘궁春宮에 있을 때, 모후인 문덕황후文德皇后를 위하여 10여 원院, 1천8백97칸이나 되는 자은사慈恩寺를 짓고는 법사에게 들어와 살면서 여러 경전의 번역에 참여하게 하였다. 그곳에 거처한 인연으로 사람들이 자은법사慈恩法師라 불렀다. 또 남산율사는 계율을 지킴이 정밀하고 엄격하여 항상 천신의 공양을 받았는데, 법사가 '삼거三車'라고 불린다는 소문을 듣고는 마음속으로 그를 천하게 여겼다. 하루는 법사가 율사를 방문하였는데, 정오가 지나도록 천신의 공양이 이르지 않자 법사가 인사를 하고 물러나니 천신의 공양이 그제서야 도착하였다. 율사가 때를 넘긴 것을 힐책하자 천신이 "마침 대승 보살께서 여기에 계셔서 그 호위가 매우 엄중하였으므로 들어올 수가 없었습니다."라고 하였다. 율사가 그 말을 듣고는 크게 놀라 참회하였다.

2　계수稽首란, 『周禮』에 아홉 가지 절이 나온다. 첫째는 계수稽首이니, 머리를 아래로 내려 땅에 닿게 하여 한참을 머문 뒤에 일어나는 것을 말한다. 둘째는 돈수頓首이니, 머리를 아래로 내려 땅에 닿자마자 바로 일어났다가 또 머리를 내려 땅에 대는 것을 말한다. 셋째는 공수空首이니, 머리를 차수叉手한 부분까지 가져가는 것으로 소위 배수拜手라는 것이다. 넷째는 진동振動이니, 황송해 하며 급히 위축시켜 손을 내리는 것을 말한다. 다섯째는 길배吉拜이니, 온화한 얼굴로 손을 내리는 것을 말한다. 여섯째는 흉배凶拜이니, 정현鄭玄이 "절을 한 후에 이마를 조아리면 길배이고, 이마를 조아린 후에 절을 하면 흉배이다."라고 하였다. 일곱째는 기배奇拜이니, 기奇(홀수)는 우偶(짝수)가 아닌데, 예절을 간략히 하여 거듭 절하지 않는 것을 말한다. 여덟째는 포배襃拜이니, 답례로 하는 절을 말하는데, 옛 문장에는 '보報'를 '포襃'로 쓰기도 하였다. 아홉째는 숙배肅拜이니, 몸을 곧게 하고 얼굴을 엄숙히 하여 살짝 손을 내리는 것으로 지금의 부인들이 하는 절과 같은 것을 말한다.

3　세 명의 스승은 화상和尙과 갈마羯磨와 교수敎授이다. 화상和尙은 한역하면 '근독近讀'인데, 친히 가까이하고 받들어 섬겨 독경하는 법을 그로부터 받는다. 또는 '역생力生'이라 하는데, 스승의 힘으로 말미암아 법신을 성장케 한다는 것이다. 갈마羯磨는 한역하면 '판사辦事'인데, 이들을 통해 비구와 비구니의 일을 제대로 판단하기 때문이다. 수계사受戒師이다. 교수敎授는 수계할 때 위의威儀를 가르치는 분이다. 『四分律刪繁補闕行事鈔』

머리 깎고 먹물옷 입혀 큰 서원을 일으키도록 한다.
탐욕과 성냄을 버리고 비루함과 인색함을 제거하여
하루 종일 항상 근신하여야 한다.
참된 성품 연마하여 허공과 같이 맑게 하면
자연히 마군들을 물리칠 것이다.
학습을 부지런히 하고 스승을 찾으며
기꺼이 도반들과 더불어 의지할지언정
마음을 삼대(麻)처럼 어지럽게 하여
백년 세월을 헛되이 보내지 말라.
앞선 현인 뒤따르고 앞선 성인 본받아서(斅)⁴
문사수聞思修⁵를 남김없이 의지해서 증득해야 한다.
가고 머물고 앉고 눕는 사이가 정밀하고 오롯하여야 하니
매순간 어긋남이 없어야 비로소 상응한다.
부처님의 참된 경전 십이부ⁱ에
종횡으로⁶ 깨달음의 길을 지시하였으니

에서는 "아사리는 한역하면 정행正行인데, 제자의 행위를 제대로 바로잡아 주기 때문이다."라고 하였다. 『四分律』에는 다섯 종류의 아사리를 밝혀 놓았다. 첫째는 출가아사리이니, 출가할 적에 의지하는 분이다. 둘째는 수계아사리이니, 수계할 때 갈마를 하는 분이다. 셋째는 교수아사리이니, 위의를 가르쳐 주는 분이다. 넷째는 수경受經아사리이니, 그로부터 경전의 가르침을 받거나 혹은 4구게 한 게송이라도 받게 된다. 다섯째는 의지아사리이니, 하루 저녁이라도 그에게 의지하여 머물 수 있다.** 다섯 중에 두 번째는 갈마사羯磨師이며, 세 번째는 교수사敎授師이며, 네 번째와 다섯 번째는 화상사和尙師이다. 칠증七證이란 수계할 때의 증계사證戒師 7명인데, 변방국의 경우에는 세 사람만으로 증계사를 삼을 수 있다. 초심자를 판단한다는 것은 처음 발심한 자의 근기를 판단하는 것이다.
  *아사리는~ 때문이다 : 『四分律刪繁補闕行事鈔』 권상(T40, 31a6).
  **첫째는~있다 : 『四分律』 권39(T22, 848a4~a11).
4 『商書』에서는 "백성들을 가르친다(斅)."라고 하였다. (효斅는) 음이 효이니 가르치는 것이며 또는 본받음이다.
5 삼혜三慧이다.
6 횡설수설橫說竪說(자유롭게 여러 방편으로 설하는 것)이다.

익히고 듣고 의지하여 수행하지 않는다면
그대에게 묻노니, 어느 날에 깨칠 건가?
신속하게 참구하기를 머리에 붙은 불 끄듯이 할지니ⁱⁱⁱ
내년이나 후년을 기다리지 말라.
한 차례 숨 들이켜지 못하면 바로 다음 세상인데
누가 이 몸의 견고함을 보장할 수 있겠는가?
누에를 치지 않고 옷 입으며 밭 갈지 않고 먹는 것은
베 짜는 아낙네와 밭 가는 농부의 피와 땀의 힘이라네.
도업道業을 이루라고 시주하거늘
도업을 이루지 못한다면 어찌 녹여 낼까?
애달프도다, 아버지여! 애달프도다, 어머니여!
쓴 것 삼키고 단 것 뱉으시며 매우 고생하셨네.
진자리 마른자리 골라 앉혀 기른 것은
가문을 세습하고 선조를 계승하기를 바라서인데
하루아침에 어버이를 하직하고 머리 깎기를 구하니
팔십 구십 되더라도 의탁할 곳 없네.
범부와 성현의 무리를 뛰어넘지 못하면
여기에서 그럭저럭 세월만 보낼 뿐, 크게 어긋날 테지.
복전의福田衣[7]와 항룡발降龍鉢[8]로

---

7 가사袈裟는 위없는 큰 복밭의 옷이니, 짓는 자와 받는 자에게 모두 무량한 복이 생기기 때문이다. 또는 저 밭두둑(溝塍)의 경계를 본떠서 가사 조각을 재단했기 때문에 전의田衣라 한다. 승塍은 음이 '승升'이고 밭두둑이다.
8 가섭 3형제는 처음에 화룡을 섬겼는데, 부처님이 그들을 제도하려고 화룡의 굴에 갔다. 화룡이 부처님을 보고는 성을 내어 먼저 독을 품은 불길을 뿜었다. 부처님도 삼매의 불길을 놓으니 독룡이 그 열기에 괴로워하다가 몸을 숨길 곳이 없자 부처님 발우 안의 물 속으로 들어갔다. 부처님께서 그를 위해 설법하시고 가섭 3형제를 득도시켰기 때문에 이를 항룡발이라 한다.

평생 동안 받아서 쓰며 해탈을 구하니
만약 작은 이익에 마음이 얽매이면
피안의 열반에 어찌 도달할까?
선남자야! 너는 반드시 알아야 하니
지금 같은 때를 만나기 어렵네.
이미 출가하여 누더기옷(縷褐)[9]을 걸쳤으니
마치 눈먼 거북이가 떠다니던 나무토막 만난 격이네.[10]
대장부라면 반드시 맹렬하고 예리하게
몸과 마음을 단단하게 단속해야 하니 용이하게 생각하지 말라.
수행과 원력이 힘써 서로 돕는다면
결정코 용화회상에서 친히 수기 받으리라.[11]

大唐慈恩法師出家箴【師諱窺基, 衛將軍尉遲敬宗之子也. 奘法師紿之而令出家, 群藏過目成誦, 著論百部, 時稱百部論師. 然性豪俊, 每出必治三車, 備經書食饌, 亦號三車法師. 高宗在春宮日, 爲母文德皇后, 建慈恩寺, 凡十餘院千八百九十七間, 以師入居, 叅譯諸經. 因居之, 人稱曰慈恩法師. 又南山律師持律精嚴, 常感天供, 聞師三車之號, 心竊薄之. 一日, 師訪律師, 過午天饌不至, 師辭去, 天供至. 律師責以後時, 天曰: "適大乘菩薩在此, 翊衛甚嚴, 無自而入." 律師聞之, 大驚而懺謝.】

---

9 갈褐은 모포인데, 빈천한 자들이 입는 것이다.
10 수미산 아래 향수해香水海에 한 마리 눈먼 거북이가 있는데, 그 수명은 무량겁이고 백년마다 한 번씩 물 밖으로 나온다. 또 파도를 따라 표류하는 구멍 하나 뚫린 나무토막이 있는데, 만약 서로 마주치면 거북이가 그것에 의지하여 쉬고 마주치지 못하면 물속으로 가라앉는다. 중생도 이와 같으니, 오취五趣의 고해에 빠져서 표류하다가 사람 몸을 얻는 어려움이 이보다 심하다. 설사 사람의 몸을 얻었더라도 출가하기가 쉽겠는가?
11 용화龍華는 나무 이름인데, 그 꽃이 용龍과 같아서 그렇게 이름하였다. 『彌勒下生經』에서는 "자씨慈氏가 시두말성翅頭末城 안의 대바라문인 묘범妙梵의 집에 태어나며, 출가하는 날 곧바로 정각을 이룰 것이다. 신장이 60길(丈)이고 8만 4천 가지 상호相好를 갖추고 나무 아래에 앉아서 세 차례 설법하리니, 석가께서 남기신 법을 잘 받드는 자 중에 부처님의 명호를 한 번 일컬은 자까지도 모두 제도할 것이다."라고 하였다.

捨家出家何所以? 稽首空王求出離.【稽首者,『周禮』有九拜: 一曰稽首, 謂下首至地, 稽留乃起. 二頓首, 謂下首至地即起, 又下首叩地. 三空首, 謂頭至手, 所謂拜手. 四振動, 謂恐悚迫蹙而下手. 五吉拜, 謂雍容而下手. 六凶拜, 鄭玄曰:"拜而後頟稽, 吉拜; 稽頟而後拜, 凶拜." 七奇拜, 奇不偶也, 謂禮簡不再拜. 八褒拜, 謂答拜也. 古文, 報亦作褒. 九肅拜, 謂直身肅容而微下手, 如今婦人拜.】

三師七證之初機.【三師, 和尙·羯磨·敎授也. 和尙, 此云近讀, 謂親近承事, 受讀經法. 又云力生, 由師之力, 生長法身. 羯磨, 此云辦事, 由玆能成辦比丘·比丘尼事故, 即受戒師. 敎授, 即受戒時敎威儀者.『鈔』云:"阿闍黎, 此云正行, 能糾正弟子行故."『四分』明五種闍黎: 一出家阿闍黎, 所依得出家者. 二受戒阿闍黎, 受戒作羯磨者. 三敎授阿闍黎, 敎授威儀者. 四受經阿闍黎, 所從受經, 乃至一四句偈. 五依止阿闍黎, 乃至依住一宿者. 五中第二, 羯磨師; 第三, 敎授師; 四及五, 和尙師. 七證者, 受戒時證戒師七人. 若邊國則但三人作證. 定初機者, 定其初發心機也.】剃髮染衣發弘誓.

去貪嗔除鄙悋, 十二時中常[1]謹愼.

鍊磨眞性若虛空, 自然戰退魔軍陣.

勤學習尋師匠, 說[2]與同人堪倚仗.

莫敎心地亂如麻, 百歲光陰等閑喪.

踵前賢歘先聖,【『商書』"歘于民." 音效, 敎也, 又法効也.】盡假聞思修【三慧也.】得證.

行住坐臥要精專, 念念無差始相應.

佛眞經十二部, 縱橫【縱說橫說.】指示菩提路.

不習不聽不依行, 問君何日心開悟?

速須究似頭燃,[3] 莫待明年與後年.

一息不來即後世, 誰人保得此身堅?

不蠶衣不田食, 織女耕夫汗血力.

爲成道業施將來, 道業未成爭消得?

哀哀父哀哀母, 嚥苦吐甘大辛苦.

就濕回乾養育成, 要襲門風繼先祖.

一旦辭親求剃落, 八十九十無依托.

若不超凡越聖流, 向此因循全大錯.

福田衣【袈裟是無上大福田衣, 作者受者, 皆生無量福故. 又像彼溝塍畦町, 以制條葉, 故曰田衣. 塍, 音升, 稻田畦也.】降龍鉢【迦葉三兄弟, 初事火龍, 佛欲度之, 徃火龍窟. 火龍見佛而嗔, 先放毒火. 佛亦放三昧火, 毒龍熱惱, 竄身無地, 投佛鉢水中. 佛爲說法得度三迦葉, 故謂之降龍鉢.】受用一生求解脫.

若因小利繫心懷, 彼岸涅槃爭得達?

善男子汝須知, 遭逢難得似今時.

旣遇出家披縷褐【褐, 毛布, 賤者所服也.】, 猶如浮木値盲龜.【須彌山下香水海中, 有一盲龜, 其壽無量劫, 百年一回出水. 又有一孔木頭, 漂流海浪, 若或相値, 龜卽休止; 不得相遇, 卽能沈沒. 衆生亦如是, 漂溺五趣之苦海, 得人身難, 復甚於此. 倘得人身, 其易出家乎?】

大丈夫須猛利, 繁束身心莫容易.

儻能行願力相扶, 決㞢龍華親授記.【龍華, 樹名, 其華如龍故名.『下生經』云: "慈氏下生於翅頭末城中大婆羅門妙梵家, 出家日卽成正覺, 身長六十丈, 其八萬四千相好. 坐此樹下, 三會說法, 度盡釋迦遺法中, 乃至一稱佛名者."】

---

1) ㉘ '常'은 '當'으로 되어 있는 곳도 있다. 2) ㉙ '說'은 '悅'과 의미가 같다. 3) ㉘ '燃'은 '然'으로 되어 있는 곳도 있다.

주

i 십이부 : 십이부경은 부처님의 일대 교설을 형식이나 내용에 따라 열두 가지로 나눈 것으로 수다라修多羅·기야祇夜·가타迦陀·이타나尼陀那·이제왈다가伊帝曰多迦·사타가闍陀迦·아부타달마阿浮陀達磨·아파타나阿波陀那·우바제사優婆提舍·우타나優陀那·비불략毘佛略·화가라나和迦羅那이다.

ii 머리에 붙은~끄듯이 할지니 : 머리에 붙은 불을 끄듯이 다급하게 해야 함을 비유한 말이다.

남악 법륜사 성행당 기문

초연거사超然居士 조령긍趙令矜이 짓다[1]

일찍이 말하기를, 모든 괴로움 중에 병으로 인한 고통이 가장 심하고, 복을 짓는 일 중에 병자를 보살피는 것이 최고라 하였다.[2] 그러므로 옛사람들은 병이 있는 것을 선지식으로 삼았고, 깨친 사람은 간병하는 것을 복전으로 삼았으니, 그러므로 총림은 늙고 병든 자를 위해 (성행당을) 시설했다.

지금 총림에 모인 대중 가운데 병든 자가 있으면 성행당으로 보내는 것은 닦고 살피고 고치고 행하여서 병을 물리치게 할 뿐만 아니라 또한 사람들이 흩어진 고요한 밤에 외로운 등불이 홀로 비출 때에 일대사一大事[3]를 찾아보게 하려는 것이니, 어찌 헛되이 그러하리오! 이미 지당知堂에게 명령하여 탕약(藥餌)[4]을 맡게 하였고 또 상주물常住物을 갖추어(戒)[5] 필요한 것을 충족하게 하였으니, 이는 옛 부처님이 제정하신 법규이다.

근세에는 그렇지 못하여 건물 이름을 '연수延壽(수명을 연장함)'라 하니, 비루하고 속되어(俚)[6] 법답지(經)[7] 못하다. 병든 자가 스스로 허물을 살피

---

1 자는 표지表之이며 원오선사圓悟禪師의 법을 이었다.
2 여덟 가지 복밭 중에 병든 이를 보살펴 주는 복이 매우 크다.
3 『法華經』에서는 불지견佛知見으로 일대사를 삼고, 『涅槃經』에서는 불성佛性으로 일대사를 삼고, 『維摩經』에서는 부사의不思議로 일대사를 삼고, 『華嚴經』에서는 법계法界로 일대사를 삼고, 선종에서는 일착자一着子*로 일대사를 삼으니, 이름은 차이가 있으나 그 이치는 하나이다.
   *일착자一着子 : 참마음을 의미하며, 착자着子는 주인공主人公 곧 우리들의 본래 마음자리를 가리킨다.
4 이餌 또한 약이다.
5 (계戒는) 갖춤이며 다스림이다.
6 이俚 또한 비루함이며 또한 속됨이다.
7 (경經은) 법이다.

지 않고 몸을 보강하는 처방을 어겨 탕약을 함부로 투여하니, 도리어 고질병(沉痼)[8]을 이루고 있다. 심지어 혹독한 질병이 있는데도 성행당에 들어가지 않고 어리석게 방일함[9]에 힘쓰는 자는 당우를 세우고 거기에 이름을 붙인 뜻을 크게 잃은 것이다. '지당'이란 소임은 이름만 있을 뿐 실체는 없어져서 혹은 병자를 길가는 사람처럼 여기고,[10] 상주물은 날마다 쓰는 것에 급급하여 병자를 전혀 보살피지 못하고 있으니, 또한 우바니사타優婆尼沙陀가 늙고 병든 이를 간호한 뜻을 거듭 잃은 것이다.[11] 이 때문에 병든 사람이 신음하고 고통스러워함이 날로 더욱 심해지니, 잘못이 피차(병자와 간병인)에게 있을 뿐 여래의 허물은 아니다.[12] 설령 친구가 있어서 문병 오더라도 모두 고향(鄕曲)의 친구들이라[13] 마음씀이 이미 두루하지 못하니, 매사가 문득 어긋나게 된다.

이제 법륜사의 간병 장소가 크게(奐然) 한번 새로워졌으니[14] 대개 본분인本分人은 이 일을 여러모로 갖추었기 때문에 논할 것이 없지만, 병이 있는 사람은 어떻게 해야 되는가? 자기 몸을 돌아보고 허물을 생각함은 세간의 식견 있는 자들도 모두 통달하였다. 승려의 입장에서는 곧장 끊은 (直截)[15] 기연機緣으로 머리가 아프고 이마에 열이 날 때에는 요동치는 것을 알아차리고, 고통을 부르짖을 때에는 고달픈 마음을 알아차려 면밀히

---

8 (침고沉痼는) 오랫동안 굳어진 질병이다.
9 어리석고 게으름이다.
10 병든 승려 보기를 마치 길 가는 사람처럼 보는 것이다.
11 우바니사타는 율행律行을 지녔기 때문에 부처님의 회상에서 늙고 병든 자들을 간호하였으니, 지금의 지당과 같다.
12 앞선 부처님의 밝은 가르침을 따르지 않은 허물이 병자와 지당에게 있으니, 어찌 우리 부처님이 제정하신 법의 허물이겠는가?
13 향리鄕里를 곡曲이라 한다. 또한 곡曲이란 마을의 구석진 곳이다.
14 환奐은 크다는 것이며 또한 문채가 찬란하게 밝은 모습이니 거처하는 방의 아름다움을 말한다.
15 분별이 없으면 병의 고통을 알지 못하므로 '직절直截'이라 하였다.

궁구하기를, '누가 병고를 받는 것인가? 사람은 이미 보이지 않는데 병은 어디로부터 오는가? 사람과 병이 함께 없으니 다시 무슨 물건인가?'라고 해야 한다. 그러나 설령 분명하게 알았더라도 병을 생각해서 장차 쉬어야 한다.

南岳[1]法輪寺省行堂記
超然居士趙令衿撰.【字表之, 嗣圓悟禪師.】

嘗謂諸苦之中, 病苦爲深; 作福之中, 省病爲最.【八福田中, 給事病人, 其福甚大.】是故古人以有病爲善知識, 曉人以看病爲福田, 所以叢林爲老病之設. 今叢林聚衆, 凡有病, 使歸省行堂, 不惟[2]修省改行以退病, 亦欲人散夜靜, 孤燈獨照之際, 求[3]索大事.【『法華』, 以佛知見爲大事;『涅槃』, 以佛性爲大事;『維摩』, 以不思議爲大事;『華嚴』, 以法界爲大事; 宗門, 以一着子爲大事. 名雖有別, 其義則一也.】豈徒然哉! 旣命知堂以司藥餌,【餌亦藥也.】又戒【備也, 理也.】常住以足供須, 此先佛之規制. 近世不然, 堂名延壽, 鄙俚【俚亦鄙也. 又俗也.】不經【法也.】. 病者, 不自省咎, 補躬乖方, 湯藥妄投, 返成沉痼【久固之疾.】. 至有酷疾, 不瘞堂, 以務踈逸者【頑踈放逸.】, 大失建堂命名之意也. '知堂'名存實廢,[4] 或同路人,【視其病僧, 如視行路之人.】常住急於日用, 殊不存撫, 又復失優婆[5]待老病之意也.【優婆尼沙陀, 持律行故, 於佛會中, 看待老病, 如今之知堂也.】由是病人呻吟痛楚, 日益增極, 過在彼此, 非如來咎.【不順先佛明誨之過, 在乎病者及知堂, 豈吾佛制法之咎哉?】縱有親故問病, 率皆鄕曲故舊【鄕里曰曲. 又曲者, 里之曲也.】, 心旣不善, 事忽有差. 今法輪病所, 奐然一新,【奐, 大也. 又文彩粲明皃, 言居室之美也.】蓋有本分人, 是事色色成辦, 無可論者, 惟有病人, 宜如何哉? 省躬念罪, 世之有識者, 皆能達此. 衲僧分上, 直截【無有分別, 不饒病苦, 故曰直截.】機緣, 當於頭痛額熱之時, 薦取掉動底, 於聲冤叫苦之際, 領畧徹困心, 密密究思: '是誰受病? 人旣不見, 病從何來? 人病雙亡, 復是何物?' 直饒見得分明, 正好爲他將息.

---

1) ㉩ '岳'은 '嶽'으로 되어 있는 곳도 있다. 2) ㉩ '惟'는 '唯'로 되어 있는 곳도 있다. ㉭ '惟'는 '唯'와 통용된다. 3) ㉩ '求'는 '究'로 되어 있는 곳도 있다. 4) ㉩ '廢'는 '癈'로 되어 있는 곳도 있다. 5) ㉩ '婆'는 '波'로 되어 있는 곳도 있다.

주나라 위빈 사문 망명 법사의 식심명[1]

법계에 여의보如意寶를 지닌 사람이 있었는데, 오랫동안 그 몸에 봉함하고 가슴에는 '옛적에 마음을 거둔 사람이다.'라는 글을 새기고 있었으니, 이를 경계하고 경계하라. 많이 생각하지 말고, 많이 알려 하지 말라. 아는 것이 많으면 일이 많으니 뜻을 쉬는 것만 못하고, 생각이 많으면 실수가 많으니 하나를 지키는 것만 못하다. 생각이 많으면 뜻이 흩어지고 아는 것이 많으면 마음이 혼란하니, 마음이 혼란하면 번뇌를 생기게 하고 뜻이 흩어지면 도를 방해한다.

'무슨 잘못이 있겠는가?'라고 하지 말라! 그 고통은 길고도 오래갈 것이며,[2] '무슨 두려움이 있겠는가?'라고 하지 말라! 그 재앙은 솥 안의 끓는 물과 같다. 떨어지는 물방울도 멈추지 않으면 사해四海를 가득 채우고, 가는 티끌도 털어 내지 않으면 오악五嶽을 이룰 것이다.

지말을 막는 것은 근본에 있으니 비록 작더라도 가벼이 여기지 말라. 칠규七竅[i]를 닫고 육정六情[3]을 막아서 색을 엿보지 말고 소리를 듣지 말라. 소리를 듣는 자는 귀가 멀 것이고, 색을 보는 자는 눈이 멀 것이다. 한 가지 학문과 한 가지 기예는 허공의 작은 초파리(小蚋)[4]에 불과하고, 한 가지 기량과 한 가지 재능은 햇빛 아래의 외로운 등불에 불과하다.

영특함과 재주가 어리석음의 폐단이 되니, 순박함을 버리고 화려함에

---

1 법사는 남양南陽 사람인데 양梁나라 경릉왕竟陵王을 벗으로 삼았다. 일찍이 장가들지 않고 있다가 양나라가 패망하자 출가하여 호를 망명亡名이라 하였다.
2 주周나라 무왕武王이 기둥에 새긴 훈계의 글에서 말하였다. "'무슨 해로움이 있겠는가?'라고 하지 말라! 그 재앙은 장차 클 것이며, '무슨 잘못이 있겠는가?'라고 하지 말라! 그 재앙은 장차 오래갈 것이다."
3 육근六根이다.
4 『荀子』에서는 "신맛이 나면 초파리가 모여든다."라고 하였으니, 일명 '눈에놀이'라고도 하고, 일명 '초계醯雞'라고도 한다.

빠지면 식마識馬ⅲ가 쉽게 날뛰고 심원心猿ⅲ을 제어하기 어렵다. 정신이 힘들고 피로해지면 몸은 반드시 손상되니, 삿된 길에서 마침내 방황하며 먼 길(脩途)⁵에 영원히 빠질(泥)⁶ 것이다.

영특함과 재능을 혼몽惛憒이라 하니, 작은 재주를 자랑하고 기교를 뽐내면 그 덕이 크지 못하며, 명성은 두터우나 행실이 경박하면 그 높은 명성이 빨리 무너질 것이다. 융성할 때는 펴고(塗舒) 침체될 때는 거둬들이니(汗卷)⁷ 그 쓰임이 항상하지 않을 것이다. 안으로 교만하고 자랑하는 마음을 품으면 밖으로 원망과 증오를 초래할 것이다.

혹은 입으로 말을 하고 혹은 손으로 글을 써서 사람들의 칭찬을 요구한다면, 이 또한 매우 추악한 것이다. 범부는 이를 길吉하다고 여기나 성인은 이를 허물로 여긴다. 완상할 때는 잠깐이지만 슬퍼하고 근심함은 오래간다. 그림자와 발자취를 두려워하여 달아나면 달아날수록 더욱 빨라지니, 단정히 나무 그늘에 앉아 있으면 발자취도 사라지고 그림자도 없어질 것이다.⁸

생사를 싫어하고 늙음을 근심하며 생각대로 지으니, 마음에 생각이 소멸하면 생사가 영원히 끊어질 것이다.⁹ 죽지도 않고 나지도 않으며 모양

---

5 (수도脩途는) 삼악도이다. 인간 세상의 60겁은 지옥에서 하루 밤낮이 되는데, 이와 같이 무량겁을 지낸다. 삼악도마다 모두 무수겁을 지내니 길고도 먼 길이라 할 수 있다.
6 (니泥는) 음이 '예例'이며 막히고 빠져 통하지 않음이다.
7 『高僧傳』에는 도塗가 융隆으로 되어 있고, 오汗가 오汚로 되어 있다. 융성할 때는 잠시 펼쳤다가 쇠락해질 때에는 다시 말아 들이니 그 쓰임이 무상하여 한결같지 않음을 말한다.
8 그림자를 두려워하고 발자취를 싫어하여 이를 버리고 달아나려는 자가 있었는데, 그가 발을 자주 옮길수록 발자취가 더욱 많아지고 빨리 달아날수록 그림자가 몸에서 떨어지지 않았다. 그늘에 자리잡으면 그림자가 사라지고 고요한 데에 머물면 발자취도 쉽게 됨을 알지 못하였으니, 그 어리석음이 매우 심하다. 싫어하고 근심하는 마음을 일으켜 생사生死를 버리고자 하는 것도 이와 같다.
9 소위 '끓어오르는 것을 그치게 하려면 솥 밑에서 장작을 빼는 것만 한 게 없다.'라는 것이다.

도 없고 이름도 없어서 하나의 도가 텅 비고 고요하여 만물이 평등하면 무엇이 뛰어나고 무엇이 열등하며, 무엇이 무겁고 무엇이 가벼우며, 무엇이 고귀하고 무엇이 비천하며, 무엇이 욕되고 무엇이 영예롭겠는가? 맑은 하늘이 그대의 깨끗함에 부끄러워하고, 밝은 해가 그대의 밝음에 부끄러워하며, 대령岱嶺[10]보다 편안하고 금성金城[iv]보다 견고하리니, 현명하고 명철한 이들에게 삼가 전해 주노라.

이 도는 이롭고도 바르다(利貞).[v]

周渭濱沙門亡名法師息心銘【師南陽人, 梁竟陵王爲友. 曾不婚娶, 梁敗, 師出家, 號亡名.】

法界有如意寶人焉, 久緘其身, 銘其膺曰: '古之攝心人也.' 誠之哉! 誠之哉! 無多慮, 無多知. 多知多事, 不如息意; 多慮多失, 不如守一. 慮多志散, 知多心亂; 心亂生惱, 志散妨道. 勿謂何傷, 其苦悠長;【周武王楹銘曰: "毋曰何害, 其禍將大; 毋曰胡傷, 其禍將長."】勿言何畏, 其禍鼎沸. 滴水不停, 四海將盈; 纖塵不拂, 五嶽將成. 防末在本, 雖小不輕. 關爾七竅, 閉爾六情【六根也.】. 莫窺於色, 莫聽於聲. 聞聲者聾, 見色者盲. 一文一藝, 空中小蚋【『荀子』曰: "醯酸而蚋聚." 一名蠛蠓, 一名醯雞.】; 一伎[1)]一能, 日下孤燈. 英賢才藝, 是爲愚弊, 捨棄淳撲,[2)] 躭溺淫麗, 識馬易奔, 心猿難制. 神旣勞役, 形必損斃, 邪逕終迷, 脩途【即三惡道. 人間六十劫, 泥犁爲一晝夜, 如是經無量劫, 三惡道皆經無數劫, 則可謂長遠之途矣.】永泥【音例, 滯陷不通也.】. 英賢才能, 是曰悟憦, 洿拙羨巧, 其德不弘; 名厚行薄, 其高速崩. 塗舒汙卷,【『高僧傳』: 塗作隆, 汙作污. 言隆盛之時, 暫能舒展, 汚下之日, 即復卷却, 謂其用無常, 而不恒一也.】其用不恒. 內懷憍伐, 外致怨憎, 或談於口, 或書於手, 要人令譽, 亦孔之醜, 凡謂之吉, 聖謂之咎. 賞翫暫時, 悲憂長久. 畏影畏迹, 逾走逾劇, 端

---

10 대령은 항주恒州에 있는데, 뭇 산 중에 으뜸이다.

坐樹陰, 迹滅影沉.【人有畏影惡迹, 去之走者, 擧足逾數而迹愈多, 走愈疾而影不離身, 不知處陰而休影, 處靜而息迹, 愚亦甚矣. 起厭患心, 欲捨生死, 亦復如是.】厭生患老, 隨思隨造. 心想若滅, 生死長絶.【所謂揚湯止沸不如釜底抽薪.】不死不生, 無相無名. 一道虛寂, 萬物齊平. 何勝何劣? 何重何輕? 何貴何賤? 何辱何榮? 澄天愧淨, 曒日慙明. 安夫岱嶺【岱岳在恒州, 爲衆山之長.】固彼金城. 敬貽賢哲, 斯道利貞.

---

1) ㉈ '伎'는 '佼'로 되어 있는 곳도 있다.　2) ㉈ '撲'은 '樸'으로 되어 있는 곳도 있다.

주

i   칠규七竅 : 혼돈칠규混沌七竅를 가리킨다. 장자莊子가 말하기를, "남해의 제帝가 숙儵이고, 북해의 제가 홀忽이고, 중앙의 제가 혼돈이다. 숙과 홀이 때때로 혼돈의 땅에서 만나니 혼돈이 그들을 융숭히 대접하였다. 숙과 홀이 혼돈의 덕을 갚으려고 말하기를, '사람들은 모두 일곱 구멍이 있어 보고 듣고 먹고 숨 쉬거늘, 이 혼돈만이 그것이 없으니 뚫어 주어야겠다.'라고 하고는 날마다 하나의 구멍을 뚫었더니 7일 만에 혼돈이 죽었다."라고 하였다. 『莊子』「應帝王」.

ii   식마識馬 : 식識을 날뛰는 말에 비유한 것이니, 제8식을 가리킨다.

iii   심원心猿 : 마음을 원숭이에 비유한 것이니, 6식을 가리킨다.

iv   금성金城 : 금성탕지金城湯池의 줄인 말로 매우 견고한 요새지를 일컫는다.

v   이롭고도 바르다(利貞) : 『周易』에 천도天道의 덕으로 사물의 근본 원리를 일컫는 '원형이정元亨利貞'이라는 말에서 온 것이다. 원은 만물의 시초(始)로 봄에 속하고 인仁이며, 형은 만물의 생장(長)으로 여름에 속하고 예禮이며, 이는 만물의 이루어짐(遂)으로 가을에 속하고 의義이며, 정은 만물의 거두어짐(成)으로 겨울에 속하고 지智가 된다.

동산 화상의 규계[1]

대저 사문沙門인 석자釋子[2]는 고상한 것을 종지로 삼아 반연을 이미 끊고 마땅히 담박淡薄함을 따라 부모의 은애恩愛를 끊고 군신의 예의를 버렸으며, 삭발하고 염의染衣를 입고서 수건을 지니고 발우를 받들어 티끌세계 벗어나는 지름길을 밟고 성인聖人의 경지에 들어가는 사다리에 오른다. 서리같이 결백하고 눈처럼 청정하므로 용신龍神이 그들을 흠모하고 귀매鬼魅[3]가 귀의하여 항복한다.

그러므로 마음과 뜻을 오롯이 해서 부처님의 깊은 은혜에 보답하여야 부모가 낳아 주신 몸에 비로소 이익을 입힐 수 있는데, 어찌하여 문도들과 결탁하고 붕우朋友를 따라서 붓과 벼루를 가지고 다니며 문장을 짓는 데 치달리고(馳騁),[4] 구차하게(區區)[5] 명리를 구하며, 분주하게(役役)[6] 세속에 나다녀서 계율을 생각하지 않고 위의를 무너뜨리는가? 이는 일생의 용이함을 취하여 만겁의 고통으로 삼는 격이다. 만약 이런 것에 힘쓴다면

---

1 화상의 휘는 양개良介이고 회계會稽 유씨兪氏의 자손이며 운암雲巖의 법을 이었다. ○규規는 원을 만드는 기구이며, 규계規戒란 총림을 바로잡는 경계하는 말이다.
2 『顯性錄』에서는 "첫째는 사문이고 석자(석가의 아들)는 아니니, 출가한 외도外道 바라문들이다. 둘째는 석자이고 사문은 아니니, 재가자 중 석가의 종족들이다. 셋째는 사문이고 석자이니, 불문佛門의 승려들이다. 넷째는 사문도 아니고 석자도 아니니, 세속의 속인들이다."*라고 하였다. 구마라집 법사가 "불법佛法에서든 외도들이든 출가한 자를 모두 사문이라 한다."라고 하였고, 승조 법사가 "출가한 자를 모두 일컬은 말이다."라고 하였다.
  *첫째는~속인들이다 : 『金剛錍顯性錄』권1(X56, 517c12~14)에는 다음과 같이 나온다. "有是沙門非釋者, 如西方外道 ; 有是釋非沙門者, 如西方釋種 ; 非釋非沙門, 如二土之俗 ; 是釋是沙門, 如二土之僧. 是故須云沙門釋也."
3 매魅는 정괴精怪의 요물로서 사람 얼굴에 귀신의 몸을 하고 수족으로 사람을 잘 유혹하며 산림의 신이한 기운이 만들어 낸 것이다.
4 빨리 달려가는 것을 치馳라 하고 곧장 달려가는 것을 빙騁이라 하니, 문장에 마음과 생각을 쏟아붓는 것을 말한다.
5 구차(苟且: 힘쓰다)의 뜻이다.
6 분주한 모양이다.

쓸데없이 석자라고만 불릴 뿐이다.

洞山和尙規戒[1]

【師諱良介, 會稽兪氏子, 嗣雲巖. ○規, 爲圓之器. 規戒者, 規正叢林警誡之辭也.】
夫沙門釋子,【『顯性錄』云: "一是沙門非釋子, 出家外道婆羅門. 二是釋子非沙門, 在家釋種. 三是沙門是釋子, 兩土之僧. 四非沙門非釋子, 兩土之俗." 什師云: "佛法及外道中, 凡出家者, 皆名沙門." 肇云: "出家之都名也."】高上爲宗, 旣絕攀緣, 宜從淡薄, 割父母之恩愛, 捨君臣之禮義,[2] 剃髮染衣, 持巾捧鉢, 履出塵之徑路, 登入聖之階梯, 潔白如霜, 淸淨若雪. 龍神欽敬, 鬼魅歸降.【魅者, 精怪之物, 人面鬼身, 四足好惑人, 山林異氣所生也.】專心用意, 報佛深恩, 父母生身, 方霑利益, 豈許結託門徒, 追隨朋友, 事持筆硯, 馳騁文章.【疾馳曰馳, 直馳曰騁, 言馳心役慮於文章也.】區區【苟且之意.】名利, 役役【奔走之狀.】趁塵, 不思戒律, 破却威儀? 取一生之容易, 爲萬劫之艱辛. 若斁如斯, 徒稱釋子.

1) ㉠ '戒'는 '誡'로 되어 있는 곳도 있다. 2) ㉠ '義'는 '儀'로 되어 있는 곳도 있다.

자운 준식 참주가 띠에 쓴 글[1]

　지백아! 너는 날마다 해야 할 것을 알아야 하니, 선善을 해치는 법은 마땅히 멀리하고, 악惡을 덜어 내는 도는 더욱 힘써야 한다. 입으로는 스스로 자랑하지 말고, 마음으로는 스스로 기만하지 말며, 안으로는 좀먹는 생각을 품지 말고, 바깥으로는 폼 재는 거동을 드날리지 말라. 사람들의 칭찬을 바라고 자기의 사욕을 쌓는 것은 의義를 죽이는 시초이며 재앙에 빠지는 기틀이다. 스스로 자기의 덕을 믿으면 반드시 많은 비난이 있게 되고, 스스로 자기의 영달을 자랑하면 반드시 여러 잘못이 있기 마련이다. 권속이 나뭇가지에 새 모이듯 하더라도[2] 너는 마땅히 멀리해야 하고, 이양利養[3]이 터럭이나 실낱같더라도[4] 너는 마땅히 두려워해야 하니, 잘 선택하여 유념하라.

　악惡을 막은 후에는 무엇을 법칙으로 함이 마땅한가? 맑은 향 한 묶음을 사르고 붉은 연꽃 두어 가지를 꽂고서 입으로는 독송을 그치지 말고 마음으로는 다른 생각을 하지 말라. 참선하고 불상에 예경할 때 그 법도를 어그러뜨리지 말며, 의복을 헤아리고 음식을 절제하여 그 의지를 바꾸지 말라. 세간의 글을 짓는 일은 부처님의 가르침대로 경계하며, 다른 이의 장단점을 말하는 것은 여법하게 삼가도록 하라. 설령 객승을 대하더라도 입으로는 많은 말을 하지 말며, 세월의 빠름을 자주 두려워하여 앉아서 시간을 소비하지 말라. 파초처럼 빈 몸은 그대가 오래도록 기약할 것

1　스님은 휘가 준식遵式이고 자가 지백知白이며 태주台州 섭씨葉氏의 자손이다. 천태교天台敎를 전수받아 예참禮懺으로써 업을 삼았기 때문에 참주라고 하였다.
2　『遺敎經』에서는 "무리를 좋아하는 자는 온갖 번뇌를 받을 것이니, 비유컨대 큰 나무에 새 무리가 모여들면 가지가 마르고 꺾이는 환난이 생기는 것과 같다."라고 하였다.
　＊무리를~같다 : 『遺敎經論』 권1(T26, 288a19~21).
3　재물을 바라는 것을 이利라 하고, 이로움을 즐기는 것을 양養이라 한다.
4　작으나 끊어지지 않음을 말한다.

이 아니며[5] 연화정토가 그대의 참된 귀의처이니, 밤을 낮 삼아 부지런히 수행하라.[6]

慈雲式懺主書紳【師諱遵式, 字知白, 台州葉氏子. 傳台敎, 以禮懺爲業, 故名.】
知白! 汝知日之所爲, 害善之法, 偏宜遠之; 損惡之道, 益其用之. 口無自伐, 心無自欺, 勿抱內蠹, 勿揚外儀. 欲人之譽, 畜己之私, 殺義之始, 陷禍之基. 自恃其德, 必有餘譏; 自矜其達, 必有餘非. 眷屬集樹,【『遺敎經』云: "若樂衆者, 卽受衆惱, 譬如大樹衆鳥集之, 則有枯折之患."】汝宜遠之; 利養【財之所欲曰利, 利之所樂曰養.】毛繩,【言小而不切也.】汝宜畏之, 擇而思之. 懲惡之餘, 何則是宜? 淸香一炷, 紅蓮數枝, 口勿輟誦, 意勿他思. 安禪禮像, 其則勿虧; 量衣節食, 其志勿移. 造世文筆, 如佛戒之. 說人長短, 如法愼之. 縱對賓侶, 口勿多辭. 頻驚光影, 坐勿消時. 芭蕉虛質, 非汝久期.【山谷詩: "芭蕉自觀身." 又"忍持芭蕉身." 注云: "『維摩經』云: '是身如芭蕉, 中無有堅固.'" 陸佃云: '蕉不落葉, 一葉舒, 則一葉焦, 故謂之蕉.'" 俗謂乾物爲巴, 巴亦焦義.】蓮花淨土, 是汝眞歸. 俾夜作晝, 勤而行之.【師臨終, 預期十日, 使徒衆誦『彌陀經』, 以證其終.】

---

5 황산곡의 시에서는 "파초 같은 몸을 스스로 본다."라고 하였고 또 "파초 같은 몸을 인내하여 지탱한다."라고 하였는데, 주석에서는 다음과 같이 말하였다. "『維摩經』에 '이 몸은 파초와 같아서 그 안에 견고한 것이 없다.'라고 하였고, 육전陸佃이 '파초는 낙엽으로 떨어지지 않고 하나의 잎사귀가 피면 하나의 잎사귀가 타들어가기(焦) 때문에 이를 초蕉라 한다.'라고 하였다." 세간에서 물건이 마르는 것을 파巴라 하는데, 파巴 또한 탄다(焦)의 뜻이다.
  *이 몸은~없다 : 『佛說維摩詰經』 권상(T14, 521b4)에는 다음과 같이 나온다. "是身如芭蕉, 中無有堅."
6 스님이 임종할 때 열흘 후를 기약하였는데, 문도들에게 『阿彌陀經』을 독송하게 하여 그 임종을 증명하였다.

발원문

원하옵건대

이 몸이 편안하게 도를 닦고 모든 반연되는 장애를 벗어나며
정법 수호에 어려움이 없고 나라가 풍요롭고 안락하기를 바랍니다.
항상 초야에 살면서 홀로 적정을 즐기고
납의衲衣와 채식으로 분수에 따라 만족하겠습니다.
강적을 막듯이 신도들의 시줏물을 늘 두려워하고
큰 원수를 멀리하듯이 권속들을 늘 떠나 있겠습니다.
진귀한 보물을 보호하듯이 선정과 지혜를 늘 보호하고
나쁜 질병을 제거하듯이 모든 악을 늘 버리겠습니다.
법복과 석장은 마군을 막는 갑옷과 병기이며
승상繩床과 향관香鑵은 도를 돕는 도구들이니
이를 제외하고는 더 이상 탐내지 않겠습니다.
세속의 풍속을 익혀 상도常道로 삼는 자들과는 가까이하지 않으리니
욕심을 부리고 명리를 추구하는 자들은 영원히 우리 무리가 아닙니다.
비방과 칭찬의 헛된 메아리는 바람이 귓가에 지나가는 것과 같으니
어기고 따름을 편안히 받아들여 도업道業에 오로지 뜻을 두겠습니다.

願文

願我此身, 安穩[1]修道, 離諸緣障, 正法無難, 國土豊樂. 常居林野, 樂獨寂靜, 衲[2]衣菜食, 隨分知足. 常畏信施, 如禦强敵; 常離眷屬, 如遠大怨; 常保禪慧, 如護珍寶; 常弃諸惡, 如去弊疾. 法衣錫杖, 禦魔甲兵; 繩床香鑵, 資道調具, 捨此之外, 更無所貪. 習俗生常, 願莫相近, 嗜慾名利, 永非我徒. 毁讚虛響, 猶風過耳, 安忍違從, 志全道業.

1) ㉯ '穩'은 '隱'으로 되어 있는 곳도 있다. 2) ㉯ '衲'은 '納'으로 되어 있는 곳도 있다.

▌주

i 승상繩床 : 좌상坐床 또는 교상交床이라고도 한다. 부처님 재세 시에 승려들이 사용하던 도구인데, 새끼줄로 엮어 만든 좌구座具로 비구들이 앉거나 누울 때 사용한다. 중국과 일본에서는 이를 흔히 의자椅子라고 한다.

규봉 종밀 선사의 좌우명[1]

인시寅時(새벽 3~5시)에는 일어나야 일에 힘쓸 수 있고[2]
말을 아껴야 끝내 허물이 적다.
몸을 편안히 하여 계와 정을 부지런히 닦고
일을 간략히 하여 교유交遊를 드물게 하라.
다른 이의 허물은 판단할 것이 못 되고
자신의 과오는 마땅히 스스로 고쳐라.
백 년 세월도 이미 기한이 있으니
세상일을 어느 때에 쉬겠는가?
머리 깎고 승려의 무리에 들어왔으면
마땅히 상근기의 부류들과 짝해야 하는데
어찌하여 세상의 변화를 좇으며
뜻과 생각을 오히려 시끄럽고 들뜨게 하는가?
네 가지 은혜가 산악보다 무거운데
조금도(錙銖) 갚지 못하고[3]
어리석게도(蚩蚩)[4] 큰 집에 거처하며
조급하게 장차 무엇을 구하려는가?

---

1 선사의 휘는 종밀宗密이고 과주果州 서충西充의 하씨何氏 자손이며 도원道圓 화상의 법을 이었다.
2 공자에게 삼계도三契圖가 있으니, "사람에게 일생의 계획은 어려서 배우지 않으면 늙어서 아는 바가 없고, 1년의 계획은 봄에 밭 갈지 않으면 가을에 추수할 것이 없고, 하루의 계획은 인시에 일어나지 않으면 하루에 힘쓸 바가 없다."라고 하였다.
3 명주실 8올이 1수銖이며, 8수가 1치錙가 되고, 24수가 1냥兩이 된다. 네 가지 은혜가 지극히 무거운데 조금도 갚지 못함을 말한 것이다.
4 『楊子』에서는 "여섯 나라가 어리석다(蚩蚩)."라고 하였는데, 주석에서는 "무지한 모양이다."라고 하였다. 『詩經』에서는 "백성들이 어리석다."라고 하였는데, 주석에서는 "어리석음이며 또는 가볍게 업신여기는 것이다."라고 하였다.

삶과 죽음이 들숨날숨 사이에 있으며[5]
생기고 사라짐이 물거품과 같네.
가사를 걸치고서
도리어 아비지옥의 원인을 짓게 하지 말라.[6]

圭峯密禪師座右銘【師諱宗密, 果州西充何氏子, 嗣道圓和尙.】
寅起可辦事,【孔子有三契圖: "人有一生之契, 幼而不學, 老無所知; 一年之契, 春而不耕, 秋無所穫; 一日之契, 寅若不起, 日無所辦."】省語終寡尤.
身安勤戒之, 事簡踈交遊.[1)]
他非不足辦,[2)] 己過當自修.
百歲旣有限, 世事何時休?
落髮墮僧數, 應須侔上流.
胡爲逐世變, 志慮尙囂浮?
四恩重山岳,[3)] 錙銖未能酬.[4)]【八絲爲銖, 八銖爲錙, 二十四銖爲一兩. 言四恩至重, 未能少分報答也.】
蚩蚩【『楊子』云: "六國蚩蚩." 註: "無知皃." 『詩』云: "氓之蚩蚩." 註: "愚也, 又輕侮也."】居大廈, 汲汲將焉求?
死生在呼吸,【『四十二章經』云: "佛問一沙門: '人命在幾間?' 對曰: '呼吸間.' 佛言: '善哉! 子知道矣.'"】起滅若浮漚.
無令方服下, 翻作阿鼻由.【阿鼻, 此云無間, 卽最下地獄也. 所受苦報, 無有間歇

---

5 『四十二章經』에서는 "부처님께서 한 사문에게 '사람의 목숨이 어느 사이에 있는가?'라고 묻자 '들숨과 날숨 사이입니다.'라고 대답하니, 부처님께서 '훌륭하구나! 그대는 도를 아는구나.'라고 하였다."라고 하였다.
  *부처님께서~하였다:『四十二章經』(T17, 724a3~5)에는 다음과 같이 나온다. "復問一沙門: 人命在幾間? 對曰: 呼吸之間. 佛言: 善哉! 子可謂爲道者矣."
6 아비阿鼻는 한역하면 무간無間이니 가장 아래에 있는 지옥인데, 그곳에서 받는 고통의 과보가 쉴 틈이 없기 때문이다.

故.】
───────
1) ㉑ '遊'는 '游'로 되어 있는 곳도 있다. 2) ㉑ '辨'은 '辯'으로 되어 있는 곳도 있다.
3) ㉑ '岳'은 '嶽'으로 되어 있는 곳도 있다. 4) ㉑ '酢'는 '酬'로 되어 있는 곳도 있다.
㉑ '酢'는 '酬'와 통용된다.

주

i 네 가지 은혜 : 사람이 세상에 태어나서 받는 네 가지 은혜. 곧 부모·국왕·중생·삼보三寶의 은혜 또는 부모·사장師長·국왕·시주施主의 은혜를 가리킨다.

백양 법순 선사가 대중에게 법어를 보이다[1]

물든 인연은 성취하기 쉽고, 도업은 성취하기 어렵다. 눈앞의 온갖 차별된 인연들을 요달하지 못하고 단지 경계의 바람이 휘몰아침에 공덕의 숲이 쇠잔해지고, 마음의 불길이 타오름에 보리 종자가 소진됨을 볼 뿐이다. 도를 생각하는 것이 정情을 생각하는 것과 같다면 성불할 때가 아직 멀었으며, 대중 위하기를 자기 몸 위하듯이 한다면 남과 나의 일이 갖추어질 것이다. 남이 그르고 내가 옳다고 보지 않으면 자연히 윗사람과 아랫사람이 공경할 것이니, 불법佛法이 때마다 눈앞에 나타나고 번뇌가 티끌마다 해탈할 것이다.

白楊順禪師示衆【撫州白楊法順禪師, 綿州文氏子, 嗣佛眼遠禪師.】
染緣易就, 道業難成. 不了目前萬緣差別, 只見境風浩浩, 凋殘功德之林; 心火炎炎, 燒盡菩提之種. 道念若同情念, 成佛多時; 爲衆如爲己身, 彼此事辦. 不見他非我是, 自然上敬下恭, 佛法時時現前, 煩惱塵塵解脫.

---

[1] 무주撫州 백양 법순白楊法順 선사는 면주綿州 문씨文氏의 자손으로 불안 청원佛眼淸遠 선사의 법을 이었다.

영명사 지각 연수 선사가 훈계를 내리다[1]

도를 배우는 방도에는 특별할 것이 없으니, 다만 육근六根과 육진六塵으로 한량없는 겁 동안 길러 온 업식業識의 종자를 씻어 내는 것이 필요할 뿐이다. 너희들이 단지 망념妄念을 제거하고 허망한 인연을 단절하여 세상의 일체 애욕경계를 대하되 마음을 목석처럼 한다면 설사 도안道眼을 밝히지는 못하더라도 청정한 신업身業은 저절로 성취할 수 있을 것이다.[2]

만일 참되고 바른 스승을 만나면 반드시 부지런한 마음으로 가까이해야 한다. 가령 참구하였으나 확철하지 못하고 배웠으나 이루지 못했더라도, 귀를 스쳐만 가도 영원히 불도佛道의 종자가 되니, 세세생생 악취惡趣에 떨어지지 않고 사람의 몸을 잃지 않으며, 태어나자마자 하나를 듣고서 천 가지를 깨우칠 것이다. 반드시 다음과 같은 말을 믿어라! 참된 선지식[3]은 사

---

1 항주抗州 영명사永明寺 지각선사智覺禪師는 휘가 연수延壽이며 여항餘抗 왕씨王氏의 자손이다. 7세 때 『法華經』을 독송하였는데 양떼들이 무릎을 꿇고 들었다. 28세 때 출가하여 천태 덕소天台德韶 국사의 법을 이으니, 세간에는 아미타불의 후신이라고 전해진다.
2 어떤 이가 정신淨身을 청정법신清淨法身이라 하였는데, 이는 틀렸으니 어찌 도안道眼도 밝히지 못하고서 앞서서 법신을 성취할 수 있겠는가? 다만 신업을 스스로 청정하게 함을 말했을 뿐이다.
3 선지식에는 세 가지가 있다. 첫 번째는 외호外護이니, 『止觀』에서는 "흑백을 가리지 않고 단지 어머니가 아이를 양육하듯이 보살펴서 마땅한 바를 얻게 한다."*라고 하였으며, 『輔行』에서는 "자기의 몸과 마음이 '안'이 되고 상대하는 다른 이의 몸과 마음이 '밖'이 되니, 다른 이의 보호를 받기 때문에 외호선지식이라 한다."**라고 하였다. 두 번째는 동행同行이니, 『止觀』에서는 "거듭 서로를 책려하고 분발시켜 혼침하거나 산란하지 않게 하여 날로 그 새로움이 있다."***라고 하였으며, 『輔行』에서는 "자신과 남이 번갈아 서로 책려하고 분발시킴에 사람은 달라도 수행하는 것은 같기 때문에 동행선지식이라 한다."****라고 하였다. 세 번째는 교수教授이니, 『止觀』에서는 "안팎으로 통하고 막혔던 것을 모두 해결해 주며 좋은 방편으로 설법한다."*****라고 하였으며, 『輔行』에서는 "성인聖人의 말을 널리 전하는 것을 교教라 하고 나에게 가르쳐 주는 것을 수授라 하기 때문에 교수선지식이라 한다."******라고 하였나.
*흑백을~한다 : 『摩訶止觀』 권4(T46, 43a23~26)에는 다음과 같이 나온다. "夫外護者 不簡白黑, 但能營理所須. 莫見過! 莫觸惱! 莫稱歎! 莫汎舉而致損壞! 如母養兒, 如

람을 완성시키는 데에 가장 큰 인연이 되니, 중생을 잘 교화하고 불성을 볼 수 있게 한다.

매우 애달프도다! 말세에 허황된 말을 하는 한 무리의 선객들이 단지 헛된 것만을 배울 뿐, 실다운 견해는 전혀 없이 걸음마다 유有를 행하면서 입으로는 공空을 말하며, 업력業力에 의해 끌려다니는 것을 스스로 책망하지 않고, 다시 사람들에게 인과가 없다고 가르치며 "술 마시고 고기 먹는 것이 보리에 장애되지 않고, 도적질하고 음행하는 것이 반야에 방해되지 않는다."라고 떠드니, 살아서는 국법을 만나고[4] 죽어서는 아비지옥에 빠지며, 지옥의 업이 소멸되면 또 축생[5]과 아귀로 떨어져 백천만겁 동안 빠져 나올 기약이 없다.

오직 일념으로 회광반조하기만 하면 즉시 삿된 것을 뒤집어 바른 것으로 만들 수 있지만, 스스로 참회하고(自懺自悔)[6] 스스로 제도하여 수행하지

  虎銜子, 調和得所."
 **자기의~한다 : 『止觀輔行傳弘決』 권4-1(T46, 266c15~17).
 ***거듭~있다 : 『摩訶止觀』 권4(T46, 43a28~29)에는 다음과 같이 나온다. "更相策發, 不眠不散, 日有其新切磋琢磨."
 ****자신과~한다 : 『止觀輔行傳弘決』 권4-1(T46, 266c17~18)에는 다음과 같이 나온다. "己他互同, 遞相策發, 人異行同, 故名同行."
 *****안팎으로~설법한다 : 『摩訶止觀』 권4(T46, 43b2~3)에는 다음과 같이 나온다. "內外方便, 通塞妨障, 皆能決了, 善巧說法."
 ******성인聖人의~한다 : 『止觀輔行傳弘決』 권4-1(T46, 266c18~19).

4 부처님이 비구에게 "만약 사람이 도적이 되어 다른 사람의 물건을 훔쳤다면 주인에게 결박되어 왕에게 보내져서 그 도적질한 죄를 추궁받게 될 것이다. 왕은 곧 그를 감옥에 가두고 손발을 절단하거나 톱으로 자르는 등 갖가지 방법으로 고통스럽게 그를 죽일 것이다. 죽은 후에는 지옥에 태어나 무량한 고통을 받고 지옥의 벌이 끝나면 축생 중에 코끼리나 말, 소나 양 등으로 태어나 백천세를 지나도록 그 죄를 보상할 것이니, 굶주리고 목이 타는 고통은 이루 다 말할 수 없다. 백천세를 지나도록 이와 같은 고통을 받을 것이다."라고 하였다.
5 『毘婆沙論』에서는 "저 횡생橫生들은 품성이 어리석어 자립할 수 없으므로 사람들에 의해 길러져서 살아가기 때문에 축생이라 한다."라고 하였다.
6 자참자회自懺自悔*란 중국말과 범어를 둘 다 쓴 것이다. 참懺은 백법白法을 이름한 것이고 회悔는 흑법黑法을 이름한 것이니, 백법은 반드시 숭상해야 하고 흑법은 반드시

않는다면 모든 부처님이 출현하더라도 너를 구제해 줄 곳이 없을 것이다.

만일 심장과 간을 도려내더라도 목석과 같다면 고기를 먹어도 되며, 만일 술 마시기를 똥오줌 먹듯이 한다면 술을 마셔도 되며, 만일 단정한 남녀 보기를 시체처럼 여긴다면 음행을 해도 되며, 만일 자신의 재물이나 남의 재물 보기를 마치 똥 덩어리와 같이 여긴다면 도적질을 해도 된다. 설령 그대가 연마하여 이러한 경지에 이르더라도 그대의 뜻을 따라서는 안 되니, 오직 한량없는 성스러운 몸을 증득하기를 기다려야 비로소 세간의 역·순경계의 일들을 할 수 있다.

옛 성인들이 가르침을 베푼 것에 어찌 별다른 마음이 있겠는가? 단지 말법의 승려들이 계율을 지키는 이가 적고, 저 선善을 향하는 속인들을 속여 도심道心을 많이 후퇴시킬까 염려했기 때문에 (악惡을) 막고 (선善을) 보호하는 일을 널리 행했을 뿐이다. 천 가지 경전과 만 가지 논서에서 말하기를, "음행을 없애지 않으면 일체의 청정종자가 끊어질 것이고, 음주를 없애지 않으면 일체의 지혜종자가 끊어질 것이고, 도둑질을 없애지 않으면 일체의 복덕종자가 끊어질 것이고, 육식을 없애지 않으면 일체의 자비종자가 끊어질 것이다."라고 하였다. 삼세의 모든 부처님이 한입으로 널리 선양하셨고 천하의 선사禪師들이 한소리로 널리 연설하였는데, 어째서 후학들은 조금도 따르지 않고 스스로 정인正因을 훼손하고 도리어 마군의 말을 행하는가? 단지 숙세에 훈습된 업식의 종자로 삿된 스승을 만나서 선善의 힘은 쉽게 소멸되고 악의 뿌리는 뽑아내기가 어렵기 때문일 것이다.

버려야 한다. 또 참懺은 대중들에게 자기의 잘못을 털어놓는 것이고, 회悔는 이어지는 망념을 끊는 것이다.

*자참자회自懺自悔 : 의정義淨의 『有部毘奈耶』 권15 주注에서는 "참懺은 가벼운 의미로서 단지 용서를 구하는 것을 말하고, 회悔는 다른 사람에게 자기의 죄를 고백하여 죄를 없애는 설죄說罪로서 의미가 무겁다."라고 하였다.

어찌 보지 못했는가? 옛 성인이 "한 가지 마군의 일을 보면 마치 만 개의 화살이 심장을 뚫는 듯이 여기고, 한마디 마군의 소리를 들으면 마치 천 개의 송곳이 귀를 찌르는 듯이 여겨라."라고 하였으니, 반드시 신속하게 멀리 벗어나 보지도 듣지도 말라. 각자 스스로 마음을 궁구하여 삼가 쉽게 여기지 말라.

永明智覺壽禪師垂誡【抗州永明智覺禪師, 諱延壽, 餘抗王氏子. 七歲誦『法華』, 群羊跪聽. 年二十八出家, 嗣天台德韶國師, 世傳阿彌陀佛後身.】
學道之門, 別無奇特, 只要洗滌根塵下無量劫來業識種子. 汝等但能消除情念, 斷絶妄緣, 對世間一切愛欲境界, 心如木石相似, 直饒未明道眼, 自然成就淨身.【有說淨身淸淨法身者, 非也, 豈有未明道眼, 而先能成就法身也? 但自淨身業之謂也.】若逢眞正導師, 切須勤心親近. 假使叅而未徹, 學而未成, 歷在耳根, 永爲道種, 世世不落惡趣, 生生不失人身, 纔出頭來, 一聞千悟. 須信道: 眞善知識.【善知識有三: 一外護.『止觀』云: "不揀黑白, 但能如母養兒, 調理得所."『輔行』云: "自己身心爲內, 望他身心爲外, 爲外所護, 名外護善知識." 二同行.『止觀』云: "更相策發, 不昏不散, 日有其新."『輔行』云: "已他適相策發, 人異行同, 名同行善知識." 三教授.『止觀』云: "內外通塞, 皆能決了, 善巧說法."『輔行』云: "宣傳聖言, 名之爲教; 訓誨於我, 名之爲授, 名教授善知識."】爲人中最大因緣, 能化衆生, 得見佛性. 深嗟! 末世誑說一禪, 只學虛頭, 全無實解, 步步行有, 口口談空, 自不責業力所牽, 更教人撥無因果, 便說飮酒食肉不礙菩提, 行盜行婬[1] 無妨般若, 生遭王法,【佛告比丘: "若人作賊, 偸盜他物, 爲主所繫縛, 送付於王, 治其盜罪. 王卽遣人, 閉着牢獄, 或截手足, 或時鉅解, 如是種種, 苦切殺之. 命終之後, 生地獄中, 受無量苦, 地獄罪畢, 生畜生中象馬牛羊等, 經百千歲, 以償他力, 飢渴苦勞, 不可具言, 經百千歲, 受如是苦也."】死陷阿鼻, 受得地獄業消, 又入畜生『婆沙論』云: "謂彼橫生, 禀性愚痴, 不能自立, 爲人畜養而生, 故曰畜生."】·餓鬼, 百千萬劫, 無有出期. 除非一念回光, 立卽翻邪爲正. 若不自懺自悔.【自懺悔者, 華·梵兩存. 懺名白法, 悔名黑法, 白法須尙, 黑法須捨. 又懺名披陳衆失, 悔名斷相續念.】自度自修, 諸佛出來, 也無救你處. 若割心肝, 如木石相似, 便可食肉; 若喫酒, 如喫屎尿相似, 便可飮酒; 若見端正男女, 如死尸相似, 便可行婬; 若見己財他財, 如糞土相似, 便可侵盜. 饒你鍊得到此田地, 亦未可順汝意在, 直待證無量聖身, 始可行世間逆順事. 古聖施設, 豈有他心? 只爲末法僧尼, 少持禁戒, 恐賺他向善俗子, 多退道心, 所以廣行遮護. 千經所說, 萬論所陳, 若不去婬,* 斷一切淸淨種; 若不去酒, 斷一切智慧種; 若不去盜, 斷一切福德種; 若不去肉, 斷一切慈悲種. 三世諸佛同口敷宣, 天下禪宗一音演暢, 如何後學略不聽從, 自毁正因, 反行魔說? 只爲宿熏業種, 生遇邪師, 善力易消, 惡根難拔. 豈不見? 古聖道: "見一魔事, 如萬箭攢心; 聞一魔聲, 如千錐劏耳." 速須遠離, 不可見聞. 各自究心, 愼莫容易.

---

1) ㉑ '婬'은 '淫'으로 되어 있는 곳도 있다. 아래에도 같다.

주

i 정인正因 : 왕생 또는 성불하는 결과를 얻는 데 대하여 정당한 원인이 되는 것이다.

성스러운 해탈을 이루는 여덟 가지 만족스러운 문[1]

부처님께 예배하는 것(禮佛)은 부처님의 덕을 공경하는 것이고, 염불念佛하는 것은 부처님의 은혜에 감사하는 것이며, 계를 지키는 것(持戒)은 부처님의 행위를 따라 행하는 것이고, 경전을 보는 것(看經)은 불법의 이치를 밝히는 것이며, 좌선坐禪하는 것은 부처님의 경지에 도달하는 것이고, 선을 참구하는 것(參禪)은 부처님의 마음에 합치하는 것이며, 깨달음을 얻는 것(得悟)은 부처님의 도를 증득하는 것이고, 불법을 연설하는 것(說法)은 부처님의 서원을 만족하게 하는 것이다. 궁극의 경지인 진실제(實際)[i]에서는 한 티끌도 받아들이지 않지만 불사佛事의 문에서는 한 법도 버리지 않는다.

그러나 이 여덟 가지는 네 방위와 네 모서리와 같아서 하나라도 빠트릴 수 없다. 앞선 성인과 후대의 성인도 그 법도는 한가지이니, 육바라밀을 반드시 겸비하여 수행하여야 한다. 육조께서 "공空에 집착하는 사람은 한 모퉁이에 막혀 있으면서 불립문자不立文字라 할 뿐이니, 스스로 미혹한 것은 그래도 괜찮지만 또 불경을 비방하니, 그 죄가 깊고도 무겁다."[ii]라고 했으니, 경계하지 않을 수 있겠는가?

八溢聖解脫門【溢, 滿也. 若八事滿足, 則得解脫聖道也.】
禮佛者, 敬佛之德也; 念佛者, 感佛之恩也; 持戒者, 行佛之行也; 看經者, 明佛之理也; 坐禪者, 達佛之境也; 叅禪者, 合佛之心也; 得悟者, 證佛之道也; 說法者, 滿佛之願也. 實際理地, 不受一塵, 佛事門中, 不捨一法. 然此八事猶如四方四隅, 闕一不可. 前聖後聖, 其揆一也. 六波羅密[1)]亦須兼行. 六祖云: "執空之人, 滯在一隅, 謂不立文字. 自迷猶可, 又謗佛經, 罪障

---

1 일溢은 가득함이다. 만일 여덟 가지 일이 만족되면 해탈의 성스러운 도를 얻을 것이다.

深重", 可不戒哉?
―――――
1) ㉑ '密'은 '蜜'로 되어 있는 곳도 있다.

주

i 궁극의 경지인 진실제(實際) : 실제實際는 범어로 koti 혹은 bhūta-koti이다. 『攝大乘論釋』에 따르면 진실하므로 '실'이라 하고 궁극의 경지이므로 '제'라고 하니, 존재하는 것의 궁극적인 모습을 의미한다. 『寶積經』에 따르면 실제는 진실제眞實際의 준말이며, 그 의미는 잘못됨이 없고 모든 곳에 두루 가득하여 단 한 법도 실제가 아님이 없는 것이라고 한다.

ii 공空에 집착하는~깊고도 무겁다 : 『六祖大師法寶壇經』(T48, 360b24~29)에는 다음과 같이 나온다. "執空之人有謗經, 直言不用文字. 既云不用文字, 人亦不合語言. 只此語言, 便是文字之相. 又云:'直道不立文字.' 即此不立兩字, 亦是文字. 見人所說, 便即謗他言著文字. 汝等須知, 自迷猶可, 又謗佛經. 不要謗經, 罪障無數."

대지 원조 율사가 쓴 '비구'의 바른 명칭[1]

범어로 필추苾蒭[2]는 중국말로 걸사乞士이니, 안으로는 법을 구걸하여 성품을 다스리고 밖으로는 음식을 구걸하여 몸을 유지한다.

부모는 사람에게 가장 친근한 존재인데 비구는 제일 먼저 그들을 버리며, 수염과 머리카락은 세상에서 소중히 여기는 것인데 남김없이 깎아 버리며, 부귀함은 칠보를 넘칠 정도인데 이를 버리기를 초개草芥와 같이 하며, 존귀함은 일품一品의 벼슬보다 높은데 이를 보기를 안개나 구름 정도로도 여기지 않는다. 덧없는 것을 지극히 싫어하고 근본이 있는 것을 깊이 궁구하니, 그 뜻을 높이고자 한다면 반드시 그 몸을 항복시켜야 한다. 짚고 다니는 석장은 마른 명아주와 같으며, 들고 다니는 발우는 부서진 기물과 무엇이 다르겠는가? 어깨에 걸친 괴복壞服[3]은 해진 겉옷이고, 팔꿈치에 찬 불룩한 걸망(絡囊)[4]은 자루 모양의 거적과 같다.

---

1 율사의 휘는 원조元照이고 자는 담연湛然이며 여항餘杭 당씨唐氏의 자손이다. 그는 계율을 종宗으로 삼았는데, 당시에 남산종이 크게 흥기하였다. 그는 늘 삼베 가사를 입고 석장과 발우를 들고 저잣거리에서 걸식하였다. 양무위楊無爲 거사가 다음과 같이 찬하였다. "발우를 들고 가서 발우를 들고 돌아오는데, 부처님의 말씀이 사위의四威儀 중에 늘 있었다. 처음에 저잣거리에 들어갈 때만 해도 사람들은 그를 알아보지 못했고 허공의 귀신만이 알아볼 뿐이었다."

2 필추는 서역의 풀이름인데, 여기에 다섯 가지 뜻이 있다. 첫째, 성질이 부드럽고 연약하니, 출가자가 몸과 말의 거칠고 난폭한 것을 굴복시킬 수 있는 것에 비유하였다. 둘째, 덩굴을 끌어당겨 곁으로 뻗어나가니, 법을 전하여 사람들을 제도시키는 것이 끊임없이 이어지는 것에 비유하였다. 셋째, 향기를 멀리서도 맡을 수 있으니, 계율의 덕이 향기롭게 퍼져 많은 사람들이 맡을 수 있는 것에 비유하였다. 넷째, 아픈 질병을 치료할 수 있으니, 번뇌의 해악을 끊을 수 있는 것에 비유하였다. 다섯째, 햇빛을 등지지 않으니, 출가자가 항상 부처님의 광명을 향하는 것에 비유하였다.

3 경전에서는 "괴색 옷은 본래의 흰색을 무너뜨린 것이니 애욕의 마음과 옛 업을 어기는 것이다."*라고 하였고, 『疏』에서는 "칼로 재단하여 사문의 옷을 완성하는 것을 허락하니, 그러므로 괴복壞服이라 한다."라고 하였다.

*괴색~것이다 : 『釋迦如來行蹟頌』 권하(X75, 55a11~12)에서는 다음과 같이 말하였다. "梵網經云: 靑黃赤黑紫作, 皆名壞色. 註云: 壞本白色, 違愛心故."

청정한 생활은 이미 팔성도八聖道에 들어 있고,⁵ 검약하게 몸을 닦는 것은 네 가지 의행依行에 들어 있다.⁶ 구주九州⁷와 사해四海⁸가 모두 노닐고 머무는 곳이며, 나무 아래와 무덤 곁이 모두 깃들어 쉬는 곳이다. 삼승三乘의 좋은 수레를 끌고 모든 부처님이 남긴 발자취를 밟음에 성스러운 가르침을 받아 어김이 없으니 참다운 불제자이고, 세속 인연을 만나도 바꾸지 않으니 진실한 대장부이다.

마군과 싸워서 물리칠 수 있으며, 진망塵網ⁱ을 떨칠 수 있어서 만금萬金⁹의 수승한 공양을 받아도 참으로 녹여낼 수 있으며, 사생四生ⁱⁱ의 복전福田¹⁰이 되어도 진실로 헛되이 의탁하는 것이 아니다. 걸사乞士로 뜻을 삼

---

4 『四分律』에서는 "어떤 비구가 늙고 수척해져 불룩한 걸망과 가득 찬 발우 없이는 다닐 수가 없었으므로 부처님께서 노비구가 걸망을 소유하는 것을 허락하셨다."*라고 하였으니, 지금의 낭낭囊囊(불룩한 주머니)과 같다."
  *어떤~허락하셨다 : 『四分律』 권53(T22, 960a17~19).
5 (팔성도는) 정견正見·정어正語·정업正業·정사유正思惟·정명正命·정정진正精進·정념正念·정정正定이다. 견見이란 사성제를 분명하게 보는 것이고, 업業이란 청정한 신업이며, 명命이란 다섯 가지 삿된 직업(邪命)*을 제외한 것이다.
  *다섯~직업(邪命) : 천문天文·지리地理·사주四柱·관상(相)·점술(占)을 말한다.
6 네 가지 의행이란 첫째, 항상 걸식을 행하고, 둘째, 분소의糞掃衣*를 입고, 셋째, 나무 아래와 무덤가에 살고, 넷째, 병이 있을 때 부란약腐爛藥**으로 치료하는 것이다. 썩은 것을 묵혀 발효시킨 약으로 병을 다스리니, 이는 값이 싸고 귀하지 않은 것을 말한다.
  *분소의糞掃衣 : 세속 사람이 버린 헌 천을 주워 빨아서 지은 가사로, 이 버린 천은 똥을 닦는 헝겊과 같으므로 분소의라 한다.
  **부란약腐爛藥 : 짐승의 대소변으로 만든 약으로, 소의 오줌에 나무 열매를 넣어 흙 속에 묻어 발효시킨 약이다. 부처님 당시 인도의 출가자들이 먹던 약이다.
7 기주冀州·예주豫州·옹주雍州·형주荊州·양주楊州·연주兗州·서주徐州·유주幽州·청주靑州이다.
8 『爾雅』에서는 "구이九夷·팔적八狄·칠융七戎·육만六蠻을 사해라 한다."라고 하였다. 해海는 어두움(晦)이니, 거칠고 멀고 아득하고 어둡다는 명칭을 취하였다.
9 진秦나라에서는 일일一鎰이 일금一金이 되고, 한漢나라에서는 일근一斤이 일금이 된다. 만금萬金은 만근萬斤이 되고, 일鎰은 20냥兩이다.
10 승보를 훌륭한 복전이라 한다. 『報恩經』에서는 "승단은 삼계三界를 벗어나게 하는 복전이다."*라고 했으니, 말하자면 비구는 계체戒體**를 구족하고 있는데, 계는 온갖 선善의 근본이 된다. 그러므로 세상 사람들이 그들에게 귀의하여 공양을 올려 복을 심으니, 이는 마치 비옥한 토양의 밭에서 좋은 벼가 나는 것과 같다. 그러므로 훌륭한 복전

은 것이 이를 일컬은 것이다.

大智照律師比丘正名【諱元照, 字湛然, 餘杭唐氏子. 以律爲宗, 南山一宗, 蔚然大興. 常被布伽黎, 杖錫持鉢, 乞食于市. 楊無爲居士贊之曰: "持鉢去, 持鉢歸, 佛言長在四威儀. 初入廓時人不識, 虛空當有鬼神知."】
梵語苾蒭【苾蒭, 西域草名, 有五義: 一體性柔軟, 喩出家人能折伏身語麁獷故. 二引蔓傍布, 喩傳法度人, 連延不絶. 三馨香遠聞, 喩戒德芬馥, 爲衆所聞. 四能療疼痛, 喩能斷煩惱毒害. 五不背日光, 喩出家人常向佛日.】, 華言乞士, 內則乞法以治性, 外則丐食以資身. 父母, 人之至親, 最先割捨; 鬚髮, 世之所重, 盡以剃除; 富溢七珍, 棄之猶同於草芥; 貴尊一品, 視之何啻於煙雲? 極厭無常, 深窮有本, 欲高其志, 必降其身. 執錫有類於枯藜, 擎鉢何殊於破器? 肩披壞服【『經』云: "壞色衣, 壞本白色, 違愛心故業." 『疏』云: "聽以刀截, 成沙門衣, 故云壞服."】, 卽是弊袍; 肘串絡囊【『四分』云: "有比丘羸老, 不能無絡囊盛鉢而行. 故佛聽老比丘畜絡囊." 如今之囊囊也.】便同席袋. 淸淨活命, 已沾八聖道中;【正見·正語·正業·正思惟·正命·正精進·正念·正定. 見者, 明見四諦. 業者, 淸淨身業. 命者, 除五邪命也.】儉約修身, 卽預四依行內.【四依者: 一常行乞食, 二著糞掃衣, 三樹下塚間, 四有病以腐爛藥治之也. 陳腐爛壞之藥, 以治病, 言少價而不貴者也.】九州【冀州·豫州·雍州·荊州·楊州·兗州·徐州·幽州·青州】四海【『爾雅』: "九夷·八狄·七戎·六蠻, 謂之四海." 海者, 晦也, 取其荒遠冥昧之稱.】, 都爲游處之方; 樹下塚間, 悉是棲遲之處. 攀三乘之逸駕, 踏諸佛之遺蹤. 稟聖敎以無違, 眞佛弟子; 遇世緣而不易, 實大丈夫. 可以戰退魔軍, 揮開塵網. 受萬金【秦以一鎰爲一金, 漢一斤爲一金, 萬金卽萬斤也, 鎰二十兩也.】之勝供, 諒亦堪消;

이라 부른다.
＊승단은~복전이다 : 『大方便佛報恩經』권3(T3, 141b22~23).
＊＊계체戒體 : 수행자가 계를 받으면 몸에 생기는 것으로 그릇된 일을 막고 나쁜 짓을 제지하는 힘을 가진 계의 본체이다.

•239

爲四生之福田【僧名良福田.『報恩經』云: "衆僧者, 出三界之福田." 謂比丘具有戒體, 戒爲萬善之根. 是故世人歸信供養種福, 如沃壤之田, 能生嘉苗, 故號良福田.】, 信非虛托. 乞士爲義, 其斯之謂乎!

■ 주

i 진망塵網 : 티끌이 얽힌 그물을 말하는데, 이는 세속을 비유한 말이다.
ii 사생四生 : 생물이 태어나는 네 가지 형식으로 태생胎生·난생卵生·습생濕生·화생化生을 말한다.

사연명

먼 조상을 추모하며 은혜에 보답하고[1] 유가를 버리고 불가를 따랐으니
옛 습관을 없애고 세상의 인연을 씻어 버리며
여러 유파들을 끊고 천 길 벼랑에 선 듯하라.
문방사우는 다 태워 없애고
눈 내리는 달밤에 나부끼는 꽃을 애써 읊지 말라.
술과 고기, 재물과 여색에 더 이상 머리를 돌리지 말지니
명성과 이익, 영예와 화려함에 어찌 눈을 붙이겠는가?
말법의 무리들은 몹시 방자하고 정법은 시들어 가는데
그저 외형만 바꾸려 할 뿐, 언제 도를 닦은 적이 있던가?
속세를 버렸다고 말하지만 속세의 습기는 제거하지 못하였고
티끌세계를 벗어났다고 다들 말하지만 티끌세계의 인연은 끊지 못하였다.
겨우 강사講肆[i]를 접하고서는 아사리[ii]가 되려고 하고
아직 총림叢林에 들어가지도 않았는데 장로長老[2]가 되기를 희망한다.
익사를 피하려고 불에 뛰어드는 격이니, 어찌 눈멀고 어리석은 줄 알겠는가?
뒤로 물러나면서 앞으로 가기를 구하니[3] 참으로 전도顚倒[4]되었구나.

---

1 증자曾子가 "상례喪禮를 삼가고(愼終) 먼 조상을 추모하면(追遠) 백성의 덕이 후한 데로 돌아간다."라고 하였는데, 주석에서는 "신종愼終은 초상에 그 예를 다하는 것이고, 추원追遠은 제사에 그 정성을 다하는 것이다. 먼 조상은 사람들이 잊기 쉬운데 그들을 제대로 추모할 수 있다면 두터운 도가 있을 것이다."라고 하였다. 승려들은 먼 조상을 잊지 않고 출가해서 도를 닦아 그 은혜를 갚고자 한다.
2 『阿含經』에는 세 장로가 나온다. 첫째는 기년장로耆年長老이니, 나이가 많고 법랍이 많기 때문이다. 둘째는 법장로法長老이니, 법성法性을 요달하여 안으로 지혜가 있다. 셋째는 작장로作長老이니, 명칭을 빌린 것이다.
3 공자가 위衛나라에 있을 때 염구冉求가 계손季孫에게 "나라에 성인聖人이 있는데도 등용되지 못하니, 다스려지기를 구하려 하지만 이는 뒤로 물러나면서 앞으로 가기를 구하

불가의 마음으로 유가의 복장을 한 사람이 시대마다 없지 않았고
불가의 복장으로 유가의 마음을 지닌 사람을 도처에서 볼 수 있다.
계율로는 거칠고 포악함을 막고 선禪으로는 망령된 반연을 쉬며
고苦의 공적함을 깊이 궁구해서 벗어날 것을 항상 생각하라.
삿된 스승과 악한 벗은 승냥이와 이리처럼 두려워하고
훌륭한 스승과 좋은 벗은 부모처럼 가까이하라.
마음은 땅처럼 낮추고 입은 어리석은 사람처럼 다물며
아상我相과 인상人相을 꺾고 의기를 멈추어라.
고요한 방에 단정히 머물면서 때를 놓칠까 염려할지니
망상을 버리고 나라를 편하게 하는 데에 온 마음을 다하여라.
만약 이와 같을 수 있다면 내가 다시 무엇을 근심하랴?
혹 그렇지 못하다면 그대는 마땅히 헤아려야 한다.[5]

捨緣銘

追遠報恩.【曾子曰: "愼終追遠, 民德歸厚也." 註: "愼終者, 喪盡其禮也. 追遠者, 祭盡其誠也. 遠者, 人之所易忘也, 而能追之, 則有厚之道也." 釋則不忘其遠而出家修道, 欲報其恩也.】棄儒從釋.

刮磨舊習, 洗滌世緣,
截斷衆流, 壁立千仞.
文章筆硯, 盡把焚除;
雪月風花, 無勞嘲詠.[1)]
酒殽財色, 更莫回頭;
聲利榮華, 直[2)]須着眼?

는 것과 같아서 그렇게 될 수가 없다."라고 하였다.
4 전顚은 정수리(頂)이다. 정수리가 넘어지면 바르지 못하여 초목과 같은 부류가 된다.
5 재단해서 참작하고 헤아리는 것이다.

末流狂妄, 正法澆漓,

但欲變形, 何嘗涉道?

雖云捨俗, 俗習不除;

盡說出塵, 塵緣不斷.

纔親講肆, 擬作闍黎;

未入叢林, 望爲長老【『阿含』有三長老: 一謂耆年長老, 年老臘多故. 二法長老, 了達法性, 內有智德. 三作長老, 假號之者.】.

避溺投火, 豈覺盲痴?

却步求前,【孔子在衛, 冉求謂季孫曰: "國有聖人, 而不能用, 欲以求治, 是猶却步而求前, 不可得也." 】實爲顚倒【顚者, 頂也. 顚倒則不正, 而與草木爲類也.】.

釋心儒服, 代不乏人;

釋服儒心, 世途目擊.

律防麁暴, 禪息妄緣,

深究苦空, 常思厭離.

邪師惡友, 畏若豺狼;

善遵[3]良朋, 親如父母.

低心似地, 緘口如愚,

摧挫我人, 消停意氣.

端居靜室, 課念遣時,

送想樂邦,[4] 一心待盡.

若能如此, 吾復何憂?

厥或不然, 子當裁酌.【裁度而酌量之也.】

---

1) ㉮ '詠'은 '咏'으로 되어 있는 곳도 있다. 2) ㉯ '直'은 성화본『緇門警訓』에는 '豈'로 되어 있다. 번역도 '豈'로 하였다. 3) ㉰ '遵'는 '導'로 되어 있는 곳도 있다. 4) ㉱ '邦'은 '那'로 되어 있는 곳도 있다.

주

i 강사講肆 : 강당講堂을 말하며, 강론하며 익힌다는 뜻도 있다.
ii 아사리 : 범어(梵語) 'acarya'의 음사로 정행正行 혹은 궤범軌範이라고 번역하며, 일반적으로 사승師僧의 호칭으로 쓰인다. 선문에서는 흔히 승려의 범칭으로도 쓰인다.

좌우명

사지를 부리지 않고도 만사에 부족함이 없이
편안히 앉아 받기만 하니 시줏물이 온 곳을 어찌 알겠는가?
더러운 몸만 기를 뿐, 청정한 복을 영위함이 없으니
부끄러움을 품더라도 오히려 감당하기 어려울까 두렵도다.
하물며 강당(學庠)[1]에 있으면서 가르침을 듣는 자리에 외람되이 섞여
남들의 장단점을 찾고 저 법도를 무너뜨리며
이런저런 핑계를 대어 대중의 법을 요리조리 피해 나가고
선배들을 업신여기고 후학들을 미혹시키며(營惑)[2]
이익과 명예를 도모하여(規度)[3] 붕당朋黨을 맺는단 말인가?
설령 모진 병을 만나지 않더라도 반드시 후손에게 남은 재앙이 있으며
정신을 헛되이 소모시켜 끝내 이룰 것이 없으리라.
천당에 올라가고 지옥에 떨어지는 일은 자신에게 달려 있으니 선善과 악惡에 특별한 문이 없다.[4]
복이 물러나고 화가 도래하면 후회한들 어찌하겠는가?
이 말은 망령되지 않으니 그대들은 깊이 생각하라.

座右銘

四體不勤, 百事無闕,

---

1 상庠은 주周나라의 학교 명칭이다. 『說文解字』에서는 "상庠은 기른다는 것이다. 또는 상세히 한다는 것이니, 예禮를 고찰하고 일을 상세히 살펴서 인재를 기르는 곳이다."라고 하였다.
2 영營은 '형熒'이 되어야 하니 등불의 빛이다. 또는 청형聽熒이니, 듣고서 의혹함을 말한다.
3 (규탁規度은) 도모함이다. 또는 계책을 구하는 것이다. 『左傳』에서는 "법도를 구한다."라고 하였다.
4 『左傳』에서는 "화禍와 복福은 문이 없으니 사람이 자초할 뿐이다."라고 하였다.

端坐受用, 寧知所來?

但養穢躯, 鮮營淨福,

縱懷慚恥, 尙恐難堪.

況處學庠【庠者, 周之學名也.『說文』曰: "庠者, 養也, 又詳也, 於以考禮詳事而養人才者也."】, 濫叅聽教,

求人長短, 壞彼規繩,

假託他緣, 閃避衆法,

輕凌[1]先覺, 營惑後生.【營當作熒, 燈燭之光. 又聽熒, 謂聽之而疑惑也.】

規度【圖也. 又求計也.『左傳』: "規求法度."】利名, 結搆朋儻?

不遭惡疾, 必有餘殃,

虛費精神, 終無成結.

昇沉由己, 善惡無門.【『左傳』: "禍福無門, 惟人所召."】

福謝禍來, 雖悔何及?

斯言匪妄, 汝曹思之.

---

1) ㉘ '凌'은 '陵'으로 되어 있는 곳도 있다.

규승 발문[1]

아! 그대 학인들이여, 나의 직언을 잘 들어라. 부모로부터 몸을 받았으니 의리상 마땅히 잘 봉양해야 하고, 스승으로부터 법도를 받았으니 의리상 잘 이어받아야 한다. 고향을 멀리 떠나와 강당에 몸을 깃들였으면 마땅히 어진 이를 가까이하고 선한 이를 택하여 뜻을 세우고 몸을 바로하며, 촌음도 버리지 말고 토론하고, 한 걸음(跬步)[2] 사이에도 잊지 말고 법규를 지켜야 한다. 무명無明의 야생마(逸馬)를 내버려두고 업식業識의 들원숭이(野猿)에게 내맡겨서[i] 선한 일을 보고도 옮겨가지 않고 악한 일을 하고도 부끄러워함이 없다면, 혹 형벌을 만나거나 혹 쫓겨남을 당하리니, 어찌 종친들께 누累를 끼치고 스승을 욕되게 하며, 청정한 대중을 무시하고 시주자의 마음을 그르치는 것이 아니겠는가? 이들을 부끄러움이 없는 사람이라 부른다. 뜻에 맞지 않는 상황을 만나면 우선 계율에 의지하여 단속하라. 간략히 조목들을 보이니, 후학들은 함께 준수하여 불법이 오래 머물도록 하라.

---

1 규승規繩은 강령을 세우고 기강을 펴서 총림을 통솔하고 단속하여 당시의 폐단을 구제하는 것이다. 『律歷志』에서는 "저울추와 물건의 균형이 맞으면 형衡(저울대)이 생겨나고, 형이 회전하면 규規(원 그리는 도구)가 생겨나고, 규가 둥글면 구矩(곱자)가 생겨나고, 구가 네모지면 승繩(먹줄)이 생겨나고, 승이 곧으면 준準(수준기)이 생겨나고, 준이 바르면 저울대가 공평하고 저울추가 균등하니, 이것이 다섯 가지이다."라고 하였고, 『埤雅』*에서는 "파리는 그 앞발을 비비기를 좋아하여 새끼를 꼰 형상이 있다. 그러므로 승繩이라는 글자는 승蠅에서 볼 수 있다."라고 하였다. 매(鷹)는 부리를 치므로 사냥할 때 실수가 없을 수 없으나 송골매(隼)만은 콧마루(準)가 있어서 쏠 때마다 반드시 적중한다. 준準이 준隼에서 나왔고, 승繩이 승蠅에서 나온 것은 그 의미가 같다.
   *『埤雅』: 중국 송宋 휘종徽宗 때의 문신이자 학자인 육전陸佃의 저서. 조鳥·수獸·충蟲·어魚·초草·목木·천天·마馬로 분류하여 각 사물의 형상과 의미를 고찰한 책으로 총 20편이다. 『爾雅』를 증보했다는 뜻에서 『埤雅』라고 한다.
2 한 번 발을 드는 것을 규跬라 하는데, 규는 3척尺이다. 두 번 발을 드는 것을 보步라 하는데, 보는 6척이다.

規繩後跋【規繩者, 立綱陳記, 統束叢林, 救時之弊者也.『律歷志』曰: "權與物, 均而生衡, 衡運生規, 規圓生矩, 矩方生繩, 繩直生準, 準正則平衡而均權, 是爲五也."『埤雅』云: "蠅好交其前足, 有絞繩之象, 故繩之爲字, 從蠅省." 鷹之搏噬, 不能無失. 獨隼爲有準, 故每發必中. 準生於隼, 繩生於蠅, 其義一也.】

咨爾學衆! 聽吾直言. 父母生身, 義當侍養; 師長受度, 理合供承. 而乃遠別鄕閭, 躬捿[1]講肆, 是宜親仁擇善, 建[2]志立身, 討論不棄於寸陰, 持守無忘於跬步【一擧足曰跬, 跬三尺. 兩擧足曰步, 步六尺.】. 若乃縱無明之逸馬, 任意[3]識之野猿, 見善不遷, 作惡無恥, 或遭責罰,[4] 或被擯治, 豈不負累宗親, 恥辱師傅, 濫他淨衆, 枉彼施心? 號無慚人. 遭不如意, 且依律檢. 畧示條章, 來學同遵, 令法久住.

---

1) ㋐ '捿'는 '棲'로 되어 있는 곳도 있다. 2) ㋐ '建'은 '達'로 되어 있는 곳도 있다.
3) ㋐ '意'는 '業'으로 되어 있는 곳도 있다. 4) ㋐ '罰'은 '罸'로 되어 있는 곳도 있다.
㋇ '罰'은 '罸'과 통용된다.

주

i   무명無明의 야생마를~들원숭이에게 내맡겨서 : 야생마(逸馬)는 조절하기 어려운 제8식에, 들원숭이(野猿)은 날뛰기 쉬운 제6식에 비유했으니, 제어함이 없이 함부로 날뛴다는 의미이다.

무주 영안선원의 승당 기문

무진거사無盡居士가 짓다[1]

예전에 도를 배우던 선비들은 심산유곡에서 마음을 죽이고 뜻을 없애어 땅을 파서 움막으로 삼고, 풀잎을 엮어[2] 옷으로 삼으며, 시냇물을 움켜 마시고 명아주를 삶아 먹으며, 범이나 표범과 이웃하고 원숭이(猿狙)[3]와 가까이하였는데, 부득이하게 명성이 널리 알려지고(腥薌)[4] 수행을 잘한다는 소문이 드러나게 되면, 같은 뜻을 지닌 고고한 선비들이 천리를 멀다 않고 양식을 싸 가지고 짚신을 신고 와서(躡屩)[5] 그를 따라 교유하였다. 도인이 강하게 거절하여 받아 주지 않으면 그를 위해 나무하고 풀 베며(樵蘇),[6] 그를 위해 방아 찧고 불 때며, 그를 위해 물 뿌리고 청소하며, 그를 위해 잡초를 베고 나무를 심으며, 그를 위해 시중드느라 분주하였다.

---

1 송나라 승상 장상영張商英은 자가 천각天覺이고 호가 무진거사이며 종열從悅 선사로부터 법을 얻었다.
2 『禮記』에서는 "바늘에 실을 꿰어 떨어진 곳을 꿰매기를 청한다."라고 하였으니, 실을 바늘에 꿰는 것을 인紉이라 한다. 또는 난초를 묶어 두르는 것이다.
3 원숭이(猿)는 팔이 길어 나뭇가지를 잘 탄다. 저狙도 원숭이과에 속한다. 또는 '큰이리원숭이(猲狙)'이니, (단狙은) 음이 단但이다. 이리와 흡사한데 붉은 눈썹에 쥐의 눈을 하고 개의 머리를 하였으며 원숭이를 암컷으로 삼는다. 일명 '편猵'이라고도 한다. 단狙과 저狙는 음과 뜻이 같지 않다.
4 날고기(에서 나는 냄새)를 성腥이라 하고, 곡기(에서 나는 냄새)를 향薌이라 한다. 『禮記』「內則」에서는 "닭기름에서 나는 노린내가 성腥이고, 개의 기름에서 나는 노린내가 조臊이며, 소기름에서 나는 노린내가 향薌이고, 양의 기름에서 나는 노린내가 전羶이다."라고 하였다. 그렇다면 향薌은 곡식에서 나는 냄새가 아니다. 이는 다른 사람들에게 명성이 알려지는 것을 말한다.
5 섭躡은 밟는다는 것이니, 나막신을 신는 것이다. 갹屩은 음이 '각覺'이며 『廣韵』에서는 "짚신"이라고 하였다. 또 삼으로 엮은 것을 짚신(屩)이라 하고, 나무로 만든 것을 나막신(屐)이라 한다. 『史記』에서는 "풍환이 짚신을 신었다."라고 하였으니 「孟嘗君傳」에 보인다.
6 땔나무를 하는 것을 초樵라 하고, 풀 베는 것을 소蘇라 한다.

무릇 노고를 바치고 한결같은 정밀함을 애써 다하여 달이 가고 해가 지나도록 스스로 피곤해하거나 염증을 내지 않는 까닭은,[7] 스승이 이를 보고 가엾게 여겨 한마디의 가르침을 내려 주어서 삶과 죽음의 언덕을 초월하기를 바란 것이니, 어찌 오늘날처럼 전당과 궁실의 화려함과 평상과 침구의 안락함과 담요와 휘장의 따뜻함과 대자리와 깔개의 청량함과 창문과 들창의 밝음과 수건과 방석의 깨끗함과 음식의 풍성함과 금전의 풍부함에서 바라는 바가 갖추어지고 구하는 바가 얻어지길 바라서였겠는가?

오호라! 옛사람들 중에서는 내가 그런 사람을 보지 못했다. 영안선원에서 새로 승당을 건립하는 일로 인하여 내가 하고 싶은 말(緒言)을 쓴다.

원우元祐[8] 6년(1091) 겨울 11월에 내가 군을 순행하다가 임천臨川 땅을 지나는데, 영안선원의 주지스님이 노병으로 돌아가셨다는(物故)[9] 보고를 듣고는 도솔 종열兜率從悅[10]의 문도인 요상了常으로 주지 자리를 잇게 하였는데, 요상이 법좌에 올라 설법하였다.

이때 진씨陳氏 성을 가진 사람[11]이 한 번 귓전에 스치자 크게 기쁜 마음을 내어 요상에게 "선사의 가르침을 자세히 살펴보니, 이전에는 듣지 못했던 것입니다. 앞으로 청정한 승려들이 운집하게 되면 승당이 좁고 누추할 터인데, 어떻게 그들을 대접하겠습니까? 원하옵건대 집안의 재물 백만 관[12]을 내어 대중들을 위해 다시 짓기를 바랍니다."라고 하였다.

---

7 몸으로 피곤해 하지 않고 마음으로 염증을 내지 않는 것이다.
8 송宋나라 철종哲宗의 연호이다.
9 물고物故란 죽음이니 도깨비(鬼物)와 같이 낡았음(故)을 말한다. 일설에는, 죽었다는 사실을 나타내고자 하지 않아서 단지 그 사용하던 물건이 이미 낡았다고 말할 뿐이라고 한다. 또 고당 융高堂隆이 "물物은 없음이고 고故는 일이니, 죽은 자는 일에 대해 다시 할 수 있는 것이 없음을 말한다."라고 하였다.
10 당주贛州 웅씨熊氏의 자손으로 진정 극문眞淨克文 선사의 법을 이었다.
11 임천臨川 땅의 진종유陳宗愈.
12 돈 백만 관이다.

이듬해 승당이 완성되니, 높고 넓고도 장대함이(曠)[13] 아마도 강남에서 으뜸일(甲) 터였다.[14] 요상이 사람을 보내와서 기문을 구하며, "공께서 산에서 저를 다그쳐 이곳(영안선원)에 이르게 하였고,[15] 다행스럽게도 마쳐서(卒) 승당을 낙성落成하게 되었습니다.[16]"라고 하였다.

내가 그로 하여금 요상에게 말하여 북을 쳐 대중을 모으고 나의 뜻을 전하게 하였으니, 내용은 다음과 같다.

"그대 비구들이여! 이 승당이 이미 완성되었으니 앉고 눕고 경행經行하기에 그대들에게 알맞을 것이다. 그대들이 여기에서 칼을 차고 잠을 자면서 모든 몽상을 여읠 수 있으면, 백장百丈이 곧 그대들이고 그대들이 곧 백장일 것이다. 만약 그렇지 않으면 혼침과 수면에 빠져 독사[17]가 마음속에 엎드려 있듯이 어둡고도 무지하여 대낮에도 깊은 구덩이[18]에 들어갈 것이다.

그대들이 여기에서 가부좌하고 참선을 하며 선정에 깊이 들어갈 수 있으면, 공생空生(수보리)이 곧 그대이고 그대가 곧 공생일 것이다. 만약 그렇지 않으면 원숭이(獼猴)[19]가 우리 안에서 밖으로 아가위밤(樝栗)[20]을 쳐다

---

13 (曠은) 텅 비고 트여 있으며 큰 것이다.
14 갑甲은 십간의 처음이니, 강남에서 으뜸임을 말한다.
15 이 산에 이르렀음을 말한다.
16 졸卒은 마침이니, 다행스럽게도 마침내 그 승당을 낙성하였음을 말한다.
17 독사毒蛇란 『搜神記』에서는 "영남의 몽수산蒙出山에 뱀이 있는데, 사람을 보면 문득 부서져 조각조각 꽃무더기가 된다. 행인이 알지 못하고 그 한 조각이라도 잡으면 모두 합쳐져 사람을 문다. 또 북쪽 땅에 있는 뱀은 사람의 이름을 부를 줄 아는데, 사람이 만약 그 소리에 대답하면 밤중에 와서 그 사람의 골수와 뇌를 먹는다."라고 하였다. 혼침과 수면에 빠진 것이 마치 뱀이 굴 안에 있어서 어둑하게 잠들어 어리석을 뿐인 것과 같음을 말한 것이다.
18 흑암지옥.
19 육전陸佃이 "이 짐승은 비장(脾)이 없어서 돌아다님으로써 음식을 소화시킨다."라고 하였다. 대개 원猿의 품행은 고요하면서 느긋하고, 후猴의 품행은 성급하면서 떠들썩하다.
20 사樝는 과일 종류로 모양이 배와 비슷하고 신맛이 난다.

보듯이 잡된 생각이 어지럽게 일어나 그 자리에서 이류異類[21]로 변할 것이다.

그대들이 여기에서 경전을 펴 놓고 독송하며 성인聖人의 뜻을 연구하고 음미하여 점교漸敎를 인하여 돈교頓敎로 들어가고 돈교를 인하여 원교圓敎로 들어갈 수 있으면, 삼장三藏이 곧 그대이고 그대가 곧 삼장일 것이다. 만약 그렇지 않으면 봄날의 새들이 낮에 지저귀고 가을날의 벌레들이 밤에 울듯이 바람의 기운에 부림을 당하여 일찍이 생각하고 말할 것도 없을 것이다.

그대들이 여기에서 고인의 화두를 살펴보아 한 가지를 보면 천 가지를 깨닫고 홍진紅塵[22] 속으로 들어가 큰 법의 바퀴(大法輪)를 굴릴(轉) 수 있으면,[23] 모든 조사가 곧 그대이고 그대가 곧 모든 조사일 것이다. 만약 그렇지 않으면 개가 마른 뼈다귀를 깨물고 올빼미가 썩은 쥐를 쪼듯이 부리를 두드리고 입술을 벌림에 굶주림의 불길만 더할 것이다. 그러므로 분석하면 더러움과 깨끗함이 되고, 나열하면 원인과 결과가 되고, 판별하면 망정妄情과 망상이 되고, 감응하면 괴로움과 즐거움이 되니, 미래제가 다하도록 표류하거나 깊이 빠질 것이다.

그렇다면 이 승당을 지은 자에게는 손해도 있고 이익도 있을 것이며,

---

21 축생.
22 붉은 흙을 구맥九陌*에 뿌려 두는데(坌), 먼지가 수레바퀴와 말발굽 사이에서 일어나기 때문에 홍진이라 하였다. 자坌는 음이 자兹이며 큰길에 흙을 뿌리는 것을 말한다. 혹자는 "먼지는 본래 붉지 않으니 그 물든 것을 말한다."라고 했다. 여기서 말한 홍진은 통상 세간을 말한다.
 *구맥九陌 : 한漢나라 때 장안 성중에 아홉 거리로 나 있던 큰길을 이르는데, 전하여 도성의 번화로운 길거리를 뜻한다.
23 바퀴(輪)에는 두 가지 뜻이 있다. 첫째는 원만하다는 뜻이니, 바퀴에 통과 살과 테와 굴대 등이 갖추어져 있듯이 체와 용이 두루하다는 것이다. 둘째는 구르는 것을 꺾는다는 뜻이니, 구르는 번뇌를 꺾음이 아직 항복하지 않은 적을 꺾는 것과 같다는 것이다. 펴져 두루 통하는 것을 윤輪이라 하고, 나로부터 저쪽으로 가는 것을 전轉이라 한다.

이 승당에 거처하는 자에게도 이익과 손해가 있을 것이니, 그대 비구들은 마땅히 이를 알아야 할 것이다. 그대들은 비로자나불의 상투를 자르고,[24] 관음보살의 팔을 끊고,[25] 문수보살의 눈을 갈라내고(刲),[26] 보현보살의 다리(脛)를 부러뜨리고,[27] 유마거사의 자리를 부수고,[28] 가섭존자의 옷을 불태울 수 있어야 하리니,[29] 이와 같이 (승당을) 받아들인다면 황금으로 기와를 삼고 백은으로 벽을 만들더라도 그대가 오히려 감당할 수 있는데, 하물며 한 채의 승당이겠는가? 경계하고 힘쓸지어다! 내 말이 헛되지 않으리라."

요상이 종열 스님에게 묻고 참구한 지 10여 년에 말후의 일대사를 모두 다 증득하였으니, 아마도 고덕古德이 말한 '금강왕보검'이리라.

원우 7년(1092) 12월 10일, 남강南康의 적오관赤烏觀에서 눈 오는 밤에 화로를 끼고 글을 써서 기문으로 삼는다.

撫州永安禪院僧堂記

無盡居士撰【宋承相張商英, 字天覺, 號無盡居士, 得法於從悅禪師.】
古之學道之士, 灰心泯志於深山幽谷之間, 穴土以爲廬,[1] 紉【『禮』: "紉針請補綴." 以線貫針爲紉. 又紉蘭爲佩.】草以爲衣, 掬溪而飮, 茹藜而食, 虎豹之與隣, 猿狙【猿, 長臂, 善擧授樹枝. 狙, 猿屬. 又獮狙, 音但, 似狼, 赤眉鼠目狗頭, 以猿爲雌. 一名猵, 狙與狙字, 音義不同也.】之與親, 不得已而聲名腥羶【生肉曰腥, 穀氣曰羶.『禮』「內則」"雞膏腥, 犬膏臊, 牛膏羶, 羊膏羶." 然則羶非穀氣也. 言名

---

[24] 상투는 중도中道를 나타내니, 중도에도 안주할 필요가 없음을 말한다.
[25] 관음보살은 천 개의 손과 팔이 있으니, 대비로 이끌어 주는 것도 구하지 않음을 말한다.
[26] 눈은 문수의 큰 지혜를 나타낸다. 고刲는 제거하는 것이며 또 가르는 것이다.
[27] 경脛은 다리이니, 보현보살의 만행에도 의존하지 않음을 말한다.
[28] 정명이 10척의 사방 1장 넓이에 8만 4천 개의 사자좌를 넣었으니, 그런 불가사의한 신통력도 쓰지 않음을 말한다.
[29] 가섭이 석가의 금란가사를 받아 계족산에서 선정에 들어가 자씨보살의 출현을 기다리고 있으니 가사의 전수도 필요치 않음을 말한다.

聲有聞於外人也.】, 文彩發露, 則枯槁同志之士, 不遠千里, 裹粮躡屩【屩, 蹻也, 着屐履也. 屩, 音覺,『廣韵』"草履." 又屩曰屩, 木曰屐.『史』"馮驩躡屩." 見「孟嘗君」.】, 來從之遊.[2] 道人深拒而不受也, 則爲之樵蘇【採薪曰樵, 刈草曰蘇.】, 爲之舂炊, 爲之灑掃, 爲之刈植, 爲之給侍奔走. 凡所以効勞, 苦致精一, 積月累歲, 不自疲厭【身不疲, 心不厭.】, 覬師見而愍之, 賜以一言之益, 而超越死生之岸, 烏有今日所謂堂殿宮室之華, 床榻臥具之安, 氈幄之溫, 簟席[3]之凉, 窓牖之明, 巾單之潔, 飮食之盛, 金錢之饒, 所須而具, 所求而獲也哉? 嗚呼! 古之人, 吾不得而見之矣. 因永安禪院之新其僧堂也, 得以發吾之緒言. 元祐【宋哲宗年號】六年冬十一月, 吾行郡[4]過臨川, 聞永安主僧老病物故【物故者, 死也, 言其同於鬼物而故也. 一說不欲斥死, 但云其所服用之物已故耳. 又高堂隆曰: "物, 無也. 故, 事也. 言死者無所復能於事也."】, 以塊率從悅【贛州熊氏子, 嗣眞淨克文禪師.】之徒了常, 繼之, 常陞座說法. 有陳氏子【臨川陳宗愈】, 一歷耳根, 生大欣慰, 謂常曰: "諦觀師誨, 前此未聞. 當有淨侶雲集, 而僧堂狹陋, 何以待之? 願出家貲百萬【錢百萬貫.】, 爲衆更造." 明年堂成, 高廣宏曠【空也, 洞也, 大也.】, 殆甲江右.【甲爲十干之首, 言爲江右之首也.】 常遣人來求文曰: "公迫常於山而及此也,【言及此山也.】 幸卒成之.【卒, 畢也, 言幸而畢成其堂也.】" 吾使謂常, 擊鼓集衆, 以吾之意而告之曰: "汝比丘! 此堂旣成, 坐臥經行, 惟汝之適. 汝能於此, 帶刀而眠, 離諸夢想, 則百丈卽汝, 汝卽百丈. 若不然者, 昏沉睡眠, 毒蛇【毒蛇者,『搜神記』云: "嶺南蒙岀山中有蛇, 見人輒碎, 爲片片花塊. 行人不知捉其一塊, 則皆合而噛人. 又北地有蛇, 能呼人名, 人苟應之, 則夜來食人髓腦." 言沈湎昏睡, 如蛇處窟穴中冥然睡痴而已.】伏心, 暗冥無知, 晝入幽壤【黑暗地獄】. 汝能於此, 跏趺宴坐, 深入禪乏, 則空生卽汝, 汝卽空生. 若不然者, 獼猴【陸佃云: "此獸無脾, 以行消食." 盖猿之德, 靜而緩; 猴之德, 躁以囂.】在檻, 外覘樝栗【樝, 果屬, 似梨而酸.】, 雜想變亂, 坐化異類【畜生】. 汝能於此, 橫經而誦, 硏味聖意, 因漸入頓, 因頓入圓, 則三藏卽汝, 汝卽三藏. 若不然者, 春禽晝啼, 秋蟲夜鳴, 風氣所使, 曾無意謂. 汝能於此, 閱古人話, 一見千悟, 入紅塵裡[5]【以朱土坌散於九陌上, 塵飛於車轍馬蹄之間, 故曰紅塵. 坌, 音妓, 散土大道上也. 一云: "塵本不紅, 以言其染也." 此言紅塵者, 通言世間也.】, 轉大法輪,【輪有二義: 一圓滿義, 具轂輻輞軸等, 體用周遍. 二摧輾義, 揣輾煩惱, 如摧末降也. 流演圓通之謂輪, 自我之彼名爲轉.】則諸祖即汝, 汝即諸祖. 若不然者, 狗䑛[6]枯骨, 鵄啄腐鼠, 鼓喙呀唇, 重增飢火. 是故析[7]爲垢淨, 列爲因果, 判爲情想, 感爲苦樂, 漂流汩溺, 極未來際. 然則作此堂者, 有損有益; 居此堂者, 有利有害. 汝等比丘宜知之. 汝能斷毘盧䯻,【䯻表中道, 謂中道不須安也.】截觀音臂,【觀音有千手臂, 謂不求大悲接引也.】剜文殊目,【目表文殊大智. 剜, 括去也, 又剖也.】折普賢脛【脛, 脚也, 言不依普賢萬行也.】, 碎維摩座,【淨名, 於十尺方丈, 容八萬四千獅子座, 言不用其不思議神通也.】焚迦葉衣,【迦葉, 授釋迦金襴袈裟, 於雞足山中入定, 以待慈氏下生, 言不須傳衣也.】如是受者, 黃金爲瓦, 白銀爲壁, 汝尙堪任, 何況一堂? 戒之勉之! 吾說不虛." 了常諮叅悅老十餘年, 盡得其末後大事, 盖古德所謂金剛王寶釼[8]云. 元祐七年十二月十日, 南康赤烏觀, 雪夜擁爐, 書以爲記.

---

1) ㉠'盧'는 '廬'로 되어 있는 곳도 있다. 2) ㉠'遊'는 '游'로 되어 있는 곳도 있다. 3) ㉠'席'은 '蓆'으로 되이 있는 곳도 있다. 4) ㉠'郡'은 '群'으로 되어 있는 곳도 있다. 5) ㉠'裡'는 '裏'로 되어 있는 곳도 있다. ㉡'裡'는 '裏'와 통용된다. 6) ㉠'䑛'는 '齧'로 되어 있는 곳도 있다. 7) ㉠'析'은 '折'으로 되어 있는 곳도 있다. 8) ㉠'釼'은 '劒'으로 되어 있는 곳도 있다.

선월대사 대은의 귀감[1]

속세에 있거나 벗어났을 때, 어떻게 처신해야 하는가?
선행을 보면 노력하고 악행을 들으면 가까이하지 말라.
비록 어두운 방에 있더라도 큰 손님을 마주대하듯 하라.
성정性情을 즐겨 기르고 위태로움을 만나서는 청빈함을 지켜야 한다.
어리석은 듯하지만 어리석지 않고 인仁을 닦아 인을 얻어야 한다.
겸양謙讓으로 근본을 삼고 고고孤高한 자들과 이웃해야 한다.
적게 출행出行하는 것이 귀함이 되고 적게 말하는 것이 가장 값지다.
학문은 날마다 해야 하며 때때로 익혀 새로운 것을 알아야 한다.
영화로움과 욕됨에 동요되기를 삼가며 시비是非를 따지지 말라.
항상 간절히 자기를 책망하고 남을 탓하지 말라.[2]
원석을 품고 있으면서 발이 잘리고[3] 문치文治를 일으키려다가 진陳에서 액난을 당했으니[4]
옛 성인들도 그러하거늘 우리 무리가 어찌 펼치겠는가?
세속의 일은 편안히 들을 뿐, 천진天眞함에 스스로 맡겨라.

---

1 관휴貫休는 성이 강姜이며, 당唐 천복天復 연간(901~904)에 촉蜀 땅에 들어갔다. 촉의 군주가 그에게 '선월대사禪月大師'라는 호를 주었다. 일찍이 나한상을 그린 적이 있었는데, 열다섯 번째 상을 그리고 나서 문득 선정에서 일어나 보니 자기의 몸을 그리고 있었다. 열여섯 번째 상이 바로 이것이다. 옛 시에 "큰 은자는 저자에 숨고, 작은 은자는 산속에 숨는다."라고 하였다.
2 『孟子』에서는 "군자는 하늘을 원망하지 않으며 남을 탓하지 않는다."라고 하였다.
3 변화卞和는 초楚나라의 야인인데, 옥석을 얻게 되어 이를 무왕武王에게 바쳤다. 왕이 옥공을 시켜 감정하게 하였더니, 옥공이 돌이라고 하였다. 왕은 자기를 기만했다고 여겨 화씨의 발 하나를 잘랐다. 문왕文王이 즉위하였고 화씨가 또 이를 바쳤다. 문왕이 "옛날에 우리 선군을 기만하더니 지금 또 나를 기만하는구나."라고 하고선 또 발 하나를 잘랐다. 성왕成王이 즉위하자 화씨가 또 울면서 이를 바쳤다. 성왕이 이를 갈라 보게 하니 속에 과연 아름다운 옥이 있었고, 마침내 그를 능양후陵陽侯로 봉해 주었으나 화씨가 받아들이지 않았다.
4 공자가 문치를 일으키려다가 진陳·채蔡에서 7일간 양식이 끊겼다.

기특하고 쾌활하도다! 평온하고 너그러우며 정신을 온화하게 하라.[5]

禪月大師大隱龜鑑【貫休, 姓姜, 唐天復間, 入蜀. 蜀主賜號'禪月大師'. 嘗畵羅漢, 畢十五身, 忽從禪定起, 自寫本身, 足之第十六身, 是也. 古詩云: "大隱隱朝市, 小隱隱丘梵."】

在塵出塵, 如何處身?

見善努力, 聞惡莫親.

縱居暗室, 如對大賓.

樂情養性, 逢危守貧.

如愚不愚, 修仁得仁.

謙讓爲本, 孤高作隣.

少出爲貴, 少語最珍.

學無廢日, 時習知新.

榮辱愼動, 是非勿詢.

常切責己, 切勿尤人.【『孟子』: "君子不怨天, 不尤人."】

抱璞刖足.【卞和, 楚之野民, 得玉石, 獻武王. 王使玉工相之, 言石. 王以爲欺謾, 刖其一足. 文王立, 又獻之. 王曰: "昔日欺我先君, 今又欺我." 又刖一足. 成王立, 和又泣獻之. 王使剖之, 中果有美玉, 遂封陵陽侯, 和不受焉.】興文厄陳.【孔子欲興文治, 於陳蔡間, 絶粮七日.】

古聖尙爾, 吾徒奚伸?

安聞世俗, 自任天眞.

奇哉快哉! 坦蕩怡神.【"君子坦蕩蕩, 小人長戚戚." 坦, 平也. 蕩, 寬廣皃.】

---

5 "군자는 평온하여(坦) 너그럽고(蕩), 소인은 늘 초조해한다."* 탄坦은 평온함이다. 탕蕩은 너그러운 모양이다.
　*군자는~초조해한다 : 『論語』「述而」편에 나오는 말이다.

우가승록 찬녕이 삼교를 총괄하여 논의하다[1]

묻는다. "승가의 역사를 간략히 찬술하였는데,[2] 사건의 단서를 구하는 것은[3] 그 까닭이 무엇인가?"

답한다. "불도佛道를 중흥시켜 정법이 오래 머물도록 하고자 한다."[4]

말한다. "지금의 천자께서 불도를 중시하고 도교를 숭상하며 유교를 실천하여 태평성대에 이르렀으니, 이미 (불법을) 중흥시켰는데 일개 비구

---

1 진종眞宗 함평咸平 원년(998)에 조서를 받들고 우가승록右街僧錄이라는 관직에 들어갔다가 얼마 지나지 않아 좌가승록左街僧錄으로 자리를 옮겼다.
2 『大宋僧史略』의 자서自序에서는 다음과 같이 말하였다. "태평흥국太平興國 초기에 칙령을 받들어 동사東寺에 거처하며 많은 여가 시간에 책을 펼쳐 보다가 마침내 문제(각 부문의 제목)를 수립하고 일의 유형들을 찾아 구하면서, 부처님의 탄생에서 시작하여 교법이 널리 퍼지고 삼보三寶를 주지住持하는 일에 이르기까지 모든 일들의 시말 가운데 잘못된 것을 다 바로잡아 대략 3권으로 완성하였다. 이는 배자야裵子野의 『宋略』*을 취하여 제목으로 삼았을 뿐이다."**
　*배자야裵子野의 『宋略』: 배자야는 양 무제梁武帝 때의 문신으로 송나라 역사서인 『宋略』 20권을 편찬하였다.
　**태평흥국太平興國~뿐이다 : 『大宋僧史略』 서문序文(T54, 235a26~b2)에는 다음과 같이 나온다. "以太平興國初, 疊奉詔旨, 高僧傳外別修僧史, 及進育王塔. 乘馴到闕, 勅居東寺, 披覽多暇, 遂樹立門題, 搜求事類, 始乎佛生, 教法流衍, 至于三寶住持, 諸務事始, 一皆隱括, 約成三卷, 號僧史略焉, 蓋取裵子野宋略爲目."
3 이미 승가의 역사를 간략히 찬술하였는데, 또 어찌 사건들의 잡다한 단서를 구하여 삼교三敎를 총괄하여 논할 필요가 있는가?
4 『祖庭事苑』에서는 "내가 잃게 한 것은 아니나 나로부터 회복된 것을 중흥이라 한다. 예컨대 (선대先代의) 왕이 중간에 (불교를) 끊었던 것을 (후대 왕이) 다시 일으키는 것과 같은데, 주周나라의 선왕宣王과 한漢나라의 광무제光武帝가 바로 이 경우이다. 우리 불도가 동쪽으로 점차 전해짐에 삼무三武의 파괴*를 겪었으나 덕업이 성대한 종사들이 이 도에 강령을 세웠기 때문에 불법이 중흥되었다."**라고 하였다.
　*삼무三武의 파괴 : 북위 도무제北魏道武帝, 북주 무제北周武帝, 당 무종唐武宗을 합쳐서 '삼무'라 한다. 이들은 모두 불교를 배척하여 모든 승려들을 환속시켰으므로 불가佛家에서 이들을 일컬어 '삼무의 파괴'라고 한다.
　**내가~중흥되었다 : 『祖庭事苑』 권6(X64, 400b18~22)에는 다음과 같이 나온다. "中興: 王室中否而再興, 謂之中興. 如周之宣王·漢之光武·唐之中宗. 吾道東漸, 遭三武之難而後復. 或宗匠德業降重, 綱領斯道, 使教法中興者, 法眼其人矣. 三武者, 謂魏武十九年·周武七年·唐武一年."

가 어떻게 역량을 발휘해서 불도를 중흥시킨다고 말하는가?"

답한다. "거듭 그 중흥을 돕고자 할 뿐이다. 만일 석씨의 자손으로서 법을 알지 못하고 행을 닦지 않으며, 과학科學[5]에 힘쓰지 않고 근본의 기원[6]을 밝히지 못한다면, 어찌 제왕의 중흥을 도울 수 있겠는가?"

혹자가 말한다. "그대가 무슨 힘이 있어서 정법이 오래 머물도록 하겠는가?"

답한다. "부처님께서 '법을 알고 마이摩夷[7]를 알아서 중생들을 호지護持하고 섭수攝受하면[8] 법이 끊어지지 않게 할 수 있다.'라고 하셨다."

또 말한다. "여러 선사先師들이 이미 자세히 저술하였는데, 어찌 그대가 할 필요가 있겠는가?"

답한다. "고인의 저술은 활용이 결여되어 미흡한 듯하니, 삼교가 순환하여 끝나고 다시 시작하는 줄을 일찍이 알지 못하였다. 한 사람이 위에 있는데 높아도 위태롭지 않고,[9] 한 사람이 있기 때문에 삼교의 흥성함을 받들고, 삼교가 있기 때문에 한 사람의 다스림을 도울 수 있다. 게다가 유

---

5 십과十科*의 학문.
　*십과十科 : 번역飜譯·해의解義·습선習禪·명률明律·감통感通·유신遺身·독송讀誦·호법護法·흥복興福·잡과雜科이다.
6 불법의 근본이 처음 생겨난 유래이다.
7 『華嚴玄談』에서는 "마이摩夷는 한역하면 행모行母인데, 논장에 의지하여 수행이 이루어지기 때문에 수행의 어머니이다."*라고 하였다. 또 『四分律』에서는 "법도 알고 율도 알고 마이도 안다."**라고 하였다. 법을 안다는 것은 수다라장(經藏)을 잘 수지하는 것이니 아난과 같은 경우이고, 율을 안다는 것은 비니장(율장)을 잘 수지하는 것이니 우바리와 같은 경우이고, 마이를 안다는 것은 교화를 잘하고 현묘한 강령을 잘 주관하는 것이니 가섭과 같은 경우이다.
　*마이摩夷는~어머니이다 : 『大方廣佛華嚴經疏演義鈔』 권3(X5, 733a11~12).
　**법도~안다 : 『四分律』 권45(T22, 899c21).
8 물에 빠진 이를 가엾이 여겨서 구제하는 것을 섭攝이라 하고, 보살피고 다독거리며 돌아보고 생각해 주는 것을 수受라 한다.
9 만약 삼교가 나란히 행해짐에 어긋나지 않으면 비록 한 사람이 높은 곳에 머무나 어찌 위태롭겠는가(岌)? 급岌은 위태로움이다.

교는 삼왕三王[i] 이후로 베풀어 씀에 이치에 합당하였으며, 도교는 오제五帝[ii] 이전에 주재하지 않는 도(不宰: 무위자연의 도)에 그윽이 부합하였다.[10]

옛적에 사마천의 『사기』에서는 도교道敎를 올려(躋)[11] 구류九流[12]의 위에 두었고, 반고班固의 『한서漢書』에서는 유교를 끌어올려 『예문지』의 첫머리에 두었다.[13] 자장子長은 질박한 것을 돌이켜 순박한 데로 돌아가고자 하였으니, 오제五帝의 도를 숭상하였다. 맹견은 인仁을 근본으로 하고 의義를 본받을 것을 생각하였으니, 왕도를 행한 것이다. 하夏·상商·주周나라

---

10 『老子』에서는 "만물을 양육하나 주재하지(宰) 않으니, 이를 현덕玄德이라 한다."라고 하였고, 주석에서는 "재宰는 주재함이다."라고 하였으니 만물을 길러 양육하지만 주재하지 않는 것이다. 오제 이전에는 제왕이 모두 무위자연의 도리로써 천하를 다스렸다.
11 사마천은 자가 자장子長으로 『史記列傳』을 지었다. 『詩經』에서는 "군자가 올라갈(躋) 바이다."라고 하였으니, 제躋는 올라감을 말한다.
12 구류란, 첫 번째가 유가儒家인데, 요임금과 순임금의 도를 본받아 서술하고, 문왕과 무왕을 법칙으로 하며, 중니仲尼를 종조로서 숭앙하는 자들이다. 두 번째는 도가道家인데, 맑고 텅 빈 것을 스스로 지키고 낮고 연약함을 스스로 유지하니, 이는 임금이 남면하는 방법으로써 요임금의 극양克讓*과 『周易』의 겸양(謙謙)**에 합하는 것이다. 세 번째는 음양가陰陽家인데, 해·달·별의 천문 이치를 공경히 따라 백성들에게 농사지을 시기를 알려 주는 자들이다. 네 번째는 법가法家인데, 공 있는 사람은 반드시 상을 주고 죄 있는 사람은 반드시 벌하여 예법과 제도를 보완하는 자들이다. 다섯 번째는 명가名家인데, 명분과 지위가 같지 않고 예수禮數***가 다르니 명분과 지위를 바르게 나열하여 일을 이루도록 하는 자들이다. 여섯 번째는 묵가墨家인데, 겸애兼愛의 뜻을 확장시켜 노인을 봉양하고 은혜를 베푸는 자들이다. 일곱 번째는 종횡가縱橫家인데, 권력을 받아 법을 제정하여 마땅히 명命은 받고 말은 받아들이지 않음을 말한다. 여덟 번째는 잡가雜家인데, 유가와 묵가를 겸하고 명가와 법가를 합하였으니 나라의 큰 체제를 알아서 일에 있어 꿰뚫지 못함이 없다. 아홉 번째는 농가農家인데, 온갖 곡식을 씨 뿌리며 밭 갈고 뽕 치는 것을 권하여 의복과 식량을 풍족하게 하는 자들이다.
  *극양克讓:『書經』「堯傳」의 맨 처음에 요임금의 덕을 칭송하여 "공경과 총명과 문채와 사려가 자연적으로 우러나왔으며 참으로 공손함과 겸양의 덕을 발휘하였다.(欽明文思安安, 允恭克讓.)"라는 말이 나온다.
  **『周易』의 겸양(謙謙): 겸괘謙卦는 『周易』의 64괘 중 15번째 괘명이다. 낮은 땅 아래에 높은 산이 있는 형상으로, 자신을 굽혀서 낮은 자보다 더욱 낮추는 겸하의 의미를 지니고 있다. 『周易』「謙卦」 초륙初六 상象에서는 "겸손하고 사양하는 군자는 겸손한 덕행으로 자신을 다스린다.(謙謙君子, 卑以自牧也.)"라고 하였다.
  ***예수禮數: 신분에 따라 각각 다른 예의 대우를 말한다.
13 반고는 자가 맹견孟堅으로 『漢書藝文志』를 지었다.

로부터 지금까지 거의 수백수천 년이 흘렀는데, 만약 노자의 도교만을 써서 다스렸다면 급한 병에 더딘 약을 복용하는 격이다. 이로 말미암아 인의仁義가 희박해지고 예절과 형벌이 생겨났으니, 예절을 넘어서고 형벌을 건너뛰면 유자들은 팔짱을 끼고 있을 것이다.

석씨의 문중은 베풀어 쓰기를 두루하여 자비慈悲로 포악함을 변화시키고, 희사喜捨ⅲ로 아끼고 탐냄을 변화시키고, 평등으로 원수와 친한 이를 변화시키고, 인욕으로 성냄을 변화시킨다. 사람은 죽더라도 신령스럽고 밝은 성품은 소멸하지 않음을 알게 하고, 육취六趣에 도달하여도 업을 받아 환생함을 알게 하니, 천당으로써 상을 주고 지옥으로써 벌을 주는 것이 마치 거푸집이 토상土像을 쏟아 내는 것과 같고 모형이 금상金像을 주조하는 것과 같다. 삐뚠 거푸집과 새는 모형으로 물건을 쏟아 내면(寫)¹⁴ 반드시 볼품없는 모양을 이루고, 좋은 거푸집과 훌륭한 모형으로 형상을 옮기면 반드시 단정하고 엄밀한 모습을 이루게 될 것이다. 이러한 일은 입으로만 얘기하는 것이 아니라 사람들이 모두 눈으로 목격한 것이다.

그러므로 제왕이 받들어 믿으면 백성들이 마음으로 귀의함이 마치 풀 위로 바람이 붊에¹⁵ 일제히(翕然)¹⁶ 쓰러지는 것과 같다. 그리고 노자(도교)를 곁으로 의지하고 유가를 겸하여 의지할 수 있다면 지혜를 이룸에 어리석은 세 사람을 기다리는 것과 같다.¹⁷ 나라를 다스리려면 여러 성인聖人들의 가르침을 마땅히 준수해야 하니, 천하가 부지런히 힘쓰는(亹亹) 풍토¹⁸

---

14 (사寫는) 기울이다·거꾸로 쏟음이다.
15 『論語』에서는 "군자의 덕은 바람이고 소인의 덕은 풀이다. 풀에 바람이 더해지면(上) 반드시 쓰러진다."라고 하였고, 주석에서는 "상上은 상尙과 같으니, 더해짐(加)이다."라고 하였다.
16 흡翕은 새의 양쪽 날개가 가지런히 모이는 모양과 같다.
17 옛말에 "어리석은 자 셋이 모이면 지혜로운 이 하나를 이룬다."라고 하였다.
18 (미亹는) 단亶과 같다. 『周易』에서는 "천하가 부지런히 힘쓰는 모양을 이룬다."라고 하였는데, 주석에서는 "게으르지 않다는 뜻이다."라고 하였다.

를 이루고 종일토록 쉬지 않고 나아가는 풍토[19]를 회복하여(復),[20] 만백성을 제어함이 마치 팔이 손을 부리듯 하고 손이 손가락을 움직이듯 하여 혹은 사로잡았다가 혹은 풀어 주니, 어떻게 한들 좋지(臧) 않겠는가?[21]

무릇 이와 같으면 삼교가 한 집안의 물건이고[22] 만승이 한 집안의 군주이니, 집안을 돌볼 때는 마땅히 편애하지 말아야 할 것이다. 편애하면 다툼이 생겨나고 다툼이 생겨나면 가르침을 훼손할 것이니, 군주가 다툼 안에 있으면 자연히 불안할 것이고, 군주가 불안하게 되면 그 가르침을 훼손할 것이다. 가르침을 훼손시키지 않고자 한다면 편애를 없애는 것만 한 것이 없으니, 삼교가 이미 화합하였기 때문에 불법이 오래 머무를 수 있었다.[23]

또 진秦나라 시황제始皇帝가 유가의 경전(術)을 불태우고 유생들을 땅에 묻은 것은[24] 그 일이 이사李斯로부터 나왔고, 후위後魏 때에[25] 사문들을 베어 죽인 것은 다만 구겸지寇謙之와 최호崔浩 때문이었으며, 후주後周의 무제가 불교와 도교의 두 가르침을 없애고 자신의 총명함을 자랑한 것은 대개 조정에 바른 사람이 없었기 때문이고, 당 무종唐武宗이 사찰과 불상을 훼손시켜 없앤 것은 도사道士 조귀진趙歸眞이 유현정劉玄靖을 이끌고 힘을 합쳐 비방하고 무고하였으며[26] 이주애李朱崖가 그림자처럼 도왔기 때문이

---

19 또 "군자는 종일토록 쉬지 않는다."라고 하였는데, 주석에서는 "하늘의 도가 스스로 굳세어 쉬지 않는 모습이다."라고 하였다.
20 (복復은) 돌이킴이다.
21 장臧은 좋다는 것이다. 『詩經』에서는 다음과 같이 말하였다. "점을 쳐서 말하되, '그 길함이여! 마침내 영원히 길하리라.'라고 하였다."
22 부분적인 비유이다.
23 "그대가 무슨 힘이 있어 정법을 오래 머물게 하겠는가?"라는 질문에 결론지어 답한 것이다.
24 술術은 경술經術이니 『詩經』·『書經』이다. 유가 경전을 불태우고 유생들을 매장시킨 것을 말한다.
25 탁발도拓跋燾(가 한 일이다.)
26 불법을 비방하고 승려를 무고함이다.

니,²⁷ 이 네 임금과 여러 신하들이 과보를 받은 증험이 어쩌면 그리도 빠르단 말인가!²⁸

우리 불교도들에게 받들어 권하니, 서로 경계하고 서로 막아 주어 (불교 이외의 타교를 비방하는) 허물에 걸리지 말라. 제왕이 (불교를) 포용하지 않으면 불법이 어디로부터 세워지겠는가? 하물며 도교의 가르침에 '보물을 지킴에 천하에 앞서지 않는다.'라는 내용이 있으니,²⁹ 사문이 타교에 예경하여 그들과 화합하는 데에 어찌 방해되겠는가? 부처님께서 일체를 공경하여 믿어라 하신 말씀에 마땅히 부합하니, 노자를 믿는 것은 앞선 성인이기 때문이며 공자를 믿는 것은 앞선 스승이기 때문이다. 이 두 성

---

27 마치 그림자가 형상을 좇는 듯이 보좌하여 도움이다.
28 최호는 구겸지를 믿고 존중하여 도교를 받들었다. 최호가 불교를 좋아하지 않아 위나라 군주에게 말하여 없애도록 하였는데, 구겸지가 먼저 악질에 걸려 죽고 연이어 최호가 나라의 나쁜 일을 폭로하였다가 주살을 당하였으니, 최호와 구겸지의 두 집안은 5족이 모두 멸족을 당했다. 탁발도는 불교를 없애고 승려들을 주살하였는데, 승려 담시曇始가 왕궁의 문안으로 들어오자 탁발도가 그의 목을 치게 하였으나 베어도 상처가 나지 않았다. 또 우리 속의 범에게 잡아먹히도록 하였으나 범이 엎드린 채 일어나지 않았다. 탁발도가 죄과를 뉘우치자 담시가 그를 위해 설법하여 인과를 분명하게 말해 주니, 탁발도가 크게 부끄럽고 두려운 마음을 내었다. 그러나 결국 염병에 걸리게 되었으니, 그 죄가 두 사람에게서 비롯되었다 하여 두 집안을 멸족시켰다. 주나라 무왕은 시기 질투가 심한 성격이었는데, 그가 "유교와 도교는 이 나라에서 받들고 따르던 것이고 불교는 뒤에 전래된 것이므로 짐은 불교가 서지 못하게 하고자 한다."라고 하고는 도사 장빈지張賓之에게 명령하여 사문 지현知炫과 우열을 가리게 하였다. 장빈지가 승리하지 못하자 마침내 (불교를) 도교와 함께 없애 버렸는데, 그러자 염병이 발병하여 얼마 지나지 않아 죽었다. 불법을 멸하고 죄과를 받은 것은 『冥報記』에 보인다. 당나라 무종武宗은 어려서부터 부처님을 좋아하지 않았는데, 즉위해서는 도사 조귀진趙歸眞 등을 불러들여 궁궐에서 선록仙籙*을 받았다. 또 형산衡山의 도사道士 유현정劉玄靖을 불러들여 광록대부光錄大夫로 삼아 숭현관崇玄館에 충당하게 하였고, 학사學士 등원초鄧元超 등은 부처님을 배척하고 헐뜯었다. 황제가 마침내 사찰을 폐지하고 불상을 없앴더니 얼마 지나지 않아 금단金丹에서 독약의 기운이 배어 나와 죽었다. 여러 도사들이 (불교를 비방한 데 대한) 죄과를 받은 증험이 『別錄』에 상세히 실려 있다.
 *선록仙籙 : 신선이 되는 비술이 기록된 도교 서적.
29 노자에게는 세 가지 보물이 있었으니 첫 번째가 자애이고, 두 번째가 검약이고, 세 번째가 천하에 앞서지 않는다는 것이다.

인이 아니었다면 어찌 석가의 가르침을 현양하고 함께 나란히 행하여서 임금을 복희씨와 황제씨 위에 놓이게 할 수 있었겠는가? 만일 이 말을 어기면(咈)[30] 비유컨대 무뢰한 자제들이 함부로 다투다가 그 부모에게 누를 끼치고 가산을 탕진한 뒤에 형벌을 받는 것과 같다.

그렇다면 삼교의 큰 뜻을 훼손하는 것은 한때의 작은 손실일 뿐이니,[31] 일식이나 월식이 어찌 밝음을 해치겠는가?[32]

그대는 보지 못했는가? 진秦나라 때 제자백가의 서적을 불태웠지만 성인께서 미리 집의 벽 속에 감추었고,[33] 유생들을 구덩이에 파묻어 전멸케 하였으나 양웅과 사마천 및 두 대씨[34]가 서로 연이어 태어났으니, 어찌 초류噍類가 없던 적이 있었는가?[35]

---

30 (불咈은) 거스름이고 어긋남이다.
31 비록 잠시 훼멸과 배척을 당하는 것이 삼교에 있어서는 작은 손실이지만 훼방하던 자들은 실로 큰 피해를 입었다. 『四十二章經』에서는 다음과 같이 말하였다. "어떤 사람이 부처님을 욕하자 부처님이 묵묵히 대꾸하지 않았다. 욕이 그치자 부처님이 묻기를, '그대가 예로써 다른 사람을 따르는데 그 사람이 받아들이지 않으면 그 예가 그대에게 돌아가는가?'라고 하니 대답하기를 '돌아갑니다.'라고 하였다. 부처님께서 '지금 그대가 나를 욕했지만 내가 지금 받아들이지 않으니, 그대가 스스로 화禍를 가지고서 그대의 몸으로 돌아가리라.'라고 말씀하셨다."*
 *어떤~말씀하셨다 : 『四十二章經』(T17, 722b16~20)에는 다음과 같이 나온다. "有人聞佛道守大仁慈, 以惡來, 以善往, 故來罵. 佛默然不答, 愍之癡冥狂愚使然. 罵止, 問曰: 子以禮從人, 其人不納, 實禮如之乎? 曰: 持歸. 今子罵我, 我亦不納, 子自持歸, 禍子身矣!"
32 『論語』에서는 "군자의 허물은 일식이나 월식과 같으니, 허물이 있으면 사람들이 모두 보게 되고, 고치면 사람들이 모두 우러러본다."라고 하였다.
33 『書經』의 서문에서는 다음과 같이 말하였다. "노魯나라 공왕恭王 여餘는 경제景帝의 아들인데 궁실을 치장하기를 좋아하여 공자의 옛 저택을 허물어 그 거실을 넓히다가 벽에서 경서를 발견하였다. 공자의 13대손인 공양孔襄은 경서를 좋아하고 박학하였는데, 진나라 법이 준엄함을 두려워하여 공자의 옛 저택 벽 속에 『孔子家語』·『孝經』·『尙書』·『論語』 등을 감춰 두었다. 공왕 여가 집을 허물다가 이들을 얻고는 모두 공양의 손자가 사는 나라에 돌려보냈다."
34 (양마揚馬는) 양웅과 사마천이다. 두 대씨(二戴)는 대덕(戴德)과 대성(戴聖)이니 소위 '대대大戴와 소대小戴'이다.
35 『漢書』에서는 "양성襄城에는 초류噍類가 없다."라고 하였는데, 다시 살아나서 음식을

양 무제가 도교를 버렸고 후위後魏가 불교를 발흥시켰으며,³⁶ 탁발씨³⁷가 승려를 주살하였으나 그 자손이 거듭하여 불교를 진흥시켰고,³⁸ 후주後周가 불교와 도교를 훼손하자 수隋나라 양견楊堅이 이를 회복시켰으며,³⁹ 무종武宗이 석가 문중을 무너뜨렸는데 임종한 지 얼마 되지 않아 선종宣宗이 열 배로 부흥시켰으니,⁴⁰ 손바닥을 기울여 어찌 하수河水와 한수漢水의 흐름을 끊을 수 있겠는가? 주먹을 펴서 범과 코뿔소(兕)의 사나움을 막을 수 없다.⁴¹

하물며 도안道安만 한 승려가 없는데 도안이 습착치習鑿齒와 교류한 것은 유교를 숭상한 것이고, 혜원慧遠만 한 승려가 없는데 혜원이 육수정陸修靜을 전송할 때 호계虎溪를 지나간 것ⁱᵛ은 도교를 중시한 것이다. 내가

    먹을 수 있는 자가 없다는 말이다. (초噍는) 음이 초初이니, 깨무는 것이다.
36 양 무제 때에 도교를 버리고 불교를 섬기라는 조서가 있었다.
37 '탁발'은 후위 왕족의 성씨다. 북방 사람들은 땅을 일컬어 '탁'이라 하고, 왕을 일컬어 '발'이라 하였다. 위魏나라 선조가 황제黃帝로부터 나왔으니, 토덕土德으로 왕이 되었다 하여 '탁발씨'가 된 것이다.
38 탁발도가 염병에 걸려 죽자 손자 문성제文成帝 탁발예拓跋濬가 즉위하여 불교를 중흥시켰다.
39 주나라 무왕이 악질로 죽고 정제靜帝가 즉위하자 양견이 정사를 다스린 지 13개월 만에 수국공隋國公에 책봉되고 즉시 도교와 불교를 회복하였다.
40 선종은 무종의 숙부다. 무종이 그를 시기하여 궁실의 뒷간에 빠트렸는데, 환관 구공무구공武가 머리를 깎여 승려가 되게 하였다. 일찍이 염관 제안鹽官齊安을 참례하였는데, 제안이 하루는 지사에게 미리 경계시키기를, "어떤 기이한 사람이 여기에 도착할 것이니 잡다한 말을 금하고 함부로 대하지 말라. 불법에 누를 끼칠까 두렵다."라고 하였다. 다음 날 행각승 몇 사람이 예방하였는데, 제안이 유나維那를 시켜 높은 자리로 모시게 하였으니, 그 예우가 다른 이들과는 달랐다. 그런 인연으로 황제에게 "시기가 왔습니다. 진흙 속에 몸을 서리고 계시지 마시옵소서!"라고 하며 불법의 후사後事를 부탁하였다. 그곳을 떠나 강릉소윤江陵少尹이 되었는데, 무종이 죽자 재상과 신하들이 그를 맞이하여 즉위시키니 불교를 크게 일으켰다.
41 공자가 자로子路에게 "맨손으로 범을 쳐 죽이고(暴) 맨발로 황하를 건너다가(馮) 죽어도 후회하지 않을 것이다."라고 하였는데, 주석에서는 "맨손으로 때리는 것을 폭暴이라 하고, 맨발로 건너는 것을 빙馮이라 한다."라고 하였으니, 마치 안석에 의지하듯 편안히 여기는 것이다. 시兕는 들소인데, 푸른색에 뿔이 하나이다.

두 고승을 사모하여 유교를 좋아하고 도교를 중시한 것을 승려들이 혹은 그르다 하겠지만, 내가 이미 남을 중시하는데 남이 어찌 나를 경시하겠는가? 부디 도안과 혜원이 행한 일을 믿고 본받아라. 『시경』에서는 '도끼자루를 베고 도끼자루를 벰이여! 그 본받을 것이 멀리 있지 않다.'라고 하였으며, 맹자가 '하늘의 유리한 때가 땅의 이로움만 못하고 땅의 이로움은 사람들의 화합만 못하다.'라고 하였으니, 이를 말한 것이다."

右街寧僧錄三敎總論【眞宗咸平元年, 奉記入職右街僧錄, 尋遷左街.】

問曰: "畧僧史,【『僧史畧』自序云: "以太平興國初, 勅居東寺, 披覽多暇, 遂樹立門題, 搜求事類, 始于佛生, 敎法流衍, 至于三寶住持, 諸務事始, 一皆騾括, 約成三卷, 盖取裴子野『宋畧』爲目耳."】求事端,【旣畧其僧史, 又何能求事故之多端, 而總論三敎乎?】其故何也?" 答曰: "欲中興佛道, 令正法久住也."【『祖庭』云: "非我失之, 自我復之, 爲中興, 如王中否而再興, 周之宣王・漢之光武, 是也. 吾道東漸, 經三武破壞, 有德業盛大之宗師, 綱領斯道, 佛法中興耳."】曰: "方今天子, 重佛道, 崇玄門, 行儒術, 致太平, 已中興矣, 一介比丘, 力輪何轉, 而言中興佛道耶?" 答曰: "更欲助其中興耳. 苟釋氏子不知法, 不修行, 不勤學科【十科之學】, 不明本起【佛法根本始起之因由也.】, 豈能副帝王之興乎?" 或曰: "子有何力, 令正法久住乎?" 答曰: "佛言: 知法知摩夷,【『華嚴玄談』云: "摩夷, 此云行母, 依論藏成行故, 是行之母." 又『四分』云: "知法知律知摩夷." 知法者, 善持修多羅藏, 如阿難等. 知律者, 善持毘尼藏, 如優婆離等. 知摩夷者, 善於訓導, 宰任玄綱, 如迦葉等.】, 護持攝受【憐憫濟溺曰攝, 存約眷想曰受.】, 可令法不斷也." 又曰: "諸師已廣著述, 何待子之爲耶?" 答曰: "古人著述, 用則闕如, 曾不知三敎循環, 終而復始, 一人在上, 高而不危;【若三敎並行不悖, 則雖一人居高, 而奈何其殆哉岌乎? 岌, 危也.】有一人故, 奉三敎之興; 有三敎故, 助一人之理. 且夫儒也者, 三王以降, 則宣用而合宜; 道也者, 五帝之前, 則冥符於不宰.【『老子』曰: "長而不宰, 是謂之玄德." 註: "宰, 主也." 長養萬物, 而不作主也. 五帝之前, 帝王皆以無爲自然之道, 以治天下.} 昔者, 馬『史』躋道,【司馬遷, 字子長, 作『史記列傳』.『詩』云:"君子攸躋." 躋言登也.} 在九流之上,【九流者: 一儒流, 祖述堯舜, 憲章文武, 宗仰仲尼者也. 二道流, 清虛自守, 卑弱自持, 此人君南面之術, 合堯之克讓, 『易』之謙謙者也. 三陰陽流, 敬順長天曆象日月, 以受民時者也. 四法流, 信賞必罰, 以補禮制矣. 五名流, 名位不同, 禮亦異數, 正名列位, 以成事矣. 六墨流, 推兼愛之意, 養老惠施也. 七縱橫流, 言其當權受制, 宜受命而不受詞也. 八雜流, 兼儒墨合名法, 知國大體, 事無不貫矣. 九農流, 播百穀, 勸耕桑, 以足衣食也.} 班『書』拔儒, 冠『藝文』之初.【班固, 字孟堅, 作『漢書藝文志』.} 子長欲返[1] 其朴, 而還其淳, 尙帝道也. 孟堅思本其仁, 而祖其義, 行王道焉. 自夏·商·周, 至于今, 凡幾百千齡矣. 若用黃老而治, 則甯[2] 病服其緩藥矣. 由此仁義薄, 禮刑生, 越其禮, 而逾其刑, 則儒氏拱手矣. 釋氏之門, 周其施用, 以慈悲變暴惡, 以喜捨變慳貪, 以平等變冤親, 以忍辱變瞋害. 知人死而神明不滅, 知趣到而受業還生, 賞之以天堂, 罰之以地獄, 如範脫土, 若模鑄金. 邪範漏模, 寫【傾也, 輸也.】物, 乏成其寢陋; 好模嘉範, 傳形, 必告其端嚴. 事匪口談, 人皆目擊. 是以帝王奉信, 群下歸心, 草上之風,【『論語』:"君子之德, 風. 小人之德, 草也. 草上之風, 必偃." 註:"上與尙同, 加也."} 翕然【翕如鳥羽翼會聚也.】而偃, 而能旁憑老氏, 兼假儒家, 成智猶待於三愚.【古語:"三愚成一智."} 爲邦合遵於衆聖, 成天下之亹亹【與亹同. 『易』:"成天下之亹亹." 注:"不倦之意也."], 復【返也.】終日之乾乾[3]【又"君子終日乾乾." 註:"天道自强不息皃."】, 之於御物也, 如臂使手, 如手運指, 或擒或縱, 何忤臧邪?【臧, 善也.『詩』:"卜云其吉, 終焉永臧."} 夫如是, 則三教是一家之物,【局喩.】萬乘是一家之君, 視家不宜偏愛. 偏愛則競生, 競生則損教, 己在其內, 自然不安, 及己不安, 則悔損其教. 不欲損教, 則莫若無偏, 三教旣和, 故法得久住也.【結答"子何力令法久住"之問】且如秦始焚坑儒術,【術, 經術,『詩』『書』也. 言焚術坑儒也.} 事出李斯; 後魏【拓跋燾】誅戮沙門, 職由寇謙之·崔浩; 周武廢佛道二教, 矜衒己之聰明, 蓋朝無正人. 唐武宗毀除寺像, 道士趙歸眞, 率劉玄靖, 同力謗諆,【謗法誣僧.] 李朱崖影助,【如影從形而佐助也.】此四君諸公之報驗, 何太速乎!【崔浩, 信重寇謙之, 奉其道. 浩不喜佛, 言於魏主而廢之, 謙之先得惡疾而死, 浩繼以暴揚國惡被誅, 崔寇二家, 悉夷五族. 燾廢教誅僧, 曇始入王宮門, 燾令斬之, 斫無所傷. 又餧檻虎, 虎伏不起. 燾悔失, 始爲說法, 明辨因果, 燾大生愧懼, 遂感癩疾. 以其過由於二人, 卽族兩家. 周武性甚猜忌, 曰: "儒道二敎, 此國奉遵, 佛敎後來, 朕欲不立." 令道士張賓之, 與沙門知炫, 辨優劣. 賓之不勝, 遂兼道敎罷之, 旣已癩疾作, 尋卒. 其滅佛法受罪報, 見『冥報記』. 唐武宗, 自幼不喜釋氏, 卽位召道士趙歸眞等, 於禁內受仙籙. 又召衡山道士劉玄靖, 爲光祿大夫, 充崇玄舘. 學士鄧元超等, 排毀釋氏. 帝遂廢除寺像, 未幾, 金丹發藥而殂. 諸道士等報驗, 具載『別錄』焉.】奉勸吾曹, 相警互防, 勿罹愆失. 帝王不容, 法從何立? 況道學守寶, 不爲天下先.【老子有三寶: 一慈, 二儉, 三不爲天下先.】沙門何妨饒禮以和之? 當合佛言一切恭信, 信于老君, 先聖也; 信于孔子, 先師也. 非此二聖, 曷能顯揚釋敎, 相與齊行, 致君於羲[4)]黃之上乎? 苟哷【戾也, 違也.】斯言, 譬無賴子弟, 無端鬪競, 累其父母, 破産遭刑. 然則損三敎之大猷, 乃一時之小失,【雖暫被毀斥, 乃三敎之小失, 實爲損謗者之大害. 『四十二章經』云: "有人罵佛, 佛默不對. 罵止, 問曰: '子以禮從人, 其人不納, 禮歸子乎?' 對曰: '歸矣.' 佛言: '今子罵我, 我今不納, 子自持禍, 歸子身矣.'"】日月食過, 何損於明?【『語』曰: "君子之過也, 如日月之食焉. 過也, 人皆見之; 更也, 人皆仰之."】君不見? 秦焚百家之書, 聖人預已藏諸屋壁,【『書』序云: "魯恭王餘, 景帝子也, 好治宮室, 壞孔子舊宅, 以廣其居, 壁中得經書. 孔子十三代孫襄, 好經書博學, 畏秦法峻急, 乃壁藏『家語』·『孝經』·『尙書』·『論語』於孔子舊宅壁中. 餘壞宅得之, 悉歸襄孫子國."】坑之令勤絶, 揚[5)]馬二戴【揚雄·司馬遷. 戴德·戴聖, 所謂'大戴·小戴'也.】, 相次而生, 何曾無噍類耶?【『漢』云: "襄城無噍類." 言無復有活而噍食者, 音焦, 嚼也.】梁武捨道, 後魏勃興,【梁武有捨道事佛詔.】拓跋誅僧【拓跋, 後魏姓. 北人謂土爲拓, 謂後爲跋. 魏之先出於黃帝, 以土德王, 故爲拓跋氏.】子孫重振,【燾癩作而卒. 孫文成帝濬立, 重興釋敎.】後周毁二敎, 隋堅[6)]復之,【周武以惡疾殂. 靜帝立, 楊堅修政十三月, 封爲隋國公, 即復二敎.} 武宗陷釋門, 去未旋踵, 宣宗十[7]倍興之.{宣宗即武宗叔也. 武宗忌彈之, 沉于宮廁, 窨者仇公武, 俾髡髮爲僧. 嘗叅鹽官齊安, 安一日預誡知事, 曰: "當有異人至此, 禁雜語止橫事, 恐累佛法." 明日行脚數人來禮, 安令維那高位安置, 禮殊它等. 因語帝曰: "時至矣, 無滯泥蟠." 囑以佛法後事. 去爲江陵少尹, 武宗崩, 宰臣迎立之, 大興佛敎焉.} 側掌豈能截河漢之流? 張拳不可暴虎兕之猛.{子謂子路曰: "暴虎馮河, 死而無悔." 注: "徒搏曰暴, 徒涉曰馮." 如馮几然. 兕, 野牛, 青色一角.} 況爲僧莫若道安, 安與習鑿齒交游, 崇儒也; 爲僧莫若慧遠, 遠送陸修靜, 過虎溪, 重道也. 余慕二高僧, 好儒重道, 釋子猶或非之, 我旣重他, 他豈輕我? 請信安遠行事, 其可法也. 『詩』曰: '伐柯伐柯, 其則不遠.' 子曰: '天時不如地利, 地利不如人和.' 斯之謂歟!"

---

1) ㉠'返'은 '反'으로 되어 있는 곳도 있다. 2) ㉠'㥧'은 '急'의 오기인 듯하다. 3) ㉠'乾乾'은 '軋軋'로 되어 있는 곳도 있다. 4) ㉠'羲'는 '犧'로 되어 있는 곳도 있다. 5) ㉠'揚'은 '楊'으로 되어 있는 곳도 있다. 6) ㉠'隋堅'은 '隨牽'으로 되어 있는 곳도 있다. 7) ㉠'十'은 '丁'으로 되어 있는 곳도 있다.

주

i 삼왕三王 : 삼왕은 복희伏羲·신농神農·헌원軒轅을 가리킨다.
ii 오제五帝 : 오제는 소호少昊·전욱顓頊·제곡帝嚳·요堯·순舜을 가리킨다.
iii 자비慈悲로 포악함을 변화시키고, 희사喜捨 : 자비희사慈悲喜捨는 중생을 어여삐 여기는 네 가지 마음으로 사무량심四無量心이라고도 한다. 자慈는 중생에게 즐거움을 주려는 마음이고, 비悲는 남의 고통을 벗겨 주려는 마음이며, 희喜는 다른 이로 하여금 고통을 여의고 즐거움을 얻어 기쁘게 해 주려는 마음이고, 사捨는 중생에게 원怨·친親의 구별을 두지 않고 평등하게 보려는 마음이다.
iv 호계虎溪를 지나간 것 : 여산의 혜원이 하루는 그의 옛 친구 도연명과 육수정의 방문을 받고 함께 놀다가 두 사람이 돌아갈 때 그들을 전송했다. 서로 이야기를 나누며 걷다가 자기도 모르게 "다시는 이 다리를 건너 산 밖으로 나가지 아니하리라."라고 맹세했던 호계의 다리를 지나쳐 버렸다. 그가 이 사실을 두 벗에게 말하자 세 사람이 손뼉을 치면서 크게 웃었다는 호계삼소虎溪三笑의 고사이다.

선문의 관법을 전하다

선문의 관법이 잔을 채울 정도에서 시작한 것(濫觴)[1]은 진秦나라 때 승예僧叡 법사가 관중關中에서 나온 선경禪經에 서문을 쓰면서부터이니,[2] 그 글은 마음을 밝히고 이치를 통달하는 내용이었다. 그러나 처음부터 그 방법이 있었으나 아직 합치되지 못하였으니, 비유하자면 병을 치료했다는 말을 듣지 못하고도 한갓 의서醫書라고 말하는 것과 같다. 하물며 불법의 큰 가르침이 널리 퍼지자 여러 뛰어난 이들이 나뉘어 강의하며, 주석을 단 이는 그 글자의 의미를 자랑하고, 과목을 나눈 이는 그 구분한 것을 자랑하였다(逞).[3] 불자拂子(麈)를 움켜잡고 소나무 가지를 흔든 것은[4] 단지 그 임기응변만을 숭상하는 것이고, 어지러운 것을 풀어 주고 날카로운 것을 꺾는 것은(挫銳)[5] 오직 그 지혜의 칼날과 언사의 예봉銳鋒만을 살필 뿐이니

---

1 『書經』에서는 "세 강줄기가 광활하게 흐르지만 근원은 잔을 넘치는 정도이다."라고 하였다. 남濫은 띄우는 것이고 상觴은 잔이다. 강줄기가 민산岷山에서 나오는데, 처음 그 근원은 잔 하나를 띄울 수 있는 양뿐이거나 잔을 넘치는 정도이니, 그 근원은 작으나 점차 나아가 장강과 한수의 크고 드넓음을 이루는 것을 말한다. 선법의 전수도 이와 같다.
2 달마가 아직 중국 땅에 오지 않았을 때 진晉나라 혜원慧遠이 먼저 선경 2권을 번역하여 진秦의 관중에 소장해 두었는데, 승예가 그것을 꺼내어 서문을 지어 유포하였다.
3 영逞이란 자랑하여 스스로 드러내는 것이다. 구분이란 구별하여 한계를 나누는 것이니, 서분·정종분·유통분 등의 단락을 나누어 구별하는 것을 말한다.
4 사슴 중 큰 것을 주麈라 하는데, 사슴들이 그를 따를 때 모두 그의 꼬리가 움직이는 것을 보고 기준으로 삼으니, 예전에 담론하던 자들이 그것을 휘두르는 데에는 참으로 이런 기원이 있다. 소나무를 흔든다는 것은 혜랑惠朗 선사가 석두石頭로부터 법을 얻고는 항상 소나무 가지를 잡고서 사람들에게 선화禪話를 해 주었는데, 후인들이 담병송談柄松*이라 하였다. 또 생공生公(道生)이 배척당하여 호구산虎丘山에 있을 때, 소나무 가지를 잡고 담병(선법문)했다. 『詩經』에서는 "듣는 무리는 1천 개의 돌이고, 담병은 한 가지의 소나무로다."라고 하였다.
 *담병談柄: 선법을 말해 줄 때 손에 쥐는 소나무 가지로 만든 불자拂子를 말한다.
5 노魯나라 중련仲連이 조趙나라를 노닐다가 진秦나라가 칭제稱帝한 폐해를 말하였더니, 진나라 장수가 이 말을 듣고 50리를 물러갔다. 평원군平原君이 그를 책봉하려 하자 중련이 웃으며 말하기를, "천하의 선비가 귀하게 여겨지는 것은 사람들을 위해 어려움을 물리치고 분란을 해소시켜 주지만 (대가를) 취하는 바가 없기 때문입니다. 취하는 바가

설명하는 것을 모두 잊고, 벗어나기를 추구하지 않는다.

강표江表의 혜원慧遠[6]은 선법이 펼쳐지지 않음을 개탄하고 애써 구하여 얻었다.[7] 보리달마 조사께서 이 땅의 근기와 인연을 살펴보고 한 기간의 번잡하고 문란[8]한 것을 상대하여, '문자를 세우지 않는다(不立文字)'라고 한 것은 문자에 집착하고 자취에 막힘을 버리게 한 것이고, '사람의 마음을 곧장 가리킨다(直指人心)'라고 한 것은 무생법인無生法忍을 단박에 깨침을 밝힌 것이다. 그러나 그 기략이 빼어나고 이치가 원만하였기 때문에 점수漸修하는 무리들의 신랄한 비방을 면치 못하였다.

선법을 전한 것은 달마로부터 시작되어 곧바로 서로 이어져 6대까지 의발을 전하였고, 곁가지로 뻗어 나간 것은 이루 다 기록할 수 없으니, 『조계보림전曹溪寶林傳』[9]에서 밝힌 것과 같다.

傳禪觀法

禪觀法濫觴,『書』云: "三江浩浩, 其源濫觴." 濫, 泛也. 觴, 杯也, 謂江出岷山, 初

있는 것은 장사치의 일입니다."라고 하였다. 강엄江淹이 전사한 망자들을 제사 지내는 글에서 '거추좌예巨醜挫銳'라고 하였는데, 주석에서는 "거추巨醜는 강한 오랑캐이며, 좌挫는 꺾음이고 예銳는 예리함이다."라고 하였다. 이는 분란스러운 마음을 풀어 주고 예리한 뜻을 꺾는 것을 말한다.

6 여산廬山은 심양潯陽의 구강九江 밖에 있어 강표라 한다. 혜원이 그곳에 거처하였다.
7 『定祖圖』에서는 "진秦나라 승려 지엄智儼이 계빈국罽賓國에서 불타발다佛陀跋多에게 간청하여 함께 중국으로 건너왔다. 처음에 장안에 이르렀다가 후에 여산에 가서 마침내 선경禪經을 꺼내 혜원과 함께 번역하여 진秦의 관중에 감추었다."라고 하였다.
8 (문紊은) 음이 문問이고, 어지러움이다.
9 옛 주석에서는 "도법사의 전본箋本은 직지인심 아래 삭제되었는데, 지금은 구본에 의거하여 보입하였다."*라고 하였다. 당唐나라 의봉儀鳳 연간(676~679)에 조숙량曹叔良이 쌍봉의 큰 계곡 사이에 누각을 세우고 육조대사를 그곳에 거처하게 하였으므로 '조계'라 하였다. 정원貞元 연간(785~805)에 금릉金陵의 사문 혜거惠炬가 조사들의 게송을 가지고 조계에 가서 서천국의 승지勝持 삼장三藏과 함께 거듭 정리·교정하고, 당나라 초기 이래 법을 전해 받은 종사들의 기연機緣을 합쳐서 『寶林傳』을 집성하였다.
*도법사의~보입하였다 : 이 주는 성화본 『緇門警訓』에 그대로 나온다.

出之源, 但可泛一杯而已. 又泛溢於杯觴也. 言其源則小, 而漸成江漢之浩洋. 禪法之傳, 亦如是也.】自於秦世, 僧叡法師序關中出禪經,【達摩未來中土時, 晉遠公先譯其禪經二卷, 藏秦關中. 僧叡出關中所藏禪經, 作序流布.】其文則明心達理之趣也. 然譬若始有其方, 未能修合, 弗聞療疾, 徒曰醫書. 矧以大敎旣敷, 群英分講, 註之者, 矜其辭義; 科之者, 逞其區分.【逞者, 矜而自呈也, 區分者, 區別分限也, 言分別乎序·正·流通之區局也.】執麈搖松,【鹿之大者爲麈, 群鹿隨之, 皆視麈尾所轉爲準. 古之談者揮之, 良有以也. 搖松者, 惠朗禪師, 得法於石頭, 常執松枝, 爲人禪話, 後人以爲談柄松. 又生公濱在虎丘山, 執松枝爲談柄, 故『詩』云: "聽徒千箇石, 談柄一枝松."】但尙其乘機應變, 解紛挫¹⁾銳,【魯仲連游趙, 言秦稱帝之害, 秦將聞之, 却五十里. 平原君欲封之, 連笑曰: "所貴乎天下士者, 爲人排難解紛, 而無取也. 有所取者, 是商賈之事也." 江淹祭戰亡文: "巨醜挫銳", 注: "巨醜, 强胡也. 挫, 折也. 銳, 利也." 此言解釋其紛亂之心, 折挫其惠利之志也.】唯觀其智刃辭鋒, 都忘所詮, 不求出離. 江表遠公,【廬山在潯陽九江之外, 故云江表, 遠公始居之.】慨禪法未敷, 於是求求而得也.【『定祖圖』云: "秦僧智儼, 於罽賓國, 懇請佛陀跋多, 偕來中夏. 初至長安, 後至廬山, 遂出禪經, 與遠公同譯, 而藏秦關中焉."】菩提達摩²⁾祖師, 觀此土之根緣, 對一期之繁紊,【音問, 亂也.】而宣言曰 '不立文字', 遣其執文滯迹³⁾也; '直指人心', 明其頓了無生也. 其機峻, 其理圓, 故不免漸修之徒篤加訕謗. 傳禪法者, 自達摩[*]爲始焉, 直下相繼, 六代傳衣, 橫枝而出, 不可勝紀, 如『曹溪寶林傳』所明也.【舊註云: "道法師箋本, 於直指人心下削去,⁴⁾ 今依舊本補入.⁵⁾" 唐儀鳳中, 曹叔良建閣於雙峯大溪之間, 六祖居之, 因名曹溪. 貞元中, 金陵沙門惠炬, 將祖偈, 徃曹溪, 同西天勝持三藏, 重共叅校, 幷唐初以來傳法宗師機緣, 集成『寶林傳』.】

---

1) ㉙ '挫'는 '拙'로 되어 있는 곳도 있다. 2) ㉙ '摩'는 '磨'로 되어 있는 곳도 있다. 아래에도 같다. 3) ㉙ '迹'은 '逐'으로 되어 있는 곳도 있다. 4) ㉙ '去'는 '法'으로 되어 있는 곳도 있다. 5) ㉙ 道法師~補入 : 이 글자들은 원문의 협주이다.

홍주 보봉선원의 선불당 기문

승상 장상영이 짓다

숭녕崇寧[1] 연간(1102~1106)에 천자가 마조馬祖의 탑호를 자응慈應, 시호를 조인祖印이라 내리고 해마다 승려 한 명을 득도시켜 제사를 모시도록 하였다. 산에 거처하는 노승 복심福深이 조사전 뒤에 천서각天書閣을 짓고, 천서각에 이어 승당을 짓고 '선불選佛'이라 이름하고는 그의 문도를 시켜 나에게 기문記文을 요청하였다. 내가 세 차례나 사절하였으나 더욱 견고하게 요청하였기에 내가 그에게 말하였다.

"옛사람이 말하기를, 부처를 뽑고 급제한다는 것은 이름과 말에 관계될 뿐이라 하였는데, 그대가 그것으로 승당의 이름을 삼고 내가 또 그 기문을 짓는 것이 가당찮은 일이 아니겠습니까? 다만 그대의 노고를 어여삐 여겨 부질없이 기문을 짓습니다."

무릇 '뽑는다'는 것은 선택을 말한다. 버릴 것도 있고 취할 것도 있으며 우수한 자도 있고 열등한 자도 있기에 과거 시험에 이를 시행하고 인재 등용에 이를 썼으니, 이는 앞선 제왕들이 세상 사람들을 권면하고(廣世)[2] 아둔한 자들을 갈고 닦게 하는 도구로 쓴 것이지[3] 부처를 뽑는 방도는 아니다.

만약 부처님을 선별할 수 있다면 육근六根을 취하는 것인가? 육진六塵

---

1 휘종徽宗의 연호이다.
2 (여厲는) '여勵'와 같다.
3 매복梅福이 "작위와 녹봉 및 비단은 천하의 숫돌이니 고조高祖가 이것으로써 세상 사람들을 권면하고 아둔한 자들을 갈고 닦게 하였다."라고 하였으니, 여세勵世란 수식修飾하여 떨쳐 일어나게 한다는 뜻이 있다.

을 취하는 것인가? 육식六識을 취하는 것인가? 육근·육진·육식을 취한다면 일체의 범부들도 모두 부처가 될 것이며, 이 세 가지를 제거한다면 무량한 불법佛法을 누가 닦고 누가 증득하겠는가? 사제四諦와 육도六度와 칠각지七覺支와 팔정도八正道와 구차제정九次第定과 십무외十無畏 나아가 십팔불공법十八不共法과 삼십칠조도품三十七助道品을 취하는 것인가? 그것을 취한다면 법이 있는 것이다. 사제와 육도, 내지 삼십칠조도품을 버리는 것인가? 그것을 버린다면 법이 없는 것이다. 버리고 취하고 있고 없음이 마치 한 올의 실이 심장 속에 걸려 있는 것처럼 아득하고, 한 톨의 먼지가 가슴속에 들어온 것처럼 희미하다. 이것은 수다라장에 있는데, 혹은 이를 이장二障[i]이라 하고, 혹은 이를 사병四病[ii]이라 하고, 혹은 이를 불요의不了義[iii]라 하고, 혹은 이를 희론戲論[iv]이라 하고, 혹은 이를 변계사견遍計邪見[v]이라 하고, 혹은 이를 미세유주微細流注[vi]라 한다. 이것을 취해도 부처가 아니고, 이것을 버려도 부처가 아니며, 버리지 않고 취하지 않더라도 역시 부처가 아니니, 불과佛果를 뽑을 수 있는 것인가?

어떤 사람이 말한다.

"선생의 논지는 상종相宗이고, 우리 조사의 논지는 선종禪宗이다. 무릇 우리가 뽑는다고 한 것은 마음을 공空하게 하는 것일 뿐이다. 제자가 승당에 나아가 질문을 하면 종사가 자리에 걸터앉아 답하기를, 혹은 삼현삼요三玄三要로 보여 주며, 혹은 사료간四料揀으로 보여 주며, 혹은 법경삼매法鏡三昧로 보여 주며, 혹은 도안인연道眼因緣으로 보여 주며, 혹은 향상일로向上一路로 보여 주며, 혹은 최후의 한마디 말로 보여 주며, 혹은 맞닥뜨린 그 상태로 보여 주며, 혹은 평상한 실제로 보여 주며, 혹은 눈썹을 치켜뜨고 눈을 깜박거리며, 혹은 불자拂子를 들어 법상을 치며, 혹은 원상圓相을 그리며, 혹은 한 획을 그으며, 혹은 손바닥을 치며, 혹은 춤을 추니, 우리의 기연機緣에 계합하는 자는 그 마음이 공한 줄을 아는 자이며, 그 마음이 공한 줄 안다면 불과佛果를 뽑을 수 있다."

• 277

내가 말한다.

"세존께서 꽃을 들어 보이자 가섭이 미소 지었으니, 정법안장正法眼藏이 이와 같을 뿐이다. 후세의 종사들이 지시한 것이 어쩌면 그리도 분분히 많은가? 나는 석가의 가르침이 여기에서 쇠퇴해질까 두렵다."

복심은 하동河東 사람이다. 거친 현미(麁糲)[4]를 달게 여기고 혹독한 고생을 참아 내면서 오랫동안 관서關西의 진정眞淨 선사를 좇아 교유하여 고준하게 우뚝 섰으니, 반드시 그 가르침을 크게 넓힐 수 있다.

대개 석가의 가르침은 (몸을) 수척하게 하여서 그 형체를 잊어버리고, (마음을) 적막하게 하여 그 근심을 삭인다. 지계와 선정의 은밀한 수행은 귀신도 엿보지 못하는 것이며, 자비의 오묘한 운용은 저승과 이승이 함께 숭앙하는 것이니, (죽음이) 절박한 후에 (가르침을) 순응하면 오중五衆[5]이 자기의 짝을 잃고 부득이한 후에 말하면 육취계六聚戒[vii]가 그 영역을 잃는다.

생사의 변화는 사람들이 두려워하는 것이지만, 내가 일찍이 난 적이 없는데 어찌 죽음이 있을 수 있으며, 어찌 두려움이 있겠는가? 이익과 손해의 경계는 사람들이 선택하는 것이지만, 나에게 일찍이 이익이 있었던 적이 없는데 어찌 손해가 있을 수 있으며, 어찌 선택함이 있겠는가?

무릇 이와 같으면 밖을 공하게 하지 않아도 안이 저절로 공해지고, 경계를 공하게 하지 않아도 마음이 저절로 공해지고, 현상을 공하게 하지 않아도 이치가 저절로 공해지고, 형상을 공하게 하지 않아도 성품이 저절로 공해지고, 공을 공하게 하지 않아도 공이 저절로 공해진다. 공하면 평

---

4 벼 한 섬에 쌀 여섯 말을 얻으면 거친 현미(糲)가 되며, 현미 한 섬을 찧어 여덟 말이 되는 것이 도정한 쌀(鑿)이다. 착鑿은 착착과 같으니 정미로운 것이다.
5 오중은 한漢나라 말기에 오음五陰으로 번역하였는데, 승예僧叡가 고쳐서 오중이라 하였고, 당나라 삼장법사가 고쳐서 오온五蘊이라 하였다. 일여一如가 『法華經』을 주석한 곳에서는 "오취五趣에서 나고 죽는 무리"라고 하였으니, 이는 오온이 화합한 무리들이 모두 죽어 없어짐을 말한 것이다.

등하고, 평등하면 크고, 크면 원만하고, 원만하면 오묘하고, 오묘하면 부처(佛)이다.

안타깝도다! 내가 이것으로써 그대들에게 바라니, 그대들은 숭상하여 소홀히 여기지 말라!

洪州寶峰禪院選佛堂記

丞相張商英撰

崇寧, 天子【徽宗年號.】賜馬祖塔號慈應, 諡曰祖印, 歲度僧一人, 以奉香火. 住山老福深, 即祖殿後, 建天書閣, 承閣爲堂, 以選佛名之, 使其徒請記於余. 余三辭而請益堅. 余謂之曰: "古人謂選佛而及第者, 涉乎名言爾. 子以名堂, 余又記之, 無乃不可乎? 憐子之勤, 謾爲之記." 夫選者, 選擇之謂也. 有去有取, 有優有劣, 施之於科擧, 用之於人才, 此先王所以厲【與勵同.】世磨鈍之具【梅福曰: "爵祿束帛者, 天下之砥石也. 高祖所以厲世磨鈍也," 厲世者, 有修飾振起之意.】, 非所以選佛也. 使佛而可選也, 取六根乎? 取六塵乎? 取六識乎? 取三六, 則一切凡夫皆可以作佛, 去三六則無量佛法, 誰修誰證? 取四諦·六度·七覺·八正·九乏·十無畏, 乃至十八不共法·三十七助道品乎? 取之則有法也. 去四諦·六度, 乃至三十七助道品乎? 去之則無法也. 去取有無, 渺¹⁾然如絲之留于²⁾心中, 欻³⁾然如埃之入乎胸次. 此在修多羅藏, 或謂之二障, 或謂之四病, 或謂之不了義, 或謂之戲論, 或謂之遍計邪見, 或謂之微細流注. 取之非佛也, 去之非佛也, 不去不取, 亦非佛也, 佛果可以選乎? 曰: "先生之論, 相宗也; 吾祖之論, 禪宗也. 凡與吾選者, 心空而已矣. 弟子造堂而有問, 宗師踞坐而有答: 或示之以玄要, 或示之以料揀, 或示之以法鏡三昧, 或示之以道眼因緣, 或示之以向上一路, 或示之以末後一句, 或示之以當頭, 或示之以平實, 或揚眉瞬目, 或擧拂敲床, 或畫圓相, 或劃一劃, 或拍掌, 或作舞, 契吾機者, 知其心之空也. 知其心之空, 則佛果可以選矣." 余曰: "世尊擧花, 迦葉微笑, 正法眼藏, 如斯而已矣. 後世宗師之所指示, 何其紛紛之多乎? 吾恐釋氏之敎, 中衰於此矣." 深, 河東人也, 甘麁糲【粟一石, 得米六斗爲糲, 糲米一石, 舂爲八斗, 爲鑿. 與繫同, 精也.】, 耐辛苦, 久從關西眞淨遊, 孤硬卓立, 必能宏其敎. 蓋釋氏之敎, 枯槁以遺其形, 寂寞以灰其慮. 戒之密行, 鬼神所莫窺; 慈悲妙用, 幽顯所同仰. 迫而後應, 則五衆【五衆者: 漢末, 翻爲五陰, 僧叡改爲五衆, 唐三藏改爲五蘊. 『法華』一如註: "五趣生滅之衆." 此言五蘊和合之衆, 皆喪亡也.】喪其伴侶; 不得已而後言, 則六聚亡其畛域. 生死之變, 人之所畏也, 吾未嘗有生, 安得有死? 則奚畏之有? 利害之境, 人之所擇也, 吾未嘗有利, 安得有害? 則奚擇之爲? 夫如是, 則不空於外而內自空, 不空於境而心自空, 不空於事而理自空, 不空於相而性自空, 不空於空而空自空. 空則等, 等則大, 大則圓, 圓則妙, 妙則佛. 嗟乎! 吾以此望子, 子尙無忽哉!

---

1) ㉑ '渺'는 '眇'로 되어 있는 곳도 있다. 2) ㉑ '于'는 '干'으로 되어 있는 곳도 있다.
3) ㉑ '欻'은 '歘'로 되어 있는 곳도 있다.

주

i 이장二障 : 번뇌장煩惱障과 소지장所知障을 말한다. 번뇌장은 중생의 몸과 마음을 번거롭게 하여 열반을 장애하고 생사에 유전하게 하는 것으로 128근본번뇌와 20수번뇌가 이에 속한다. 소지장은 탐·진·치 등의 번뇌가 소지所知의 진상을 그대로 알지 못하게 하며 진지眞智가 발현함을 장애하므로 지장智障이라고도 한다.

ii 사병四病 : 『圓覺經』에서 설한 수행의 네 가지 병통으로 작지임멸作止任滅을 말한다.

iii 불요의不了義 : 뒤의 「釋法四依」에 나오는 '요의了義' 주 참조.

iv 희론戲論 : 희론은 산스크리트어 'prapanca'의 한역으로, '상세히 설명하다·흩뜨리다'에서 나온 명사형이다. 원래는 현상·확장·다양화·상세한 설명 등의 의미를 가졌는데, 나중에는 '환상·허위·망상'과 같이 좋지 않은 뜻으로 쓰이게 되었다. 즉 진정한 깨달음과는 거리가 멀고 모호하게 흩뜨리는 말로 쓰인다.

v 변계사견遍計邪見 : 범부의 망정妄情으로 두루 계탁하는 것을 '변계遍計'라 하고, 그릇되게 집착하는 견해를 '사견邪見'이라 한다.

vi 미세유주微細流注 : 망식妄識이 미세하게 생멸하고 흘러가는 것이니 아뢰야식의 모습이다.

vii 육취계六聚戒 : 범계犯戒의 상相을 여섯 가지로 분류한 것을 육취라 하니, 바라이波羅夷·승가바시사僧伽婆尸沙·투란차偸蘭遮·바라제波逸提·바라제제사니波羅提提舍尼·돌길라突吉羅이다.

3조 경지선사의 신심명[1]

지극한 도는 어렵지 않으니 오직 간택을 꺼릴 뿐이라
미워하거나 사랑하지만 않으면 통연히 명백하리라.
털끝만큼의 차이라도 하늘과 땅만큼 벌어질 것이니
도가 앞에 나타나기를 바란다면 따르거나 거스름을 두지 말라.
어긋나고 따르는 것이 서로 다투면 마음의 병이 되나니
현묘한 종지宗旨는 모르면서 쓸데없이 생각만 고요히 하려 애쓰네.
원만하기가 허공 같아서 모자람도 남음도 없는데
진실로 취하고 버리기 때문에 이와 같지 못하네.
유有의 인연도 따르지 말고 공空의 진리에도 머물지 말라.
한 종류로 평등하다고 생각하면 유와 공이 저절로 다 사라지리라.
움직임을 그치게 하여 그침으로 돌아간다면 그쳤다가 다시 더욱 움직이리라.

---

[1] 휘는 승찬僧璨이며 당唐나라 현종玄宗이 경지선사鏡智禪師라는 시호를 내렸다. 송 시랑宋侍郎 사도査道가 낭야瑯琊 각覺 선사에게 심법心法을 증득하는 것에 대해 가르침을 구하자 선사가 "오직 3조의 신심명信心銘을 숙독하면 절로 깨치는 바가 있을 것이다."라고 하였다. 사도는 쓰고 읽기를 매우 정성스럽게 하였으나 깨달은 바가 없었고, 결국 선사에게 가서 물었다. "쓰고 읽기를 정성스럽게 하지 않은 것이 아닌데 아직 깨달은 바가 없습니다." 선사는 "이후로는 제일구第一句를 큰 글자로 쓰고, 그다음 일구는 주석 문장으로 해서 작은 글자로 쓰고, 다시 숙독해서 음미하라."라고 하였다. 사도가 가르침대로 했더니 오래지 않아 환희경계歡喜境界에 들어갈 수 있었다. 중봉中峯이 "저 광대한 마음의 본체가 모든 부처와 평등하여 간극이 없다고 믿어라. 반드시 스스로 믿어 깨달음에 들어가고자 한다면 닦아 증득하는 과정은 필요치 않다. 한번 신위信位에 들어가기만 하면 결정코 물러나지 않을 것이다."라고 하였고 또 "믿음이라는 한마디가 해오解悟와 증득을 온전히 포괄하니, 신행信行(믿고 행함)의 신信을 말하는 것이 아니다."라고 하였다. 3조가 스스로 계송을 지었다. "내가 처음 정각을 이루었을 때 바라왕婆羅王이라 불렸네. 중간에는 17조에 해당하고 지금은 세 번째 사람이라네. 빛을 감추고 자취도 숨겨서 조사의 문에 거듭 들어갔으니, 임씨稔氏가 그 호칭이었고 마지막에는 조읍趙邑의 동쪽에서 살았다네."

오직 양변에 막혀 있을 뿐이니 어찌 한 종류인 줄 알겠는가?

한 종류인 줄 통달하지 못하면 양쪽에서 다 공력을 잃으리라.

유有를 버리자니 유에 빠지고 공을 따르자니 공을 등지고 만다.

말이 많고 생각이 많으면 더욱 상응하지 못하고

말이 끊어지고 생각이 끊어지면 통달하지 못할 곳 없으리라.

근본으로 돌아가면 종지를 얻을 것이고 보이는 대로 따라가면 종지를 잃을 것이니

잠깐이라도 반조할 수 있다면 앞의 공空보다 뛰어나리라.

앞의 공이 옮겨 변해 간 것도 모두 망견妄見 때문이니

참됨을 구하려 하지 말고 오직 망견을 쉬기만 하라.

두 견해에 머물지도 말고 삼가 좇으며 찾지도 말라.

시비가 생겼다 하면 잡다하게 어지러워 마음을 잃으리라.

둘은 하나로 말미암아 있으니 하나마저도 지키려 하지 말라.

한마음을 일으키지 않으면 온갖 경계에 허물이 없으리니

허물이 없으면 경계도 없고 일으키지 않으면 마음도 없으리라.

주체는 객체를 따라 소멸하고 객체는 주체를 따라 잠기는 법

객체는 주체를 말미암아 객체가 되고 주체는 객체를 말미암아 주체가 된다.

양단을 알고자 하는가? 원래는 하나의 공이었나니

하나의 공이 양단과 같아서 삼라만상을 모두 포용한 것이니라.

정미로운 것과 거친 것을 볼 수가 없는데 어찌 치우침이 있겠는가?

대도大道는 본체가 넓어서 쉬움도 없고 어려움도 없는데

좁은 견해로 여우처럼 의심하니[2] 서둘수록 더욱 더뎌진다.

---

[2] 여우는 의심이 많은 동물이다. 하수가 처음 얼었을 때 여우가 건너려 하면 반드시 귀를 늘어뜨려 먼저 물소리를 듣고 소리가 없음을 확인한 후에 건너간다. 이로 인하여 의심이 많은 자를 여우 같은 의심(狐疑)이라 한다.

집착하면 법도를 잃으니 그릇된 길로 반드시 들어갈 것이고
놓아 버리면 저절로 그러하니 본체에 가거나 머무름이 없다.
자성에 맡겨 두면 도에 부합하니 편안하여 번뇌가 끊기고
망념에 얽매이면 진리에 어긋나니 혼침이 일어나 좋지 않으리라.
좋지 않으면 정신을 힘들게 하니 어찌 멀리하거나 가까이하겠는가?
일승一乘을 취하고자 한다면 육진六塵을 싫어하지 말라.
육진을 싫어하지 않으면 그대로 바른 깨달음이리라.
지혜로운 이는 행함이 없는데 어리석은 자는 스스로 속박된다.
법에는 다른 법이 없는데 망령되이 스스로 애착하는구나.
마음을 가지고 마음을 쓴 것이니 어찌 큰 잘못이 아니겠는가?
미혹하면 고요하다거나 어지럽다는 분별이 생겨나고 깨치면 좋다거나 싫다는 분별이 없어지니
모든 상대적인 양변을 쓸데없이 헤아리기 때문이다.
꿈같은 허깨비와 허공꽃¹을 어찌 잡으려 애쓰는가?
얻고 잃음과 옳고 그름을 일시에 놓아 버려라.
눈에 졸음이 없으면 모든 꿈은 저절로 사라지고
마음이 달라지지 않으면 만법이 한결같으리라.
한결같음으로 현묘한 도리를 체득하면 우두커니 인연을 잊을 것이고
만법을 가지런히 관조하면 타고난 본성을 회복하리라.
그 까닭을 없애면 견주고 비교할 것이 없으리니
움직임을 그치면 움직임이 없고 그침을 움직이면 그침이 없다.
둘 다 이미 이루지 못했는데 하나인들 어찌 있겠는가?
지극한 이치를 궁구하고 나면 법칙을 둘 필요 없네.
마음에 계합하여 평등해져서 작위作爲를 모두 그치게 되면
여우 같은 의심이 다 맑아져서 바른 믿음이 곧게 잡히리라.
일체에 머물지 아니하면 기억할 만한 것이 없으니

텅 비고 밝아 스스로 비출 뿐, 마음의 힘 쓸 필요가 없네.

생각으로 헤아릴 곳 아니니 의식과 망정으로는 가늠하기 어렵구나.

진여법계에는 남도 없고 나도 없으니

빨리 상응하고자 한다면 둘 아님을 말할 뿐

둘이 아니면 모두 같아서 포용하지 못할 것이 없으니

시방의 지혜로운 이들이 모두 이 종지로 들어갔도다.

종지는 짧다거나 길다고 할 것이 아니어서 한순간이 만년이요

있다거나 있지 않다고 할 것이 없어서 시방세계가 바로 눈앞이로다.

지극히 작은 것이 큰 것과 같아서 상대적인 경계가 끊어졌고

지극히 큰 것이 작은 것과 같아서 경계와 끝을 볼 수도 없네.

있음이 그대로 없음이고 없음이 그대로 있음이니

만약 이와 같지 않다면 반드시 지킬 필요가 없다.

하나가 그대로 일체이고 일체가 그대로 하나이니

다만 이와 같을 수 있다면 마치지 못할까 무얼 걱정하랴?

신심信心이 불이不二이고 불이가 신심이니

언어의 길이 끊어지고 과거·미래·현재도 아니로다.

三祖鏡智禪師信心銘【諱僧粲, 唐玄宗賜諡鏡智禪師. 宋侍郎查道, 求證心法於瑯琊覺禪師. 師云: "但熟讀三祖信心銘, 自有箇理趣." 查寫讀甚誠, 未有所得, 遂徃叩云: "其寫讀非不誠, 未有所入." 師云: "此後將第一句大字寫, 次一句作註文小字寫, 更熟味之." 查如所敎未久, 得入歡喜境界. 中峯云: "信其廣大心體, 與諸佛平等無間, 必欲其自信而入, 不暇修證, 一入信位, 決定不退也." 又"信之一言, 全該悟證, 非信行之信也." 三祖自頌云: "我初成正覺, 號曰婆羅王. 中間當十七, 今作第三人. 韜光亦晦迹, 重入祖門中. 稔氏其爲號, 終居趙邑東."】

至道無難, 唯嫌揀擇.

但莫憎愛, 洞然明白.

• 285

毫釐有差, 天地懸隔.
欲得現前, 莫存順逆.
違順相爭, 是爲心病.
不識玄旨, 徒勞念靜.
圓同太虛, 無欠無餘.
良由取捨, 所以不如.
莫逐有緣, 勿住空忍.
一種平懷, 泯然自盡.
止動歸止, 止更彌動.
唯滯兩邊, 寧知一種?
一種不通, 兩處失功.
遣有沒有, 從空背空.
多言多慮, 轉不相應.
絕言絕慮, 無處不通.
歸根得旨, 隨照失宗.
須臾返照, 勝却前空.
前空轉變, 皆由妄見.
不用求眞, 唯須息見.
二見不住, 愼莫追尋.
纔有是非, 紛然失心.
二由一有, 一亦莫守.
一心不生, 萬法無咎.
無咎無法, 不生不心.
能隨境滅, 境逐能沉.
境由能境, 能由境能.
欲知兩段? 元是一空.

一空同兩,齊含萬象.

不見精麁,寧有偏黨?

大道體寬,無易無難.

小見狐疑,【狐多疑獸,河冰始合,狐欲渡必帖耳,先聽水無聲而後過,因謂多疑者爲狐疑.】轉急轉遲.

執之失度,必入邪路.

放之自然,體無去住.

任性合道,逍遙絕惱.

繫念乖眞,昏沉不好.

不好勞神,何用踈親?

欲取一乘,勿惡六塵.

六塵不惡,還同正覺.

智者無爲,愚人自縛.

法無異法,妄自愛着.

將心用心,豈非大錯?

迷生寂亂,悟無好惡.

一切二邊,浪由斟酌.

夢幻虛華,何勞把捉?

得失是非,一時放却.

眼若不睡,諸夢自除.

心若不異,萬法一如.

一如體玄,兀爾忘緣.

萬法齊觀,歸復自然.

泯其所以,不可方比.

止動無動,動止無止.

兩旣不成,一何有爾?

究竟窮極, 不存軌則.
契心平等, 所作俱息.
狐疑盡淨, 正信調直.
一切不留, 無可記憶.
虛明自照, 不勞心力.
非思量處, 識情難測.
眞如法界, 無他無自.
要急相應, 唯言不二.
不二皆同, 無不包容.
十方智者, 皆入此宗.
宗非促延, 一念萬年.
無在不在, 十方目前.
極小同大, 忘絕境界.
極大同小, 不見邊表.
有即是無, 無即是有.
若不如此, 必不須守.
一即一切, 一切即一.
但能如是, 何慮不畢?
信心不二, 不二信心.
言語道斷, 非去來今.

주

i 허공꽃 : 눈병 있는 사람이 공중에 실재하는 것으로 착각하는 꽃. 본래 공한 것을 실유 實有라고 인식하는 인간의 미망迷妄을 설명하는 데 쓰이는 비유이며 『圓覺經』·『首楞嚴經』 등에 많이 나온다.

계정혜 삼학[1]

『사분율행사초자지기四分律行事鈔資持記』에서는 다음과 같이 말하였다.
"일체의 불법이 삼학三學에서 벗어나지 않는다. 중생의 미혹한 마음이 혹惑이 되며 생각을 움직이는 것이 업業을 이루는데, 업을 말미암아 보報를 받고 생사生死가 끝이 없게 된다. 고苦의 과보를 벗어나고자 한다면 고의 원인을 제거해야 하므로 먼저 계율로써 그 업을 다스리고, 다음으로 선정과 지혜로써 그 혹을 맑혀야 한다. 업은 선善·악惡으로 나뉘므로 악을 그치고 선을 짓는 두 가지 행위로써 서로 뒤집어야 하며, 혹惑은 오직 혼침과 산란으로 오므로 선정과 지혜, 두 가지 법으로써 대치하여 깨트려야 한다. 병은 약을 통해 낫고 중생들은 가르침을 의지해서 닦으니, 그런 뒤에야 업이 다 없어지고 혹이 제거되며, 망정妄情이 없어지고 성품이 드러난다. 교법이 비록 넓으나, 어찌 이를 벗어나겠는가?"[i]

戒定慧三學【錢塘靈芝元照律師, 嘗曰: "化當世, 莫若講說; 垂將來, 莫若著書." 撰『資持』·『行宗』等律文. △自此以下集者, 纂諸文要語, 故未見述者之名.】
『資持』云: "一切佛法, 不出三學. 以衆生迷心爲惑, 動慮成業, 由業感報, 生死無窮. 欲脫苦果, 要除苦因, 故先以戒治其業, 次以之慧澄其惑. 業分善惡, 故止作兩行以相翻; 惑唯昏散, 故之慧二法而對破. 病因藥差, 機籍敎修, 然後業盡惑除, 情亡性顯, 敎門雖廣, 豈越於斯?"

---

1 전당錢塘 영지 원조靈芝元照 율사가 일찍이 "현재의 세상을 교화함에 있어 강설만 한 것이 없으며, 미래의 세상에 남김에 있어 저서만 한 것이 없다."라고 하였다. 그는 『四分律行事鈔資持記』·『四分律含注戒本疏行宗記』 등의 율서를 찬술했다. △이로부터 아래 찬집한 것은 여러 글의 요긴한 말을 모았으므로 찬술자의 이름을 나타내지 않았다.

주

i 일체의 불법이~이를 벗어나겠는가 : 『四分律行事鈔資持記』(T40, 415b7~12).

불법의 네 가지 의지할 것[1]

(첫째)[i] 법에 의지하고 사람에게 의지하지 말라.

사람은 정유情有[ii]일 뿐이고, 법은 본보기이다. 성공性空의 바른 이치는[2] 체성이 그릇되고 허망함을 여의었으니, 그렇다면 이 법을 정법의 의지처로 삼아야 한다. 『열반경』의 궁극적인 가르침에서 이러한 자취를 성대하게 밝혀 놓았으니,[3] 만약 저 속된 마음을 돌이켜 성언량聖言量[iii]을 따른다면 삿된 마음을 감추어 수행에 힘쓰고, 마음이 그른 줄 알아 성품이 공적해질 것이다. 이러한 마음을 수지하여 도로道路로 삼을 것이니, 한번 그른 줄 알면 분명하게 공적한 이치를 따르게 되고, 한번 싫은 줄 관찰하면 유위有爲의 현상을 어기게 되리라. 이와 같이 마음을 편안하게 하는 것이 법성을 닦아 나가는 참된 길이라 한다.

(둘째) 뜻에 의지하고 말에 의지하지 말라.

말은 언설이고, 그치는 것은 통발을 펴는 것이고, 뜻은 이치를 통달하는 것이니, 중생을 교화하는[4] 방도이다. 해오解悟를 증득한 이후에 생각을

---

1 조사가 품은 궁극의 가르침은 오직 요의了義*에 있음을 바로 본다.**
 * 요의了義 : 요의는 불법佛法의 이치를 분명하고 완전하게 바로 밝힌 것이고, 불요의不了義는 진실한 뜻은 덮어 놓고 알아듣기 쉽게 방편을 써서 말한 것이다.
 ** 조사가~본다 : 이 주는 성화본 『緇門警訓』에 그대로 나온다.
2 성공은 대승과 소승에 공통한다.*
 * 성공은~공통한다 : 이 주는 성화본 『緇門警訓』에 그대로 나온다.
3 『涅槃經』에서는 "법에 의지한다는 것에서 법은 바로 법성이고, 사람에게 의지하지 않는다는 것에서 사람은 바로 성문과 연각이다."라고 하였다.**
 * 법에~연각이다 : 『大般涅槃經』 권6(T12, 401c14~16)에는 다음과 같이 나온다. "依法者, 即是法性; 不依人者, 即是聲聞; 法性者, 即是如來; 聲聞者, 即是有爲; 如來者, 即是常住; 有爲者, 即是無常."
 ** 『涅槃經』에서는~하였다 : 이 주는 성화본 『緇門警訓』에 그대로 나온다.
4 교화는 변화시키는 것이다.*
 * 교화는~것이다 : 이 주는 성화본 『緇門警訓』에 그대로 나온다.

없애고 말을 그쳐야 하니, 법도 오히려 버려야 하거늘 하물며 그른 법을 버리지 않겠는가? 그러므로 경전에 뗏목의 비유가 있는 것이다. 사람은 누구나 목격目擊의 이야기[5]를 품어야 하거늘, 어찌 말로써 의표意表를 설명함에 뜻을 얻고서 말을 버리지 않겠는가? 달을 오묘한 손가락으로 안다면 깨치지 못할 이유가 없다.[6] 이제 뜻을 얻었다고 말한다면 뜻이 그대로 말이 된다. 참되게 도를 수행하는 사람은 항상 관찰하고 항상 부수어야 한다. 항상 관찰한다는 것은 언어에 의지하는 것이고, 항상 부순다는 것은 뜻을 따르는 것이나 뜻을 따른다고 말해 버리면 도리어 말을 하는 것이다.[7]

(셋째) 지智에 의지하고 식識에 의지하지 말라.

식은 현행하는 육진六塵을 따라 안색眼色과 이성耳聲 등을 나누어 보아 미혹에 잠기어 깨닫지 못하여, 소나 말들과 함께 제도되고 사도邪道나 범부의 무리와 함께 간다.[8] 위대한 성인께서 경계가 자신의 마음이라고 가르쳐 보이셨으나 하근기의 어리석은 자들이 육진경계가 식識을 벗어나 있다고 굳게 집착하니, 그러므로 교화하고 인도하는 일은 이것을 버리고는 달리 길이 없다. 이로써 '막히면 범부의 식으로 돌아가고, 전도되면 성인의 마음을 버리어 어리석고 미혹한 자들의 발자취가 항상 삼도三倒에

---

[5] 『莊子』에서는 "눈만 마주쳐도 도가 있는 사람임을 알 수 있다."라고 하였다.*
  *『莊子』에서는~하였다 : 이 주는 성화본 『緇門警訓』에 그대로 나온다.
[6] 이상은 뜻이 말을 빌려 나타나니 뜻을 알고는 말을 버려야 함을 밝혔다.*
  *이상은~밝혔다 : 이 주는 성화본 『緇門警訓』에 그대로 나온다.
[7] 이상은 뜻을 얻어 말을 잊었다면 반드시 뜻도 남김없이 버려야 한다는 말이다.*
  *이상은~말이다 : 이 주는 성화본 『緇門警訓』에 그대로 나온다.
[8] 이상은 육식六識의 망념妄念은 인간과 축생이 함께 의지하기 때문에 윤회에 빠진다는 것을 밝혔다. 이하는 중생들이 부처님의 지혜인 유식관唯識觀에 의지하게 하여 그들로 하여금 허물을 덜고 점차로 깨닫게 하는 것이다.*
  *이상은~것이다 : 이 주는 성화본 『緇門警訓』에 그대로 나온다.

빠진다는 것'을 알 수 있으니, 특별하게 통달하기를 힘쓰되 망념이 일어나면 바로 알아차려야 한다. 전도되면 밝히기 어려운 줄 아는 것을 식에 의지한다고 하며, 흘러간 것은 반드시 돌아오는 줄 아는 것을 수분지隨分智라고 한다. 이와 같이 공력을 더하여 깨침이 점차 증대된 뒤에 육진경계를 본다면 밖에서 온 것이 아님을 알 것이니, 경계가 마음을 벗어난 것이 아니고 자기 마음이 만든 모습이라면 어찌 어리석고 미혹한 것이 있겠는가? 증오와 애착을 내어서 사량하고 분별하는 일이 그치지 않으니, 이해하는 것이 소나 양과 다르다.

(넷째) 요의경了義經에 의지하고 불요의경不了義經에 의지하지 말라.
이 두 가지 경전은 모두 성언량聖言量이므로 도에 들어가는 사람들은 모두 우선 이것을 깨쳐야 하니, 그렇다면 막혀서 통하지 않는 것이 없고 의심나는 것은 모두 트이게 될 것이다. 다만 여러 중생들의 성품과 의식이 깊고 얕으며 영리하고 우둔한 것이 같지 않으므로 대성께서 식정을 따라 분별하여 연설하셨다. 그러나 지극한 도리에 근거하면 그저 자신의 마음일 뿐이다. 그러므로 경전에서는 "삼계三界의 모든 법을, 나는 오직 마음일 뿐이라고 말한다."[iv]라고 하였으니, 이는 세계의 의보依報[v]에 의거하여 마음을 밝힌 것이고, 또 "여여如如와 진제眞際, 그리고 열반과 법계法界 등의 갖가지 의생신意生身[vi]을 부처님은 오직 마음의 헤아림일 뿐이라고 하셨다."[vii]라고 하였으니, 이는 출세간의 법체法體에 의거하여 마음을 밝힌 것이다. 지극한 실체를 끝까지 궁구하고 이러한 근원에 마침내 도달하면 흐름을 따라 감득함에 이르고 근원으로 돌아가 의리를 요달할 것이다.

釋法四依【則見祖懷究竟指歸唯在了義.】[1)]
依法不依人者: 人唯情有, 法乃軌模. 性空正理,【性空通大小也.】[2)] 體離非妄, 卽用此法, 爲正法依. 涅槃極敎, 盛明斯轍.【『涅槃』云: "依法者, 卽是法性;

不依人者, 即是聲聞緣覺."]³⁾ 若能返⁴⁾彼俗心, 憑準聖量, 隱心行務, 知非性空. 乘持此心, 以爲道路. 一分知非, 明順空理; 一分觀厭, 明違有事. 如此安心分, 名修趣法性眞道. 依義不依語者: 語是言說, 止是張筌, 義爲達理, 化物之道【化猶變也.】⁵⁾ 證解已後, 絶慮杜言, 法尙應捨, 何況非法? 故經有捨筏之喩. 人懷目擊之談,【莊子云⁶⁾: "目擊而道存."】⁷⁾ 豈不以言詮意表, 得意息言? 月喩妙指, 無宜不曉【上明義假語顯, 見義捨語也.】⁸⁾ 今謂得義, 義乃是言. 眞行道者, 常觀常破, 常觀依語, 常破隨義, 謂言隨義, 還是誦言.【上謂得義忘言, 仍須遣義無有也.】⁹⁾ 依智不依識者: 識謂現行隨塵, 分見眼色耳聲, 就迷不覺, 與牛羊而等度, 同邪凡而共行.【上明六識妄念, 人畜共依, 故有淪墜. 已下令依佛智即唯識觀, 令損過漸明也.】¹⁰⁾ 大聖示敎, 境是自心. 下愚氷執, 塵爲識外. 所以化導,¹¹⁾ 無由捨之. 是知滯歸凡識, 倒遺聖心, 愚迷履歷, 常淪三倒. 勇勵特達, 念動即知. 知倒難淸, 名爲依識; 知流須返, 名隨分智. 如是加功, 漸增明大, 後見塵境, 知非外來, 境非心外, 是自心相, 安有愚迷? 生憎生愛, 思擇不已, 解異牛羊. 依了義經不依不了義經者: 此之兩經, 並聖言量. 凡入道者, 率先曉之, 則無壅不通, 有疑皆決, 但爲群生, 性識深淺, 利鈍不同, 致令大聖, 隨情別說. 然據至道, 但是自心. 故經云: "三界上下法, 我說唯是心." 此就世界依報, 以明心也. 又云: "如如與眞際, 涅般¹²⁾及法界, 種種意生身, 佛說唯心量." 此據出世法體, 以明心也. 終窮至實, 畢到斯源, 隨流赴感, 還宗了義.

---

1) ㉘ 則見~了義 : 이 글자들은 원문의 협주이다. 2) ㉘ 性空~小也 : 이 글자들은 원문의 협주이다. 3) ㉘ 涅槃~緣覺 : 이 글자들은 원문의 협주이다. 4) '返'은 '反'으로 되어 있는 곳도 있다. 5) ㉘ 化猶變也 : 이 글자들은 원문의 협주이다. 6) ㉘ '云'은 '去'로 되어 있는 곳도 있다. 7) ㉘ 莊子~道存 : 이 글자들은 원문의 협주이다. 8) ㉘ 上明~語也 : 이 글자들은 원문의 협주이다. 9) ㉘ 上謂~有也 : 이 글자들은 원문의 협주이다. 10) ㉘ 上明~明也 : 이 글자들은 원문의 협주이다. 11) ㉘ '導'는 '導'로 되어 있는 곳도 있다. 12) ㉘ '般'은 '槃'으로 되어 있는 곳도 있다.

주

i (첫째) : 원문에는 없으나 내용의 편의상 넣었다. 아래에 (둘째)~(넷째)까지 마찬가지이다.
ii 정유情有 : 범부가 망령되게 계탁하는 일체 경계로서 이치는 없고 다만 망정만 있는 것을 '정유情有'라 한다.
iii 성언량聖言量 : 부처님 등 성자聖者의 가르침에 기준을 두고 여러 가지 뜻을 헤아려 아는 일이다. 양량은 인도 철학에서 세계에 관한 정확하고 타당한 지식을 얻는 수단을 말한다.
iv 삼계三界의 모든~뿐이라고 말한다 : 『入楞伽經』권7(T16, 554c3)에서는 "三界上下法, 我說皆是心."이라 하였다.
v 의보依報 : 중생의 마음과 몸이 의존할 세계·가옥·의식衣食 등을 이르는 말이다.
vi 의생신意生身 : 오온의 몸이 아니라 부처나 보살이 중생을 제도하기 위해 뜻으로 화생化生한 몸을 말한다.
vii 여여如如와 진제眞際~뿐이라고 하셨다 :『大乘入楞伽經』권6(T16, 628a25)에는 다음과 같이 나온다. "真如空實際, 涅槃及法界, 種種意生身, 我說皆異名."

계율은 오직 부처님이 제정할 뿐, 그 외 다른 사람들의 교설과는 통하지 않는다

『사분율함주계본소행종기四分律含注戒本疏行宗記』에서는 다음과 같이 말하였다.

"대천세계에서는 부처님이 법왕法王이고 계율은 부처님의 칙명이니, 오직 성왕聖王만이 계율을 제정할 수 있다. 아래의 지위에 있는 그 밖의 중생들은 다만 의지해서 받들 뿐이다. 참으로 여래의 행과行果만이 지극히 원만하여 중생들의 가볍고 무거운 업의 성품들을 모두 아시니, 등각等覺 이하도 오히려 감당할 수 있는 것이 아닌데 하물며 나머지 소성小聖들이 감히 논의할 수 있겠는가? 국가의 상벌賞罰과 호령號令은 반드시 왕으로부터 나오는 법인데, 신하가 참람되게 월권하면 백성들이 믿지 않아 패망할 날이 멀지 않다. 불법佛法도 그러하여 만약 다른 교설을 용납한다면 중생들이 받들지 않아 법이 오래 머물지 못할 것이다."ⁱ

戒唯佛制不通餘人

『行宗』云: "大千界內, 佛爲法王, 律是佛勅, 唯聖制立. 自餘下位, 但可依承. 良以如來行果極圓, 窮盡衆生輕重業性. 等覺已下, 猶非所堪, 況餘小聖輒敢擬議? 有如國家賞罰號令, 必從王出. 臣下僭越, 庶人失信, 亡敗無日. 佛法亦爾, 若容他¹⁾說, 群生不奉, 法不久住故也."

---

1) ㉰ '他'는 '佗'로 되어 있는 곳도 있다. ㉱ '他'는 '佗'와 통용된다.

주

i 대천세계에서는 부처님이~못할 것이다 : 『四分律含注戒本疏行宗記』 권하(X39, 756a2~7).

여러 글을 모아 요약하여 계법을 찬탄하다

『사분율행사초자지기』에서는 「표종標宗」편을 인용하여 다음과 같이 말하였다.

"(계는) 너희들의 큰 스승이니 궤범이 되어 다른 것의 요해了解를 낼 수 있다.[1] 혹자는 '사람의 발은 다다라야 하는 곳에 이르게 한다.'[2]라고 하였고, 혹자는 '대지大地는 생성하고 주지住持시킨다.'[3]라고 하였다. (계는) 도품道品의 다락과 기둥이니 성스러운 도가 의지하는 곳이며,[4] 선정禪定의 성곽이니 선정과 지혜가 의지하는 곳이며,[5] 나아가 못과 같으며[6] 거울과 같으며[7] 영락瓔珞과 같으며[8] 머리와 같으며[9] 그릇과 같다.[10]

또 『대지도론』에서는 '중보重寶와 같으며[11] 목숨과 같으며[12] 배와 같으며[13] 새떼 등과 같다.'라고 했으니[14] 궁구해 보면 알 수 있다. 또 「편취篇聚」

---

[1] 이 계戒는 중생들의 큰 스승이니, 궤범이 되어 다른 것의 요해를 낼 수 있다*는 것이다.
 *궤범이~있다 : 법法의 사전적 뜻이 '任持自性 軌生物解'인데, 자기의 성품을 지녔고 궤범이 되어 다른 것의 요해了解를 내게 한다는 뜻이다.
[2] 어떤 사람이 발이 있으면 다다라야 하는 곳에 이르듯, 이 계덕戒德이 있는 자는 보리에 이를 수 있다.
[3] 대지가 만물을 생성하고 만물을 머무르게 하듯이, 계도 이와 같아서 일체의 무량한 불법佛法을 생성하고 일체의 무량한 불법을 머물게 한다.
[4] 보살은 37조도품助道品을 닦는데, 계는 누각에 대들보와 기둥이 있는 것과 같으니 성도聖道의 각 품들이 의지하는 곳이 된다.
[5] 선정을 닦을 때 성곽이 백성과 병졸들의 의지할 곳이 되는 것과 같다.
[6] 못과 같이 깨끗이 씻어 낸다.
[7] 거울과 같이 미혹을 비춘다.
[8] 머리에 있는 것을 영瓔이라 하고, 몸에 있는 것을 락絡이라 한다. 영瓔은 관冠에 묶으며, 락絡은 몸에 두른다.
[9] 계는 선정과 지혜보다 앞에 있으므로 머리와 같다.
[10] 계의 그릇이 완고하면 선정의 물이 맑고 지혜의 달이 드러난다.
[11] 법재法財를 얻음이 여의보如意寶와 같다.
[12] 혜명慧命을 끊지 않음이 사람의 수명과 같다.
[13] 생사의 바다를 건넌다.
[14] 능히 이르는 곳이 있다.

중에[15] 먼저 계호戒護를 밝혀 자세하게 여덟 가지 비유를 나열했으니, 왕의 작은 아들과 같으며 달빛과 같으며 여의주如意珠와 같으며 왕의 한 아들과 같으며 사람의 한 눈과 같으며 가난한 자의 양식과 같으며 왕의 좋은 나라와 같으며 병자의 양약良藥과 같다.[16]

또 계의 대서大序는 바다가 끝이 없는 것과 같으며[17] 보배를 싫어함이 없는 것과 같으며,[18] 『승기계본僧祇戒本』에서는 원숭이를 묶은 쇠사슬과 같으며 말고삐와 같다고 했으니,[19] 자세한 것은 경전과 율장에 있으므로 다시 번거롭게 인용하지 않는다. 참으로 계의 덕이 높고 광대하므로 한 가지로 비유할 수 있는 것이 아니다. 여러 형상을 두루 들어 비유한 것이 저마다 하나의 단서를 얻을 뿐, 계와 완전히 같을 수는 없다."ⁱ

撮畧諸文以歎戒法

『資持』引『標[1)]』宗云: "是汝大師, 以能軌物也.【此戒是衆等大師, 能爲軌範, 可生物解.】或云: '人足能有所至也.'【如人有足, 則至其所至; 有此戒德者, 能至菩提.】或云: '大地生成住持也.'【比如大地生成萬物, 住持萬物, 戒亦如是, 生成一

---

[15] 육편칠취六篇七聚이다. 육편은 바라이婆羅夷·승잔僧殘·바일제婆逸提·제사니提舍尼·돌길라突吉羅·투란차偸蘭遮이다. 칠취七聚는 손기損弃·승잔僧殘, 추악醜惡은 투란차偸蘭遮이며, 사타捨墮·가가可呵·악작惡作·악설惡說이다. 또 오편五篇은 육편에서 투란차를 제외한 것이다.
[16] 이상은 모두 쉽게 알 수 있다.
[17] 계는 복의 바다이니, 끝과 경계가 없다.
[18] 여의주는 사람들이 원하는 대로 갖가지 좋은 것들을 낼 수 있으므로 이를 구함에 싫어하지 않는 것과 같다. 지계(尸羅)의 맑고 깨끗함이 갖가지 선善을 내어 생각대로 얻을 수 있으니, 마치 저 구슬을 구하는 자가 싫어함이 없는 것과 같다.
[19] 『大智度論』에서는 "큰 악질에는 계가 양약이 되며, 큰 두려움에는 계가 수호守護가 되며, 어두운 사후 세계에서는 계가 밝은 등불이 되며, 삼악도에서는 계가 교량이 되며, 오포해五怖海에서는 계가 배와 뗏목이 된다."*라고 하였다. 또 정욕情欲을 금하는 것은 원숭이를 묶은 쇠사슬과 같으며, 삼업三業을 단속하는 것은 말에 고삐를 매는 것과 같다.
*큰 악질에는~된다 : 『大智度論』 권13(T25, 153c26~29).

切無量佛法, 住持一切無量佛法.】道品樓柱, 聖道所依也;【菩薩修三十七助道品, 戒如樓閣之有樑柱, 爲聖道諸品之所依也.】禪之城郭, 之慧所憑也,【修乎禪定, 如城郭爲人民兵卒之有所憑依也.】乃至如池,【洗滌如池.】如鏡,【照惑如鏡.】如纓絡,【在頭曰纓, 在身曰絡, 纓以繫冠, 絡以持身.】如頭,【戒爲定慧之首, 故如頭.】如器,【戒器完固, 定水淸, 慧月現.】又『智論』中: '如重寶,【獲法財如如意.】如命,【不斷慧命, 如人壽命.】如船,【越生死海.】如鳥翅等,【能有所至.】' 尋之可知. 又「篇聚」中【六篇七聚. 六篇者: 婆羅夷, 僧殘, 婆逸提, 提舍尼, 突吉羅, 偸蘭遮. 七聚者: 損弃, 僧殘, 醜惡, 即偸蘭遮也. 捨墮, 可呵, 惡作, 惡說. 又五篇: 除偸蘭遮也.】先明戒護, 具列八喩, 如王小子, 如月光, 如如意珠, 如王一子, 如人一目, 如貧資粮, 如王好國, 如病良藥.【皆可易知】又戒大序, 如海無涯,【戒爲福海, 無有邊際.】如寶無厭,【如如意珠, 隨人所欲, 能出種種樂具, 故求之不厭. 尸羅皎潔, 出生諸善, 應念而得, 如彼珠玉, 求者無厭.】『僧祇戒本』, 如猿猴鎖, 如馬轡勒,『智論』云: "大惡病中, 戒爲良藥; 大怖畏中, 戒爲守護; 死暗冥中, 戒爲明燈; 三惡途中, 戒爲橋樑; 五怖海中, 戒爲船筏." 又禁情欲, 如猿帶鎖; 檢三業, 如馬着轡.】廣在經律, 不復繁引. 良以戒德高廣, 故非一物可喩, 徧擧諸像, 各得一端, 不能全似."

---

1) '標'는 '摽'로 되어 있는 곳도 있다.

│ 주

i 너희들의 큰~수는 없다 : 『四分律行事鈔資持記』(T40, 160b13~24).

부처님 재세 시에 계법을 치우쳐 홍포하다[1]

(『사분율행사초자지기』에서는) 또 말하였다.

"비록 여러 경전을 연설하였으나 비니毘尼에 가장 뜻을 두셨다. 그러므로 「편취명보편篇聚名報篇」에서는, '세존이 세상에 계실 때에 중생들의 근기를 깊이 통달하시어 모든 일에 반드시 위의威儀를 주된 것으로 삼으신 것이 이것의 증거이다.'라고 하였다. 또 경전은 다른 사람들이 말한 것과 공통되지만 율장은 오직 부처님께서 직접 말씀하신 것이다. 대성大聖이 방편으로 펼치신 그림자와 메아리 같은 울림을 다만 공경히 받들 줄 알아야 하니, 다른 소성小聖들이 어찌 감히 말할 수 있겠는가? 또 여러 경전에서 시간의 한계가 있다고 말했지만, 율장은 처음부터 끝까지 통한다. 『의초義鈔』에서는 '녹야원에서 시작하여 학림에서 마쳤다.'라고 하였으니, 근기를 따라 계율을 제정한 것이 천차만별이다. 이 세 가지 뜻을 갖춘 것이 다른 경전과는 아주 다르니, 치우쳐 홍포하였다는 말은 아마도 무익하다."[iii]

佛在世時偏弘戒法【『義鈔』云: "南山律師作『拾毘尼義鈔』."】

又云: "雖談衆典, 然於毘尼, 最所留意. 故「篇聚」云: '世尊處世, 深達物機, 凡所施爲, 必以威儀爲主是也.' 又經通餘人所說, 律唯金口親宣. 大權影響, 但知祇奉, 況餘小聖, 安敢措詞? 又復諸經, 說有時限, 律則通於始終. 『義鈔』云: '始於鹿苑, 終至鶴林.' 隨根制戒, 乃有萬差等. 具斯三意, 永異餘經, 偏弘之言, 想無味矣."

---

1 『義鈔』에서는 "남산율사가 『四分律拾毗尼義鈔』를 지었다."라고 하였다.

| 주

i 세존이 세상에~이것의 증거이다 :『四分律刪繁補闕行事鈔』권중「篇聚名報篇」제 13(T40, 49c5~6).
ii 녹야원에서 시작하여 학림에서 마쳤다 :『圓覺經大疏釋義鈔』권2(X9, 486b18~19).
iii 비록 여러~아마도 무익하다 :『四分律行事鈔資持記』(T40, 161a21~28).

승려의 계법에서 자세함과 간략함을 보이다

『초초』[1]에서는 다음과 같이 말하였다.

묻는다. "율장에 비구는 250계가 나열되어 있는데 계본戒本에 갖추어져 있고,[2] 비구니는 5백 계인데 이 말이 사실인가?"[3]

답한다. "양쪽에 나열된 숫자는 대략(約)[4] 가리켜 말했기 때문이니, 모든 부파에서 숫자에 반드시 의지하는 것은 아니라고 공통으로 말한다. 만일 그 계체戒體를 논한다면 오직 무작無作일 뿐이다.[5] 경계에 의거하여 모

---

1 『義鈔』이다.
2 비구의 250계는 다음과 같다. 네 개의 바라이波羅夷는 한역하면 '기棄(버리다)'인데, 이를 범한 자는 영원히 불법의 밖으로 버려진다. 13개의 승가바시사僧伽婆尸沙는 한역하면 '승잔僧殘'인데, 이를 범한 자는 마치 어떤 사람이 남에게 베임을 당했을 때, 목숨이 다하지 않고 남아 있더라도 형체가 이미 무너져서 구할 도리가 없는 것과 같다. 대중들이 법을 만들 때에도 이러한 죄는 제외된다. 2개의 부정법不定法은 말하자면 이 죄의 본체는 정해진 모습이 없어서 많은 죄를 용납하여 지정할 수가 없기 때문이다. 30개의 니살기尼薩耆는 한역하면 '사捨(버리다)'이고, 바일제婆逸提는 한역하면 '타墮(떨어지다)'이다. ('사捨'라고 한 것은) 말하자면 재물로 인하여 탐하고 게으른 마음을 일으키니, 그들이 이를 버리고 승가의 사용에 들어가게 하기 때문이다. 타墮라고 한 것은 말하자면 버리지 않으면 반드시 지옥에 떨어지기 때문이다. 여기서 타죄는 뒤의 90가지 타墮와 같으나 그 90가지 일은 버릴 만한 것이 없으니, 이것이 다르다. 90바일제는 또한 타락의 뜻이니, 지옥에 떨어지는 것이다. 4개의 바라제제사니波羅提提捨尼는 한역하면 '가가可呵(꾸짖을 만하다)'이며 또 '저 바다를 향한다(向彼悔)'라고 번역된다. 『僧祇律』에서는 "이 죄는 응당 대중들에게 발로참회發露懺悔해야 한다."라고 하였다. 1백 개의 응당학법應當學法은 즉 돌길라突吉羅이다. 한역하면 '악을 짓는 것(惡作)'이니, 몸과 입으로 짓는 악이다. 또 응당 배워야 하는 것이라 한 것은 이 계를 지키기가 어렵고 범하기가 쉬워서 늘 이 계를 배울 것을 생각해야 한다는 것이다. 그러므로 죄명을 나열하지 않고 다만 '응당 배워야 한다'라고만 하였다. 7개의 멸쟁법滅諍法은 말하자면 비구에게 다투는 일이 일어났을 때 마땅히 이 일곱 가지 법으로써 여법하게 없애야 한다는 것이다.
3 옛 주석에서는 "5백 계라 한 것은 『大智度論』에 나오는 것인데, 율장과 같지 않기 때문에 물은 것이다."*라고 하였다.
　*5백~것이다 : 이 주는 성화본 『緇門警訓』에 그대로 나온다.
4 (약約은) 약략과 같다.
5 무작은 드러내어 짓는 것이 없으면서 그 계를 지키는 것이다. 유작有作과 무작無作은 구역舊譯이고, 유표有表와 무표無表는 신역新譯이다. 장수長水가 "체體는 지음이 없으

습을 밝힌다면⁶ 먼지나 모래의 수를 헤아려야 하나, 우선 250계를 가리켜서 지키고 범하는 혜경蹊徑으로 삼았을 뿐이다.⁷ 율장에 비구니에게는 348계가 있으니,⁸ 이것을 가리켜 방호하는 것으로 삼을 만하다. 지금은 『대지도론』에서 '비구니가 수지하는 계법은 대략 5백 가지이고 상세하게는 8만 가지이며, 비구는 대략 250가지이고 상세하게는 또한 비구니의 율의와 같다.'라고 한 것을 기준한다."ⁱ

示僧尼戒相廣略

『鈔』【『義鈔』】云: "問: 律中僧列二百五十戒, 戒本具之.【比丘二百五十戒者, 四婆羅夷, 此云棄, 犯者, 永弃佛法之外. 十三僧伽婆尸沙, 此云僧殘, 犯者, 如人被他斫, 殘命雖未盡, 形已殘壞, 少有可救之理. 衆爲作法, 除此等罪. 二不定法, 謂此罪體, 無有定相, 容有多罪, 不可指定故. 三十尼薩耆, 此云捨. 婆逸提, 此云墮. 謂因財物起貪慢心, 令捨入僧用故. 墮者, 謂不捨則當墮地獄, 此中墮罪, 與後九十墮同.

니 짓는 것으로부터 계가 생겨난다. 색色도 아니고 심心도 아닌 것이 계가 의지하는 대상이다. 이를 지키면 살찌고 이를 어기면 여위므로 무작계체無作戒體라 하였다."*라고 하였다. 비니법毘尼法 중에 유죄有罪와 차죄遮罪가 있으니 다음과 같다. 성죄性罪(즉, 유죄有罪)는 비록 계를 받지 않은 사람이라도 세간법 중에 또한 성품 자체에 죄가 있으니 살생·도둑질·삿된 음행·거짓말·거친 입 등이 이것이다. 차죄遮罪는 부처님이 출가한 제자들을 위해 기롱과 혐오로부터 보호하고 아껴서 이를 짓지 않도록 막은 것이니 만약 부처님이 제정하신 계율을 어긴다면 죄를 얻는다. 또 『四分戒本如釋』에서는 다음과 같이 말하였다. "계는 성죄와 차죄가 있고 체는 무작無作을 갖추었다. 그 무작의 체성은 수계할 때 얻는 것이니, 이 체성을 얻고 나서는 마음대로 악을 그치고 마음대로 선을 행하며 다시 짓는 것을 기다리지 않으니, 그러므로 무작이라 하였다."**
* 체體는~하였다: 『首楞嚴義疏注經』권1(T39, 830b5~7).
** 계는~하였다: 『四分戒本如釋』권9(X40, 266c23~24).
6 번뇌의 현상 경계에 의거하여 그 계상戒相을 밝히는 것이다.
7 혜蹊는 길이 없는 길을 먼저 가는 것이고, 그 처음을 경로徑路라고 한다.
8 348계는 8개의 바라이波羅夷, 17개의 승가바시사僧伽尸沙, 30개의 니살기파일제尼薩耆波逸提, 178개의 파일제波逸提, 9개의 바라제제사니波羅提舍尼, 1백 개의 응당학법應當學法, 7개의 멸쟁법滅諍法이며, 제부제부에 2부정법不定法이 없으니 다만 348계일 뿐이다. 이는 『四部廣律』에 나온다. 『僧祇律』에는 277계가 있을 뿐이다.

其九十事, 無物可捨, 以斯爲異. 九十波逸提亦墮落義, 墮在地獄. 四波羅提提捨尼, 此云可呵, 又翻向彼悔. 『僧祇』云: "此罪應對衆發露." 一百應當學法, 即突吉羅, 此云惡作, 身口所作之惡也. 又云應當學者, 此戒難持易犯, 常須念學此戒, 故不列罪名, 但云應當學. 七滅諍法, 謂比丘有諍事起, 當以此七法, 如法而除滅之.】尼則五百, 此言虛實?【舊註 : "五百之言, 乃出『智論』, 與律不同,[1] 問決之."[2] 答: 兩列之數, 約【與略同.】指爲言[3] 故. 諸部通言, 不必依數. 論其戒體, 唯一無作.【無作即無表着作爲而持其戒也. 有作無作, 舊譯也; 有表無表, 新譯也. 長水云: "體即無作, 從作戒生, 非色非心, 爲戒所依, 持之即肥, 犯之則羸, 故云無作戒體." 毘尼法中有罪遮罪: 性罪者, 縱使不受戒人, 于世法中, 亦性自有罪, 如殺生·偸盜·邪婬·妄語·惡口等是也. 遮罪者, 佛爲出家弟子, 護惜譏嫌, 遮令莫作, 若違佛制, 則便得罪. 又『如釋』云: "戒有性遮, 體具無作, 其無作體性, 從受戒時得, 得此性已, 任運止惡, 任運行善, 不俟再作, 故云無作."】約境明相,【約煩惱事境, 明其戒相.】乃量塵沙, 且指二百五十, 以爲持犯蹊徑耳.【蹊, 先行無路, 初爲徑路之名.】律中尼有三百四十八戒,【三百四十八者, 八波羅夷, 十七僧伽婆尸沙, 三十尼薩耆波逸提, 一百七十八波逸提, 八波羅提提舍尼, 一百應當學法, 七滅諍法. 諸部俱無二不定法, 止三百四十八戒, 此出『四部廣律』. 『僧祇律』止有二百七十七戒.】可得指此而爲所防. 今準『智論』云: 尼受戒法, 畧則五百, 廣則八萬, 僧則略有二百五十, 廣亦同尼律儀."

---

1) ㉑ '同' 아래에 '故' 자가 있는 곳도 있다. 2) ㉑ 五百之言~問決之 : 이 글자들은 원문의 협주이다. 3) ㉑ '言' 아래에【約即畧也】라는 협주가 있는 곳도 있다.

｜주

i   묻는다 율장에~것을 기준한다 : 『四分律刪繁補闕行事鈔』권중(T40, 48c6~13).

비구니를 출가시킨 가르침의 뜻[1]

『업소業疏』에서는 "여인이 출가하려는 마음(機)을 일으켜[2] 생사를 깊이 싫어하였기에 부처님께 출가하기를 요청하였다. 부처님께서는 그들이 도를 홍포하여 멀리까지 교화할 수 있는 이익이 없기 때문에 물리쳐서 허락하지 않으셨다. 훗날 사위국으로 돌아왔을 때, 그들이 스스로 삭발하고 가사를 걸치고는 승방僧坊에 기대어 서서 계를 받기를 구하였다. 그때에 세 번 요청하자 부처님께서 팔경법八敬法을 전해 주시면서 '반드시 의행依行[i]을 갖추어야 구족계를 받을 수 있다.'라고 하셨다."라고 하였다.

『사분율산보수기갈마소제연기四分律刪補隨機羯磨疏濟緣記』에서는 "여성은 어리석고 약하여 사람들이 공경과 믿음을 갖지 않으므로 널리 교화할 수 있는 이익이 없을 뿐만 아니라, 도리어 불법을 훼손해서 정법의 기간

---

1 부처님께서 가유라성迦維羅城으로 가다가 중도에 니구류尼拘類 나무 아래에 머물렀다. 정반왕이 나와 맞이하며 부처님의 발에 예배하고 한쪽으로 물러나 앉았다. 부처님이 그를 위하여 설법해 주니, 법과法果를 증득하고 출가하기를 구하였다. 부처님은 왕이 출가하더라도 더 이상 증득할 것이 없음을 알고서는 그에게 말씀하셨다. "방일放逸하지 마십시오! 묘한 법을 증득할 것입니다." 이에 삼귀三歸의 계와 오계五戒를 주었다. 왕이 궁에 돌아와서 외치기를, "출가를 원하는 자는 허락하겠노라."라고 하였다. 대애도大愛道가 왕이 세 번 외치는 것을 듣고는 곧바로 5백 명의 석가족 여인들과 함께 부처님의 처소로 가서 출가를 세 번 요청하였는데도 부처님이 모두 허락하지 않자 애도가 크게 통곡하였다. 부처님이 이 성에서 나와 사람들 사이를 유행遊行하자 애도 등이 스스로 삭발하고 가사를 걸치고 슬피 울면서 그 뒤를 따랐다. 부처님이 사위성에 이르러 기원정사에 머물렀는데, 5백 명의 여인들이 문 앞에서 슬피 울었다. 아난이 나와서 이유를 묻자 애도 등이 부처님께 아뢰어 주기를 원하였다. 아난이 세 번 청하자 부처님이 '넘어서는 안 되는 팔경계八敬戒'를 전해 주고는 출가하여 구족계를 받도록 하였다. 애도가 아난을 통해 부처님께 "5백 명의 여인들은 어떻게 구족계를 받을 수 있습니까?"라고 아뢰자 부처님은 애도 비구니가 화상和尙이 되어 비구 열 명 속에서 일시에 구족계를 받도록 허락하셨다.

2 옛 주석에서는 "부처님의 이모인 대애도大愛道 비구니와 5백 명의 여인이 부처님께 출가하기를 요청하였다."*라고 하였다.
*부처님의~요청하였다 : 이 주는 성화본『緇門警訓』에 그대로 나온다.

이 절반으로 줄게 되니, 이런 까닭에 부처님께서 허락하지 않으셨다. 그런데 그들이 성으로 돌아와서는 스스로 삭발을 하였다. 부처님께서 다시 기환정사로 돌아오셨을 때, 그들이 문에 기대어 있자 아난이 대신해서 부처님께 요청하였고, 부처님께서는 '팔경법을 행할 수 있다면 출가하도록 허락하겠다.'라는 가르침을 전하게 하셨다. 애도愛道 등이 따르자 곧 구족계를 받게 되었다."라고 하였다.

『업소』에서는 또 "20명의 대중에게 받는다고 한 것은 여인의 업보가 혹惑이 깊고 지혜가 얕아 게으른 마음을 내기를 좋아하는 것을 밝히기 위해서이니, 반드시 구족계를 받고자 한다면 비구와 비구니 각 열 명이 있어야 비로소 수승한 마음을 일으킬 수 있다."라고 하였고, 또 다음과 같이 말하였다.

"만약 신주神州[3]에 의거한다면 송宋 이전에는 『승사僧史』를 살펴보건대 비구니는 일부一部 대중에게 계를 받았으니,[4] 예컨대 모든 율장에서 팔경법을 받았다고 한 것은 오로지 애도 비구니뿐이고, 다른 5백 명의 비구니는 11명의 대중에게 받았다.[5]

그러므로 구나발마求那跋摩[6] 성자聖者가 '만약 이부二部 대중이 없다면 다만 일부 대중에게 계를 받을 수 있으니, 애도의 인연 같은 경우가 가능하다.'라고 하였다.[7] 어떻게 아는가?

---

3 『韻玉』에서는 "곤륜산崑崙山 동남쪽 사방 5천 리를 신주神州라 하는데, 제왕의 집이며 성인聖人이 사는 곳이다."라고 하였고, 『義苑』에서는 "오랜 옛적에 동토東土에 아직 사람이 살지 않았을 때에 오직 귀신만이 살았기 때문에 신주라 하였다."라고 하였다.
4 말하자면 대승大僧의 일부 대중으로부터 변방에서 받은 것이다.*
　*말하자면~것이다 : 이 주는 성화본 『緇門警訓』에 그대로 나온다.
5 열 명의 비구와 일부 대중*으로부터 변방에서 받았다.
　*일부 대중 : 애도 비구니를 말한다.
6 한역하면 공덕개功德鎧이다.*
　*한역하면 공덕개功德鎧이다 : 이 주는 성화본 『緇門警訓』에 그대로 나온다.
7 애도의 인연은 5백 명의 여인들이니, 이들은 다만 일부 대중인 비구에게서 구족계를 받

그러나 본법을 논함에 미쳐서는 앞의 방편[8]이 없이는 이루어진 적이 아직 없으나, 또한 승려에 의지하여 갈마하여야[9] 비로소 계를 받을 수 있다. 후에 사자국師子國의 철색라鐵索羅 등 11명의 비구니가 송나라 언어를 배워 능통한 후에야 비로소 이부 대중에게 계를 받을 수 있었다."[10]

度尼敎意【佛徃迦維羅城, 末至, 止尼拘類樹下. 淨飯王出迎禮足, 却坐一面. 佛爲說法得果, 且求出家. 佛知王出家, 更無所得, 白言: "莫放逸! 當得妙法." 於是受三皈五戒. 王還宮唱言: "欲出家者聽許." 大愛道聞王三唱, 即與五百釋女, 同徃佛所, 三請出家. 佛皆不許, 愛道便大號哭. 佛從此城, 遊行人間, 愛道等自剃着袈裟, 啼泣隨後. 佛漸到舍衛, 住於祇桓. 五百女人, 涕泣在門. 阿難出問, 愛道等願乞啓白. 阿難三請, 佛傳授八不可越法, 即便出家, 得具足戒. 愛道令阿難白佛: "五百女云何受具戒?" 佛即聽愛道比丘尼爲作和尚, 在比丘十衆中, 一時受具戒.】

을 수 있었다, 지금도 일부 대중에게 받는 것이 불가능한 것은 아니다.
8 앞의 방편은 20명의 대중이다.
9 비구니가 구족계를 받을 때에 비록 비구·비구니 20명의 대중들을 갖추었더라도 대승大僧으로써 갈마羯摩를 하여야만 비로소 그 일을 마칠 수 있다.
10 『高僧傳』에서는 다음과 같이 말하였다. "영복사影福寺 비구니 혜과惠果·정음淨音 등이 구나발마求那跋摩에게 요청하였다. '지난번에 사자국에서 여덟 명의 비구니가 서울에 이르러 말했습니다. 「송宋 땅에는 이전에 비구니가 있지 않았는데, 어찌 이부 대중에게 계를 받을 수 있었습니까? 계품戒品이 완전하지 못한 것 같습니다.」' 구나발마가 말하였다. '계법은 본래 대승의 대중들에게 시설한 것이다. 본래의 일이 아니어도 계를 받는 것은 무방하니, 애도의 인연 같은 경우는 가능하다.' 모든 비구니들이 애써 다시 받고자 하니, 구나발마가 말하였다. '훌륭하구나! 거듭하여 밝히고자 한다면 수희隨喜* 공덕을 크게 도울 것이다. 그러나 서역의 비구니가 법랍이 아직 높지 않고 또 열 명을 채우질 못했으니, 우선 송나라 언어를 배우게 하고 따로 서역의 거사를 통해 외국의 비구니를 다시 초청하여 열 명을 채워야 한다.' 얼마 지나지 않아 구나발마가 임종하였고, 여러 비구니들은 슬피 울며 이러지도 저러지도 못하였다. 뒤에 철색라鐵索羅 등 세 사람이 도성에 이르자 대중들은 승가발마僧伽跋摩가 계사가 되어 다시 계를 줄 것을 요청하였다."**
*수희隨喜 : 다른 사람이 행한 좋은 일을 보고 자기의 일처럼 기뻐하는 것.
**영복사影福寺~요청하였다 : 『高僧傳』 권3(T50, 341a28~b23).

『業疏』云: "女人機發,【舊註: "佛姨母大愛道尼[1]五百女人, 求佛出家."】[2] 深厭生死, 求佛出家, 以無弘道遠化益故, 抑[3]而不許. 後還舍衛, 便自剃髮披衣, 倚僧坊立, 祈聽受戒. 時爲三請, 便授敬法, 必具依行, 卽感具戒." 『記』云: "女性鄙弱, 人少敬信, 故無弘化之益, 反更毁辱, 正法減半, 由佛不許, 却還城中, 輒自變形. 復至祇桓, 倚門而住, 阿難代請, 佛令傳敎, 能行八敬, 卽與出家. 愛道等聞, 卽發具戒." 『疏』又云: "二十衆受者, 爲明女報, 惑深智淺, 喜生慢怠. 必欲受具, 僧尼各十, 方發勝心." 又云: "若依神州【『韻玉』云: "崑崙東南方五千里, 謂之神州, 帝王之宅, 聖人所居." 『義苑』云: "東土邈古已前, 未有人民, 唯鬼神所居, 故名神州."】, 自宋已前, 究勘『僧史』, 尼一衆受.【謂從大僧一衆邊受.】[4] 如諸律中八敬受者, 但專愛道, 餘五百尼, 十一衆受.【十比丘一衆邊受.】故求那跋摩【此翻功德鎧.】[5] 聖者言: '若無二衆, 但一衆受, 如愛道之緣者得也.'【愛道之緣, 卽五百女人也. 但比丘一衆, 得受具戒, 如今亦一衆受者, 未爲不可.】何以知? 然及論本法, 止前方便【前方便卽二十衆也.】, 未有可成, 還約僧中, 羯摩[6]【尼受具時, 雖具僧尼二十衆, 然以大僧爲羯摩, 而方得成辦其事.】方感. 後師子國鐵索羅等十一尼學宋語通, 方二衆受." 『高僧傳』云: "影福寺尼惠果·淨音等, 其請跋摩云: '頃有師子國八尼至京云: 宋地先未有尼, 那得二衆受戒? 恐戒品不全.' 跋摩云: '戒法本在大僧衆發設, 不本事無妨得戒, 如愛道之緣可也.' 諸尼苦欲更受, 摩云: '善哉! 苟欲增明, 甚助隨喜, 但西尼年臘未登, 又十人不滿, 且令學宋語, 別因西域居士, 更請外國尼, 足滿十數.' 未幾摩化去, 諸尼悲泣望斷. 後鐵索羅等三人至都, 衆請僧伽跋摩爲師而重受."

---

1) ㉠ '尼' 아래에 '同' 자가 있는 곳도 있다. 2) ㉠ 佛姨母~求佛出家 : 이 글자들은 원문의 협주이다. 3) ㉠ '抑'은 '柳'로 되어 있는 곳도 있다. 4) ㉠ 謂從~邊受 : 이 글자들은 원문의 협주이다. 5) ㉠ 此翻功德鎧 : 이 글자들은 원문의 협주이다.
6) ㉠ '摩'는 '磨'로 되어 있는 곳도 있다.

주

i 의행依行 : 앞의 「大智照律師比丘正名」의 성총 주에 '의행'에 관한 내용이 자세히 나온다.
ii 여성은 어리석고~받게 되었다 : 『四分律刪補隨機羯磨疏濟緣記』(X41, 210c9~13)에는 다음과 같이 나온다. "女性鄙弱, 人少敬信, 故無弘化之益, 反更毀辱, 正法減半. 後下三明, 尼自剃染, 由佛不許, 却還城中, 輒自變形. 復至祇桓, 倚門而住, 祈求也, 時下四明. 阿難代請, 佛令傳教, 能行八敬, 即與出家. 愛道等聞, 即發具戒."

비구니의 팔경법[1]

『사초事鈔』[2] 「니중편尼衆篇」에서는 다음과 같이 말하였다.

"선견善見아! 부처님이 처음에 여인의 출가를 허락하지 않은 것은 정법의 시간이 5백 년 후에 소멸하기 때문이니, 그 후에 그들을 위해 팔경법을 말해 주고 출가를 허락하였는데, 가르침에 의지해서 (팔경법을) 실천했기 때문에 다시 정법이 천 년간 지속될 수 있었다. 그런데 지금은 실천하지 않으므로 곳곳에서 정법이 소멸하였다."ⁱ

『회정기會正記』[3]에서는 다음과 같이 말하였다.

"부처님이 성도하신 지 14년이 되었을 때, 이모[4]가 출가하기를 요청하였는데, 부처님이 허락하지 않으셨다. 아난이 그들을 위해 세 번 요청하자 부처님이 경희慶喜(문수)에게 팔경법을 전하고 말씀하시기를, '이를 실천할 수 있다면 그대의 출가를 허락하겠다.'라고 하시니, 이모가 '정대하여 받들겠습니다.'라고 하였다."

팔경이라 한 것은 다음과 같다.

첫째, 백 세 된 비구니라도 갓 수계 받은 비구를 보면 마땅히 일어나서

---

1 『毘尼母論』에서는 "승잔僧殘이란 예컨대 사람이 타인에게 베어졌을 때 숨통이 남아 있는 것과 같으므로 잔殘이라 하였으니, 이치상 반드시 빨리 구조해야 하기 때문이다."*라고 하였다.
  * 승잔僧殘이란~때문이다 : 『毘尼母經』 권7(T24, 842c15~19)에 다음과 같이 나온다. "僧殘者, 所犯僧中應懺悔, 不應一人邊, 乃至二三人邊不得懺悔. 衆中懺悔, 名爲僧殘. 一切比丘所懺悔事, 皆應僧中, 僧爲作, 是名僧殘. 又言僧殘者, 殘有少在不滅, 名爲僧殘. 又復殘者, 如人爲他所斫, 殘有咽喉, 名之爲殘."
2 『四分律刪繁補闕行事鈔』 2권으로 남산율사가 지었다.
3 윤감 율사允堪律師가 저술하였다.
4 천비성天臂城의 선각 장자善覺長者에게 여덟 명의 딸이 있었으니, 첫째는 마야摩耶이고 여덟 번째가 애도愛道이다. 정반왕이 그녀들을 모두 맞아들여 처첩으로 삼았으므로 애도가 부처님의 이모가 되니, 그녀는 난타難陀의 어머니이다. 어머니의 자매를 이모라 하니, 즉 숙모이다.

영접하며(迎逆)[5] 예배하고 질문(問訊)하며[6] 그가 앉기를 요청해야 한다.

둘째, 비구니는 비구를 욕하거나 비방해서는 안 된다.

셋째, 비구의 죄를 들추어서 그 허물을 말해서는 안 된다. 반면에 비구는 비구니의 허물을 말할 수 있다.

넷째, 식차마나式叉摩那[7]는 계율을 배우고 나서[8] 응당 대중 승려들에게 대계大戒(비구니계)를 받기를 구하여야 한다.

다섯째, 비구니가 승잔죄僧殘罪를 범하면[9] 응당 15일에 이부二部 승려들에게[10] 마나타摩那埵[11]를 행해야 한다.

여섯째, 비구니는 보름 안에 반드시 대중 승려들 가운데 자기에게 가르침을 줄 수 있는 사람을 찾아야 한다.

일곱째, 비구승이 없는 곳에서 하안거夏安居를 보내서는 안 된다.

여덟째, 하안거를 마치면 마땅히 대중 승려들에게 나아가 자자自恣할 수 있는 사람을 구하여야 한다.[12]

---

5 (역逆) 또한 영迎이니, 맞이하는 것이다.
6 신訊 또한 문問이니, 옛날에는 중복하여 말했다. 또 말꼬리를 잡는 것을 문問이라 하고, 안부를 묻는 것을 신訊이라 한다. 신訊은 말(辭)이다.
7 한역하면 법을 배우는 여자(學法女)이다.
8 『四分律』에서는 "18세의 어린 여자는 응당 2년간 그 육법六法을 배워야 하며, 비구니의 위의를 2년간 몸에 익혀야 한다."라고 했으니, 성태聖胎가 있고 없고는 육법을 마음에 익혔느냐를 통해 알 수 있다. 육법이란 오염된 마음으로 접촉하는 것, 도적질할 사람의 네 가지 돈, 축생의 목숨을 끊는 것, 작은 망어妄語, 때 아닌 때에 먹는 것, 술을 마시는 것이다.
9 승잔僧殘은 죄명인데, 참회할 수 있는 이치가 약간 있다. 만약 청정한 대중들에게 참회한다면 이 죄는 제거될 수 있지만 약간은 남아 있으므로 승잔이라 이름한 것이다.
10 『會玄記』에서는 "이부二部라는 것은 대승大僧(비구) 20명의 대중과 대니(비구니) 20명의 대중이다."*라고 하였다.
　*이부二部라는~대중이다 : 『華嚴懸談會玄記』 권8(X8, 142a3).
11 한역하면 공고貢高함을 꺾는 것이니, 벌을 받겠다고 맹세하는 뜻이다. 또 '의희意喜'라 번역되니, 육야六夜에 이러한 행동을 할 때에 죄가 청정해지므로 스스로 기뻐하며 또한 대중 승려들을 기쁘게 할 수 있다.
12 세 가지 말로써 자자自恣하니 스스로 자기의 죄를 말하고, 다른 승려들이 자유롭게 허

이상의 팔경법은 응당 존중하고 공경하고 찬탄하여 죽을 때까지 어겨서는 안 된다.

尼八敬法【『毘尼母論』云: "僧殘者, 如人爲他所斫, 殘有咽喉, 故名爲殘, 理須早救故."】

『事鈔』【『行事鈔』二卷, 南山律師所作.】『尼衆篇』云: "善見, 佛初不度女人出家, 爲滅正法五百年, 後爲說八敬, 聽出家, 依敎行故, 還得千年. 今時不行, 隨處法滅." 『會正記』云【允堪律師所著.】 "佛成道後十四年, 姨母【天臂城中, 善覺長者有女八人: 第一卽摩耶, 第八卽愛道. 淨飯王俱娶爲妻妾, 故愛道是佛之姨母, 卽難陀之生母也. 母之姊妹曰姨, 卽叔母也.】求出家, 佛不許度. 阿難爲陳三請, 佛令慶喜, 傳八敬向說: '若能行者, 聽汝出家.' 彼云: '頂戴持.'" 言八敬者: 一者, 百歲比丘尼, 見初受戒比丘, 當起迎逆,【亦迎也, 迓也.】禮拜問訊,【訊, 亦問也, 古之重語也. 又執言曰問, 通問曰訊. 訊, 辭也.】請令坐. 二者, 比丘尼不得罵謗比丘. 三者, 不得擧比丘罪, 說其過失. 比丘得說尼過. 四者, 式叉摩那【此云學法女.】已學於戒,【『四分』云: "十八童女, 應二歲學其六法, 及比丘尼威儀二歲練身也." 可知有胎無胎六法練心也. 六法者: 謂染心相觸, 盜人四錢, 斷畜生命, 小妄語, 非時食, 飮酒.】應從衆僧, 求受大戒. 五者, 尼犯僧殘【僧殘, 罪名, 有少可懺之理. 若欲淸淨大衆爲懺, 此罪可除. 殘有少在, 故名僧殘也.】, 應半月在二部僧中,【『會玄記』云: "二部者: 大僧二十衆, 大尼二十衆也."】行摩那埵【此云折伏貢高, 卽誓受罰之義也. 又翻意喜, 六夜行斯行時, 罪得淸淨, 自心歡喜, 亦令衆僧歡喜.】. 六者, 尼半月內, 當於僧中, 求敎授人. 七者, 不應在無比丘處夏安居. 八者, 夏訖, 當詣僧中, 求自恣人.【以三語自恣, 自宣己罪, 恣僧擧過, 三語者, 見聞疑也.】如此八法, 應尊重恭敬讚歎, 盡形不應違.

물을 지적하도록 한다. 세 가지 말은 보고 듣고 의심하는 것이다.

주

i 선견善見아! 부처님이~정법이 소멸하였다 :『四分律刪繁補闕行事鈔』권하1(T40, 154c9~11).

출가하여 세간을 벗어나다

『업소業疏』에서는 다음과 같이 말하였다.

"공간적으로 봤을 때 모든 중생들이 오염에서 벗어날 길이 없기 때문에 한적하고 안락한 곳으로 출가처를 정했다. 만약 탐착심이 있다면 마침내 쇠사슬을 이루게 되니, 벗어날 방편은 오직 이 한 가지 도道(출가하는 것)뿐이다."

『화수경華手經』에서는 다음과 같이 말하였다.

"네 가지 법이 있으니, 몸을 바꾸어 가면서 선래비구善來比丘가 되어 연화세계에 화생化生하여 현신現身에 수명을 연장시킨다. 첫째, 스스로 출가를 즐거워하며 또한 다른 사람들도 흔쾌히 출가하도록 권하며 돕는다. 둘째, 법을 구함에 게으름이 없으며 또한 타인에게도 법을 구하도록 권한다. 셋째, 스스로 온화함과 인내함을 행하며 타인에게도 이를 행하도록 권한다. 넷째, 방편을 익히고 행하여 큰 서원을 깊이 일으킨다."[i]

또 『출가공덕경出家功德經』에서는 "만약 사람들을 출가시켜 계를 받도록 할 수 있다면 그 공덕은 끝이 없으니, 비유하면 온 천하에 가득한 아라한들에게 백 년간 공양 올리는 것과 같다. 그러나 이는 어떤 사람이 열반을 위해 하루 낮밤 동안 출가하여 계를 받는 것만 못하다."[ii]라고 하였으니, 말하자면 앞의 보시가 비록 훌륭하지만 다함이 있으니, 이는 욕계欲界에 매인 것이고 법을 위해 출가하는 것은 삼계의 업이 아니니, 그러므로 앞의 공덕보다 낫다고 하였다. 또 "설령 보탑을 세워 도리천忉利天에 이를지라도 일시에 흔쾌히 출가시킨 것의 공덕보다 못하다. 비록 아직 셀 만한 것은 아니나 그 은미하게 쌓임이 높고 수승한 것의 근본이 된다."라고 하였다.

出家超世

『業疏』云: "橫約諸有無由[1]離染, 故樹出家樂處閑靜. 若有貪着, 終成金鑽, 引出方便, 唯斯一道." 如『華手經』云: "有四法, 轉身即在善來比丘, 蓮華化生現增壽命. 一者, 自樂出家, 亦勸助人, 令欣出家. 二者, 求法無倦, 亦勸他人. 三者, 自行和忍, 亦勸他行. 四者, 習行方便, 深發大願." 又『出家功德經』云: "若能放人, 出家受戒, 功德無邊, 譬如四天下滿中羅漢, 百年供養, 不如有人爲涅槃故, 於一日夜, 出家受戒." 謂猶前施雖多有竭, 是欲界繫; 爲法出家, 非三界業, 故說過前. 又云: "縱起寶塔, 至忉利天, 亦劣出家功德者, 一時欣出, 雖未可數, 然其積微, 是高勝本."

---

1) ㉑ '由'는 '思'로 되어 있는 곳도 있다.

주

i 네 가지~깊이 일으킨다 : 『佛說華手經』 권9(T16, 196b6~14)에는 다음과 같이 나온다. "菩薩有四法, 轉身當作善來比丘, 終不受胎, 蓮華化生, 即於現身續增壽命. 何謂爲四? 自樂出家, 亦勸他人令行出家, 亦爲佐助出家因緣; 即出家已, 爲之說法, 示教利喜, 是名初法. 復次, 阿難! 菩薩自能勤行求諸佛法, 亦化他人勤行求法, 是第二法. 復次, 阿難! 菩薩自行和忍, 亦化他人令住忍中, 是第三法. 復次, 阿難! 菩薩自能習行方便深發大願, 亦化他人, 令行方便及發大願, 是第四法"

ii 만약 사람들을~것만 못하다 : 『佛說出家功德經』(T16, 815a18~20)에는 다음과 같이 나온다. "若有人爲涅槃故, 出家受戒, 乃至一日一夜所作功德, 比前功德, 十六分中不及其一."

사미의 다섯 가지 덕[1]

『사분율산번보궐행사초四分律刪繁補闕行事鈔』에서는 『복전경福田經』을 인용하여 다음과 같이 말하였다.

"첫째, 발심해서 출가하여 마음에 도를 지니기 때문이다. 둘째, 좋은 용모를 훼손하여 법복을 입기 때문이다. 셋째, 몸과 목숨을 버리고 도를 따르고 숭상하기 때문이다. 넷째, 어버이의 사랑을 영원히 버리고 좋아하고(適) 싫어하는(莫) 것도 없기 때문이다.[2] 다섯째, 뜻으로는 대승을 구하여 사람들을 제도하고자 하기 때문이다."[i]

『사분율행사초자지기』에서는 "이 다섯 가지 덕은 출가의 큰 요체이다. 소승의 대중들뿐만이 아니라 오부대중[ii]이 일제히 받들며,[3] 처음 수계했을 때뿐만이 아니라 종신토록 행한다.[4]"[iii]라고 하였고, 또 『업소業疏』에서는 "이 덕의 처음과 끝은 오부대중에게 공통되니 중생들의 공양을 모두 감당하고 인천人天의 사표가 될 수 있으므로, (율장을) 외우고 지녀서 계체戒體와 형상과 법복을 경솔하게 받음이 없도록 하라."라고 하였다.[5]

沙彌五德【沙彌, 此云息慈, 謂息惡行慈. 又翻爲求寂. 寂下七歲至年十三者, 皆名 '馬區烏沙彌'. 若年十四至十九, 名'應法沙彌'. 若年二十已上, 皆號'名字沙彌'.】

---

1 사미沙彌는 한역하면 '식자息慈'인데, 악을 그치고 자비를 행한다는 말이다. 또는 '구적求寂(적멸을 구함)'이라고 번역된다. 최하 7세부터 13세까지는 모두 '구오사미馬區烏沙彌'라 이름하고, 14세부터 19세까지는 '응법사미應法沙彌'라 이름하며, 20세 이상은 모두 '명자사미名字沙彌'라 이름한다.
2 적適은 가함(可)이고 막莫은 불가함(不可)이니, 친하고 소원하고 미워하고 사랑하는 것이 없음을 말한다.
3 공간적으로 오부대중을 기준해서 말했다.
4 시간적으로 한 사람을 기준해서 말했다.
5 『道宗鈔』에서는 "위의는 사문의 모습이니, 삭발하고 염의染衣를 입은 것이 이것이다. 계체는 사문의 성품이니, 드러나지 않는(無表) 계법戒法이 이것이다."라고 하였다.

『鈔』引『福田經』云: "一者, 發心出家, 懷佩道故. 二者, 毁其形好, 應法服故. 三者, 委棄身命, 遵崇道故. 四者, 永[1]割親愛, 無適莫故.【適, 可也; 莫, 不可. 言無親疎憎愛也.】五者, 志求大乘爲度人故."『記』云: "此之五德, 出家大要. 五衆齊奉, 不唯小衆;【橫約五衆而言.】終身行之, 不唯初受.【堅約一人而言.】" 又『業疏』云: "斯德始終, 通於五衆, 俱堪物養, 人天師範, 故使誦持, 無輕受體, 及形服也."『道宗鈔』云: "儀則沙門相, 削髮染衣是也. 體則沙門性, 無表戒法是也."】

---

1) ㉝ '永'은 '求'로 되어 있는 곳도 있다.

주

i 첫째, 발심해서~하기 때문이다 : 『佛說諸德福田經』(T16, 777a21~24).
ii 오부대중 : 비구·비구니·우바새·우바이·식차마나를 가리킨다.
iii 이 다섯~종신토록 행한다 : 『四分律行事鈔資持記』 권하1(T40, 421b10~12).

삼의가 흥기한 뜻[1]

『초鈔』에서는 『살바다薩婆多』를 인용하여 "(비구의 삼의는) 미증유법未曾有法을 나타내고자 하기 때문이며, 일체의 96가지 외도들[2]에게는 이 세 가지 이름이 없으니 (비구의 삼의가) 외도와 다르기 때문이다."라고 하였으며, 『분별공덕론分別功德論』에서는 "세 계절이 있기 때문에[3] 세 가지 옷을 제정하였으니, 겨울에는 두꺼운 옷을 입고, 여름에는 가벼운 옷을 입으며, 봄에는 중간 두께의 옷을 입는다.[4] 또 여러 벌레들을 막기 위한 까닭이다."ⁱⁱ라고 하였다.[5]

---

1 삼의三衣는 다음과 같다. 첫째, 안타회安陀會인데, 한역하면 하의下衣이다. 5조五條인데, 하나는 길고 하나는 짧다. 둘째, 울다라승欝多羅僧인데, 한역하면 상의(上着衣)이다. 7조七條인데, 두 개는 길고 하나는 짧다. 셋째, 승가리僧伽黎인데, 한역하면 중복의重複衣이다. 총 9품인데, 9조부터 25조까지이다. 색으로써 호칭하면 모두 가사袈裟라 한다. 세 가지 명칭을 지은 이유는 법륜을 세 번 굴림을 나타내기 때문이며, 삼독을 끊기 때문이며, 삼계에서 벗어나기 때문이며, 삼유의 중생을 제도하기 때문이다.
2 육사외도六師外道들에게는 각기 16가지 배워야 할 법이 있는데, 한 개의 법은 스스로 행하는 것이고 나머지 15개의 법은 각각 15개의 가르침에서 배우니, 제자와 스승을 합쳐서 논의했기 때문에 96종이 있다고 하였다.
3 서천에서는 해를 세 등분 하니, 정월 16일부터 5월 15일까지가 더운 때(熱時)이고, 5월 16일부터 9월 15일까지가 우기(雨時)이며, 9월 16일부터 정월 15일까지가 추운 때(寒時)이다.
4 많이 추운 곳에는 몸을 돕는 101가지 물건을 부처님께서 허락하셨다. 『薩婆多毘尼毘婆沙』에서는 "101가지 물건을 한곳에 비축할 수 있도록 한다."*라고 하였고 또 "한 가지 옷으로는 추위를 막을 수 없다."**라고 하였으니, 이 말은 겨울에는 중복해서 입는다는 뜻이다. 또 "큰 추위에는 세 가지 옷을 모두 입어야 추위를 막을 수 있다."라고 하였다.
  * 101가지~한다 : 『薩婆多毘尼毘婆沙』권5(T23, 535c22).
  ** 한 가지~없다 : 『薩婆多毘尼毘婆沙』권4(T23, 530a2).
5 『觀佛三昧經』에서는 "몸안에 일체의 근육과 혈관, 대장과 소장 안에서 갖가지 벌레들이 생기는데, 그 숫자가 8만 호戶의 구멍이 있고, 구멍마다 9억 마리 여러 수많은 작은 벌레들이 돌아다닐 때에는 소장으로 달려 들어가는데, 모두 네 개의 입이 있어 입을 벌려 위로 향하고, 큰 벌레들이 돌아다닐 때에는 대장으로 들어갔다가 나와서는 다시 위장으로 들어간다. 이들은 다시 네 마리 벌레를 낳는데, 마치 네 마리의 뱀이 합쳐진 것과 같아서 동시에 쪼아먹고, 찌꺼기가 다 없어지면 즙이 나온다. 이것이 눈에 들어가면 눈물이 되고, 코에 들어가면 콧물이 되며, 입에 모이면 타액이 되고, 입으로 나오면 침이 된

『대지도론』에서는 "부처님의 성스러운 제자들은 중도中道에 머무르기 때문에 세 가지 옷을 입으며, 외도들은 맨몸으로도 부끄러움이 없으며, 세속의 사람들은 탐욕이 많아 여러 가지 옷을 입는다."라고 하였다.[6]

『십송률十誦律』에서는 "외도와 다르기 때문에 곧 칼로 자르니, 부끄러운 사람들의 옷인 줄 아는 것이다."라고 하였으며, 『잡아함경雜阿含經』에서는

다. 피부와 근육과 여러 혈관들에서 모두 갖가지 벌레들이 생기는데, 그 벌레들은 가을 터럭보다도 가늘며 그 수가 매우 많아서 이루 다 말할 수 없다."*라고 하였다. 『大毘婆娑論』에서는 "사람의 피부와 살이 모두 벌레들의 마을인데, 벌레의 머리는 안에서 사람이 먹은 것을 받아먹고, 벌레의 꼬리는 밖에서 사람의 피부를 꼬아 만든다(辮)."라고 하였다. 변辮은 음이 편片이다.

*몸안에~없다: 『佛說觀佛三昧海經』 권2(T15, 652b11~21)에는 다음과 같이 나온다. "身內膿囊涕唾·九孔筋脈一切根本, 大腸小腸·生藏熟藏, 於其中間, 迴伏婉轉踊生諸蟲, 其數滿足有八千戶, 戶有九億諸小蟲等, 蟲遊戲時走入小腸, 皆有四口張口上向, 大蟲遊戲入大腸中, 從大腸出復入胃中. 冷病起時胃管閉塞, 蟲不得入, 故食不消. 脾·腎·肝·肺·心·膽·喉嚨, 肺腴肝鬲, 如是中間復生四蟲, 如四蛇合, 上下同時唊食諸藏, 澤盡汁出, 入眼爲淚, 入鼻爲涕, 聚口成唾, 放口涎流. 薄皮厚皮, 筋髓諸脈悉生諸蟲, 細於秋毫數甚衆多不可具說."

6 『大智度論』의 내용을 갖추어 말하면 "수행자는 욕심이 적고 만족할 줄 알아 옷으로 몸을 덮을 뿐 많지도 적지도 않으며, 부처님의 제자들은 양변을 떠나서 중도에 머물기 때문에 세 가지 옷을 받아 지닌다. 간혹 어떤 외도들은 고행을 하기 때문에 맨몸으로도 부끄러워하지 않으며, 세속의 사람들은 쾌락을 추구하기 때문에 갖가지 옷을 많이 비축한다."*라고 하였다. 『北山錄』에서는 "교진여憍陳如 존자는 떨어진 옷에 5전의 돈만을 지녔고, 수보리須菩提 존자는 화려한 방에 온갖 보화를 가졌으나 모두 성인聖人이었으며, 형악衡岳 대사**는 일생 동안 한 벌의 옷만을 입었고, 현경玄景 대사는 여름마다 옷을 바꾸었으나 모두 고승高僧이었으니, 잘하고 잘못함이 나에게 달려 있고 옳고 옳지 못함도 남에게 달려 있지 않다."***라고 하였다.

*수행자는~비축한다: 『大智度論』 권68(T25, 538b4~7)에는 다음과 같이 나온다. "行者少欲知足, 衣趣蓋形, 不多不少故, 受但三衣法. 白衣求樂故, 多畜種種衣; 或有外道苦行故, 裸形無恥. 是故佛弟子捨二邊·處中道行."

**형악衡岳 대사 : 남악 혜사(515~577)를 가리킨다. 천태종의 창시자인 천태 지의의 스승이다.

***교진여憍陳如~않다: 『北山錄』 권5(T52, 605b10~16)에는 다음과 같이 나온다. "賓曰: 憍陳如弊服五錢, 須菩提華房百寶, 俱聖人也. 衡岳終身一衲, 玄景每曙更衣, 俱高僧也. 將修于已四者, 何先? 主人曰: 善乎善者無不善, 不善乎善者無可善. 故此四者克不克在于我, 可不可不在乎物."

"사무량심四無量心을 닦는 사람은[7] 모두 수염과 머리카락을 자르고 삼법의三法衣를 입고 집을 떠난다."[iii]라고 하였으니, 이것에 근거하여 이름하면 자비로운 자의 옷이다.

『화엄경』에서는 "가사袈裟를 입은 사람은 삼독三毒을 여읜다……."[iv]라고 하였으며, 『사분율四分律』에서는 "결結과 사使[8]의 번뇌를 품은 사람은 가사를 입어서는 안 된다."라고 하였으며, 『살바다론』에서는 "다섯 가지 의도로 삼의를 제정한다. 첫째는 하나의 옷으로는 추위를 막지 못하고 세 가지 옷이어야 추위를 막기 때문이며, 둘째는 부끄러워할 것이 있지 않으며, 셋째는 마을에 들어가는 것이 적절하지 않으며, 넷째는 도를 행할지라도 선법善法이 생기지 않으며, 다섯째는 위의가 청정하지 않기 때문에 법을 제정하여 세 가지 옷을 지니게 하였으니, 그러면 위의 뜻이 갖추어진다."라고 하였다.

『승기율僧祇律』에서는 "삼의는 어질고 성스러운 사문의 표식이고, 발우는 출가한 사람의 그릇이니, 속인에게 마땅한 것이 아니다. (출가사문은) 세 가지 옷과 질그릇 발우를 지녀야 한다."[vi]라고 하였으니, 바로 욕심을 적게 하고 일을 줄이는 것 등이다. 우리 종파 외의 부파에서는 대부분 춥기 때문에 세 가지 옷을 제정하였다. 『사분율』에서도 "삼세의 여래가 모두 이와 같은 옷을 입었기 때문이다."[vii]라고 하였으며, 『업소業疏』에서는 "예를 들면 율장에서는 모든 비구들이 옷을 쌓아 두어 스스로 절약하지 않았

---

7 자慈는 화내지 않는 것으로 체를 삼고 즐거움을 주는 것으로 용을 삼으며, 비悲는 해치지 않는 것으로 체를 삼고 고苦를 없애는 것으로 용을 삼으며, 희喜는 그로 하여금 기쁘게 하며, 사捨는 나로 하여금 망념을 떠나게 한다. 이 네 가지 마음은 경계가 끝이 없으므로 무량無量이라 하였다. 또 무량이라 한 것은, 경계를 따라 이름을 얻었으니 반연하는 대상인 중생이 무량하기 때문에 반연하는 주체인 마음도 경계를 따라 무량하므로 모두 무량심이라는 이름을 받았다. 이상의 세 가지는 알 수 있을 것이다. 사捨는 타인과 반연할 때 미워하거나 사랑하는 마음이 없는 것이니, (그러므로) 사捨라고 한다.
8 구결九結과 십사十使이니 모두 번뇌의 이름이다.

기 때문에 여래께서 초야初夜에는 첫 번째 옷을 입게 하고, 후야後夜에 이르러서는 세 번째 옷을 입게 하였으며, 아침에는 제정한 법도를 따라 초야에 입었던 옷을 입게 하였다."라고 하였다.

三衣興意【三衣者: 一安陀會, 此云下衣, 五條一長一短. 二欝多羅僧, 此云上着衣, 七條二長一短. 三僧伽黎, 此云重複衣, 總有九品, 自九條至二十五條. 以色稱之, 並名袈裟. 作三名者, 表三轉法輪故, 斷三毒故, 出三界故, 度三有故.】
『鈔』引『薩婆多』云: "欲現未曾有法故, 一切九十六種外道,【外道六師, 各有十六種所學法, 一法自行, 餘十五法, 各敎十五. 弟子師徒合論, 故有九十六種也.】無此三名, 爲異外道故."『分別功德論』: "爲三時故,【西天歲分三時: 正月十六日, 至五月十五日, 熱時也. 五月十六日, 至九月十五日, 雨時也. 九月十六日, 至正月十五日, 寒時也.】制有三衣: 冬則着重, 夏則着輕, 春則着中.【多寒國土, 佛聽百一助身物.『薩婆多』云: "百一之物, 令得畜一." 又云: "一衣不能障寒." 此言冬則着重之意. 又云: "大寒總着三衣, 可以禦之."】亦爲諸蟲故."【『觀佛三昧經』云: "身內一切筋脉・大腸小腸中生諸虫. 其數有八萬戶, 戶有九億. 諸小虫等, 遊戲之時, 走入小腸, 皆有四口, 張口向上. 大虫遊戲, 入大腸中, 出復入胃中. 復生四虫, 如四蛇合, 同時唼食, 滓盡汁出, 入眼爲淚, 入鼻爲涕, 聚口成唾, 放口成涎, 皮筋諸脉, 悉生諸虫, 細於秋毫, 其數甚多, 不可其說."『大婆沙』中說, 人身皮肉, 並是虫聚, 虫頭在內, 食人所食, 虫尾在外, 辮作人皮故. 辮, 音片.】『智論』云: "佛聖弟子, 住於中道, 故着三衣, 外道裸身無耻, 白衣多貪重着也."【『智論』具云: "行者少欲知足, 衣趣盖形, 不多不少. 佛之弟子, 捨二邊, 處中道, 故受三衣. 或有外道苦行, 故裸形無耻. 白衣求樂, 故多畜種種衣."『北山』云: "憍陳如弊服五錢, 須菩提華房百寶, 俱聖人也. 衡岳終身一衲, 玄景每暑更衣, 俱高僧也. 克不克在乎我, 可不可亦不在乎物也."】『十誦』爲異外道故, 便以刀截, 知是慚愧人衣.『雜阿[1] 含經』云: "修四無量者,【慈以無嗔爲體, 與樂爲用. 悲以不害爲體, 拔苦爲用. 喜令彼歡喜. 捨使我離念. 此四心緣, 罔極境界, 故名無量. 又云無量者, 從境得名, 以所緣衆生無量故. 能緣之心, 亦隨境無量故, 悉受無量心名, 上三可知. 捨者, 若緣於他, 無憎愛之心, 名爲捨.】並剃鬚髮, 服三法衣, 出家也.” 準此而名, 則慈悲者之服. 『華嚴』云: "着袈裟者, 捨離三毒等.” 『四分』云: "懷抱於結使【九結十使皆惑名.】, 不應着袈裟.” 薩婆多: "五意制三衣也. 一一²⁾衣不能障寒, 三衣能障故. 二不能有慚愧, 三不中入聚落, 四乃至道行不生善, 五威儀不淸淨, 故制令畜三, 便具上義.” 『僧祇』云: "三衣者, 賢聖沙門標幟. 鉢是出家人器, 非俗人所爲, 應執持三衣瓦鉢.” 卽是少欲少事等. 當宗外部, 多爲寒, 故制三. 『四分』又云: "三世如來, 並着如是衣故.” 『業疏』云: "如律中說: 如來因諸比丘畜長不自節約, 是以初夜着一衣, 乃至後夜着第三, 明旦因制, 如衣法初.”

---

1) ㉘ '阿'가 없는 곳도 있다. 2) ㉘ '一'이 없는 곳도 있다.

주

i 미증유법未曾有法을 나타내고자~다르기 때문이다 : 『薩婆多毘尼毘婆沙』 권4(T23, 527b15~17).

ii 세 계절이~위한 까닭이다 : 『分別功德論』 권4(T25, 44c1~5)에는 다음과 같이 나온다. "或云爲三時故, 故設三衣. 冬則著重者, 夏則著輕者, 春秋著中者. 爲是三時故, 便具三衣. 重者五條, 中者爲七條, 薄者十五條. 若大寒時, 重著三衣可以障之. 或曰亦爲蚊虻蟆子, 故設三衣."

iii 사무량심四無量心을 닦는~집을 떠난다 : 『雜阿含經』에는 보이지 않고 『長阿含經』 권15(T1, 100b9~10)에는 다음과 같이 나온다. "剃除鬚髮, 服三法衣, 出家爲道, 修四無量心."

iv 가사袈裟를 입은~삼독三毒을 여읜다 : 『大方廣佛華嚴經』 권6(T9, 430c24~25)에는 다음과 같이 나온다. "受著袈裟, 當願衆生, 捨離三毒, 心得歡喜."

v 결結과 사使의~안 된다 : 『四分律』 권43(T22, 882c10~11)에는 다음과 같이 나온다. "雖有袈裟服, 壞抱於結使, 不能除怨害, 彼不應袈裟."

vi 삼의는 어질고~지녀야 한다 : 『摩訶僧祇律』 권38과 권29에는 다음과 같이 나온다. "沙門衣者, 賢聖幖幟."(T22, 528a26~27); "器成偶似鉢形, 離車作是念: 此是出家人器, 非俗人所宜, 應與薩遮尼揵子."(T22, 462a20~22).

vii 삼세의 여래가~입었기 때문이다 : 『四分律』 권40(T22, 855b1~4)에는 다음과 같이 나온다. "過去諸如來, 無所著, 佛弟子, 著如是衣, 如我今日; 未來世諸如來, 無所著, 佛弟子, 著如是衣, 如我今日."

가사의 공능을 보이다[1]

또 『대비경大悲經』에는 다음과 같이 나온다.

"가령 성품이 사문이라 하더라도 사문의 행을 오염시키면 이는 형상만 사문일 뿐이다.[2] 몸에 가사를 걸친 자가 미륵에서 누지불樓至佛에까지 (낱낱의 부처님 처소에서) 열반에 들어 남음이 없다."[i]

『비화경悲華經』에서는 다음과 같이 말하였다.

"여래가 보장불寶藏佛의 처소에서 성불하기를 발원할 때에 나의 가사에 다섯 가지 공덕이 있다고 하였다. 첫째, 우리의 불법 문중에 들어와서 혹 중죄를 범하거나 삿된 견해를 내더라도 사부대중이 한순간이라도 공경하는 마음으로 존중하면 반드시 삼승三乘에서 수기를 받으리라. 둘째, 천룡天龍이나 인간과 귀신이 만약 이 사람의 가사를 약간이라도 공경한다면 삼승에서 물러나지 않게 될 것이다. 셋째, 만약 귀신이나 여러 사람들이 가사를 얻거나 혹은 네 마디쯤만 얻는다면 음식이 충족할 것이다. 넷째, 만약 중생들이 서로 위반할지라도 가사의 힘을 생각하면 곧바로 자비한 마음을 낼 것이다. 다섯째, 만약 전쟁터에 있을 때 적은 부분의 가사라도

---

1 가사袈裟는 범어인데, 한역하면 부정색不正色이니 즉 괴색壞色으로 물들인 옷이다. 본래는 '가사加沙'인데 양梁나라 갈홍葛洪이 찬술한 『字苑』에 이르러 글자 아래에 '의衣'자가 더해졌다. 무구의無垢衣라고도 하며, 이진복離塵服이라고도 하며, 인욕개忍辱鎧라고도 하며, 소수의消瘦衣라고도 하며, 도휴피稻畦帔라고도 하며, 복전의福田衣라고도 한다.
2 『止觀輔行傳弘決』에서는 "성품이 사문이라는 것은, 부처님이 제정한 계율을 필요로 하지 않으니 성품이 선하므로 이를 이름하여 성성이라 한다."*라고 하였고, 『大智度論』에서는 "금계禁戒를 수지하는 것이 사문의 성품이며, 삭발 염의하는 것이 사문의 모습이다."**라고 하였다.
  * 성품이~한다 : 『止觀輔行傳弘決』 권4-1(T46, 253a26~27)에는 다음과 같이 나온다. "所言性者即舊戒也. 不待佛制性是善惡, 故名爲性."
  ** 금계禁戒를~모습이다 : 『大智度論』 권31(T25, 293b5)에는 다음과 같이 나온다. "受持禁戒, 是其性; 剃髮割截染衣, 是其相."

지니고서 공경하고 존중하면 항상 상대를 이길 것이다. 만약 나의 가사에 이러한 다섯 가지 힘이 없다면 시방제불께서 구제하는 인연을 속이는 것이다."³·ⁱⁱ

『현우경賢愚經』에서는 다음과 같이 말하였다.

"부처님이 아난에게 말씀하셨다. 옛날에 무량한 아승지겁에 이 염부제의 산림에 한 마리의 사자가 있었는데, 그의 이름은 다가라비蹉迦羅毘⁴였다. 그의 몸은 금빛이며, 빛나는 모습이 뚜렷하게 드러났다. 그때에 사냥꾼이 머리를 깎고 가사를 걸치고 활과 화살을 안에 지니고서 독화살로 사자를 쏘았다. 사자가 놀라서 알아차리고는 달려가 해치려고 하다가 그가 가사를 걸친 것을 보고 생각하기를, '이 사람은 오래지 않아 반드시 해탈할 것이다. 왜냐하면 이 염의染衣는 삼세 성인들이 지닌 표상標相이니, 내가 만약 그를 해치면 악한 마음이 삼세의 성현들을 향하게 될 것이다.'라고 하였다."ⁱⁱⁱ

引示袈裟功能【袈裟, 梵語, 此云不正色, 即壞色染衣也. 本作加沙, 至梁葛洪撰字苑, 下添衣. 一名無垢衣, 一名離塵服, 一名忍辱鎧, 一名消瘦衣, 一名稻畦帔, 一名福田衣.】

又引『大悲經』云: "但使性是沙門, 汙沙門行, 形是沙門, 【『輔行』云: "性是沙門者, 不待佛制, 性是善, 故名爲性."『大論』云: "受禁戒, 是其性; 剃髮染衣, 是其相."】披着袈裟者, 於彌勒乃至樓至佛所, 得入涅槃, 無有遺餘."『悲華經』云: "如來於寶藏佛所, 發願成佛時, 我袈裟有五功德: 一, 入我法中, 或犯重邪見

---

3 『金藏集具引』에서는 "나의 가사가 이러한 다섯 가지 성스러운 공덕을 성취하지 못한다면 시방세계에 현재 계신 모든 부처님을 속이는 것이며, 미래세에 보리를 이루어 불사佛事를 짓지 못할 것이다."라고 하였다.
4 진秦나라 말로 '견고한 서원(堅誓)'이다.*
　*진秦나라~이다 : 이 주는 성화본『緇門警訓』에 그대로 나온다.

等, 四衆於一念, 敬心尊重, 必於三乘受記. 二者, 天龍人鬼, 若能恭敬此人袈裟少分, 即得三乘不退. 三者, 若有鬼神諸人得袈裟, 乃至四寸, 飮食充足. 四者, 若衆生共相違反, 念袈裟力, 尋生悲心. 五者, 若在兵陣, 持此小分, 恭敬尊重, 常得勝他. 若我袈裟, 無此五力, 則欺十方諸佛濟緣."『金藏集其引』云: "我袈裟不能成就如是五事聖功德者, 卽爲欺誑十方世界現在諸佛, 於未來世, 不成菩提作佛事也." 引『賢愚經』云: "佛告阿難: 古昔無量阿僧祇劫, 此閻浮提, 於山林中, 有一師子, 名蹂迦羅毘【秦言堅誓[1]】, 躯體金色光相明顯. 時獵師剃頭着袈裟, 內佩弓箭, 以毒箭射之. 師子驚覺, 卽欲馳害, 見着袈裟念, 言此人不久, 必得解脫, 所以者何? 此染衣者, 三世聖人標相, 我若害之, 則爲惡心向三世聖賢."

---

1) ㉘ 秦言堅誓 : 이 글자들은 원문의 협주이다.

『치문경훈』 상권을 마치다.

緇門警訓卷上終[1]
---
1) ㉘ '緇門警訓卷上終' 일곱 글자가 없는 곳도 있다.

주

i 가령 성품이~남음이 없다 : 『大悲經』권3(T12, 958a24~28)에는 다음과 같이 나온다. "我法中, 但使性是沙門, 污沙門行, 自稱沙門, 形似沙門. 當有被著袈裟衣者, 於此賢劫, 彌勒爲首, 乃至最後盧遮如來, 彼諸沙門, 如是佛所, 於無餘涅槃界, 次第當得入般涅槃, 無有遺餘."

ii 여래가 보장불寶藏佛의~속이는 것이다 : 『悲華經』권8(T3, 220a14~b6)에는 다음과 같이 나온다. "世尊!如是衆生, 乃至一人不於三乘得授記䚷而退轉者, 則爲欺誑十方世界無量無邊阿僧祇等現在諸佛, 必定不成阿耨多羅三藐三菩提. 世尊!我成佛已, 諸天龍·鬼神·人及非人, 若能於此著袈裟者, 恭敬·供養·尊重·讚歎, 其人若得見此袈裟少分, 即得不退於三乘中. 若有衆生爲饑渴所逼, 若貧窮鬼神·下賤諸人, 乃至餓鬼衆生, 若得袈裟少分, 乃至四寸, 其人即得飲食充足, 隨其所願, 疾得成就. 若有衆生共相違反, 起怨賊想, 展轉鬪諍, 若諸天龍·鬼神·乾闥婆·阿修羅·迦樓羅·緊那羅·摩睺羅伽·拘辦·茶毘·舍遮·人及非人, 共鬪諍時, 念此袈裟, 尋生悲心·柔軟之心·無怨賊心·寂滅之心·調伏善心. 有人若在兵甲鬪訟斷事之中, 持此袈裟少分至此輩中, 爲自護故, 供養·恭敬·尊重, 是諸人等, 無能侵毀·觸撓·輕弄, 常得勝他過此諸難. 世尊!若我袈裟不能成就如是五事聖功德者, 則爲欺誑十方世界無量無邊阿僧祇等現在諸佛, 未來不應成阿耨多羅三藐三菩提作佛事也, 没失善法, 必定不能破壞外道."

iii 부처님이 아난에게~라고 하였다 : 『賢愚經』권13(T4, 438a26~b11)에는 다음과 같이 나온다. "佛告阿難: 古昔無量阿僧祇劫, 此閻浮提, 有大國王, 名曰提毘, 總領八萬四千諸小國王, 世無佛法, 有辟支佛, 在於山間林中, 坐禪行道飛騰變化, 福度衆生. 時諸野獸, 咸來親附. 有一師子, 名號蹟迦羅毘, 軀體金色, 光相明顯煥然明裂, 食果噉草, 不害群生. 是時獵師, 剃頭著袈裟, 內佩弓箭, 行於澤中, 見有師子, 甚懷歡喜, 而心念言: '我今大利, 得見此獸, 可殺取皮, 以用上王, 足得脫貧.' 是時師子, 適值睡眠, 獵師便以毒箭射之. 師子驚覺, 即欲害時, 見著袈裟, 便自念言:'如此之人, 在世不久, 必得解脫, 離諸苦厄. 所以者何? 此染衣者, 過去未來現在三世聖人標相, 我若害之, 則爲惡心趣向三世賢聖人.'"

도감판사 : 지원.
　　　　현안이 쓰고 추안이 교열하고 삼기가 거듭 증명하다.
화주 : 승관, 유극, 성능, 일행.
연화 : 신민, 진웅, 민오, 옥휘, 신정, 김해운, 상강, 석환, 의심, 충휘, 석훈, 해영, 탄연, 현민, 민감, 명탁, 두우, 최초, 지익, 승환, 응약, 태영, 신일, 문찬, 탄유, 여감, 현천, 찬화, 조명.
각원 : 명정, 박인발, 경민, 인호, 선단, 사간, 설한, 선욱, 순학, 민혜, 도희.

都監判事 : 智元.
　　　　玄眼書, 秋眼校, 三機重證.
化主 : 勝寬, 唯克, 性能, 一行.
緣化 : 信敏, 振雄, 敏悟, 玉輝, 信淨, 金海云, 尙江, 釋还, 義心, 忠輝, 釋訓, 海英, 坦然, 玄敏, 敏甘, 明卓, 斗牛, 最初, 智益, 勝还, 應若, 太英, 信一, 文粲, 坦裕, 麗城, 絢天, 贊和, 祖明.
刻員 : 明淨, 朴仁發, 敬敏, 印浩, 善丹, 思侃, 雪寒, 善旭, 順學, 敏惠, 道熙.

찾아보기

가섭존자 / 255
가시덤불(荊棘) / 60
각현覺賢 / 104
강사講肆 / 242
겁수劫數 / 53
격의格義 / 114
결結 / 326
경덕사 / 98
경적經籍 / 183
경지선사 / 282
경희慶喜 / 314
계율(毘尼) / 50
계체戒體 / 321
계품戒品 / 48
고산 지원 / 75
『고승전』 / 109
고좌高座 / 102
공생空生 / 253
공자 / 86
공장空藏보살 / 163
과학科學 / 261
관음보살 / 255
광간狂簡 / 109
괴복壞服 / 237
교연皎然 / 184
구나발마求那跋摩 / 310
구류九流 / 262
구마라집 / 100

구주九州 / 238
구차제정九次第定 / 277
권무이權無二 / 184
귀매鬼魅 / 217
규봉 종밀 / 223
금성金城 / 214
기환사祇桓寺 / 183
꿰맨 발우 / 69

나한 / 111
남곡 회신 / 159
네 가지 실어實語 / 141
네 가지 은혜 / 54
네 가지 의행依行 / 238
노자 / 88, 263
뇌차종雷次宗 / 184
누지불樓至佛 / 330
『능엄경』 / 115, 133, 174

다가라비蹉迦羅毘 / 331
단견斷見 / 127
당 무종唐武宗 / 264
대머리 거사(禿居士) / 174
『대비경大悲經』 / 330

대중흥사 / 191
『대지도론』 / 299, 306, 325
도거掉擧 / 127
도리천忉利天 / 318
도솔 종열兜率從悅 / 252
도안道安 법사 / 102, 191, 267
도안인연道眼因緣 / 277
도천盜泉 / 195
도호道護 / 115
돈교頓敎 / 254
동림사 / 156
동방삭 / 111
동산의 버섯 / 156
동산 화상 / 217
두 대씨 / 266
두호杜鎬 / 112

마군魔軍 / 54
마나타摩那埵 / 315
마이摩夷 / 261
마조馬祖 / 276
『마하지관摩訶止觀』 / 133
『만기론萬機論』 / 110
만승萬乘 / 156
망명 법사 / 212
맹견 / 262
명교 설숭 / 68
명의名義 / 109
목격目擊의 이야기 / 293
목탁 / 80
무공용도無功用道 / 128

무구無垢 / 116
무생법인無生法忍 / 274
무종武宗 / 267
무진거사無盡居士 / 251
문사수聞思修 / 202
물색物色 / 60
미세유주微細流注 / 277
미증유법未曾有法 / 324

바라문婆羅門 / 51
박쥐 같은 중(鳥鼠僧) / 174
반두달다盤頭達多 / 100, 106
『반주삼매경般舟三昧經』 / 116
백락伯樂 / 103
백양 법순 선사 / 227
백장百丈 / 253
법경삼매法鏡三昧 / 277
『법구경』 / 194
법륜사 / 208
법운 법사 / 98
법운 원통法雲圓通 / 132
『법화경』 / 100, 133
벙어리 염소 같은 중(啞羊僧) / 174
변계遍計 / 127
변계사견遍計邪見 / 277
『변의장자경辯意長者經』 / 102
『보량경寶梁經』 / 173
보리달마 / 274
보봉선원 / 276
보장불寶藏佛 / 330
보현보살 / 255

복례復禮 / 184
복심福深 / 276
복전福田 / 238
『복전경福田經』 / 321
복전의福田衣 / 203
부도浮屠 / 131
『분별공덕론分別功德論』 / 324
분의糞衣 / 69
불도징 / 103
불립문자不立文字 / 234
불심 본재 선사 / 127
불안 청원 / 145
불요의不了義 / 277
불요의경不了義經 / 294
불이不二 / 285
불타발타佛陀跋陀 / 104
비니毘尼 / 303
비로자나불 / 255
비룡산 / 114
『비화경悲華經』 / 330

사使 / 326
『사기』 / 262
사대四大 / 195
사료간四料揀 / 277
사마천 / 266
사무량심四無量心 / 326
사병四病 / 277
『사분율四分律』 / 326
『사분율산번보궐행사초四分律刪繁補闕行事鈔』 / 321

『사분율산보수기갈마소제연기四分律刪補隨機羯磨疏濟緣記』 / 309
『사분율함주계본소행종기四分律含注戒本疏行宗記』 / 297
『사분율행사초자지기四分律行事鈔資持記』 / 290
사생四生 / 104, 128, 238
사원四怨 / 103
사위타원四韋陀院 / 183
사제四諦 / 277
사해四海 / 238
『살바다薩婆多』 / 324
삼계의 25유有 / 57
삼교 / 260
삼덕三德 / 159
삼도三塗 / 192
삼독三毒 / 189
삼법의三法衣 / 326
삼상三常 / 49
삼승三乘 / 238
삼십칠조도품三十七助道品 / 277
삼왕三王 / 262
삼유三有 / 53
삼의 / 326
삼학三學 / 290
삼현삼요三玄三要 / 277
상견常見 / 127
상법像法 / 53, 75
상봉사 / 127
상제常啼보살 / 163
상주물常住物 / 48
상참常慘보살 / 163
『서경』 / 87, 100
「석난문釋難文」 / 172

석도안 / 108
석자釋子 / 217
선견善見 / 314
선경禪經 / 273
선래비구善來比丘 / 318
서불漢佛 / 276
선불당 / 276
선월대사 대은 / 258
『설문해자』 / 99
성공性空 / 292
성언량聖言量 / 292, 294
세 가지 장애 / 162
수분지隨分智 / 294
『수증의修證儀』 / 133
숙살肅殺 / 86
습착치習鑿齒 / 108, 184
승광僧光 / 114
『승기계본僧祇戒本』 / 300
『승기율僧祇律』 / 326
『승사僧史』 / 310
승상繩床 / 221
승예僧叡 / 273
승잔죄僧殘罪 / 315
『시경』 / 77
『시식詩式』 / 184
시주자(檀越) / 48
시황제始皇帝 / 264
식마識馬 / 213
식심息心 / 194
식차마나式叉摩那 / 315
신주神州 / 310
심원心猿 / 213
십무외十無畏 / 277
『십문변혹론十門辨惑論』 / 184

『십송률十誦律』 / 325
십이부 / 202
십팔불공법十八不共法 / 277

아비지옥 / 224
아사리 / 242
아호 대의 / 151
안연顏淵 / 85
안자晏子 / 101
애도愛道 / 310
양견楊堅 / 267
양 무제 / 267
양웅 / 266
언덕 위의 나무와 우물가의 나무(岸樹井藤)
 / 47
『업소業疏』 / 309, 321
업식業識 / 228
여의보如意寶 / 212
연수延壽 / 208
연좌宴坐 / 128
열 가지 번뇌(纏) / 162
『열반경』 / 98, 292
염구冉求 / 85
염화미소拈花微笑 / 151
영대靈臺 / 114
영안선원 / 251
영안 숭永安嵩 / 175
영지 조靈芝照 / 175
『예문지』 / 262
오근五根 / 195
오도五道 / 116

오부대중 / 321
오욕五慾 / 103
오음五陰 / 189
오제五帝 / 262
오중五衆 / 278
옥초산沃焦山 / 112
완첨阮瞻 / 108
요상了常 / 252
요의了義 / 50
요의경了義經 / 294
욕계欲界 / 318
용문산 / 145
용정 정龍井淨 / 175
용중龍衆과 천중天衆 / 142
용화회상 / 204
우바니사타優婆尼沙陀 / 209
『원각경』 / 133
원교圓敎 / 254
위산 대원 / 47
위타韋陀 / 183
『유마경』 / 115
유마힐維摩詰 / 128, 255
유현정劉玄靖 / 264
유효표劉孝標 / 113
육경六經 / 110
육도六度 / 277
육수정陸修靜 / 267
육왕 연육王璉 / 175
육적六賊 / 189
육정六情 / 212
육진六塵 / 284
육취六趣 / 263
육취계六聚戒 / 278
육홍점陸鴻漸 / 184

의보依報 / 294
의보依報와 정보正報 / 115
의생신意生身 / 294
의타依他 / 127
의행依行 / 309
이류異類 / 254
이부二部 승려 / 315
이시독李侍讀 / 110
이장二障 / 277
이주애李朱崖 / 264
이후주李後主 / 112
일대사一大事 / 208
일승一乘 / 284
일해일행삼매一解一行三昧 / 128

자각 종색 / 131
자운 준식 / 219
자은법사 / 201
자응慈應 / 276
자자自恣 / 315
자장子長 / 262
자하子夏 / 101
작병作病 / 127
『잡아함경雜阿含經』 / 325
장건張騫 / 112
장로長老 / 242
장로산 / 131
장상영 / 276
장안 대사 / 106
재계齋戒 / 58
전모典謨 / 195

점교漸敎 / 254
점수漸修 / 274
정법안장正法眼藏 / 278
정유情有 / 292
정인正因 / 57, 127, 230
제일의제第一義諦 / 151
『조계보림전曹溪寶林傳』/ 274
조귀진趙歸眞 / 264
조어장부調御丈夫 / 160
조인祖印 / 276
조장條章 / 50
종병宗炳 / 184
종통宗通과 설통說通 / 138
『주역』/ 100
중용 / 110
중용자 / 94
증계사證戒師 / 201
지각 연수 선사 / 228
지당 / 209
지둔支遁 선사 / 109, 188
지병止病 / 127
지자대사智者大師 / 106
지장地藏보살 / 163
지취旨趣 / 50
진망塵網 / 238
진실제(實際) / 234
진정眞淨 선사 / 278
진종 황제眞宗皇帝 / 110

찬녕贊寧 / 112, 183, 260
참기參己 / 172

천서각天書閣 / 276
철색라鐵索羅 / 311
초연거사超然居士 조령긍趙令矜 / 208
『출가공덕경出家功德經』/ 318
칠각지七覺支 / 277
칠규七竅 / 212

탁발씨 / 267
『통혜록通慧錄』/ 173

팔경법八敬法 / 309, 314
팔성도八聖道 / 238
팔정도八正道 / 277
패다라 / 105
필추苾蒭 / 237

하안거夏安居 / 315
『한서漢書』/ 262
항룡발降龍鉢 / 203
해오解悟 / 292
『해외이기海外異記』/ 112
향상일로向上一路 / 277
허공꽃 / 284
『현우경賢愚經』/ 331
혜원慧遠 / 184, 267, 274

호계虎溪 / 267
혼융 선사 / 156
혼침惛沈 / 127
홍진紅塵 / 254
『화수경華手經』/ 318
『화엄경』/ 99, 326
환단還丹 / 146

회광반조 / 229
『회정기會正記』/ 314
효룡孝龍 / 108
희론戱論 / 277
희사喜捨 / 263
희안希顔 수좌首座 / 172

한글본 한국불교전서

조·선·출·간·본

조선1 작법귀감
백파 긍선 | 김두재 옮김 | 신국판 | 336쪽 | 18,000원

조선2 정토보서
백암 성총 | 김종진 옮김 | 4X6판 | 224쪽 | 12,000원

조선3 백암정토찬
백암 성총 | 김종진 옮김 | 4X6판 | 156쪽 | 9,000원

조선4 일본표해록
풍계 현정 | 김상현 옮김 | 4X6판 | 180쪽 | 10,000원

조선5 기암집
기암 법견 | 이상현 옮김 | 신국판 | 320쪽 | 18,000원

조선6 운봉선사심성론
운봉 대지 | 이종수 옮김 | 4X6판 | 200쪽 | 12,000원

조선7 추파집·추파수간
추파 홍유 | 하혜정 옮김 | 신국판 | 340쪽 | 20,000원

조선8 침굉집
침굉 현변 | 이상현 옮김 | 신국판 | 300쪽 | 17,000원

조선9 염불보권문
명연 | 정우영·김종진 옮김 | 신국판 | 224쪽 | 13,000원

조선10 천지명양수륙재의범음산보집
해동사문 지환 | 김두재 옮김 | 신국판 | 636쪽 | 28,000원

조선11 삼봉집
화악 지탁 | 김재희 옮김 | 신국판 | 260쪽 | 15,000원

조선12 선문수경
백파 긍선 | 신규탁 옮김 | 신국판 | 180쪽 | 12,000원

조선13 선문사변만어
초의 의순 | 김영욱 옮김 | 4X6판 | 192쪽 | 11,000원

조선14 부휴당대사집
부휴 선수 | 이상현 옮김 | 신국판 | 376쪽 | 22,000원

조선15 무경집
무경 자수 | 김재희 옮김 | 신국판 | 516쪽 | 26,000원

조선16 무경실중어록
무경 자수 | 성재헌 옮김 | 신국판 | 340쪽 | 20,000원

조선17 불조진심선격초
무경 자수 | 성재헌 옮김 | 신국판 | 168쪽 | 11,000원

조선18 선학입문
김대현 | 성재헌 옮김 | 신국판 | 240쪽 | 14,000원

조선19 사명당대사집
사명 유정 | 이상현 옮김 | 신국판 | 508쪽 | 26,000원

조선20 송운대사분충서난록
신유한 엮음 | 이상현 옮김 | 신국판 | 324쪽 | 20,000원

조선21 의룡집
의룡 체훈 | 김석군 옮김 | 신국판 | 296쪽 | 17,000원

조선22 응운공여대사유망록
응운 공여 | 이대형 옮김 | 신국판 | 350쪽 | 20,000원

조선23 사경지험기
백암 성총 | 성재헌 옮김 | 신국판 | 248쪽 | 15,000원

조선24 무용당유고
무용 수연 | 이상현 옮김 | 신국판 | 292쪽 | 17,000원

조선25 설담집
설담 자우 | 윤인호 옮김 | 신국판 | 200쪽 | 13,000원

조선26 동사열전
범해 각안 | 김두재 옮김 | 신국판 | 652쪽 | 30,000원

조선27 청허당집
청허 휴정 | 이상현 옮김 | 신국판 | 964쪽 | 47,000원

조선28 대각등계집
백곡 처능 | 임재완 옮김 | 신국판 | 408쪽 | 23,000원

조선29 반야바라밀다심경략소연주기회편
석실 명안 엮음 | 강찬국 옮김 | 신국판 | 296쪽 | 17,000원

| 조선 30 | 허정집
허정 법종 | 성재헌 옮김 | 신국판 | 488쪽 | 25,000원

| 조선 31 | 호은집
호은 유기 | 김종진 옮김 | 신국판 | 264쪽 | 16,000원

| 조선 32 | 월성집
월성 비은 | 이대형 옮김 | 4X6판 | 172쪽 | 11,000원

| 조선 33 | 아암유집
아암 혜장 | 김두재 옮김 | 신국판 | 208쪽 | 13,000원

| 조선 34 | 경허집
경허 성우 | 이상하 옮김 | 신국판 | 572쪽 | 28,000원

| 조선 35 | 송계대선사문집 · 상월대사시집
송계 나식·상월 새봉 | 김종진·박재금 옮김 | 신국판 | 440쪽 | 24,000원

| 조선 36 | 선문오종강요 · 환성시집
환성 지안 | 성재헌 옮김 | 신국판 | 296쪽 | 17,000원

| 조선 37 | 역산집
영허 선영 | 공근식 옮김 | 신국판 | 368쪽 | 22,000원

| 조선 38 | 함허당득통화상어록
득통 기화 | 박해당 옮김 | 신국판 | 300쪽 | 18,000원

| 조선 39 | 가산고
월하 계오 | 성재헌 옮김 | 신국판 | 446쪽 | 24,000원

| 조선 40 | 선원제전집도서과평
설암 추붕 | 이정희 옮김 | 신국판 | 338쪽 | 20,000원

| 조선 41 | 함홍당집
함홍 치능 | 성재헌 옮김 | 신국판 | 348쪽 | 21,000원

| 조선 42 | 백암집
백암 성총 | 유호선 옮김 | 신국판 | 544쪽 | 27,000원

| 조선 43 | 동계집
동계 경일 | 김승호 옮김 | 신국판 | 380쪽 | 22,000원

| 조선 44 | 용암당유고 · 괄허집
용암 체조·괄허 취여 | 김종진 옮김 | 신국판 | 404쪽 | 23,000원

| 조선 45 | 운곡집 · 허백집
운곡 충휘·허백 명조 | 김재희·김두재 옮김 | 신국판 | 514쪽 | 26,000원

| 조선 46 | 용담집 · 극암집
용담 조관·극암 사성 | 성재헌·이대형 옮김 | 신국판 | 520쪽 | 26,000원

| 조선 47 | 경암집
경암 응윤 | 김재희 옮김 | 신국판 | 300쪽 | 18,000원

| 조선 48 | 석문상의초 외
벽암 각성 외 | 김두재 옮김 | 신국판 | 338쪽 | 20,000원

| 조선 49 | 월파집 · 해붕집
월파 태율·해붕 전령 | 이상현·김두재 옮김 | 신국판 | 562쪽 | 28,000원

| 조선 50 | 몽암대사문집
몽암 기영 | 이상현 옮김 | 신국판 | 348쪽 | 21,000원

| 조선 51 | 징월대사시집
징월 정훈 | 김재희 옮김 | 신국판 | 272쪽 | 16,000원

| 조선 52 | 통록촬요
엮은이 미상 | 성재헌 옮김 | 신국판 | 508쪽 | 26,000원

| 조선 53 | 충허대사유집
충허 지책 | 성재헌 옮김 | 신국판 | 296쪽 | 18,000원

| 소선 54 | 백얼록
금명 보정 | 김종진 옮김 | 신국판 | 364쪽 | 22,000원

| 조선 55 | 조계고승전
금명 보정 | 김용태·김호귀 옮김 | 신국판 | 384쪽 | 22,000원

| 조선 56 | 범해선사시집
범해 각안 | 김재희 옮김 | 신국판 | 402쪽 | 23,000원

| 조선 57 | 범해선사문집
범해 각안 | 김재희 옮김 | 신국판 | 208쪽 | 13,000원

| 조선 58 | 연담대사임하록
연담 유일 | 하혜정 옮김 | 신국판 | 772쪽 | 34,000원

| 조선 59 | 풍계집
풍계 명찰 | 김두재 옮김 | 신국판 | 438쪽 | 24,000원

| 조선 60 | 혼원집 · 초엄유고
혼원 세환·초엄 복초 | 윤찬호 옮김 | 신국판 | 332쪽 | 20,000원

| 조선 61 | 청주집
환공 치조 | 성재헌 옮김 | 신국판 | 416쪽 | 23,000원

조선 62 대동영선
금명 보정 | 이상하 옮김 | 신국판 | 556쪽 | 28,000원

조선 63 현정론 · 유석질의론
득통 기화·지은이 미상 | 박해당 옮김 | 신국판 | 288쪽 | 17,000원

조선 64 월봉집
월봉 책헌 | 이종수 옮김 | 신국판 | 232쪽 | 14,000원

조선 65 정토감주
허주 덕진 | 김석군 옮김 | 신국판 | 382쪽 | 22,000원

조선 66 다송문고
금명 보정 | 이대형 옮김 | 신국판 | 874쪽 | 41,000원

조선 67 소요당집·취미대사시집
소요 태능·취미 수초 | 이상현 옮김 | 신국판 | 500쪽 | 25,000원

조선 68 선원소류·선문재정록
설두 유형·진하 축원 | 조영미 옮김 | 신국판 | 284쪽 | 17,000원

신·라·출·간·본

신라 1 인왕경소
원측 | 백진순 옮김 | 신국판 | 800쪽 | 35,000원

신라 2 범망경술기
승장 | 한명숙 옮김 | 신국판 | 620쪽 | 28,000원

신라 3 대승기신론내의약탐기
태현 | 박인석 옮김 | 신국판 | 248쪽 | 15,000원

신라 4 해심밀경소 제1 서품
원측 | 백진순 옮김 | 신국판 | 448쪽 | 24,000원

신라 5 해심밀경소 제2 승의제상품
원측 | 백진순 옮김 | 신국판 | 508쪽 | 26,000원

신라 6 해심밀경소 제3 심의식상품 제4 일체법상품
원측 | 백진순 옮김 | 신국판 | 332쪽 | 20,000원

신라 7 해심밀경소 제5 무자성상품
원측 | 백진순 옮김 | 신국판 | 536쪽 | 27,000원

신라 12 무량수경연의술문찬
경흥 | 한명숙 옮김 | 신국판 | 800쪽 | 35,000원

신라 13 범망경보살계본사기 상권
원효 | 한명숙 옮김 | 신국판 | 272쪽 | 17,000원

신라 14 화엄일승성불묘의
견등 | 김천학 옮김 | 신국판 | 264쪽 | 15,000원

신라 15 범망경고적기
태현 | 한명숙 옮김 | 신국판 | 612쪽 | 28,000원

신라 16 금강삼매경론
원효 | 김호귀 옮김 | 신국판 | 666쪽 | 32,000원

신라 17 대승기신론소기회본
원효 | 은정희 옮김 | 신국판 | 536쪽 | 27,000원

신라 18 미륵상생경종요 외
원효 | 성재헌 외 옮김 | 신국판 | 420쪽 | 22,000원

신라 19 대혜도경종요 외
원효 | 성재헌 외 옮김 | 신국판 | 256쪽 | 15,000원

신라 20 열반종요
원효 | 이평래 옮김 | 신국판 | 272쪽 | 16,000원

신라 21 이장의
원효 | 안성두 옮김 | 신국판 | 256쪽 | 15,000원

신라 22 본업경소 하권 외
원효 | 최원섭·이정희 옮김 | 신국판 | 368쪽 | 22,000원

신라 23 중변분별론소 제3권 외
원효 | 박인성 외 옮김 | 신국판 | 288쪽 | 17,000원

신라 24 지범요기조람집
원효·진원 | 한명숙 옮김 | 신국판 | 310쪽 | 19,000원

신라 25 집일 금광명경소
원효 | 한명숙 옮김 | 신국판 | 636쪽 | 31,000원

신라 26 복원본 무량수경술의기
의적 | 한명숙 옮김 | 신국판 | 500쪽 | 25,000원

고·려·출·간·본

고려 1 일승법계도원통기
균여 | 최연식 옮김 | 신국판 | 216쪽 | 12,000원

고려 2 원감국사집
충지 | 이상현 옮김 | 신국판 | 480쪽 | 25,000원

고려 3 자비도량참법집해
조구 | 성재헌 옮김 | 신국판 | 696쪽 | 30,000원

고려 4 천태사교의
제관 | 최기표 옮김 | 4X6판 | 168쪽 | 10,000원

고려 5 대각국사집
의천 | 이상현 옮김 | 신국판 | 752쪽 | 32,000원

고려 6 법계도기총수록
저자 미상 | 해주 옮김 | 신국판 | 628쪽 | 30,000원

고려 7 보제존자삼종가
고봉 법장 | 하혜정 옮김 | 4X6판 | 216쪽 | 12,000원

고려 8 석가여래행적송·천태말학운묵화상경책
운묵 무기 | 김성옥·박인석 옮김 | 신국판 | 424쪽 | 24,000원

고려 9 법화영험전
요원 | 오지연 옮김 | 신국판 | 264쪽 | 17,000원

고려 10 남명천화상송증도가사실
□련 | 성재헌 옮김 | 신국판 | 418쪽 | 23,000원

고려 11 백운화상어록
백운 경한 | 조영미 옮김 | 신국판 | 348쪽 | 21,000원

고려 12 선문염송 염송설화 회본 1
혜심·각운 | 김영욱 옮김 | 신국판 | 724쪽 | 33,000원

※ 한글본 한국불교전서는 계속 출간됩니다.

백암 성총栢庵性聰
(1631~1700)

1631년(인조 9)에 전라도 남원에서 태어나 13세에 순창 취암사에서 출가하였고, 16세에 법계를 받았다. 지리산 취미 수초翠微守初에게 9년간 수학하여 법을 전수받고, 30세부터 송광사, 징광사, 쌍계사 등지에서 강석을 펴 후학들을 지도하였다. 백암 성총은 부휴浮休 문파의 제3대 제자로서 부휴 선수浮休善修(1543~1615)→벽암 각성碧巖覺性(1575~1660)→취미 수초(1590~1668)로 이어지는 법맥을 이었다. 1700년(숙종 26)에 세수 70세, 법랍 54세로 입적하였다. 1681년(숙종 7)에 신안 임자도에 좌초한 배에 실려 있던 불서를 수습하여 이후 1695년(숙종 21)까지 약 15년 동안 12종류 197권의 불서를 간행하였다. 성총은 이 과정에서 이력 과목을 간행하여 조선 후기 이력 과정의 확립에 큰 기여를 했으며, 『화엄경수소연의초』를 간행하여 화엄학의 유행에 큰 역할을 하였다. 대표 저술로는 『치문경훈주緇門警訓註』, 『정토보서淨土寶書』, 『백암정토찬栢庵淨土讚』, 『대승기신론소필삭기회편大乘起信論疏筆削記會編』 등이 있으며, 문집으로는 『백암집栢庵集』이 있다.

옮긴이 선암

성균관대학교 법학과를 졸업하고 해인사 약수암으로 출가하였다. 청암사 강원과 봉선사 능엄학림을 거쳐 한국고전번역원 연수부를 수료하고, 봉선사 조실인 월운月雲 강백으로부터 전강받았다. 동국대학교 한문불전번역학과에서 「조선후기 華嚴 私記의 연구와 往復序회편 역주」로 박사학위를 받았다. 현재 대한불교조계종 교육아사리이며, 동국대학교 불교학술원 전임연구원이다. 조선 후기 사기私記 탈초 작업을 하였으며, 문화재청 중요기록유산 국역사업에 참여하여 『인천안목』, 『불조역대통재』 등을 공동 번역하였다.

증의
대진(동국대학교 불교학술원 일반연구원)